智臨潞城

张秀伟书

北京市通州区政协教文卫体委员会
北京市通州区潞城镇人民政府 编

团结出版社

《智临潞城》编委会

通州区—潞城镇

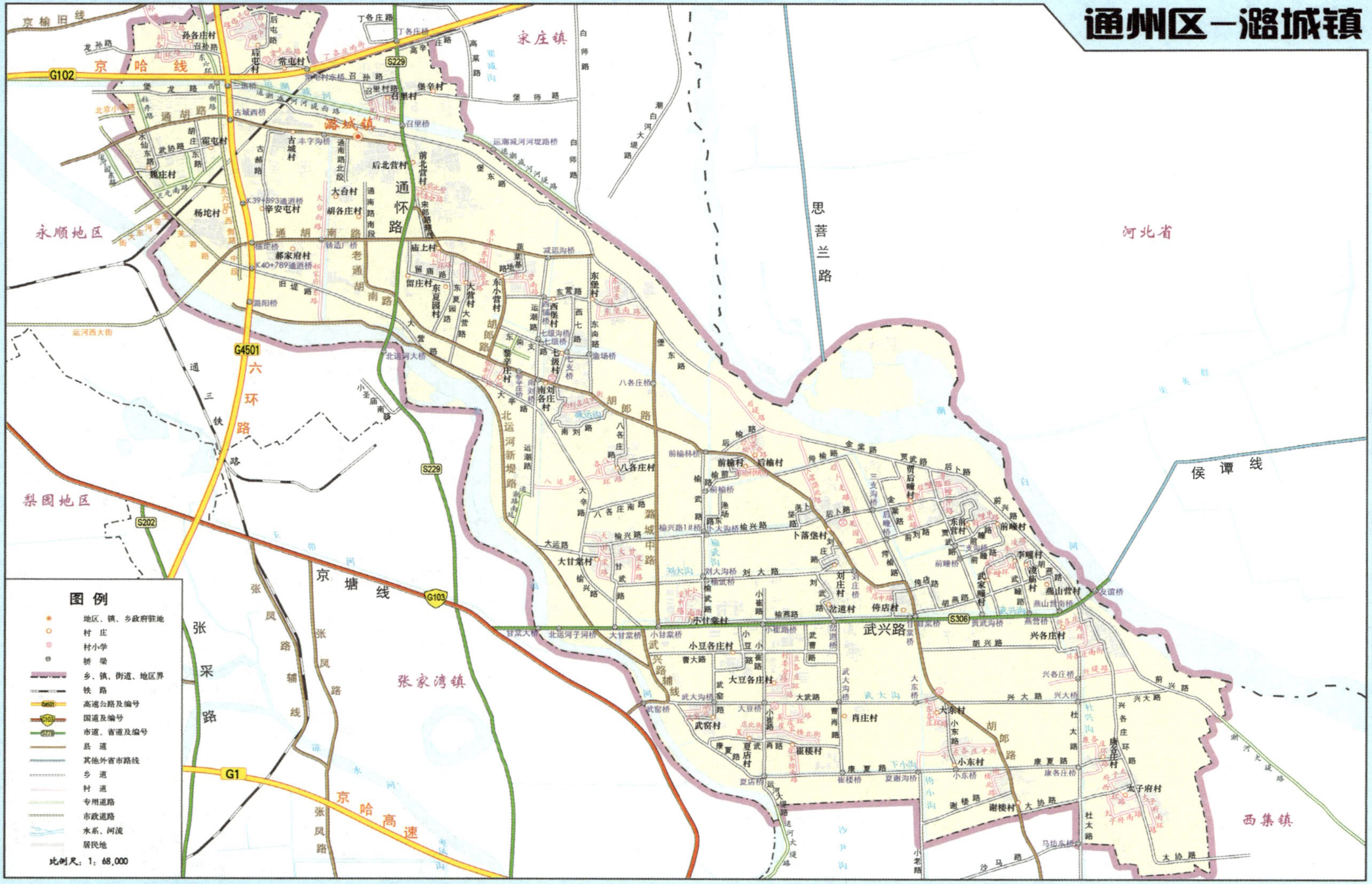

潞城镇
宋庄镇
永顺地区
梨园地区
张家湾镇
西集镇
河北省
京哈线
京塘线
京哈高速
六环路
通怀路
武兴路
胡郎路
思菩兰路
侯谭线
张采路
张凤路
张凤路辅线
通三铁路
北运河新堤路
潞城中路
武兴路辅线
通胡南路
老通胡南路
京榆旧线
G102
G4501
G103
G1
S229
S306
S202
图例
地区、镇、乡政府驻地
村庄
村小学
桥梁
乡、镇、街道、地区界
铁路
高速公路及编号
国道及编号
市道、省道及编号
县道
其他外省市路线
乡道
村道
专用道路
市政道路
水系、河流
居民地
比例尺：1：68,000

前　言

“客亦知夫水与月乎？逝者如斯，而未尝往也；盈虚者如彼，而卒莫消长也。”这是东坡先生在其《前赤壁赋》中与同行友人的一段对话。其用比兴的手法清晰地阐述了一个辩证的哲理，那就是天地万物之间，人类认识与存在的关系。

2016年，坐落于原潞城镇古城村的通州汉代潞县故城遗址成为当年全国十大考古发现，故城的四至、规格以及出土的陶豆、瓦当、墓葬等文物提供的证据显示，这座古城距今已有2200多年的历史。正如东坡先生所言，其实，不管你知道与否，发现与否，它一直就在那里。亦或还会有更多的证据证明它的历史可能更加久远，它的故事更加精彩，只是目前你还没发现而已。

作为一名文史工作者，研究一个地区的历史，我更加关注历史长河中那一些不变或可说变化发展着的文化传统、哲学思想与精神内涵。从另外一个角度讲，是试图通过一些文物、遗迹、事件、风俗等，尽可能地去展现那其中蕴含着的文化传统、哲学思想与精神内涵。

日月不淹，忽驰骛乎百世，春秋代序，日新新以千年。进入21世纪，时间定格在2014年2月26日，习近平总书记到北京视察并作重要讲话，对京津冀区域协同发展作出了重要指示。京津冀区域协同发展就像“一带一路”建设一样，成为了重要的国家战略，通州这片古老的土地再次迎来了千载难逢的发展机遇，焕发出勃勃生机。随后短短的几年间，习近平总书记亲自谋划、亲自部署、亲自推动，北京城市副中心、雄安新区、京张高铁、大兴新机场、疏解非首都核心功能等一大批国家重大项目浮出水面，开工建设，并陆续投入运营，在京津冀，以北京为核心的世界级城市群正在迅速崛起。

孟子曰："分人以财谓之惠，教人以善谓之忠，为天下得人者谓之仁。"运河南北，丝路西东。德可泽加百姓，通既惠于四方。我想，真正理解习近平总书记亲自谋划、亲自推动的京津冀区域协同发展、"一带一路"建设以及粤港澳大湾区建设等重大国家战略背后的文化思想内涵，通州的"通惠"二字应该也是其中之意吧。

2016年9月，我到区政协文史和学习委员会工作后，加快推动通州地方文史的研究、整理与编辑出版工作，同时启动了《大始通州》《检粹新华》《志正永乐》《颐和西集》《孝和于家务》《智临潞城》《泰和永顺》《乐和台湖》《新民玉桥》等系列文史丛书的征集、编撰工作。这些书名也是那一年统筹研定的。截至2019年底，除《智临潞城》《泰和永顺》《乐和台湖》《新民玉桥》等书外，均已陆续正式出版。我们会继续努力，力争尽快将后续丛书推出，并与读者见面。

富有之谓大业，日新之谓盛德。通州再次成为重大国家战略的重要组成部分，站在了如滚滚向前奔腾的潮头。怎就一个"临"字了得。"知临，大君之宜"，适值编撰潞城地区文史丛书，以"智临潞城"为名，亦既为此意了。

临，是变化过程中的一种状态。人，作为当时、当事那种状态中的主体，就会面临不同的选择。苟趣舍之殊途，庸讵识其躁静。不同的价值取舍就会选择不同的道路，这也就不难理解或辨识选择中人们内心的那种躁动与安静了。

"不以物喜，不以己悲；居庙堂之高则忧其民；处江湖之远则忧其君。然则何时而乐耶？其必曰：先天下之忧而忧，后天下之乐而乐乎！"这是1000多年前，以范仲淹为代表的大批中国传统儒者的选择。

“引壶觞以自酌，眄庭柯以怡颜。倚南窗以寄傲，审容膝之易安。”这是1600多年前，陶渊明笔下那些退隐山林的隐者的选择。

“滔滔者天下皆是也，而谁以易之？且而与其从辟人之士也，岂若从辟世之士？”这是2000多年前，以桀溺为代表的那些避世之人所发出的疑问。

系辞曰：“变化者，进退之象也。”智临潞城，你将作何选择？是引壶觞以自酌？还是审容膝之易安？是鸟兽不可与同群？亦或是进亦忧且退亦忧？历史会记录你的选择，人民会评鉴你的选择，后人或许也会评说你的选择。

风檐展书读，古道照颜色。好吧，让我们与读者，借《智临潞城》一书，看看历史上通州人、潞城人那些没有退色的选择吧。

写此《序言》之际，正值庚子年正月，全国人民共同抗击新冠病毒疫情关键之时，借此文与读者共勉。

程行利

2020年2月

目 录

故城沿革

水路通衢

古迹遗存

民俗文化

农耕遗风

红色记忆

乡贤光彩

故城沿革

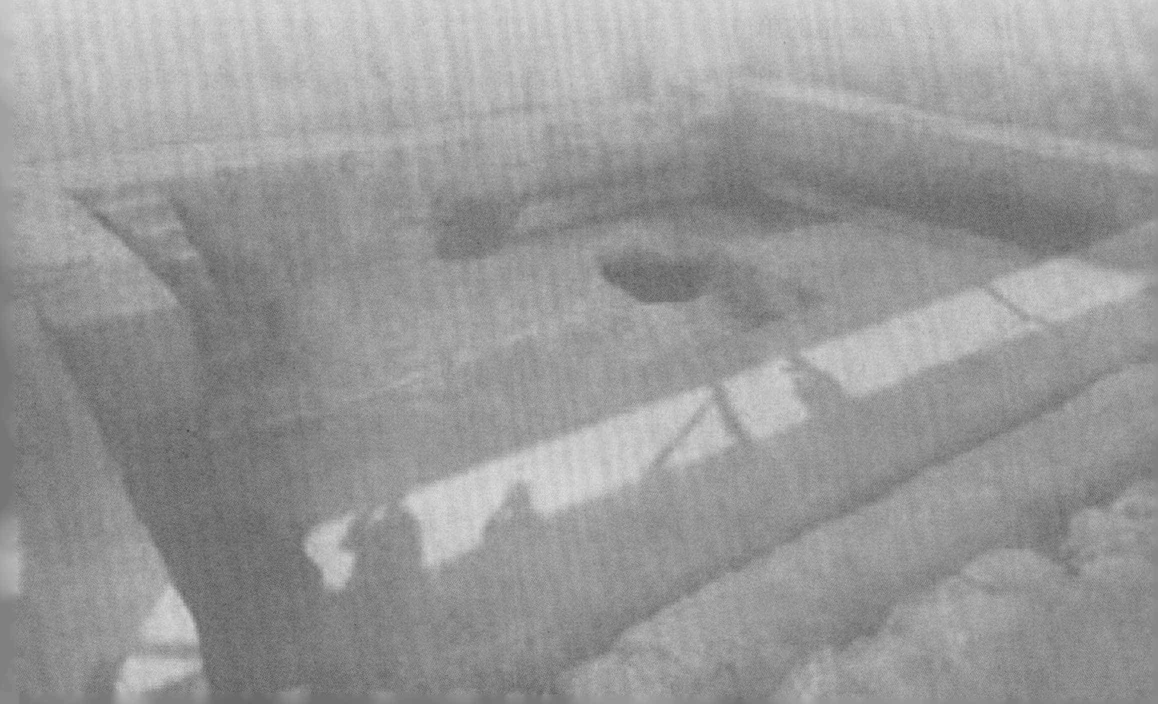

漷城地区历史沿革

■ 孙连庆

通州，包括漷城地区，地处北京平原东部，土地肥沃，河流纵横，适于农作。据考古资料证实，早在新石器时期，我们的先人就在这个地区生产生活。在古代，这里是民族杂居的地区，东有孤竹，东北有肃慎，北有山戎。各族的居住地相距不远，在不断的接融、征战与交流中，逐渐融合，生息繁衍。

古代曾有九州之说，按照这种说法、全土分为冀、兖、青、徐、扬、荆、豫、梁、雍九州，今北京地区包括漷城在冀州区域之内。但那时所谓的“州”、还不是行政建置的单位，而只是划分地理区域的一种概念。在商代，今北京地区出现了一个由部族发展起来的邦国——古燕国，今通州地区包括漷城地区属于这个古国所辖。

公元前 11 世纪，武王灭商，建立西周。为了巩固新生政权，防止殷商旧势力的反叛，周天子将自已的子弟、亲戚、功臣及先王圣贤的后裔分封到各地，建立邦国，作为拱卫周王室的屏藩。《史记·周本记》记载：“武王追思先圣王，乃褒封……帝尧之后于蓟……封召公奭于燕。”在今北京地区建立了从属于中央政权的燕国和蓟国。蓟国后来被燕国吞并，召公封燕这一事件，标志着今北京地区正式纳入中原王朝的管辖范围。今通州包括漷城地区均属燕国辖域。

战国时期，公元前 312 年燕昭王即位，他励精图治，广纳贤才，国力逐渐强盛。《战国策·燕策一》载："燕东有朝鲜、辽东，北有林湖、楼烦，西有云中、九原，南有滹沱、易水，地方二千余里，带甲数十万，车七百乘，骑六千匹，粟支十年。"南部疆域大概在今河北顺平县、保定至沧州一线以北地区，北部边境大概在今张家口，河北围场，内蒙古化德、多伦、赤峰、敖汉旗、奈曼旗、库仑和辽宁阜新、开原一线以南地区。西部边界大体以太行山为界，东部疆域大体达到辽东半岛。公元前283年，燕将秦开率军攻东胡，使东胡退却千里。随即，燕国筑长城，自造阳（今张家口地区）至襄平（今辽宁省辽阳），并设上谷、渔阳、右北平、辽西、辽东五郡。

渔阳郡，治所在渔阳，即今怀柔区梨园庄。今通州以及潞城地区为渔阳郡辖域。

秦代，废除封建，设立郡县制度。原燕国设置的五郡未变，通州以及潞城地区仍为渔阳郡所辖。秦朝建立的第二年，即公元前220年，秦始皇下令统一全国车轨距，平毁各诸侯国之间的提防、巨堑和城郭要塞。拆除了燕国南部的长城，打开了蓟城南达恒山（治所在今河北省石家庄东）、邯郸，向而南到达咸阳的通路。蓟城的主要道路，向东延伸可到无终、碣石（今河北省昌黎北）、襄平。这条道路经过今通州及潞城地区。秦始皇在世时5次出巡，并于公元前215年来到燕蓟地区，在碣石刻石，谴责诸侯割据分裂、颂扬全国统一，以震皇帝声威。这表明，秦始皇曾途径今通州及潞城地区前往碣石。

西汉时期，郡、县并置。秦代所置上谷、渔阳、右北平等郡沿袭旧制。通州以及潞城地区仍属之。汉高祖十二年（前195），燕王卢绾反叛，刘邦遣大将平叛，并封皇子刘建为燕王。据《汉书·地理志》记载，当时的渔阳郡辖县12个，其中包括潞县。治所潞城，就在潞城镇古城村。

更始三年（25）春，刘秀开始对铜马军诸部北方农民军的瓦解、兼并和镇压。他集中所有的精锐部队与农民军激战于潞水以东和平谷地区，又追击到右北平郡无终（今天津市蓟县）、土垠（今唐山市丰润区）等地。在这场战斗中，农民军伤亡达一万三千余人。今潞城地区曾是战场。踏着农民军的鲜血，刘秀建立东汉政权，加冕称帝，并将路县改为潞县。

建武二年（26）二月，渔阳郡太守彭宠反。彭宠自恃有功，东汉立国后没有得到加官进爵，心怀愤懑，后又因与幽州刺史朱浮失和，疑虑刘秀有加害之意，于是举兵攻蓟（幽州治所蓟城，在今北京城西南部），在攻破蓟城后，自立为燕王。在这一事变中，潞城发生严重火灾。据司马彪《续汉书·五行志》记载："建武中，彭宠被征，书至明日，潞县火灾起城中，飞出城外，燔千余家，杀人。"城毁，县治和渔阳郡治被迫迁到今三河县城子村西。

东汉汉武帝时，全国设13部州，州设州牧或刺史，建治所，设属官。今通州以及潞城地区为幽州统辖下的渔阳郡辖域。渔阳郡治所迁至潞县县治所潞城，即今古城村。魏晋时期，潞县仍为幽州所辖。建安十八年（213）曹魏废渔阳郡，置广阳郡，又复置渔阳郡，潞县及潞城地区属之。十六国时期，潞县及潞城地区先后为后赵、前燕、前秦、后燕、北魏、东魏、北齐、北周之幽州所辖。其中前燕时，隶属幽州燕郡；东魏、北齐，北周时，隶幽州渔阳郡。北齐时，潞县和渔阳郡治所迁址今通州城址。

进入隋朝，多年的战乱，使人口锐减，为此撤并郡县。大业中，隋炀帝改幽州为涿郡，潞县及今潞城地区属之。

刘秀

唐朝，高祖武德元年（618）复置幽州。武德二年（619）在潞县置元州，潞县及今潞城地区属之；贞观元年（627）元州废，潞县及今潞城地区属幽州。天宝元年（742）设幽州为范阳郡，宝应元年（762）废范阳郡，复称幽州，治所仍在蓟城。幽州领县最少时，仅领6县；最多时领13县，潞县及今潞城地区均在其中。

五代十国时期，今北京地区为后唐所辖。天成年间，明宗李嗣源任命赵德钧为幽州节度使。当时，幽州受到契丹西、北、东三面的压力，处境艰难。契丹骑兵常犯幽州，幽州城门之外，契丹骑兵往来如入无人之境。后唐自涿州往幽州运粮，契丹常伏于阎沟（在幽州城南六十里）劫掠。赵德钧至幽州后，据《旧五代史》载“于阎沟筑垒，以戍兵守之，因名良乡县，以备抄寇”，粮道得以畅通。但是幽州城以东十里外，仍是契丹骑兵的天下，百姓不敢樵采。赵德钧又于幽州城东五十里筑潞县城（今通州城址），遣兵护守。幽州百姓始得正常从事农业生产。长兴三年（932）八月，赵德钧又在幽州东百余里置三河县，筑城守之，并开通从幽州往蓟州（治所在今天津蓟县）的补给路线。为了迷惑契丹军，造成粮饷充裕的声势，在潞县甘棠乡堤子里（今胡各庄村西）造虚粮台，使契丹军不敢贸然进犯。治理幽州十余年，守土安民，社会秩序比较稳定，人民得以从事正常生产，社会经济较之以前有一定恢复。

在辽代，会同元年（938）在幽州（今北京）置幽都府，升幽都为南京，同时建卢龙军。潞县及今潞城地区属幽都府。圣宗开泰元年（1012），南京亦称燕京，又改幽都府为析津府。太平中（1021-1031）析潞县、泉州各一部，置漷阴县。开泰以后，南京道统辖一府九州，共32县，漷阴、潞县及今潞城地区同为其管辖。

北宋宣和二年、金天辅四年（1120），宋与金缔结“海上之盟”，相约共同伐辽，宋则将每年向辽国所纳的银十万两、绢二十万匹转奉于金。北宋宣和四年、金天辅六年（1122），金军攻占燕京。金强宋弱。北宋所得到的仅燕山府及蓟（今天津蓟县）、檀（今北京密云）、顺（今北京顺义）、景（今河北省景县）、涿（今河北省涿州市）、易（今河北省易县）六州。潞县、漷阴及今潞城地区同入于宋。金天会三年（1125）二月，金国背约，再次占据燕京城。宋朝用几十万大军及巨额财宝换回昀燕山府。但又维持了不到三年，转瞬间丧失净尽。潞县、漷阴及今潞城地区同入于金。

金天德三年（1151）在潞县置通州。据《日下旧闻考》转引《清类天文分野之书》载：

金天德三年（1151），“改黎阳之通州为浚州，以此县升为通州。”通州取”漕运通济”之意，领潞、三河二县。潞县及今潞城地区属通州所辖。金贞元元年（1153）三月，海陵王颁诏中外，正式迁都。金中都建立后，自建为一路（中都路），其下设有大兴府，辖有直属的九县一镇，及通、顺、蓟、涿、易等5州。

蒙古成吉思汗十年（1215），通州及今北京为蒙古汗国所攻占，改中都为燕京，设燕京路大兴府。忽必烈至元元年（1264），改燕京为中都，至元九年（1272）改中都为大都，府依旧。元至元十三年（1276），升漷阴为漷州，领武清、香河二县。至元二十一年（1294），改大兴府为大都总管府。通州、漷州及今潞城地区同属大都路总管府管辖。

明洪武元年(1368）改大都路为北平府，潞县入通州，原潞县所辖区域为州的直辖区。洪武十四年（1381），降漷州为漷县，属通州。永乐元年（1403），改北平府为顺天府，此时，通州领三河、宝坻、武清、漷四县。通州及今潞城地区属顺天府。

进入清代，通州及今潞城地区仍属顺天府，通州仍领三河、宝坻、武清、漷四县。顺治元年（1644），在通州置通州兵备道；七年（1450），改为通密兵备道；十四（1657），又改为通蓟兵备道。顺治十六年（1659），省漷县人通州，通州领三河、宝坻、武清三县。康熙八年，通蓟兵备道改为通永兵备道。二十七年（1688），顺天府在所辖区内设四路厅，其中东路厅设于通州。雍正六年（1728），三河、宝坻、武清三县直属顺天府，通州不再领县。直至清末。

民国初年，通州及今潞城地区仍属顺天府。1914年，北京政府撤销顺天府，设京兆特别区。是年，撤销通州，改设通县。1928年第二次北伐战争后，国民政府改直隶省为河北省，京兆特别区改为北平特别市，通县及今潞城地区归属河北省管辖。

1933年5月，根据中日签订的《塘沽协定》，在冀东22县设置蓟密、滦榆两个停战区，通县及今潞城地区属蓟密区。

1935年11月，汉奸殷汝耕在通县建立傀儡政权——伪“冀东防共自治委员会”；12月改称“冀东防共自治政府”，通县及今潞城地区为其所辖。1938年2月，伪“冀东防共自治政府”与伪“华北临时政府”合并，设河北冀东道，1940年又改为燕京道。

1944年7月，燕京道又改为冀东特别行政区。通县及今潞城地区先后为其所辖。1945 年 9 月，抗日战争胜利后，通县及今潞城地区划归国民政府河北省第五专区管辖。

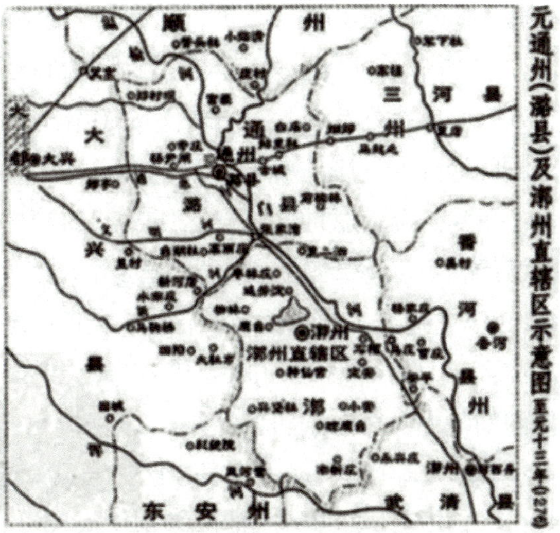

元代通州及漷州图

1914 年，全县划为 13 区，今胡各庄地区为通县第十三辖地，区治所设在燕郊镇；1929 年，全县划为 8 个自治区，今胡各庄地区为第七自治区。1934 年，全县划为五个自治区，今胡各庄地区为第二自治区；1936 年，全县又改为五个警区，今胡各庄地区改属第二警区。

1914 年，今甘棠地区为通县第十一区辖地。区治所设在前疃寺；1929 年，今甘棠地区为第二自治区辖地；1934 年，今甘棠地区为第三自治区辖地；1936 年，今甘棠地区改属第三警区；1946 年，为前榆林庄、小辛庄乡辖地。

1940 年 7 月，中共领导的抗日武装开辟解放区，建立蓟（蓟县）宝（宝坻）三（三河）抗日民主联合县、平（平谷）密（密云）兴（兴隆）抗日民主联合县，通县通榆公路以北地区属之。1944 年 7 月，三（三河）通（通县）香（香河）抗日民主联合县建立，通县东南部今西集、郎府、侉子店及胡各庄等地区属之。1945 年 10 月，通县民主政府在西集成立，西集、郎府、侉子店、胡各庄等通县南部地区为其管辖。

1948 年 12 月，通县全境解放，分置通县、通州市。通县、通州市归冀东第十四专区管辖。新中国成立前夕，撤销解放区建置，设立河北省通县行政督察专员公署（简称“通县专区”），辖通县、通州市等14县市。

1949年10月，全县设八区，今潞城地区属第七区（区政府驻南刘各庄）、第八区（区政府驻西集）所辖。1950年6月至1953年5月，全县设九区，今潞城地区为一区（驻宋庄）、二区（驻西集）所辖。1953年6月全县设128个乡，今潞城地区为一区所属的前榆林庄乡、南刘各庄乡和二区所属的贾后疃乡、大窦各庄乡、燕山营乡、谢家楼乡、小辛庄乡、太子府乡所辖。1956年7月全县合并为44个乡，今潞城地区为古城乡、南刘各庄乡、侉子店乡、马坊乡辖域。1958年4月，全区设23个乡1个镇，今潞城地区为南刘各庄乡、侉子店乡辖域。

1958年4月，撤销通县专区，通县、通州市合并设立北京市通州区。1958年9月，今胡各庄地区为宋庄人民公社的一部分。1960年2月，撤销通州区，设立通县。1961年7月，始建胡各庄人民公社。1965年5月，原苏坨人民公社所辖的常屯、后屯、孙各庄三村划入。1983年7月28日，经北京市人民政府批准，在原胡各庄人民公社管辖范围基础上建乡，乡政府驻胡各庄村。1997年9月，撤销通县，设立北京市通州区。2000年7月，撤销胡各庄乡，设立胡各庄镇，镇政府驻胡各庄村北。

1958年9月，今甘棠地区为西集人民公社的一部分，1961年7月始建侉子店人民公社。1965年5月，杜柳棵人民公社撤销，原所辖的大东各庄、太子府、小东各庄、谢家楼、康各庄五村划入。1983年7月28日，经北京市人民政府批准，在原侉子店人民公社管辖范围基础上建乡，乡政府驻侉子店村，故名。1992年8月28日，经北京市人民政府批准，在原侉子店乡易名甘棠乡，乡政府仍驻侉子店村。2000年7月，撤销甘棠乡，设立甘棠镇，镇政府驻侉子店村。

2001年12月，撤销胡各庄镇和甘棠镇，合并建立潞城镇，以原胡各庄镇、甘棠镇辖域为其行政区域。镇政府驻胡各庄村北，2018年4月16日，迁至武兴路6号至今。

（孙连庆，原通州区史志办史志科科长，通州区政协文史和学习委员会特邀委员）

通州甘棠地名来历

■杨家毅

在中国传统文化中，甘棠是召公德政的象征。召公是周武王的弟弟，名奭，又称召伯、召康公。姬奭辅佐周武王灭商后，受封于蓟（今北京），建立臣属西周的诸侯国燕国。但他派长子姬克管理燕国，自己仍留在镐京（今陕西长安）任职，辅佐朝廷。因采邑于召（今陕西岐山西南），故称召公。周武王死后，其子周成王继位，姬奭担任太保。姬奭摄政期间，政通人和，贵族和平民都各得其所，因此深受爱戴。

传说他为方便百姓办事，曾在一棵甘棠树下办公，后人为纪念他，舍不得砍伐此树。这件事在《史记》（燕召公世家）有记载："召公巡行乡邑，有棠树，决狱政事其下，自侯伯至庶人各得其所，无失职者。召公卒，而民人思召公之政，怀棠树不敢伐，哥（歌）咏之，作《甘棠》之诗。"

人民用诗歌的形式歌颂召公的德政，如《诗经·召南·甘棠》：

蔽芾（音费，郁郁葱葱状）甘棠，勿翦勿伐，召伯所茇（音拔，居住之意）。蔽芾甘棠，勿翦勿败，召伯所憩。

汉武帝"罢黜百家，独尊儒术"以后，由于儒家思想成为正统思想，人们在孔庙内植甘棠以此纪念召公。佛教传入中国后，受到儒家思想的影响，也有在佛教庙宇中植甘棠的情形。通州甘棠地名的来历就与此有关。早在唐朝之前，该地有一佛寺名甘泉寺，寺内植有一株甘棠树。《通州志》记载"甘泉寺在甘棠乡"。庙碑记载，"唐鄂公敬德兵捷过此，凡汉魏以来古刹重修之。”后来由于历史变迁，寺庙不存，但是甘棠树仍存，并以此为中心形成村落，名为甘棠。《卢氏族谱》有“先世原顺天府通州甘棠乡人也。……自二世祖讳清公于前明以武功授成山卫百户”，这说明至少在明代，朝廷在此设甘棠乡。清代亦设有甘棠乡。2001 年 12 月，甘棠镇与胡各庄镇合并为潞城镇，甘棠作为通州一乡之名，延续了600多年的历史。现在作为村名，仍在使用。

（杨家毅，中国文物学会会员、北京市文物局办公室主任）

召公传说图

古城——通州最早的治所

■孙连庆

治所，是指区县级行政管理机构的所在地。

通州历史悠久，自西汉高祖刘邦十二年，即公元前 195 年立县以来，治所多次迁徙。有关情况如下：

潞县设立之初，治所在今潞城镇古城村。最先认定这个史实的是清代通州著名学者刘锡信。他经过对潞县古城遗址的考证，撰写了《通州潞县故城考》一文，确认“古城为汉时潞县故城，无疑也”。

东汉建武二年（26），潞县古城毁于战火。治所东迁至今三河市西南城子村。新编《三河县志》记载了这个情况。该志还记载了军下村曾经是潞县治所的情况，引用了《魏氏土地记》的记载：“潞县治所在今潞河东三十里。军下荒城适在其间，当系元魏（即北魏，《三河县志》编者注）时潞县故城也。”但是，《魏氏土地记》现已失传，并缺少佐证资料，所以，只能作为线索来看待。

北齐时（550-577），潞县治所迁至现在的地点。对于这段史实，刘锡信经过对唐代史料的研究已有推测，并为后来的考古发现所证实。1983 年春，在通州镇小街村出土唐代孙如玉墓，墓志铭用小楷铭文，清晰工整，其中写道：“东有潞河通海，西有长城蓦山，南望朱雀林兼临河古戍，北有玄武垒至潞津古关，并是齐时所置。”证明在北齐时，潞县治所已经迁到通州城了。

唐代贞观年间（627-649），潞县遭受水灾，全城被淹，潞县治所被迫迁至安乐故城，即原安乐县治所。此后，在开元至天宝（714-747）回迁至今通州镇，以后，没有变化。

1945 年 10 月，通县民主政府在今西集镇侯各庄成立，1946 年 1 月，在西集村设立治所。1949 年 1 月，通县人民政府迁至张家湾镇，1950 年 6 月迁至通州镇，直至现在。

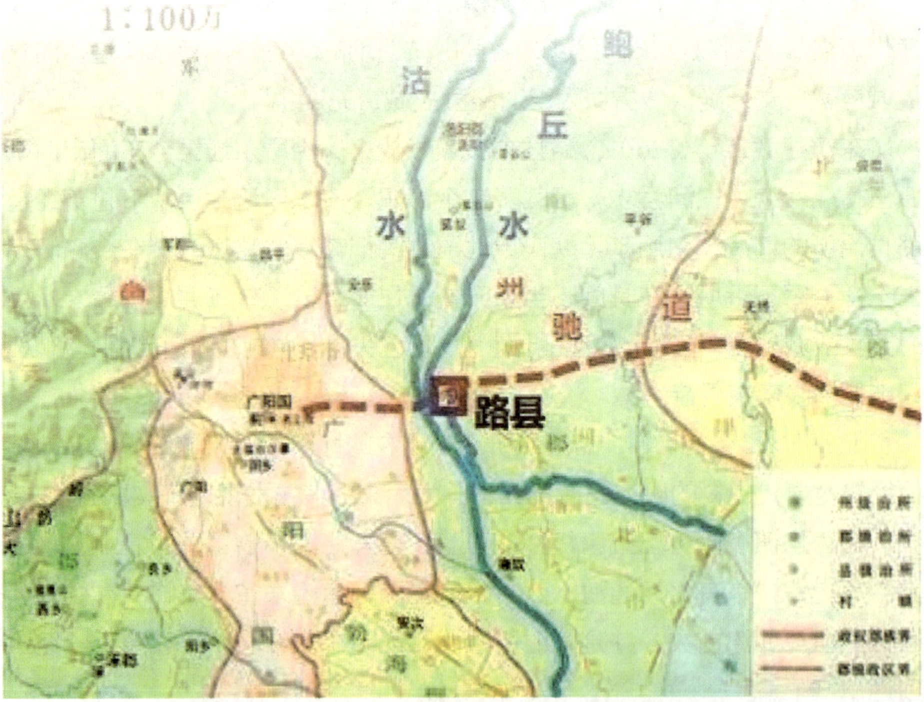

路县——潞县——通州

■任德永 王宝川

潞县古城是通州区唯一的秦汉城池，位于通州区潞城镇古城村（2016年已搬迁）。

古城村，东邻胡各庄村；南邻辛安屯、大台、郝家府；西邻京秦铁路，隔铁路有霍屯村（古称火硝屯）；北邻运潮减河，秦时有蓟襄驰道，唐时有采贵里；召里村在村东北4华里。西汉设县于此，东汉改路为潞，县从水名。曾归渔阳郡管辖，并建有土城。东汉时期，因兵荒马乱县治亦迁往它地，后成为普通聚落。因曾建有西汉潞县古城池，故名古城村。古城村西，尚存汉代土城一角，为通县文物保护单位。

潞县最早的记录，始见于班固的《汉书》。《汉书·地理志》记载了渔阳郡的12个县，其中就有潞县。按《史记·绛侯周勃世家》记载，汉高祖十二年，燕王卢绾反叛，周勃率军平定反叛，"追至长城，平定上谷十二县，右北平十六县，辽西、辽东二十九县，渔阳二十二县"。

潞县古城遗址

“潞县”因近“驰道”而得名

据史料记载，在春秋战国时代，今通州地区属于燕国。燕昭王（前335—前279年）开疆拓土设置五郡：上谷郡、渔阳郡、右北平郡、辽西郡、辽东郡。当时的通州地域为渔阳郡所辖。到了秦代，《史记·秦本纪》提到始皇二十六年（前221）初并天下为三十六郡，但没有列举三十六郡名。不过，《汉书·地理志》在京兆尹下注曰“故秦内史”，并注明了秦代的三十六郡，其中就包括渔阳郡。汉承秦制，到汉高祖十二年（前195），渔阳郡内设有潞县，即今天的通州地区。可以说，至迟在西汉初年，潞县古城已经诞生，此地已有大量军民驻扎并繁衍生息。

在诸多史书典籍中，也都有详细记载，比如《史记》《汉书》《资治通鉴》等史学名著。西汉初年，在此设置潞县，也许纯属巧合，但也有其必然性。著名历史地理学家侯仁之先生，考入北大之前即就读于今天的潞河中学，他在论述北京城市的成长中离不开的生命之源，也就是河流时，曾提出了北京小平原之说，并指出了进出北京小平原的四条古老的大道。东面一条大路的走向，就与秦时的“蓟襄驰道”相吻合，而潞县之所以坐落在今天的古城村，因为当年它就紧依驰道而建。何谓“驰道”？驰道是中国历史上最早的“国道”，始于秦朝。公元前221年，秦始皇统一六国，第二年就下令修筑以咸阳为中心的，通往全国各地的驰道，最著名的驰道有九条，有出今高陵通上郡（陕北）的上郡道，有过黄河通山西的临晋道，有出函谷关通河南、河北、山东的东方道。当然，还有直通北京前身蓟城的蓟襄驰道。对于当时华夏古国来说，潞县正处于中原北部边塞地区，位于南面农耕文明与北面草原文明的结合部。当年，潞县占据着水陆得天独厚的地理位置，这里曾是各方利益的逡巡之所，也为各方受众交流与交往提供了广阔的空间与平台。即便前朝秦始皇在设置全国驰道之一“蓟襄驰道”，以及秦始皇“东临碣石”经过此地的时候，潞县还未曾设置，但不能说秦始皇没有从后来潞县辖域内穿过。至于东汉光武帝刘秀，在洛阳称帝之前就曾到过潞县，这在史书上已有明确记载。

"潞县"因水而得"潞县"

在古代，潞县就是水陆交通要道。《汉书》《后汉书》《水经注》和《通州志》等史料记载，潞县设置于西汉初年，当时隶属于渔阳郡，王莽篡汉后，改为通路亭，隶属于通路郡。

古时潞县西隔鲍邱水（今称潮河）和沽水（今称白河）与蓟城（今北京城）相望，向北，可至渔阳郡城。秦始皇修建的国道—蓟襄驰道亦由此通过，因此潞县地处水陆要道，位置十分重要。

东汉时期，社会更加发达，人们对河流有了更深的认识。鉴于治理等多方需求，官方将潞县的"路"字，改成了潞水的"潞"字。由县从路名（道路的路），改成了县从水名（潞水的潞）。

虽然地名的发音没有改变，但其意义与写法，却有了明显的不同。《老子》曰："上善若水，水善利万物而不争。"《论语》子曰："仁者乐山，知者乐水。"自古通州为北京小平原的九河下梢，潞县曾是水的故乡。及至辽金元各朝，在其南部地区，还有皇家进行捺钵——狩猎娱乐休闲的大片延芳淀湿地。"捺钵"源于辽代，是由契丹游牧生活习惯而形成的。其主要包括，皇帝亲临游猎、习武，更重要的是在此皇帝发号施令，昭告天下，内政外交决策，是一统江山治理国家的基本体制。前几年，一块地界碑的发现，也充分证明了

金 - 泰和五年界碑

这一文化。碑上刻有“……西至潞阴县……捺钵四十里……”，时间是泰和五年六年 日。经考证是金代金章宗 1205 年。

显然潞县地名的这一变化，也给自己增加了许多灵气与运气。不久之后，渔阳郡治所也从南北迁至此。

“潞县”因漕运而升“通州”

据记载，在东汉时期潞河（古白河、今北运河的前身），南北朝北齐时（529-577）潞县城迁址潞河西畔。608 年隋炀帝开掘“永济渠”之后，潞河的漕运也迅速地发展成为主要的码头。到金天德三年（1151）海陵王升潞县为通州。

潞县—潞县—通州的变迁，为以后的“一京、二卫、三通州”的发展格局进入新开端。

水经注

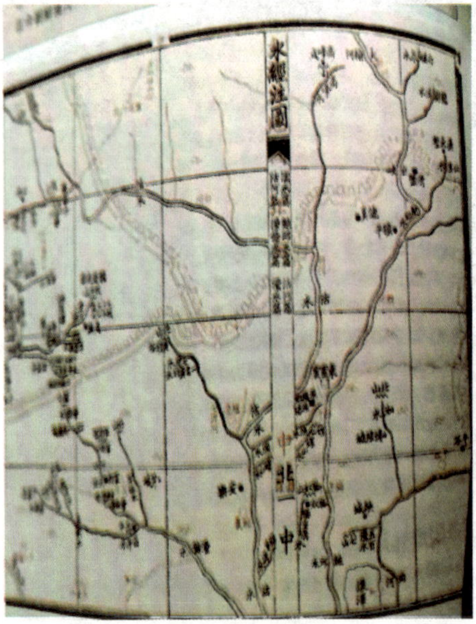

（任德永，原北京市通州区博物馆党支部书记、北京市通州区文物管理所工会主席、通州区政协文史和学习委员会特邀委员、原北京韩美林艺术馆常务副馆长）

（王宝川，中国散文家协会会员、中国文物学会会员、原北京市公安局通州分局办公室副主任、通州区作家协会会员、通州区大运河文化研究会会员、新华派出所调研员）

太子府村由来

■张树林

太子府村位于通州城区东南 18.5 公里，潞城镇政府东南 4.5 公里，系通州区潞城镇辖村。

北距康各庄村 0.5 公里，西距谢家楼村、西集镇马坊村各 1 公里，南距西集镇望君疃村 1 公里，东南距西集镇协各庄村 1 公里。村正东距潮白河 3 公里，与大厂县西关村隔河相望。该村地势平坦，海拔 16.9 米。聚落较整齐，呈长方形，南北长 1 公里，东西宽 0.5 公里。村集体土地 3548 亩，于 2008 年退耕还林，每亩补贴村民 1500 元。

本村有八条街，其中七条街为东西走向，自北向南排列。七条街西头，有一条街南北走向。街道均有名称，且自古传承。

北一街古称“后方街”，因方姓大户人家最早于此落居得名。方家人“念佛行善”，在街西头路北建有“善方庵”一座（解放初期拆除），街道名称沿用至今。

北二街称“小庄”，是今太子府村最宽、最长的一条街道，呈主街之势。街内以王张二姓为主。为什么不以姓氏命名，说法不一。

北三街称“油坊街”，有今村委会、超市和几户零散人家与北面街道相隔。得名是因古时有多家“榨油”的作坊。

“油坊街”的东半截称“康街”，因康姓家族居此得名。“康举人府”坐落其内。

再往南是“郑街”，得名亦因郑氏家族聚居。这一地区有俗语：“马坊宋，太子府郑，东仪侯，谭台刘。”意在这四个村中，这四姓是各具影响的姓氏。

最南端一条街和最北二街一样，不称街而称“庄”，叫：“兴隆庄”。这条街姓氏较杂，从姓氏数量看，的确兴隆。

村西头南北走向大街称“茶棚街”，中间有坑塘与东半部几条“横街”相隔。得名与通州至香河古官道有关。两城相距近80里，此地正是中点。不管从哪头儿出发，到这儿都是半天儿的路程。来往行人客商、大车小辆，至此必歇脚打尖。先民抓住商机，在大道边做起了“茶棚”“大车店”等生意。这条街北称“茶棚街”，南称“南店”。

旧时村中有关帝庙一座，解放初期拆除，改建为太子府小学校。

俗语说：“通州前有太子府，后有驸马庄，太子府没太子，驸马庄没驸马。”到底有无，未见典载。但太子府传说有四。传说其一曰：某朝皇帝携皇后过此，皇后临盆，驻跸于此，诞下龙子。本村得名太子府。其二曰：某朝皇太子围猎，常常住在此处，得名“太子府”。

其三是谢楼村张文儒口述：燕王朱棣除掉皇帝身边的奸臣，解救皇帝的危难称“靖难之役”。史书谓此地历经大小战役无数，主要战场在现在的北京以南，淮河以北地区，历时三年，最后以建文帝去向不明，朱棣胜利而告终。“靖难之役”时，老百姓都奉南京建文帝为正统，视燕王朱棣为反王。燕兵每攻一地，老百姓都积极支持当地官府，共同抗击“叛军”，使燕王军队每每受挫，即使取胜，攻取一城一地都要付出极大的代价。因此，朱棣对这一带百姓恨之入骨。在其即位后，即对淮河以北，北平以南“靖难之役”时顽强抵抗的当地百姓派兵屠杀。大军从南而北，逐城逐村，反复屠戮，惨无人道。至西集镇胡庄村，朱棣已病，坚持到太子府，则不能前行，只得在此治疗，休养生息。因朱棣身份，后人称太子府。

其四，原通州区市政退休干部，早年侉子店公社广播站播音员刘希珍讲，他见过一份材料，明确写明，太子府曾经是元世祖忽必烈之子的府邸。因而得名太子府。

但传说均有漏洞。清乾隆年间北方刘锡信在《潞城考古录·太子府考》中说：“通州东南四十里有村，名太子府（今分前后二村）。州西二十二里有村名大王庄(已见前，今属大兴，为入都齐化门经由之地)。考《金史》“胥持国传”上书者言：民间冒占官地，如太子务、大王庄。非私家所宜有，持国言：此地自异代已为民有，不可取也。

太子府村口

务与府音相近，每多互讹（如州志牛家务，土人呼曰牛家府；“州志”及“燕山丛录”载潞县有得仁务，“钱塘遗事”作得仁府）。则二村得名当自辽代始矣。

据此可知，太子府聚落成村，不晚于辽金时期，属千年古村。因为胥持国是金国人，他说：“此地自异代已为民有，不可取也。”异代，前代，最近的是辽代。而太子府村南的望君疃村的寿安寺，即建于辽代。刘锡信的明确结论：“则二村得名当自辽代始矣。”太子府分前后二村，太子府与州西二十二里大王庄也是二村。

关于太子府（今分前后二村），本地流传至今的是：“兴隆庄”“小庄”两个村名。《乾隆通州志》记载的是“前太子府”，“后太子府”。务与府音相近，但字义不尽相同。府，古时达官贵人、豪门大户的居所，如王府、相府。引申为对他人住宅的尊称，如贵府。务，务农，劳务，指迁徙民、难民开荒种地。据此，太子府是迁徙民、难民开荒种地得名，起码金代称太子务。改称太子府，或因字音同，或尊称。传说的太子之居，有待考证。

如今太子府，已为和谐宜居之所。街道硬化，路旁绿化。路路通畅，到夜晚花香灯明，不仅本村村民，邻村村民也来此遛弯赏景。

（张树林，通州区作家协会会员、潮白文友会会员）

“堡人”说“堡”

■ 杨永兴

在通州区潞城镇有三个名带“堡”字的村庄，那就是东堡、西堡和堡辛。这三个村子为什么都与“堡”字结缘呢？首先说东堡，东堡村位于潞城镇中部是全镇最大的村，元代成村，村庄文化底蕴深厚。说东堡首先要说一下村东的潮白河（潞潞河），祖辈人常讲：清代中叶前潞潞河还是一条十余丈宽的小河沟，很少发水，富水期有齐腰深，枯水时扣几个八楞筐（一种装柴草的工具）就能过河，两岸多条道路相通，各种经济活动、婚姻交往频繁；至清代晚期，因上游潮白河（古称“鲍丘水”），主水路淤积，河道排水不畅造成河流改道，汛期洪水，夺潞潞河而下，几年大水，潞潞河就变成潮河了。至于现在的堤防工程是民国二十八年（1939 年）后近代防洪所建。东堡村是汉后“幽燕古道”东进口，此路东通，近者“三厂六屯”，远则关外东北方向，东南到香河、天津，西经东堡、西堡、小营、夏园、留庄、九间房、郝家府、杨坨，过运河上通州“东关大道”。明代在此设有关卡，并派重兵镇守，成化年改为分守；《嘉靖志略》、《通县地名志》载明初平定北方于潞潞河西岸据险筑“二堡”以自固，因此处位于东，形成聚落故名。可见东堡村是以村东古堡为名。

再说西堡，明代永乐年间后，东堡村西的西香道（西堡人称东香道）汉后古道，南北走向，此道是各路香客去各庙宇上香之路。东南各通东大寺、甘泉寺、延庆寺、永庆寺、里二泗和香河各大寺院；北行召里、北大寺和西北方向，东接燕郊北大道至丫髻山。此道商贾云集、路人繁杂，西拐进入大都（北京）方向，人流实难无法控制。就此，明成祖朱棣马上决定在路西又修一堡，设卡看守。以后苏、张、杨等多姓在此定居，形成聚落，以此堡为西故名“西堡”。《通县地名志》

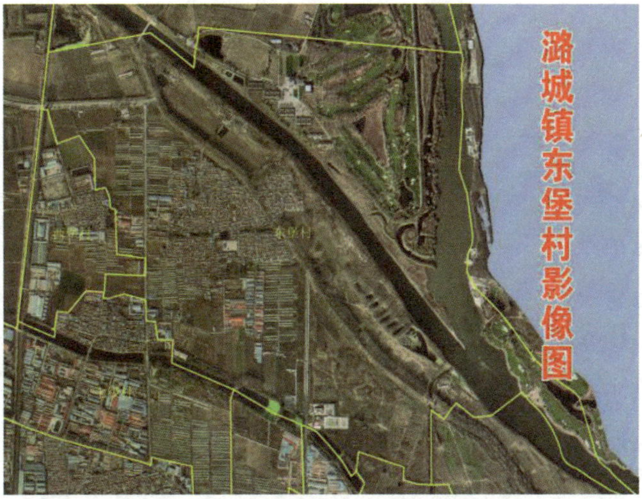

东堡村影像图

后说堡辛，是潞城镇西北方向较小的村庄，清代从召里村先后迁出几户人家，在召里村东另建两个新村，一个叫“铺上”，一个叫“辛庄”，后来两村合并就叫“堡辛”了。

因为通州地区对“堡”字有两种读法，“堡”可念成“铺”，但“铺”不能念成“堡”，如十里堡、小堡都要念成“铺”，堡辛也要念成“铺辛”，而实际村名实意上还是驿站、递铺，而东西两堡，则是小城堡垒之意，将东堡、西堡读作“东铺、西铺”或“东不、西不”这可能是一种语言字面上的“堡”“不”不分吧。

（杨永兴，原通州区潞城镇东堡村党支部书记）

西集与甘棠

■ 吴德龙

西集与甘棠不管是从地域上还是行政区划上，始终有着割不断的联系。广袤土地紧相连接，共饮一河水，一样的风土人情，经历着一样的历史沿革。1937 年 7 月，抗日战争全面爆发，西集地区也加入了抗击外来侵略的斗争行列。1942 年 2 月后，中共十四地委蓟（县）、宝（坻）、三（河）联合县的徐进同志，曾数次秘密进入西集镇于辛庄、潞城镇贾后疃等十几个村庄，开展抗日宣传活动。1944 年 7 月，中共三（河）通（县）香（河）联合县成立，在这一地区的活动更加频繁，时任武工队政委的宋林经常出没于这一带潮白河大堤，敌伪分子闻风丧胆。

全国抗战胜利后，1945 年 10 月经中共冀东区委第十四地委批准，撤销三通香联合县并决定通县单独建县及在西集侯各庄（园通庵）成立了通县县委、通县县政府和通县县大队。全县所属的 7 个区分别组建了党、政、军、群组织机构，同时成立西集二区区委，县、区机关均设在西集侯各庄。宋林任通县县委书记，李英明任组织部长，陈曦任宣传部长，石武德任县长。当时的前榆林庄以南均属二区，至今仍有老二区的说法。1946 年 1 月，在西集侯各庄公开宣布通县单独建县，并召开县委、县政府成立大会，县级机关驻西集侯各庄，后移驻尹家河。同年，国民党通县政府于镇域设有西集、和合站、小辛庄三乡。今潞城南部亦有村庄属西集或小辛庄乡。1947 年 1 月，县委机关迁回西集。1948 年 12 月，通州全境解放，解放军冀东十四军分区入驻通县三教庙内，月底，通县党政机关从西集迁往张家湾（1950年6月由张家湾迁往通镇）。其间，西集与侉子店并未分开。

1949年8月，河北省人民政府在通县成立通县专区，镇域随通县民主政府上属之。1950年6月，通县在西集古镇建立第二区人民政府，辖域包括本镇和今潞城镇内原甘棠乡诸村（包括太子府、侉子店、大窦各庄、贾后疃、燕山营、鲁家务、谢家楼）。1955年3月，通县第二区改名西集区，辖域未变。1956年7月，撤销西集区，将所辖村庄划分为西集、大灰店、上坡、郎府、马坊、侉子店六乡所领，其中前五乡在今西集镇域内。1958年4月，通县从河北省划入北京市，且与通州合并，改名通州区，西集镇域随通州区改属北京市。5月，此处设西集、郎府、侉子店三乡，原西集、大灰店、上坡、郎府四乡所辖村落在西集镇域内。9月，于此改设西集人民公社，领有西集、后寨府、郎府、杜柳棵、侉子店五管理区，其中侉子店管理区不在今西集镇域内。1960年2月，通州区复称通县，西集镇域上隶之，而公社设置未易。1961年10月，西集公社更名为西集工作委员会（二委），原公社所领五管理区各改称人民公社，其中侉子店公社在今西集镇域之外。

但是，在文化教育、文化生活方面，这里却是无法分割的整体。至民国时期，潞城南部村庄还没有"完全小学校"，家境好的孩子只能就读西集完全小学校。潞城没有庙会，甘棠地区人多去西集鲁仙贯赶庙会。肖宝崎撰文书写出小东各庄小车会，曾经是鲁仙贯庙会的"掸尘会"。

潞城高跷与西集高跷，同为"非遗"瑰宝，均盛行于清代。兴各庄吹歌也是"非遗"项目，当年的吹鼓手就和马坊村吹鼓手，共奏过"拿天鹅"、"海青歌"、"王婆子骂鸡"等曲目

风土、乡音，连方言土语也都完全一致。甘棠一带，没有集市，人们都到西集赶集。无论是牲口买卖，还是粮食果蔬，上市之后便有老熟人。还有"赶闲集儿"之说，即不买不卖，就为逛，见见老熟人。旧时婚丧嫁娶的席面，名字都一样："四盘五碗"、"大盘席"、"二八席"、"炸菜席"……"噌噌咕咕"一词，字典没解释，外边人不懂，当地人心领神会。"打猫儿的"，当地人都知道是用枪打野兔的人。

现在，甘棠虽然划归了潞城镇，但以往的岁月之痕，却永世不能割舍！

（吴德龙，通州区作家协会会员、通州区西集镇政府机关干部、潮白文友会会员、两河文学社社长）

潞城赋

■徐 畅

东潮白，鲍邱开疆；南泗河，帆樯纤号；西大运，良序德音；北减河，蓟襄驰道；腹地夏泽，阅尽咽喉肘腋千遭，四河一湖，裁定汉邑神皋。昔日潞城也！

首善一翼，世界眼光，国际高标。中国特色，追求艺术，历史创造。京津冀协同发展，副中心溢彩冲霄。智临潞城也！

自周至汉，南甘棠，北路县，绳纹砖，布纹瓦，飞檐巍峭。蔽芾甘棠，上溯周召，"成康之治"，四十年刑措不晓。西汉故城，考古发掘，全国十大新发现。两千余载，热肠古道。城垣古井、算筹古陶，凤毛麟角。水泽路为潞，彭宠治渔阳，刘秀铜马劋，云台二十八将，汉室江山多娇！

甘泉寺，唐敬德号令天下，汉魏古刹重修再造；召里铺，宣上达下，防奸诛暴，万机通晓，古驿孔道！大运通漕，邑屋临河，轴轳浩浩，贡米贡茶，石材木料，丝绸瓷器，纸砚莲椒，皆来神圣水道，首善靠此养，京城由此漂，国计民生之脊梁，繁荣昌盛之大纛。

世界经典之战奏凯，明宣宗两踏虹桥；保通州普壮歌，仕宦五十年，家无余资，刘忠敷墓葬后屯村壕；闳深之识，敏炼仪型，召里杨行中万历帝谕诏！康熙三临崔家楼，雍正乾隆驻跸召里，君王声噪。《潞河怀古》，帝咏潞城；《潞城考古录》，清学子刘锡信言之凿凿。“卜落垡詹府壁画”，几代书香门第可考。二十九件文物，古朴珍稀，往日灿烂妖娆！

天将破晓，潮白河东红旗漫卷，北运河西风雨喧嚣。“三通香”后通县，志士神威，英魂唱晓。土地改革，耕者有田，农家昶笑。大军进京，凯歌唱，国旗红，伟业昭昭。

单干户阔步公社化，澎湃奔腾，大跃进浪潮。水出北山，鬼哭狼嚎，旱魃为虐，禾枯土焦。国计民生，缚龙伏蛟！密云水库，怀柔水库，诸大工程，尽遣英豪。汗如雨，旗猎猎，改地换天，车推肩挑。农机取代人力畜力，马达声响彻京郊。域内蓝图规划，丰字沟、运减沟、武兴沟，铁臂画描。高效农田，涝排旱浇。粮如金，棉似雪，农耕捷报！城市医疗队下乡，乡村医生赤脚，披星戴月出诊，田间地头治疗。科学种田，农技小组，遍布队队村村。泥腿子操试管，实验室熬通宵。农业四化并举，改革开放来到。

站起来，富起来，强起来，经商办厂，奔走相告。兴各庄牲口棚起步，创亿元村，群雄笑傲。大甘棠乐器盒，胡各庄水暖铸造，百行千业，出口创汇，气如虹势如潮。侉子店复称甘棠乡，胡侉两镇合一，潞城镇新章韵藻。

环渤海开发，京津冀对接前哨。退耕还林还草，铺就城市绿道，扮靓彩色虹桥。大运河沿岸，公园串串；潮白河湿地，汀洲芳草。水城共融，绿浓红娇，彩云翔鸟，璀璨萦绕，城市绿心之桥。喊嗓练剑，人不老、尽华韶。健走骑行，琼花俏，雪融消。中农富通，农业嘉年华，云帆路直挂友谊大桥。普惠医疗，科研兴教，煤改气、煤改电，硕果跃前茅。拆迁上楼，细雨狂飙，办公区又现甘棠爱召浪潮。

立党为公，初心永葆，反腐倡廉，史册炳耀。劳动力就业，补助低保，无害化卫生，厕所改造……情为民系，利为民谋，媒体聚焦。修村史，建展室，传统文化弘扬，革命精神施教。储蓄道德积累精神富矿，社会文明花繁叶茂，街巷门前三包，邻里和谐，情深似同胞。

潞城盛域弥新，伟业腾飞图志，新时代昂首向前，万书难当。智临潞城，情系古今，笔载春秋，永歌甘棠。

（徐畅，京津冀开发区创新发展联盟文化产业园专业委员会副秘书长、北京文化产业商会理事、北京畅响九州文化传播有限公司总经理）

辽代成村的太子府

■ 张树林

《通县地名志》（北京出版社，1992 年 9 月版）226 页，太子府村词条：该村明代成村。与其他文献记载，历史事实相谬甚多。

清乾隆年间北方第一学者刘锡信在《潞城考古录·太子府考》中写道：“通州东南四十里有村，名太子府（今分前后二村）。州西二十二里有村名大王庄（已见前，今属大兴，为入都齐化门经由之地）。考《金史》“胥持国传”，上书者言：民间冒占官地，如太子务、大王庄。非私家所宜有，持国言：此地自异代已为民有，不可取也。

务与府音相近，每多互讹。（如州志牛家务，土人呼曰牛家府；“州志”及“燕山丛录”载漷县有得仁务，“钱

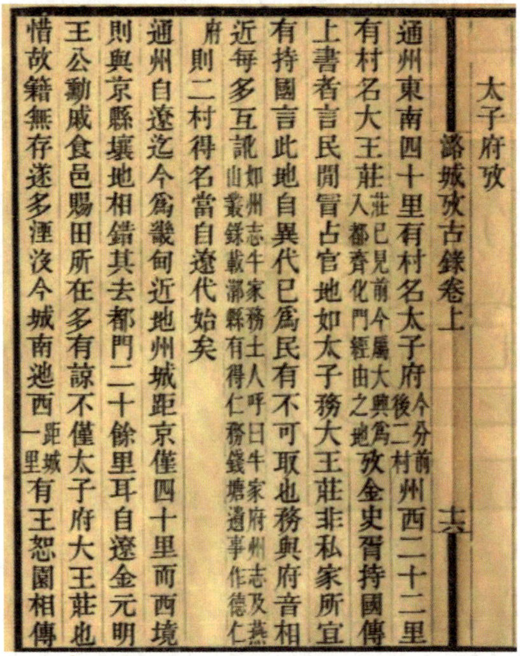
太子府攷

潞城攷古錄卷上　十六

通州東南四十里有村名太子府（今分前後二村）州西二十二里有村名大王莊（莊已見前今屬大興爲入都齊化門經由之地）攷金史胥持國傳上書者言民間冒占官地如太子務大王莊非私家所宜有持國言此地自異代已爲民有不可取也務與府音相近每多互譌（如州志牛家務土人呼曰牛家府州志及燕山叢錄載漷縣有得仁務錢塘遺事作德仁府）則二村得名當自遼代始矣

通州自遼迄今爲畿甸近地州城距京僅四十里而西境則與京縣壤地相錯其去都門二十餘里耳自遼金元明王公勳戚食邑賜田所在多有諒不僅太子府大王莊也惜故籍無存遂多湮沒今城南遡西（距城一里）有王恕園相傳

《潞城考古录·太子府考》

塘遗事”作得仁府）则二村得名当自辽代始矣。”

刘锡信的结论是“得名当自辽代始矣。”即太子府辽代已成村，比地名志所言明代早 400 到 500 年。

刘锡信所据典故是，金世宗（原名完颜褒），字彦举，女真名完颜乌禄。金朝第五位皇帝（1161-1189 年在位）时，胥持国曾任博野县丞，有人上书朝廷，说民间冒占官地，如“太子务”“大王庄”，此地不应该归私家所有。遂委派胥持国核察。胥持国查报说，此地早在金朝以前就为民所有，不可为官用，事件化解。

在《金史》中，对胥持国还有记载，发迹在大定二十九年(1189)之后。是年一月金世宗病逝，完颜以皇太孙继承帝位，史称金章宗，他利用久居太子宫同皇太孙之关系轻云直上。开始章宗任命其为宫籍副监，没过三月提升为工部尚书。明昌四年(1193)三月，为参知政事，并赐胥持国为孙用康榜下进士第。（章宗即位，除宫籍副监，赐宫籍库钱五十万、宅一区。俄改同签宣徽院事、工部侍郎，并领宫籍监。阅三月，迁工部尚书，使宋。明昌四年，拜参知政事，赐孙用康榜下进士第。会河决阳武，持国请督役，遂行尚书省事。尚书右丞。）

此典中提及民占官地，胥持国说辽代已有。来源于辽代“捺钵制度”。《辽史》中有捺钵记载，自辽金至晚清，许多时候捺钵制度的地位都不低于基本国策，尤其辽金时期。《辽史·营卫志》载，“辽主秋冬违寒，春夏避暑，随水草就畋渔，岁以为常。四时各有行在之所，谓之捺鉢”。含义是可汗渔猎时所建之牙帐，或出行时之行宫。

捺鉢：契丹（辽）语。相当于汉语的“行在”。“行在”一是指天子所在的地方，二是专指天子巡行所到之地。捺钵制度是辽代最基本的“社会制度”，对于辽朝这样一个多民族政权，至关重要。辽代中期以后的辽圣宗、辽兴宗和辽道宗 3 个皇帝都驾崩于捺钵，说明它对于辽廷到了不可或缺的重要程度。

辽朝建立后，有专门管理渔猎活动的机构，“坊场牧厩，设官加左”，设有坊官，如鹰坊使、鹰坊副使；场官，如围场都太师、围场都管、围场使、围场副使等；监养鸟兽官，如监某乌兽……辽史《百官志·围场》记载围场的官员有：围场都太师、围场都管、 围场使、围场副使。统治者严禁乱捕乱樵，对于伤害动物的行为，严惩不贷。如辽穆宗应历十三年（963）六月，因“近侍伤獐，杖杀之”（皇帝侍卫，伤了獐鹿，乱棍打死）。“应历十五年（965）二月甲寅“以获鸭，除迎鹰坊刺面，腰斩之刑，复其徭役。”三月癸巳“虞人沙剌迭侦鹅失期，加炮烙铁梳之刑而死”。

君王对此专门下诏书。如辽圣宗统和七年（989）“禁置网捕兔”；辽道宗清宁二年（1056）夏四月下诏曰：“方夏，长养鸟兽孳育之时，不得纵火于郊”。景福十年（1040）兴宗下诏“诸帐郎君等，于禁地射鹿，决三百，不征偿；小将军决二百以下；及百姓犯者，罪同郎君论”。清宁元年（1055）九月道宗下诏：“常所幸围外毋禁”。咸雍八年（1072）十一月，道宗下诏书：“大雪，许民樵采禁地”。天庆七年（1117）五月，天祚帝诏：“诸围场隙地，纵百姓樵采”。“置网捕兔”无疑是因杀伤力过大被禁。春夏禁猎，因春夏季正是野生动物的繁殖交配期；记载尚有不猎杀怀孕期间的野兽，以及处于生长发育期的野生动物之规定：“正月至六月尽怀羔野物勿杀……今后鹰房人，春月飞禽勿杀，违者治罪。”传至明代，萧大亨在《夷俗记》中说，“若夫射猎，虽夷人之常业哉，然亦颇知爱惜

北河沟子

生长之道，故春不合围，夏不群簋搜”。

太子府村为水草丰美之地，村域内至今流传北河沟子、东桥口等地名。公元 938 年石敬瑭将燕云十六州献给契丹后，依辽俗自然成为捺鉢重地，皇家禁园，划为官地实属正常。

通州王宝川老师藏有金章宗年间界碑一方。上有“西至漷阴县，捺钵四十里”字样。这说明，至胥持国所处的金章宗时期，这里仍属于官地（只是已为民占）。联系到金世宗时期，有人上书民占官地，捺鉢文化脉络清晰。

太子府村南，望君疃寿安寺，建于辽代。也可证明，那一时期，这一带宗教活动已经进入发达繁盛时期。太子府村红白喜事，曲目中常有《海青歌》（又名《拿天鹅》）。演奏中，乐器模仿海青（猎鹰）攻击天鹅的叫声，惟妙惟肖，即来自辽代捺鉢文化。《通州文物志》63 页，“通州区发现元以前古墓群分布表”中 23，潞城镇马坊村东汉墓群，6700 平方米，半存。正在太子府界内，说明汉代这里已经有人类活动。

在太子府村民传说中，也有围场、围猎之说。比如得名“太子府”之说。即太子围猎，常常住在此处……

潞城南部消失的村庄

■ 马景良

潞城南部侉子店地区，完全消失的、有据可查的村庄至少有六个。由西（运河边）向东（潮白河边）排序，分别是：温家庄、西上坨、（也称西掌坨）、陈家坟、元通寺、程家坨、张辛庄，有的遗迹尚存，有的史志有载。

温家庄，遗址不存，但名声最大，原址在今大甘棠村西，武家窑村北4里处。在1808年水灾中，大运河由张家湾改道至今址的文献中，都有记载。

西上坨，坐落于武窑村西北，高级社时期通县水利局就在这里建起了武窑扬水站。改革开放后，还建过仁祥水泥厂，路东是武窑化工仓库。

陈家坟，坐落于小豆各庄村北、武兴路北侧，五七中学（亦称小豆各庄中学）。在“农业学大寨”大平大整土地之前，遗址还很清晰，是兀突的大高坨子。

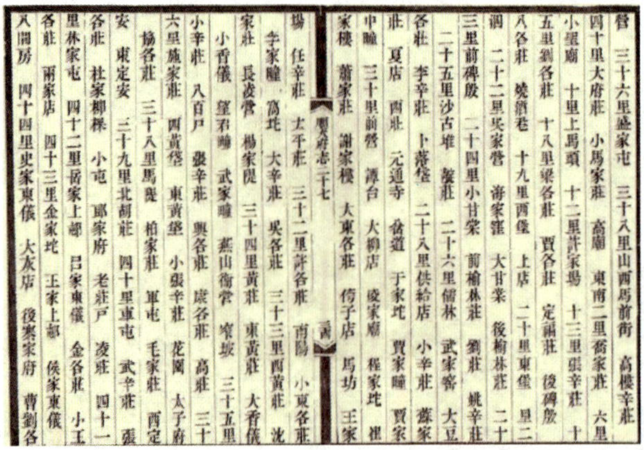
營 三十六里盛家屯 三十八里山西馬前街 高樓辛莊
四十里大府莊 小馬家莊 高廟 東南二里喬家莊 六里
小堡廟 十里上馬頭 十二里許家場 十三里張辛莊 十
五里劉各莊 十八里梁各莊 賈各莊 定福莊 後碑版
八各莊 燒酒巷 十九里西儀 上店 二十里東儀 里二
洞 二十二里吳家營 海家窪 大甘棠 後榆林莊 二十
三里前碑版 二十四里小甘棠 前榆林莊 劉莊 姚辛莊
二十五里沙古堆 [illegible]莊 二十六里儒林 武家窰 大豆
各莊 李辛莊 卜落垈 二十八里供給店 小辛莊 蘇家
莊 夏店 西垈 元通寺 徐道 于家坨 賈家疃 賈家
中疃 三十里前營 漷台 大柳店 [illegible]家廟 程家坨 崔
家樓 [illegible]家莊 謝家樓 大東各莊 侉子店 馬坊 王家
順天府志二十七
場 任辛莊 大平莊 三十二里許各莊 南陽 小東各莊
李家疃 高坨 大辛莊 吳各莊 三十三里西黃莊 沈
家莊 長凌營 楊家隄 三十四里黃莊 東黃莊 大香儀
小香儀 望君疃 武家疃 燕山衛營 寨坡 三十五里
小辛莊 八百戶 張辛莊 興各莊 康各莊 高莊 三十
六里施家莊 西黃垡 東黃垡 小張辛莊 花園 太子府
楊各莊 三十八里馬堤 柏家莊 軍屯 毛家莊 西定
安 東定安 三十九里北胡莊 四十里車屯 武辛莊 張
各莊 杜家柳樑 小屯 鄖家府 老莊戶 凌莊 四十一
里林家屯 四十二里居家上都 巳家東儀 金各莊 小王
各莊 兩家店 四十三里金家坨 王家上都 侯家東儀
八間房 四十四里史家東儀 大友店 後寨家府 曹劉各

《顺天府志》记载的镇域内部分村庄

元通寺、程家坨、张辛庄这三个村，在李鸿章、万青黎的《光绪顺天府志》（卷二十七）35页有明确记载：通州东南路村庄，东南二里乔家庄，六里小圣庙，十里上码头，……二十八里公鸡店、小辛庄、苏家庄，夏店、西庄、元通寺、岔道、于家坨、贾家疃、贾家中疃，三十里前营、谭台、大柳店、凌家庙、程家坨……，三十五里小辛庄、八百户、张辛庄、兴各庄、康各庄、高庄。

元通寺在今岔道村西500米的玉宝樱桃园内。岔道村严姓、李姓，南刘各庄村李姓，垡头村严姓的祖先是这个村子的原住民。这个村曾建有元通寺庙，历史上元通寺庙并不归岔道村。土改后，这个村遗址划为岔道村，元通寺庙也一并划入。元通寺庙，史志没有记载，但1964年在庙西北和尚坟出土过和尚圆寂缸，民间也有传说其曾属京东八大寺之一。这八大寺真实地存在过，但冠以京东之名，似乎欠妥。原侉子店地区就有四到五座。

程家坨，也称马坨子，在后榆林庄西北，原七级扬水站附近，前榆林庄村张禹祖先是那个村原住民。

张辛庄在村东南，与河北大厂县西关村隔潮白河相望，部分原住村民迁入西关村，部分人后裔迁至永顺镇大棚村。更有一部分人，迁入今潞城镇兴各庄村，如张姓；燕山营村，如裴姓（含兴各庄村裴姓）；李疃村、武疃村、凌家庙村，如张姓等。

有说《顺天府志》记录的是今张家湾镇张辛庄。这种说法其实不对，该志同一页即有如下文字："十里上码头，十二里许家场，十三里张辛庄""三十六里有小张辛庄"，更早的志书还把"十三里张辛庄"记为"张家新庄"。

该村是因潮白河水灾坍在河里的。这种说法最多的是道光、嘉庆年间。早年还有一个充满盗版意味儿的传说：张辛庄原本是张老公庄，是张老公偷了皇家宝贝，隐藏在家里，皇家派精兵索要，张老公不给，才惹来引水灭村之祸。据说大水到了张老公门前，水中出现索要宝贝的声音，张老公置之不理。于是，院里屋里出现管涌，到处冒水。张老公让家奴唤来水性最好的艄公，带着宝物上船。船到激流中，干打转，不前行，艄公拼尽全身解数，也冲不出旋涡激流，顷刻就要翻船。此时艄公不知受到什么警示，大呼，扔掉船上所有宝物，不然，全都没命。眼看就要船翻人亡，张老公当即弃宝于激流中。说也奇怪，水中旋涡顿去，一船人旋即悉数登岸。回头看时，村庄全无，只有张家豪宅的屋架，如一叶被撕烂的扁舟，在水中翻滚，时沉时现。

《顺天府志》未记录陈家坟村，但遗址尚在，今归属小豆各庄。位置在武兴路北，20 世纪 70—80 年代曾建有小豆各庄中学（也称五七中学）。这儿也有传说，说这村本来只住一户给人家看坟的人家，姓陈，后来发了财，住的人多了，形成小村，看坟人也就成了陈财主。陈财主心眼不地道，雇佣山东侉子当长工，到年终不但不给人家钱，反倒在给几个侉子吃的贴饼子里加剧毒红矾。这几个人觉得不对，把那贴饼子喂了狗。回头跟那陈财主说，你的饭吃了饱一辈子。天怒难犯，后来，陈财主家着了天火，又赶上闹土匪，家道败落，落荒而去。别的人家也相继迁走。

几个村的消亡都不是谜，民间都有明确说法。西上坨、陈家坟、程家坨三村的说法是匪患猖獗，民不聊生。元通寺还存在其他生存环境问题，这个小村没有甜水井，村民若不勉强使用苦井水，就得上一里地外岔道村挑水。土地也不具备耕种条件，村东村西都是沟。温家庄、张辛庄则完全是毁于水患。

除了这几个村，还有几个村也名在村不在。如李辛庄村，在大豆各庄村东，并入大豆各庄。于家坨村并入东刘庄村；前太子府村、后太子府村合并，统称太子府村；东康各庄村、西康各庄村合并，称康各庄村。

（马景良，通州区作家协会会员、通州区大运河文化研究会会员、潮白文友会会员）

乾隆《通州志·卷十》

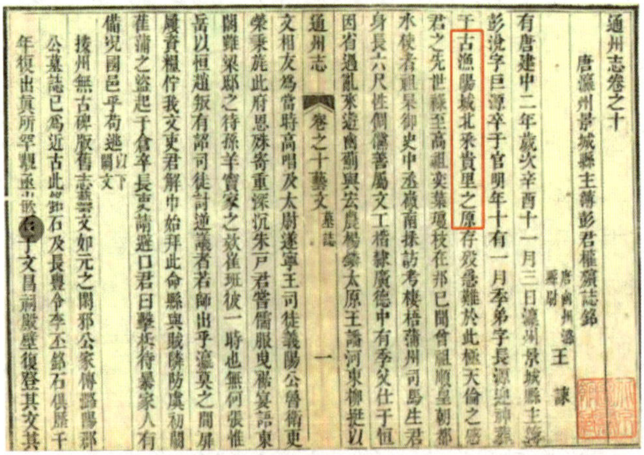
通州志卷之十
唐瀛州景城縣主簿彭君權殯誌銘
唐幽州潞縣尉 王謙
有唐建中二年歲次辛酉十一月三日瀛州景城縣主簿
彭說字巨源卒于官明年十有一月季弟字長源迎神櫬
于古漁陽城北采貴里之原存殁急難於此極天倫之感
君之先世祿至高祖奕葉瓔枝在邦已聞曾祖順皇朝都
水使者祖杲御史中丞嶺南採訪考棲梧蒲州司馬生君
身長六尺佳倜儻善屬文工楷隸廣德中有季父仕于恒
因省過亂來遊幽薊與宏農楊鎣太原王喬河東柳楚以
通州志 卷之十藝文 墓誌 一
文相友爲當時高唱及太尉遂寧王司徒義陽公晉衛吏
榮秉旄此府恩殊寄重深抗朱戶君嘗儒服曳裾宴語東
閣雖梁鄒之待孫羊實家之欵崔班彼一時也無何張惟
岳以恒趙叛有詔司徒討逆義者若歸出乎瀛莫之間屏
屬貢糧佇我文吏君解巾始拜此命縣與賊隣防虞初闕
萑蒲之盜起于倉卒長吏請避口君曰擊兵待暴家人有
備兒國邑乎苟遯 以下闕文
按州無古碑版舊志載崇文如元之閻邪公家傳潞陽郡
公墓誌已爲近古此誌鉏石及長豐令李丕銘石俱屬千
年復出眞所罕覯亟出歛[illegible]于文昌祠嚴壁復登其文其

采贵里

■马景良

刘锡信《潞城考古录》中，有《唐景城主簿彭君权殡志铭跋》一文。刘翁阐明这殡志铭的意义说：“惟彭君墓志，未出土以前，无凭指此城为路县故城。今由此石证，以《水经注》《五行志》使二千年古迹粲然可考。并可补《后汉书》及地理诸家之缺，金石之裨益，良多也。”

乾隆《通州志》载：“岁次辛酉十一月三日，瀛洲景城县主簿，彭涚字巨源卒于官。明年十有一月，季弟字长源迎神葬于古渔阳城北，采贵里之原。存殁急难于此，极天伦之感。君之先世禄至高祖，奕叶琼枝，在邦已闻……”

给亡人写殡志铭的“幽州路县尉”，职务相当于今通州区公安局局长。“葬于古渔阳城北”一句表明，属今古城村“世渔阳郡俱治潞”的有力证据，已为世人所关注。而后半句“采贵里之原”则没有被关注。有人认为：“采贵里即今召里”，理由是距离近，而且有“里”字。

采贵里是确实存在的，按原文呈现出的方位，位置应该在古城北，今京秦铁路以东。且原文是“采贵里之原”，指的是采贵里地界，不是采贵里村。如果是召里地界，刘锡信所得墓志铭就无法解释。《通县地名志》说“召里”是元代成村，即公元 1271—1368 年。墓志铭中说：“有唐建中二年”则是公元 781 年，足足有 5 个世纪的时空差距。“召里”是否曾用过“采贵里”一名，尚无考证。依《通县地名志》之说，唐建中二年，无召里村；

依墓志铭说，记载的也非召里村。

采贵里如何消失的？读刘翁的“唐景城主簿彭君权殡志铭跋”，其实可见端倪：“元黓敦牂，州大水，水退，而古城北露出此石。予表兄倪怡亭祥麟偶经其地，见之……”时间：元黓敦牂；“元黓”是“壬”的别称，“敦牂”是“午”的别称，“元黓敦牂”是“壬午”年之意；地点：州（通州）；事件：大水。刘锡信所处的乾隆壬午年（1762）发大水，石头都冲出来了。历史上，大水淹没村庄并不稀奇。志书有记载的大甘棠村西的温家庄，兴各庄村东南的张辛庄等许多村庄，都是毁灭于“西潞水”“东潞水”的州大水。自781年至1762年，近乎千年，采贵里消失于某种灾害，也在情理之中。

如果采贵里存在，那又透露何种信息呢？《说文》释义“里，邑也。”《尔雅》李注：“居之邑也。”《尚书大传》载：“先秦以二十五家为里，八家为邻，三邻为朋，三朋为里。”

里出于先秦，通州仅存寨里、疃里、翟里、召里、临河里，消失的有堤子里（在胡各庄村南）、采贵里。把这六个里连起来，正好是通州最早期的人类活动带，宋庄镇菜园村一带出土过新石器，加上大甘棠村东的战国墓，久远的文化连成一线。反之，若去掉了采贵里、堤子里，大甘棠村东的战国墓则成“孤棋”，文化带似有“大龙”断裂之感。

东汉渔阳郡，古城村为根

■马景良

渔阳郡，较早出现于“陈胜、吴广大泽乡起义”之典。《史记·陈涉世家》载：“二世元年七月，发闾左适戍渔阳九百人，屯大泽乡。陈胜、吴广皆次当行，为屯长。”西汉设路县于公元前206年，秦二世元年是公元前209年，即早于西汉设路县三年。

渔阳郡旧址，说法也颇多，密云、怀柔、蓟县、平谷、武清……俱各有词。唯独有金石凭证、记载详实的潞城镇古城村，没有正名。

《唐景城主簿彭涚权殡志铭》，清乾隆年间，出土于古城村北。铭载：“建中二年，季弟长源迎神，葬于古渔阳城北，采贵里之原……”

建中二年，即公元781年。781加209，等于990。即近千年后，古渔阳城之称仍在。乾隆间北方第一学者刘锡信据此，在《潞城考古录·唐景城主簿彭君权殡志铭跋》中断言：考《水经注》，路县故城（古城村）为东汉渔阳郡治。

《后汉书》载：“东汉建武元年，光武北击尤来、大枪、五幡于元氏，连破之，乘胜轻进，反为所败。贼入渔阳，乃遣吴汉等十二将军追战于潞东及平谷，大破之。”建武元年是公元25年，而东汉是25—220年。据此可证西汉末年，更始帝时期这里也是渔阳郡治。《水经注》定性为，王莽之“通潞亭”。

“贼入渔阳”，即尤来、大枪、五幡等农民军进入古城。《水经注》

说：鲍邱水又南经路县故城西，潞东，渔阳（古城村）东。平谷，不是今平谷城，是今宋庄镇小营村（顺义界南）。在古城村北十几里处。

东汉年间事，刘锡信有详尽论述："《后汉书》五行志云：建武中，渔阳太守彭宠被征，书至。明日路县火灾起城中，飞出城外，燔千余家，杀人。时宠与幽州牧朱浮有隙，疑浮见浸谮，故意狐疑，其妻劝无应征，遂反叛攻浮，卒诛灭。"

若潞仍如西汉时为渔阳郡支县，远在数百里外，即偶尔遇灾何以遂见为太守感应之兆，岁无明文可以互证也。但《后汉书·郡国志》载："渔阳郡所领县，仍以渔阳县为首。或司马彪误沿班志旧文，未及更正，或东汉中叶渔阳郡仍归治故地，具未可知。然观《三国志》所载，刘虞从事鲜于辅阎柔等，裕报公孙瓒，与瓒所置渔阳太守邹丹战于潞北，则又似终东汉之世。渔阳郡具治路县者，然则果司马彪编列失序也。脱非获此唐刻，竟无从确考，此城为路县故城，即东汉渔阳郡治，今由此石而证之。"

《后汉书》中："耿弇字伯昭，扶风茂陵人也。少习兵，光武尝指弇为北道主人，会蓟中扰乱，诸贼风起，弇请兵北徇，帝壮其意，许之，遂定彭宠于渔阳，取张丰于涿郡。"也可证明这一点。

东汉时期，文献记载详尽。西汉时期，文献记载不在此地。但是，西汉路城的考古发掘证实，不管哪一处，都没有此地的厚重文化底蕴。绝无仅有的是，在副中心建设中，后北营村出土了古人的技术工具——骨质算筹。此宝仅少量出现于大葆台西汉墓，而此次发掘出多达 26 支，保存得十分完好。结合秦代的蓟襄驰道，看紧邻路县故城遗址的汉墓发掘，无疑说明，此地至少自 2000 多年前的战国时代就有大量人口居住，而且商业发达。

拨云见日，渔阳郡何时开始治此领县，给后人一个明确交代，应该是为期不远了！

故乡郝家府

■高占祥

清代通州绅士内阁中书李焕文诗云：雄关纵目大光搂，八省军门此驻驺。玉粒香粳齐挽粟，吴头楚尾竞停舟。帆樯林立人如蚁，灯火星罗浪泊鸥。万国梯航兼贡献，宾夷蛮女尽怀柔。

纵目大光搂，尽书开漕节。说的是哪里？昔日通州城下郝家府村，曾经生我、养我的热土！

据史料记载：约在明代永乐二十几年间，朝廷为奖励四品巡抚郝祖（郝巡的父亲，祖籍山西），特分封了他这块土地。民间亦有传说，皇帝还赏了他“黄马褂”，给予了他到通州肆意跑马占圈，霸占土地的特权。郝巡偕吏翊至此，形成聚落，依姓得名郝家府。清初圈地，该地被圈占，更名为郝家甫。1913 年复名郝家府。古属通州甘棠乡，拆迁前属潞城镇，当今已成北京城市副中心行政办公区核心区。

甫，通“圃”，种植果木瓜菜的园地。古通州文昌阁十二景，“绕郭蔬畦”，包含这里。所以杨若桥说：农甫渔樵，可图可画可书。本村南邻运河，刘锡信眼见秋阳下漕艘帆樯。村西北大光楼仅一喊之地，“万舟骈集”，通州八景之一，李焕文嗅到漕米之香。

但这只是此河段上的一面，另一面却是激流险滩，船夫拼着性命，与惊涛骇浪搏斗。隔河西南望是“小神庙”。何谓“小神庙”？不给他香火他就断缆崩舟！北运河疏挖工程，此处就曾挖出百年沉船，数量多达数十

高占祥书法

艘。船上有古铜钱、瓷器等文物。

康雍年间，坐粮厅礼部郎中陈豫朋翁却是这样记录的："郝家埠浅滩，素为舟患。祭祷后，水忽西徙，喜粮艘畅行，诗以纪之。

浚浅疏淤系远心，朝昏鸣橹涉清涔，沙中河伯灵相助，苹末封姨静不侵，山入篷窗凝黛色，鸟惊渔笛下芦阴，溯流暂遣烦愁豁，泽畔聊为鼓枻吟。"

"郝家埠"，郝家府村外挡水的土壕。"素为舟患"，即向来是漕运之殇。"祭祷后"，如无祸患，祭祷干么？如有良策，干么非要祭祷？"系远心"，早就想浚浅疏淤，治理此祸患。

陈豫朋翁（1672—1751）记录了"沙中河伯灵相助，苹末封姨静不侵"好景。可惜不足百年，到了嘉庆十三年（1808）通州运河泛滥，河道至此转弯，水流湍急，形成漩涡，船行极易失控，郝家府河段得名"沉船墓场"。

"沉舟侧畔千帆过，病树前头万木春"。郝家府也不止千帆竞渡。村里油豆皮，同样蜚声海内外。上个世纪后期，那个油豆皮厂已经是北京豆制品厂的黄页厂家。揭豆皮有多少年历史没有详细记载，但据传说，这里水好，离开这村的水，哪儿都做不出这上好豆皮来。有多么降人不能量化，但在"极左"时期，"割资本主义尾巴"都没割掉，照样生产。郝家府不是回民村，可是北京清真食品一糖卷裹专讲究用这里的油豆皮。

现而今，首都副中心已经拔地而起，这几笔已皆成陈年旧貌！欣闻故乡潞城正修镇志，拜托将这昔日之景存录！

对于《潞城镇志》，首先自恨耄耋之躯不给力，不能亲手操刀。因为这是家乡的“文化力”，尽绵薄之力，责无旁贷！我讲过：“文化力有两个主要的特征，第一，它是软实力的核心，第二，它是硬实力的先导。所以民族复兴、文化先行，文化领航、事业辉煌，所以那个文化力里头，我写了21力，最重要的一章，我认为就是文化先导力，如果一个领导者掌握了这个文化先导力，那么在社会的进程当中，在事业的竞争当中，他就能够走在前头！”

（高占祥，原中华人民共和国文化部副部长）

郝家府的油皮

建设中的北京城市副中心

颐和宜居——前疃

■张宝石

潞城镇东部紧邻潮白河西岸，那随潮白河而蜿蜒的右堤路旁的绿树林中，有一个小村，百十余户人家，350 口人。就村域人口来说，前疃村在本地是个名副其实的小村，别看村小，却有大历史。从建村年代而言，它比周边邻近村落的历史要早三百年，据清康熙《通州志》记载：延庆寺在州白河东贾家疃，金天会三年（1125）建。延庆寺今已无存，可它从出世到清中期这一段时间里，名扬天下，史称京东八大名寺之首。为何称首？其建筑年代久远，建筑规模之宏大，建筑形式之独特，香火旺盛，信徒之广，名冠京东八县，民间按照其建筑形式，建筑风格称其为转角寺。据村中何姓族谱记载，元末明初，有贾姓四兄弟携全部家眷来此地，围寺而居，在这块神秘的土地上拓耕劳作，生息修养。明燕王扫北年间，在这一代打仗屯军，特别是大量的移民进入，贾姓四兄弟为了保卫多年来所开拓的土地，决定分家，四兄弟中的一部搬到了延庆寺北一公里外，另建新村址，起名贾家后疃村，为了方便，留下未搬迁的一部改称贾家前町村。岁月如箭，1949 年解放后简称今名，贾家前疃村，去掉了前面 2 个字贾家。今名叫前疃村。贾家后疃村，去掉一个家字。今名叫贾后疃村。一直沿用至今。据传延庆寺毁于一场大火，后无存。如今只留下石槽，石床，基石柱墩，经幢石柱，其经幢石柱有汉白玉，艾青石材质，上刻文字有篆、石鼓文、楷书等形式，这些遗物今多散落在今村南一带。

据民国《通州志要》人物篇目记载，贾精一，字献用，通县贾家前疃人，为人尚侠义，重然诺，精通文学，常设教大豆各庄、沙谷堆等村，文生陈蓝田、李镜泉等皆出其门。以后充京师愿学堂评议。光绪十四年（1888）游慕朝鲜，以其地滨海气湿，年迈不胜辞归，时贼首王马七者聚众兴各庄村西儿窑，出没运河以东及强强河一带，精一办理团练，一境赖以安谧。庚子（1900）岁，拳匪围攻贾家后疃，精一出喻以理，不听，遂及于难，乡人哀人。

前疃村子不大，可它地理位置极其重要，村东与河北大厂重镇谭台遥望，设有渡口，是这一带重要的交通要道。在那艰苦卓绝的抗日战争时期，解放战争时期，敌伪就在前疃村建炮楼、设关卡，建立封锁线，据通州籍作家张树林同志的《侉店地区革命斗争史》中记载，前疃村是我党冀热辽第十四军分区在通州境内打响抗日战争的第一枪所在地。从这第一枪开始，到抗日战争胜利结束，通州人民进行了艰苦卓绝的革命斗争。

侉子店地区，西至大运河，东至潮白河，南至西集辖村，北至胡各庄（原宋庄）界。运潮两河把侉子店地区夹在中间。自上个世纪的四十年代，运河西至通州为敌伪势力天下，潮白河以东为共产党红色根据地。侉子店地区自然成为了敌我双方必争之地，史称“敌我拉锯”时期。这一地区的广大人民群众，在共产党的带领下，以非凡的大无畏精神，与日本侵略者和国民党反动派进行了殊死搏斗，取得一次又一次胜利，用鲜血和生命谱写了侉子店地区革命斗争史。

1943 年开春，中共冀察热辽十四军分区派侦察兵，扮装成锄地的农民，从潮白河的东岸窝坨村涉水到西岸，突然出现在谭台渡口敌伪岗卡面前，四个伪军慌忙举枪反抗。双方激战。结果，四个敌人一个被当击毙，一个重伤，一个轻伤逃回附近的“前疃据点”，一个被活捉，成了“舌头”（提供敌伪情报活口）。

前疃据点伪军听说八路军打过了潮白河，万分恐惧，急忙逃窜，一口气跑过武窑渡口运河西岸。此役为共产党“开辟地区”，在通县境内打响的第一枪。人民群众争相传颂：“八路军真英雄，谭台河岸打冲锋，警备队拉了稀，一气逃到武窑西。”

解放战争时期，国民党反动派与人民为敌，在前疃村设立警察公所，与前榆林庄村炮楼张松江部狼狈为奸，疯狂镇压人民，犯下滔天罪行。

前疃村民贾士儒，张万芬夫妇，家住村北的菜园子，是我抗日堡垒户。贾士儒人称贾瞎子，有眼疾，与妻子张万芬一起利用自家菜园子做掩护，因菜园子在村北远离居民点，在前营村和前疃村两村之间的结合部，是个不引人注意的地方。敌人万没想到，这个全村最不显眼的地方，在敌人眼皮底下，竟有一个我党的红色堡垒户，红色地下交通站，夫妻二人都加入了中国共产党。当时曾在我抗日政府担任县委书记的纪心泉、敌工部长金瑞藻与徐进等同志都曾秘密的住在这里，领导侉子店地区人民与国民党反动派进行革命斗争。

前疃村民风淳朴、民风正、勤劳俭朴、经过党的多年教育，崇尚科学、接受先进理念快、政治思想觉悟高，遇到灾害需要捐款、捐物，不用村干部开动员会，村民们定会鼎力支持，把最好的物品棉被、衣服、钱款交到村委会。上个世纪80年代，村办纸张加工厂是侉子店地区村级企业中的龙头企业，本地区的创税大户。老支部书记贾海对工作认真负责，干事公平公正，村支部书记一干就是二十六年，在老书记的带领下，党支部村委会团结一心，抓死角、干实事，一切为全村百姓着想，多次被镇级领导及上级单位评为优秀、先进党支部，先进村委会的牌子、奖旗挂满了村委会陈列室的四面文化墙。

如今的前疃新村像一艘新的战船，已经起航建设美丽乡村。以绿色环保发展为理念、以党和政府同心同德为准则、以务实开拓的工作热情、撸起袖子加油干、建立和谐美丽新农村、带领村民走向新生活、这就是前疃村民追求的时代新梦。

（张宝石，通州区作家协会会员、通州区政协文史和学习委员会特邀委员、通州区大运河文化研究协会会员、潞城镇前榆林庄村村民委会委员、潮白文友会会员）

前疃村现状

让文明成为一
前疃村
便民服务站
文明银行分行

水路通衢

夏泽

■马景良

潞城镇呈西北高、东南低走势，且越往西北历史越久远，越往东南年代越近。地质学研究表明，华北平原是我国最大的沉降盆地，现在的潞城地区最初也是泽国水乡。西北部的召里村一带，及紧邻的宋庄菜园村，出土文物说明，新石器时代即有人类活动。而处于东南的贾后疃村，出土只有元代墓葬，侉子店村至大东各庄村，也只有唐辽墓群，而大甘棠村到古城村一带，有战国墓、汉墓群，越往北越密集。寺庙也是西北部的汉魏古刹居多，东南部仅有金元代记载。这从一个侧面证明，随着水系慢慢地褪去，人类活动也逐渐向东南部迁徙。

据地质学理论研究，远古时期渤海退去之后，在潞城南部留下一片湖泽，史称夏泽，又名夏谦泽。在今河北大厂回族自治县西北十五里夏垫附近。《水经·鲍邱水注》：“鲍邱水又东南入夏泽。泽南纡曲渚一十余里，北佩谦泽，眇望无垠也。”《资治通鉴》：东晋隆安元年(397)，燕慕容宝“尽徙蓟中府库北趣龙城。魏石河头引兵追之，戊午，及宝于夏谦泽”。顾炎武《日知录》第31卷“夏谦泽”：“今三河县西三十里地名夏店，旧有驿，鲍邱水径其下，而泃河自县南至宝坻入于海。疑夏店之名因古夏泽。其东弥望皆陂泽，与《水经注》正合。”

郦道元在《水经注·卷十四》中对此有专门记述：沽水西南流，径狐奴山西，又南径狐奴县故城西，沽水又南，阳重沟水注之，水出狐奴山，南转径狐奴城西，侧城南注，右会沽水。沽水又南，灅余水注之。沽水又南，左会鲍邱水，世所谓东潞也。沽水又南径潞县，为潞河。鲍邱水又西南历狐奴城东，又西南流注於沽河，乱流而南。又南过潞县西。鲍邱水入潞，通得潞河之称矣。高梁水注之，……高梁河水者，出自并州，黄河之别源也……又东至潞县，注于鲍邱水。又南径潞县故城西。鲍邱水又东南入夏泽。泽南纡曲渚一十余里，北佩谦泽，眇望无垠也。

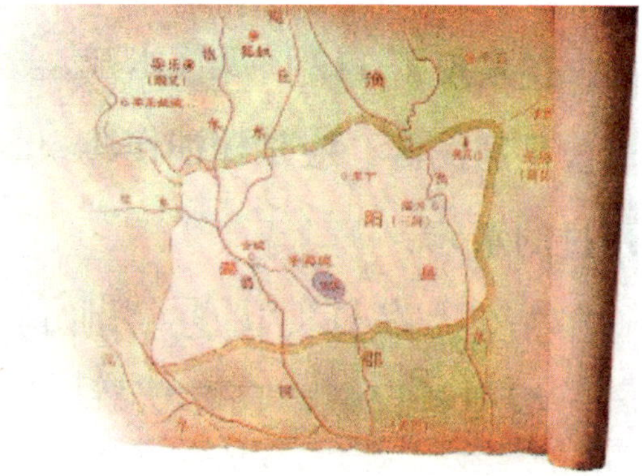

东汉潞县图

由此可见，鲍邱水即今大运河与潮白河的源流之一，因夏末秋初，河水暴漫得名。有记载的源流有今桑干河（永定河上游）、潮白河（鲍邱水）、沽水（北运河）、温榆河（出自白浮泉）等等，水流较多，水面宏旷。

乾隆《通州志·封域山川》载：“七里龙潭，旧志云在州城东20里，广袤一顷，深处不可测。每雨时，风云压潭，俗传龙降取水。遇岁旱，祷雨辄应。”按张维基考云：“即《读史方舆纪要》所载之百花潭也。今城东南，运河东窝坨庙即此。”

“七里龙潭”，即今日大运河水梦园。建园前，称七级沟子。当年广袤一顷，深不可测。老一辈人都知道，为测量这龙潭深度，人们将小连绳接起来，坠上石头往下续，到头来，许多把绳子续下去了，也没够着底。小连绳每把多为20根，每根7—10米，一把的长度应为150—200米，据此推算，这潭深应在1000—2000米。

湖泽退去，主要原因是地壳运动，华北地区地面隆起，再者因多条大河冲击淤积，而成平原，历来有“人活一世，地涨三尺”之说。

在20世纪50年代，也就是机械化大平大整土地之前，夏泽遗留的地貌还清晰可见。当时，在古城村南，有郝家府村东的河沟（或刘锡信所言，古城南三里处，帆樯林立），往东南有南刘各庄村的河沟（运河故道），南刘各庄村中大沟北500米左右是七里龙潭（七级村南大运河水梦园）。南刘各庄村中河沟出东口经小石桥，流向八各庄，再东南流，经卜落垡村西口的裴老河、于坨、刘庄之间奔侉子店西，流入小东各庄、谢楼村西的老河底（1808年大水，运河改道前为运河故道）。八各庄村头的湿地也才消失。

从水梦园（七里龙潭）以南有南刘各庄、八各庄、大小甘棠、陈家坟（村庄消失，曾建五七中学）、小豆各庄、大豆各庄、曹坨、侉子店、岔道、东刘庄、卜落垡、前榆林庄、后榆林庄、马坨子（俗称，志书为程家坨。现已消失，原住民后代尚存）、东堡、七级。这些村子呈环状分布，中间大片土地没有村庄，呈“洗脚盆”状，村落环湖而布。再把大小甘棠与卜落垡村连成一线，村庄距离最远，中间盆底处叫马家洼子。按张家湾镇以东至夏垫镇为夏谦泽水域之说，这片马家洼子也处于湖泽地带。整个“洗脚盆”的土质都是黑粘土，极像池塘干涸后的池底。20世纪60年代前，笔者曾在那摸过鱼、撸过草籽、打过草，见过大片一人多高的水稗子。

马家洼子正名应该是马洼子，与其以北的程家坨旧址共称马坨子，都与明清时皇家在这一带养马有关。古时马匹属军用物资，清代曾有过禁止民间养马时期。万历《顺天府志》第三卷专门设有“马政”篇。

落垡村詹府，墓地在这里。祖上“荣、桂”二翁，均葬于村西“纱帽翅”。此地块为什么得名“纱帽翅”？原有大面积坑塘，称“纱帽池”。但是此地有“庙小神量大，池浅王八多”的说法。为避大不敬之嫌，清末大家王文锦在给詹桂立传时，将池字改成了谐音的翅字。

按照“河流淤塞作用，使雍奴薮、夏谦泽日渐缩小或分割，”形成若干个区域较小水面的说法。这片洼地东边也是一个“洗脚盆”。后榆林庄，前榆林庄，卜落垡，侉子店是一条线，东边沿潮白河的贾后疃、前疃至兴各庄又是一条线。两条线中间同样地域开阔，没有村庄。卜落垡、侉子店至贾后疃一带是沙土地，中间有大沟。沙岗一直延续到 20 世纪 70 年代。

卜落垡村和于坨村相邻，志书上的于坨村叫于家坨。卜于两村间有裴老河。翻开 50 年于刘岔三村的老地契，窑沟、塔沟、烂柴沟、四沟子、马家洼……地块名称比比皆是。1960 年，从岔道村至大豆小学，有 1000 多米的距离，即使挑高处走，也要涉水 3 次，脚窝里能踩到鱼。自合作化入社起，村里每年都要讨论种植计划，要因地制宜，实际就是防涝。农谚说：“高粱老海，十年九逮”。因为高粱海豆耐涝，因此较多种植高粱和海豆。这里是十年九涝，20 世纪 60 年代前，发水时淹没庄稼地，玉米只露半截。大水退去之后，人们在泥淖中种荞麦，深秋时节，荞麦开花一片白。深冬严寒，土壤湿度大，路上会冻出道道裂缝。惊蛰节气开浆返地气，满路泥泞能没到脚踝，出行走路叫“拔陷”，鞋子粘成大泥坨，新纳帮纳底的布鞋几天就脱帮。据说俗语“王八腿上拴西瓜——滚的滚，爬的爬”就是这么来的。“文化大革命”前，运潮两河间，北至宋庄白庙一线，南到沙古堆西集一线，偌大地域，无一条公路。烂道从惊蛰节气开浆开始，经雨季直到上冻封地，大半年没有干道走。1966 年修建了域内最高级的交通要道宋郎路，纵贯南北，号称三米宽石屑路。

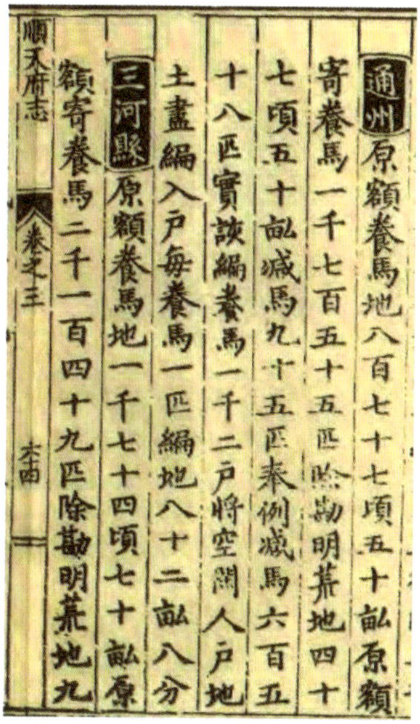
通州原額養馬地八百七十七頃五十畝原額
寄養馬一千七百五十五匹除勘明荒地四十
七頃五十畝減馬九十五匹奉例減馬六百五
十八匹實該編養馬一千二户將空閑人户地
土盡編入户每養馬一匹編地八十二畝八分
三河縣原額養馬地一千七十四頃七十畝原
額寄養馬二千一百四十九匹除勘明荒地九

順天府志 卷之三

明万历顺天府志

关于夏泽记载诸多，如《水经注》“泽南纡曲渚一十余里”等。通州学者们也都有专门著述，如孙连庆先生《漫话通州·关于水梦园》中：“今七级村、榆林庄、卜落垡、侉子店等潞城镇南部各村均在其（夏泽）范围内”，不一一赘述。

潞城镇两大河流

■ 吴孔安

潞城镇东有潮白河，西有大运河，历代志书均有记载。清雍正年间唐执玉、李卫所纂《畿辅通志》中，曾记有三条河流：“牛家务河，一名绛河，在通州东北，源出牛栏山，经西赵村，过绛桥至王家渡入潞河。”经考证，绛桥在今贾后疃村东。

畿辅安澜志

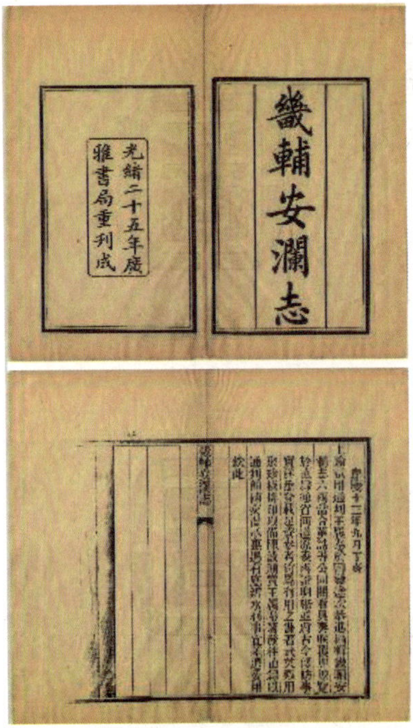
畿輔安瀾志

光緒二十五年歲
雅書局重刊成

“富坨河，在通州东三十二里，周五里许，经年不竭，多鱼虾之利。”（也有说，富坨河即窝坨河，窝坨村在今友谊大桥东）。

“苍头河在香河县西北二十里，即肖后运粮河也，上通牛栏山水，窝头庄水，下通三路堤口。一由李家坑堤口入北吴村，一经明星堂堤口入甘十八堤口，一由东凌庄、尹家河、沙务庄、张家灰店南吴村、牛家屯入扳罾口运河”（苍头属香河县，在窝坨村南，友谊大桥东南）。

上述三条河流原位于今镇域东部，也就是今天的潮白河。是河水泛滥成灾之年，潮白河改道侵占了这三条河的河道。关于潮白河，这部《畿辅通志》作了如下记载：

潮河源出古兴州，自古北口流径县西，合于白河。《密云县志》载：潮河发源自兴州界，古北口流径县西南，与白河交会。宝坻之潮河，即密云之潮河，即古鲍邱水。《水经注》鲍邱水出御彝北塞中，又南径密云戍西，御彝北塞（兴州地密云戍，即古北口关也）。《水经注》又云：鲍邱水西南历狐奴县，又西南注于沽河。今顺义县汉狐奴地也。《方舆纪要》记载：鲍邱河自密云县流径通州东境米庄村，又经三河界至宝坻县，合洵河。盖旧日潮河自密云经顺义县而合于白河，又分流由三河经宝坻而合于洵河。统而计之，鲍邱水也。

“自明景泰二年由‘北塘’河口开引新渠。详下：由是天津粮艘，由直沽经宝坻之潮河，而上泝于蓟州，即今所云蓟运河也。至嘉靖三十四年，遏潮河不使入顺义，竟由密云合白河水，部备考，自密云城西杨家莊筑塞新口疏通旧道，令白河与潮河合流至牛栏山，水势甚大，故通州漕运得达密云城下。是潮河之在密云者，合白河而下，达于通州即今所云北运河也。”

这就是说，潮白河源流之一潮河，就是《水经注》所说的鲍丘水。发源于今密云古北口，历史上于顺义合于白河后又分流，由三河经宝坻而合于洵河。这段河流，在明景泰二年（1451）也曾开引新渠，作为运河使用，由天津北塘而上，使通州漕运得以到密云。通州段大运河，是潮河在密云合流白河而下形成的河段。

综其他志书记载：潮河、白河的河道在历史上曾多次改道。东汉以前，潮河、白河各自入海；北魏时，在通州汇合；以后，汇流点逐步向北迁移，至五代在顺义区牛栏山汇流；明嘉靖三十四年（1555），为利用潮白河通漕，经人工治理，于密云县西南 18 里之河漕村汇流。

白河，是大运河的主源流，雍正《畿辅通志》作如下记载：

“白河，古沽水也。亦曰潞河，源出宣化府赤城县，流经口外入密云县之石塘岭关，过密云县西，又南经怀柔县东，又南经顺义县而上东，又南经通州北，又屈经其东南，又经香河县西，南折而东南，入武清县界，又东南达天津府之‘三岔河’，由直沽入海。

沽水（白河）出山，经渔阳县故城西，而南经安乐县故城东，俗谓之西潞水也。西南流经狐奴山西，又南经狐奴县故城西，又南左会鲍邱水，世所谓东潞也（潮河）。沽水又南经潞县，为有潞名，潞河也。又东南径泉州县故城，东又东南合清河，清、淇、漳、洹、滱、易、涞、濡、沽、滹沱，同归于海。——《水经注》

白河在潮州东四里北出通州潞县南入于通州境，又东南至香河县界又流入于武清县境达于静海县界。——《元史·河渠志》

白河源出宣府龙门所东滴水崖，东流入密云县北之石塘岭，过县西入通州界。其支流亦从石塘岭过怀柔县西、顺义县东，入通州东境合焉，东南经潮县武清东而入直沽合‘卫河’入海。——《方舆纪要》

白河自密云县与潮河合流，至通州入直沽一名白遂河。——《明一统志》

白河两岸皆白沙，不生青草，故名。——《通州志》

白河自石塘岭白马关入，故曰白河。赴通州北关湿余河合，即运粮河，性悍多沙迁徙无常，俗称为自在河。——《顺义县志》

通州、香河、武清三州县运河，其北自白河与富河在通州北石坝处合流四十里许，至张家湾而通惠桑干诸河入焉，南流至天津出海，所谓潞河也，亦称白河，自通石坝起，至天津卫界止计程三百四十二里。——《治河要览》”

白河、白遂、沽水、潞河都是大运河的别名。潮白河也不是潮白二水汇合即潮白河，因为还有白河流入运河。

大运河、潮白河的上游，王履泰所纂《畿辅安澜志》记载：“石门水或以为即石盆浴水，石盆浴山下龙潭中有石门，疑或是也。如以伏凌山为雾灵之讹，而谓潮白本自相同，则非也！黑城川水在密云县北四十里平顶山后，流入潮河。或谓沽水支分东流与潮河合，故白河亦有潮河之一名，是则名为入潮其实入白也。且沽水分支先合正流后合潮河，非由潮入沽也。”

潮白河为流经北京市北部、东部的重要河流，属海河水系。其上源有两支，东支为潮河，西支为白河。潮河，古称大榆河、濡河，又称鲍邱水，因其“时作响如潮”而称潮河。

《水经注》载：鲍丘水又西南历狐奴城东，又西南流注于沽河，乱流而南。又南过潞县西。鲍丘水入潞，通得潞河之称矣。

（吴孔安，通州区潞城镇党委书记）

关于水梦园

■孙连庆

北魏时期(386—534),沽水(白河,即今北运河)、鲍邱水、桑干河(即今永定河)均经潞县(通州区前身)向东南经宝坻县入海。三水在潞县东部偏南注入夏泽,夏泽水域西起今张家湾镇以东,东至今大厂回族自治县夏垫镇。今七级村、前后榆林庄村、卜落垡村、侉子店等潞城镇南部各村均在其范围以内,其南10余里河道环曲,偶有小块滩地。再南,三水潴积形成横跨今通州东南部、大厂县中南部和香河县、"渺望无垠"的佩谦泽。郦道元在《水经注·卷十四·鲍邱水》写道:鲍邱水"又南,经潞县故城西,……屈而东南流,经潞城南,……鲍邱水又东南入夏泽,泽南纡曲渚十余里,北佩谦泽渺望无垠也。"在北魏时期,潞县县治已由今潞城镇古城村迁至今三河县西南城子村,所以文中称原古城村的"潞城"为"潞县故城"。清代顾炎武在《京东考古录·考夏谦泽》中写道:"鲍邱水又东与泃河合。《三河县志》:鲍邱河在县西二十五里,源自口外。南流经九庄岭,过密云合入溪,至通州之米庄村,合沽水入泃河。今三河县西三十里有驿,鲍邱水经其下而泃河自县城南至宝坻(县)下入于海。疑'夏店'之名因古夏泽。"在唐代,夏泽与佩谦泽两泽相通称"夏谦泽"。北朝末期以后,宝坻、香河地区地壳缓慢隆起。桑干河改道自今丰台南去安次、信安镇注入拒马河,鲍邱河也在稍后改道,流向今大厂、三河一线。两泽失去水源逐渐萎缩。在辽、金、元三代,佩谦泽缩小为位于香河县境内的"浮鸡淀",而夏泽逐渐缩小为若干小的湖泊，到了清代在今七级村形成被称为“七里龙潭”的湖泊。清光绪《通州志》对于“七里龙潭”有如下记载：“旧志云，在州城东二十里。广袤一顷，深处不可测。每雨时，风云压潭，俗传‘龙降取水’。”

2002年潞城镇政府在“七里龙潭”投资兴建大运河水梦园。该园水域面积达10万平方米。所建“水梦草堂”古香古色，在内小憩，可以品茗小酌，尝纯正农家风味。园内建有陕北窑洞、蒙古包、垂钓、攀岩、采摘、石碾石磨、龙舟、古井辘辘等多种景观和游乐项目，坐亭观景，拱桥如月；泛舟湖上，鱼鸭相戏，一派江南水乡风韵。每逢节假日，游人络绎不绝。历史悠久的夏泽遗迹，如今已成为人民群众的休憩乐园。

大运河水梦园

古时就是水陆交通要道

■任德永

洛阳铲，一种广为人知的工具。不过多数人对其的最初了解，却是从一些关于盗墓的案件报道及盗墓类小说中获得。洛阳铲的最早用途确实是盗墓。著名的考古学家卫聚贤在 1928 年目睹盗墓者使用洛阳铲的情景后，便运用于考古钻探。此后，洛阳铲在著名的安阳殷墟、洛阳偃师商城遗址等古城址的发掘过程中，发挥了重要作用。如今，学会使用洛阳铲来辨别土质，是每一个考古工作者的基本功。

对潞县古城的考古发掘自然也离不开洛阳铲。在考古现场，经常看见几十名工作人员身穿反光背心，手持洛阳铲，排成一列慢慢地探寻着。通过考古人员的全面调查、局部钻探和小范围的试掘，基本上确定了潞县古城遗址所在位置、四至范围、古城形制。随着时间的推移，潞县居民的生活区、榨油作坊、制陶作坊、民居、道路……以及那上千座汉代墓葬，渐渐展现在世人面前。与此同时，经科学发掘，两千多年前的古城四至范围也有了眉目。

在地表，目前潞县古城已无城墙遗迹可寻。但是，通过考古与钻探，得知潞县古城的城墙基址保存完整。其中东墙基址长约 589 米，南墙基址长约 575 米，西墙基址长约 555 米，北墙基址长约 606 米。城墙基址残存高度，约为 1.9—2.5 米，纵向剖面为梯形，下宽上窄，底部宽约 18 米，顶部残存高度约为 13—15 米。墙基为人工夯筑而成，部分夯层夯土内夹杂有植物杆茎和料礓石。

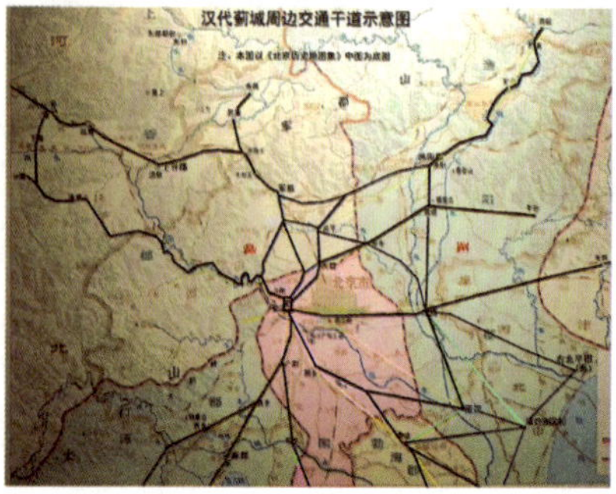

蓟襄驰道交通干道示意图

古城遗址四面墙址基本闭合，城址平面近似方形。从古城遗址的四至范围来测算，古城总面积约为 35 万平方米。目前已探明城内有一条南北走向的明清时期的路面遗存，以及一条同为南北走向的辽金时期的路面遗存，两条道路上下叠加，越往下发掘，时间越久远。在其下面，还可能叠加着更早朝代的路面。在南城墙基外侧约 11 米处，考古人员还发现了护城河河道遗存，河道的走向也与城墙基址同向顺行。护城河道宽度约为 30—50 米。观其纵剖面土层分期，恰似一道道树木年轮，清晰可辨，也把我们的思绪带向了久远的秦汉时代。

在古代，潞县就是水陆交通要道。据《汉书》《水经注》《后汉书》和《通州志》等史料记载，潞县设置于西汉初年，当时隶属于渔阳郡；王莽篡汉后，改为通路亭，隶属于通路郡；东汉时，将路县之名改为潞县。该城之遗址，就是两汉时期路（潞）县的治所。古时潞县西隔鲍邱水（今称潮河）和沽水（今称白河）与蓟城（今北京城）相望；向北，可至渔阳郡城。秦始皇时修建的国道——蓟襄驰道亦由此通过，因此潞县地处水陆要道，位置十分重要。

如今，潞县古城遗址仍被四水环绕。其东面是北京市与河北省的界河——潮白河，潮白河自北向南，在距古城遗址约 6 公里处缓缓流过；其北面是 1949 年后新挖掘的运河——运潮减河，该河自西向东从古城遗址北部静静流过，最后汇入潮白河；西面和南面则是自西北而来的温榆河、坝河，以及自东北而来的小中河、中坝河，这几条河流在通州北关二道闸处汇流，随即又在通州北门外燃灯佛舍利塔下，与自西而东的通惠河相汇，最终汇聚成著名的京杭大运河的北脉——北运河。

潞城运河段简述

从北到南，大运河贯穿潞城全境。可是，地处河东的潞城镇，为什么就没有河西的张家湾镇、城关永顺镇那么多俯拾皆是的漕运文化遗迹呢？先看陈喜波、韩光辉教授的三幅截图。

这第一幅图，是明初至嘉靖七年（1528）通州运河走向及码头分布图。图中白河河道是那个时期的主航道，张家湾漕运已经相当发达。而虚线所标今运河河段尚未开通。走的是今郝家府村西南，大棚村、小圣庙至张家湾一线。

1528 年，通州运河图

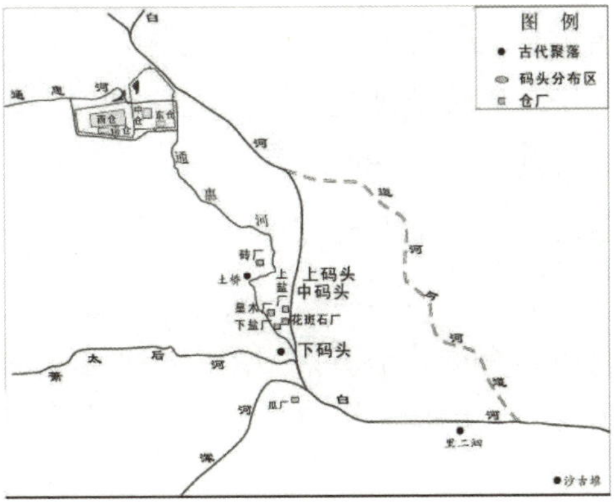

第二幅图，还是那条线，是明嘉靖七年（1528）至清嘉庆十三年（1808），通州运河走向及码头分布图。航道没变，但张家湾码头北迁，繁荣青睐了通州。为什么潞城这边的运河没有开通呢？因为郭守敬开运河充分考虑了水流，落差等一系列与行船有关的诸多因素。为什么一定要顾及这诸多因素？当年通州的催漕官，陈豫朋的《潞河催漕行序》是这么说的：

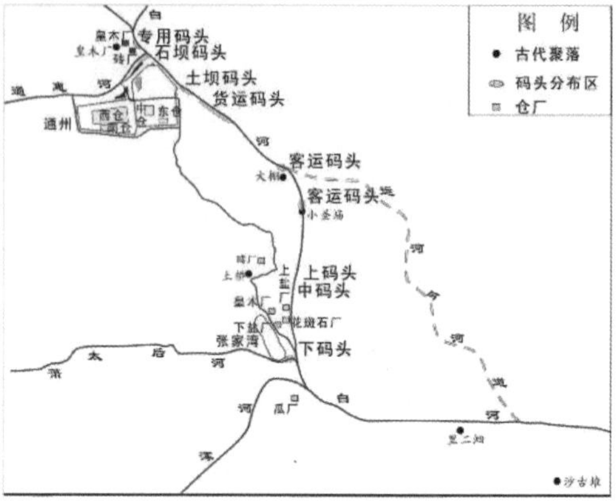

1528—1808 年以前的通州运河图

“潞河即白河，一名白遂。路史曰：幽之潞县有潞水，即潞河也。发源宣府龙门堡之滴水崖。过赤城出口，外复于石匣入口，由密云怀柔历顺义，南至通州达直沽（天津）。既会浑榆潮之水，又受磁易滹沱，以入于海。凡众水之趋注者，有数十焉。盖如长安之渭东京，之汴宜，其帆樯相棱，往来无间矣。然源远流急，沿洄散漫，随处流沙，深浅通塞靡定，水盛则堤易决崩，水衰则滩恒壅塞，且海潮至杨村止，故南漕自蒲沟诸浅，即需民船盘剥，每岁漕使一人驻舟催攒。而昔時泓浅固多，近则倍之，每浅额设标，夫遇浅植标，谓之引泓。日募夫百十人于水中，刨刮计二百余里，所费不赀。悉漕使出资，竭厥襄事，况南粮例于五月抵坝，九月而竣。比岁津途阻滞，动至严冬冰凌，其难更甚。今年漕复迟滞，制府以去冬冻阻，特以朋姓名上达耑（端）董。是役泛泛扁舟将三阅月矣。虽气候渐寒，所倚圣人在上，景运聿新。自应日霁风恬，俾军艘回空无误，漕糈剥运无虞耳。”

催漕官自述：过险滩涉急流，苦苦挣扎，任务还是完不成。要知道陈豫朋是陈廷敬之子。而陈廷敬又是康熙皇上的老师，《康熙字典》的总裁官，文渊阁大学士。地位如此显赫，都要如此受苦，足见漕运艰辛。潞城也有句老话：“有礼街道无礼河道”，说的就是纤夫们在烈日下哈下腰拉纤绳，不拼命船不走，不拼命船就要沉底，纤夫们顾不上穿裤子，人们也是不怪罪的。

事实上早年开通漕运的潞城河段（上游郝家府，南段小东各庄谢楼老河底）也是险象环生，断缆崩舟屡见不鲜。郝家府河段，曾出土过 11 艘沉船，小东各庄谢楼老河底近年也有沉船出土。陈豫朋深有感触：“郝家埕浅滩，素为舟患。祭祷后，水忽西徙……”素为舟患，注脚可曰断缆崩舟；水忽西徙，注脚又可曰河流改道。史书记载了鲍邱水乱流，民间有一夜之间“搬河”传说，张家湾段东迁康家沟（后详述），温家庄永沉河道，都是历史例证。小圣庙村，亦称小神庙，在郝家府对面河岸。“小神”，依人间“小人”得名。据传当年有深潭险滩，船行至此，只在旋涡中打转而不前行，眼看沉船，老艄公大喊：随身携带宝物，赶紧往河里扔，不然谁都活不了！扔光宝贝，船即前行。后在此修庙供奉。

在 20 世纪五六十年代，这河段东岸非常陡峭，跟山崖一样，下面激流，打着旋涡流。大甘棠村西，瞬间就夺走六个游泳孩子的性命；20 世纪 50 年代修武窑扬水站，集中几个村的碌碡砣子往河里填。而运河西侧，沙滩绿草，跟东岸俨然两个世界。镇域内老人曾打过这样的比方，地势东低西高，那水下来，还不跟簸簸箕一样，全冲这一边。他这样说，是横向看的运河。造成这种局面，当然还有地质等其他原因，不赘述。

温家庄原址（现大甘棠村西南、武窑村西北，四华里处）

第三幅图，是嘉庆十三年（1808）运河改道后，由张家湾线东移，完全进入潞城境内的简图，与今运河图相似。为什么这样说，李鸿章的光绪《顺天府志》卷三十七载：北运河即合温榆河，南经姜家场西（有水拨）……，按：

小圣庙祭水神（清河道祭详观察，畿南笔记），又三里，经黎辛庄，又二里，经刘各庄东，又一里半，经老堤头（有水拨）……，又三里余，经康家沟北口。初漕运由张家湾正河，康家沟为一旱渠（季节性河流）。嘉庆六年，大水冲刷甚宽通舟。张家湾水道日淤，十一年，漕运暂由康家沟。十二年，浚张家湾。十三年，水溜仍趋，康家沟河底低于张家湾丈余，水道已成，漕船遂不复由张家湾矣。（按《义仓图》温家庄在大甘庄村西。）又六里，经里二泗东北，与张家湾旧河合。……旧河上承通惠河，自通州南浦闸南流，出红桥，又十二里出土桥，又三里，经张家湾城东南……

嘉庆十三年（1808），运河改道，完全进入潞城境内，光绪二十七年（1901），李鸿章奏请废漕，清政府批准停止漕运，南北漕运终止。期间不过百年，这百年间，又有太平天国、捻军、义和团、外敌入侵之动乱，遗迹较少，当属必然。

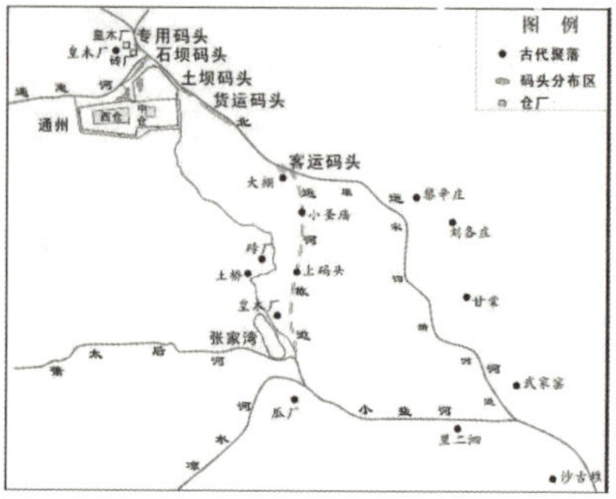

1808年以后的运河图

康家沟原址

清代运河图

清廷的康家沟运河段之争

■马景良

李鸿章光绪《顺天府志·卷三十七》载："北运河即合榆河，南经姜家场（西有水拨），又四里经小圣庙（西有水拨）（小圣庙祭水神，清河道祭。详观察畿南笔记），又三里经黎辛庄，又二里经刘各庄东，又一里半，经老堤头（有水拨），又三里余，经康家沟北口。初漕运由张家湾正河，康家沟则温家庄一旱渠。嘉庆六年大水，冲刷甚宽，通舟。张家湾水道日淤，十一年，漕运暂由康家沟。十二年浚张家湾（水道），十三年，水溜仍趋康家沟。（河底低于张家湾丈余）水道已成，漕船遂不复由张家湾矣。按义仓图，温家庄在大甘棠庄西。又六里，经里二泗东北，与张家湾旧河合"。

张家湾正河，即原来"主航道""康家沟则温家庄一旱渠"，可理解为"河沟，季节性河流"一类。据文中记载的"北口"位置应在今大运河森林公园内，黎辛庄村西南至武兴路甘棠桥一带。

武窑村西北抄河

张家湾“主航道”因水改道，是改变漕运历史的重要一页，引起了学界多位专家关注。其中赵珍教授专著，利用大量“清宫档案”，详述这一过程，将潞城境内这一河段载入史册。

嘉庆六年（1801）六月，京城水灾。“自朔（初一）至十日（阳历7月11日至20日），倾盆大雨不间昼夜。”大水使北运河在张家湾正河处“分出康家沟抄河”，而“正河渐露于涩”。漕运总督铁保、山东巡抚和宁、仓场侍郎李钧简、达庆和邹炳泰等各级官员上报实情，先后到场实地考察，表明意见，提出方案。（“抄河”，河流抄近路，来源于土语“抄道”，抄近路）。

八月二十四日，漕运总督铁保最先奏报，张家湾漕运不畅。他同时发现，张家湾正河外，有“超河”（抄河）一道，水量足资浮送大船，且“比正河（张家“主航道”）较近”，奏请疏浚，并绘图贴说。图中显示出三个重要信息：一是漕船经走抄河的便利。用黄贴标明粮船由南而来，自吴家庄（今潞城镇武窑村）一段进入抄河，河长4里，于温家庄驶出。其间有“现在严州各帮，俱由此挽运，极为妥便”等字样。二是漕船走张家湾正河要绕一个弯道，计长28里，然“向来粮船俱由此行走”。三是用黄贴明确标出嘉庆六年北运河涨发大水的位置……

八月十五日，铁保赴通州查看粮船，有弁员报称：张家湾一带“水溜河淤，船行不能迅速”，只得雇夫挽运，以致费用太高。由是“查得吴（武）家窑有抄河一道，向通剥船，直抵温家庄，仅四里。水最浅处也有二尺六寸，足资大船浮送”。且称已令严州帮船“由抄河行走，甚为顺利”。铁总督当即驰赴抄河河段察看，见严州帮船径自抄河通过。不但大省夫价，且路程“较张湾正河近二十余里”。至二十三日时，另外八帮漕船也“全行过竣”。（这二十余里指的是由今武窑村西南行，至今张家湾里二泗村北，再上行经烧酒巷等村，到今张家湾，然后再偏东南行，到今甘棠桥北的温家庄北行。）

同时，铁保又对北运河水量大小年份时漕船走抄河的情况做了认真分析，借以强调漕船走抄河的可能。指出，“查超河原非正河，水小之年，重船难行，是以从前粮船，总由正河行走”。“但就现在情形，河面宽展，与正河无异”。他认为，稍加投入人力，将抄河宽窄不宜之处加以挑挖，比走张家湾更有距离优势：不仅路程“近至少二十余里”，而且“既避浑水冲突之险，又省人夫挽运之繁”。“倘将来正河大小溜急竟，由超河行船，实为便易”。并进一步补充说，就是“平时空船回转，剥船往还，不至再走正河”。由是，铁保指出，漕船经走抄河是“因地制宜”之法，“用力少而成功多，不可不早为筹办”。建议清廷令通永道就近查勘，希望本年“漕运完竣之后，略为疏通”。据他估计，需疏通者不过三四里河道，所费无几，但于公务却“大有裨益”。在清廷看来，“如果疏浚超河，将来重用可以径由该处浮送”，便是极好的事情。为此，清廷谕内阁以征求地方官员的意见，同时令相关人员前往实地查勘。

八月二十七日（于今当是不足十个工作日），仓场侍郎达庆、邹炳泰带领相关人员前往查勘后禀明：铁保所说“超河”，当地人称为“旱河沟”。其位置在张家湾正河之东，北高南下，“形势直捷”，自温家庄起至武家窑止，计长1215丈，然“相度实有碍难挑浚之势”。

为慎重起见，九月初五，清廷又派山东巡抚和宁、仓场侍郎邹炳泰带领一班人马赴温家庄（大甘棠村西）一带勘验，并将实际情形以绘图贴说的形式予以奏报。但结论与铁保的建议完全相反，坚持漕船必走张家湾河道。内容可概括为三方面：

首先，张家湾上游来水情形与河岸地形决定了其不能改道。指出：潮白河经顺义境，势如建瓴，直趋南下，入通州界，水势平缓，即被称为北运河。通州以南地面，北高南下，土松沙活，不能建设闸坝，全凭河道曲曲环流以刷沙蓄水，转运粮艘。这也是“张家湾距通州陆路止十二里，水路则四十里”的缘故。“康家沟”，位于通州南八里许的温家庄北。该沟“南北直冲，至吴（武）家窑，长七里许”（七里许，大约，实际要长）。夏秋可容小船，春冬涸为旱地。由于“今岁河水涨溢，冲刷宽深，押运武弁等得以抄近抵通漕”。而“铁保遂就现在情形谓与正河无异，奏请挑挖，改建运道”，是无视北运河张家湾段河道一般年份时的状况，将特殊年份的事例错判为常态。

其次，张家湾是传统的转运码头，不能废置。“殊不知，旱河沟水底高于正河三尺，若挑浚深过正河，则沟水夺溜直行，而张家湾必致淤浅”。若按铁保提议，“挑挖此沟，改为正道”，不仅“一切官引盐津、官木植、商船客舫、车户居民赖此水陆码头者，诸凡未便”，还可能存有二患，“一则以西北汇入之河，平分两股，如遇干旱之年，水消力弱，则上挽逆流重运，必费周章，是欲速反迟也。一则以南北直捷之溜，转折太疾，如逢雨潦之年，南冲力猛，则下游近岸村庄，虑遭潦漫，是又以邻为壑也”。

在上述两点认识的基础上，和宁等人认为铁保的意见不可采纳，批评铁保办事不周、不虑民情。说铁保“并未详查地形、水势、土俗、民情，创超河之名，改张湾之旧，殊属非是”。且认为，“粮船自南而北经行数千里，似不必争此二十里之便利”。“今通盘筹划，务期于漕务、地方两无妨碍，不敢轻易更张”。且不无忧虑地说道，“此沟若开成大河，南口转注太疾，南岸村庄可虑”。并用黄贴在图上标出北运河往武清方向5–8里南岸的几个村庄，有沙古堆、供给店和苏家庄等村落。

面对地方官的勘察奏报，清廷基本认同了和宁等人的勘察结论，否定了铁保的建议。指出：至于铁保所言，“徒见今岁雨水涨溢，重运偶可抄道行走”而已，若仅以此而“酌改旧章，实非经久无弊之策”。因而颁谕，铁保“其议断不可行”。且令所有通州运道，着照和宁等所请，“毋得轻易更张”。

不几年，张家湾段河道淤浅更加严重。至嘉庆十一年（1806）冬，水势涨发，河道淤浅更甚，难以行船。无奈之下，清廷做出了次年漕船暂由康家沟行走的决定，同时依旧声明要重视和加紧“挑修张家湾河工事”。所以，嘉庆十二年（1807），当仓场侍郎萨彬图、李钧简禀明，暂由康家沟河段挽运漕粮时，依旧遵照清廷旨意，加紧挑浚张家湾河道。无奈张家湾正河淤浅严重、水流平缓迟滞，由康家沟河段挽运漕粮，是当时最经济、便利的方案。朝中争议激烈，清廷又令吏部右侍郎德文、仓场侍郎李钧简会商直隶总督，率同通州、永定河河道坐粮厅及管河各员，再次查勘北运河张家湾段水情和运输环境。

清廷对张家湾水环境的情势更加明了。除了对张家湾河道之所以呈弯形，前人于此筑城、建转运码头“自有深意”，暴雨山洪使河道“逐段浅阻”的缘由等有了进一步了解外，对康家沟河道的信息知道了更多。德文等人在报告中明示，走康家沟河道，只有6里，但是“康家沟水一直下注”，“地势北高南下，最易宣泄，必致上游淤浅之患”。本年暂以此段河道济运，是不得已之举，况且此时康家沟河道“已多溜激坎阻等事”，并不适宜行船，继而得出了“挑复张家湾正河，堵筑康家沟抄河，方资经久，尤为势不容缓之工”的结论。建议“兹漕务将竣，应即估计筹款兴挑”。这一意见，与嘉庆六年和宁等人的主张基本一致。事后不久，的确因康家沟“河头、河尾溜猛，兼多坑坎，牵挽维艰”，事竣后仍请堵闭，复归张家湾正河。

嘉庆十三年（1808）初，清廷以德文、李钧简奏报为依据，谕令堵闭康家沟抄河，工程由直隶总督温承惠全权负责。不过，在堵筑康家沟河段的过程中，原计划的时间和具体负责人均有调整。原定于二月二十日康家沟段挂揽合龙，开放河头。由于西北风大作，“水长溜激，两坝平蛰迎门埽亦被掀去，（旧时治河，将秫秸、石块、树枝捆扎成圆柱形用以堵口或护岸）追抢至二十七日，又复蛰陷”。为此，温承惠由武清驰赴康家沟，相度河形，看到“原做两坝，经两次冲激，蛰陷势成，入袖断难”，遂决定“仍由原建坝基堵合”。即“令由东北向西南顺水筑坝，徐徐逼溜，俾形势直趋挑河，以期堵合康家沟”。时因主持通永道的禄宁另有差委，又飞调永定河道陈凤翔前往督办。三月初二日，陈凤翔抵达康家沟，“率领员弁兵夫，昼夜攒办。至初七、十一等日，旋堵旋蛰，幸抢护加镶，得以平稳”。十五日午刻，“挂揽合龙，层土层料，追压结实”，且将原做坝口一并镶筑，作为重门保障。至此，堵筑康家沟工程方告完工，坝口牢固，康家沟抄河断流，“大溜全归故道，漕拨船只，衔尾而上，悉由新挑张家湾正河行走”。

康家沟堵筑合龙工程稳固后，温承惠又向清廷提议疏浚张家湾浅淤地段，并就工料、费用问题一并提出。其中云：“张家湾正河淤塞多年，当日原估之员，意存节省，挑挖稍嫌浅狭。诚恐伏秋盛涨，河身不能容蓄，及致康家沟坝工吃重，请将浅窄河面加挖宽深。”由此看来，尽管堵筑了抄河康家沟，但张家湾的河道并不顺畅，淤浅段不少，需要加大投入，挖浅加宽。

可是，河道自然流淌和异常摆动，非人力所能始料。至六月间，北运河水势异涨，“普律漫滩”，且由“康家沟迤东平地冲出河身一道，夺溜而行”，致使张家湾正河全部淤浅，“重空各船暂由康家沟行走”。七月二十六日，清廷谕仓场侍郎达庆等就近查办、汇报，以明情势。次日，达庆又接军机大臣字寄上谕一道，主要内容是转达温承惠奏报的“确勘张湾一带河道情形及粮艘暂由康家沟行走事并筹办缘由事”。其中云：“本年南粮在江南、山东一带攒行迅速，比较往年早至两月，而自入北河以后，顿行浅阻。现在军船自严州所以下，尚有千余只在杨村一带停泊。到通起卸，又需时日，不免濡迟，甚为廑虑。此时张家湾正河淤浅，重空各船虽暂由康家沟抄路行走，而该处河流直泻，不能久为容蓄。目下节逾白露，已届消水之时，若再水落沙停，军船岂不浅搁？”为今之计，“先须乘康家沟水大之时，将重空粮船一律攒行，勿令一船浅阻北河。斯为第一要务”。同时又提出，“统俟军船全出北河以后，再将张家湾堵口事宜熟筹办理”。为此，七月二十九日达庆奏报：因“张家湾正河水落沙淤”，本年粮船仍暂由康家沟行走。现在粮船经走康家沟极其顺利，起先担心康家沟“水势直泄，预将筹办挖淤”的想法已是多余。

嘉庆十三年（八月十六日），达庆等人经对康家沟与张家湾水情、河段地形等进行勘察后，进一步分析了相应的对策和利弊：张家湾和康家沟地界毗连，西高东下，张家湾之地势较康家沟高出数尺至一丈一二尺不等。“现在张家湾正河被大水冲刷成滩，绵亘十数里，俱已干涸”。若要挑挖，“非深至二丈，不克济用”。可是要在康家沟河道建坝，“苦无生根之处”，故“今春两次修筑，皆归淹没”。如若另行建坝，尚需要加高培厚，并添筑长至数里的坝埝。而迤东地面更低，恐将来水大之时，水势东趋，漫溢冲刷，既不能入张家湾正河，又不能归康家沟旧溜，导致漕船无路北上，则关系非轻。达庆等人在权衡利弊之后，提出北运河漕运只有改行康家沟，才能得以保障的建议，并陈述了其可行性。大致有四点：

一是“康家沟上下，皆接大河正溜，并非无源之水。今年大水之后，向来所有坑坎难行处所，均已冲刷平畅，化险为夷”。二是河上有“汕出湾环四处，无虑直泻不能蓄聚”。此与之前所勘察的康家沟无湾环、溜激直泻的结果已经大不相同。三是经对以往一般年份里“张湾未淤之先，该汛呈报寒露节后水势消耗之处”的情况加以调研，得知张家湾水势“总不及现在康家沟水势之通畅”。四是询问旗丁、水手、往来商船人等，皆称康家沟本系抄河，今已冲成大河，水面宽深。若修复张家湾，恐误漕运。可见，达庆等人的言下之意是：在康家沟河道筑坝的可能性是成立的，漕粮改行康家沟的条件是成熟的。于是提出了即“自不若仍由康家沟行走，较为安顺”的建设性意见，奏请清廷“仍由康家沟行走，试看一年”。

值得注意的是，达庆所奏报的漕粮行走的康家沟，并非嘉庆六年铁保提到的超河，而是嘉庆十三年六月北运河水涨，平地冲出的河身，即“康家沟行船之新河头，并非上一年坎阻旧路”，而是“河宽溜平”的一段新河道。所以，为稳妥起见，才报请漕粮仍于康家沟东河段行走一年，并奏请清廷委员前往查勘，再定夺是否以此处为正河。

此事在达庆等人之前，直隶总督温承惠已有奏报。如前所述，嘉庆十三年七月二十四日，温承惠奏报了确勘张家湾一带河道情形及漕船暂由康家沟行走事，表明北运河的主河道已经不走张家湾正河，“大溜由康家沟坝基迤东百余丈处，平地内冲成河槽，约长一里有余，归入康家沟旧河。其原旧河现转淤成平地，致张家湾正河两岸淤滩”。淤塞的张家湾河道“长有200余丈，水深仅尺许”，其“下游一带间断淤塞已十里有余”，漕船万难行走。

面对不同意见，为慎重起见，清廷又派曾任仓场侍郎且熟悉河务的刑部尚书吴璥，率同永定河道陈凤翔、通永道禄宁等前往勘察水情。嘉庆十三年八月二十一日后，吴璥等人沿“流水沟、小圣庙一带直至康家沟河头、河尾”，对水势深浅进行了测量，在逐细查勘的同时，还详加访询，最终认同了温承惠、达庆等人所奏报的水情形势，奏明北运河河道在张家湾与康家沟之间摆动已有经年的实情。

在吴璥的奏报中，不仅区分了康家沟新、旧河道，而且还有仔细测量的河道数据，分析了漕船行走康家沟和张家湾的利弊。吴璥主持测量了康家沟新河。其河面宽三十余丈至六七十丈不等，水深六七尺至一丈二三尺不等，当时节令已逾寒露，“水势尚极深通”。也复勘了已经淤成高滩、“并无河形”的张家湾正河。经测量，其滩面高于康家沟水面九尺，自河床计算，则高一丈八尺余寸至二丈一二尺不等。吴璥认为，若要修复张家湾正河，计长有十数里，至少挑挖二丈三四尺，才有可能掣溜，“所费已属不赀”。而该处全系沙地，“并无老滩坚土可立坝基”。即便按照温承惠所说的“自西岸温家庄老坎至东岸高滩止，筑坝一百七十余丈”，虽可以堵合，但至夏秋时节，一旦发水，“坝底浮沙见水即溃坝，必蛰陷。兼之普漫之水，仍可越过坝头。倘又另冲沟槽，又将夺溜他徙，则张湾正河仍不能保无淤塞。虚掷金钱，犹在其次，恐漕船更无路可行，所关非小”。所以，吴璥认为，这也是温承惠称“堵筑康家沟仍无一劳永逸之策”的缘故。

吴璥通过实地考察和测量，对众论所顾虑和踌躇不决的“康家沟形势直泻，不能蓄水，恐致上游浅阻”等问题也做出了回答。吴璥等经对康家沟以上河身逐段测量，得知其深处在四五尺至丈余不等，只有刘各庄、小神庙、流水沟三处河床浅涩。但此三处河道原本就浅，即便是在张家湾正河行漕期间，每年也设有刮板，并非康家沟直泻所致。另外，在康家沟河道数里之内，也有湾环四处，即如达庆所言的康家沟新河道里有湾环四处，“非竟系直河”。在康家沟河岸，吴璥还“亲见驳船装米二三百石，扬帆而上，居然已成大河，毫无艰阻。较之张湾旧时正河，更为舒畅。此康家沟向未运漕，而现今行船极为顺利之实在情形”。为慎重起见，吴璥又访问了来往商船及居民人等，这些人对漕粮走康家沟“均无异词”。

值得一提的是，吴璥作为一名谙熟水利的技术官员，对利用北运河水资源、张家湾改道等问题，有自己的独到见解，提出了“顺水之性”的论断。其在奏折中言，经“层层细勘，再四筹维”，窃谓“河势变迁，今昔本无一定，无论旧河新河，总以形势顺畅为断，未便拘执一见。如果康家沟堵筑后，可保无虞，则挑复张湾正河，自属经久，正办即多费数十万帑金，亦何敢存惜费畏难之见”。“今查该处地势，西高东下，又系浮沙，康家沟业已刷成大河，迥非从前分流沟港可比。若必欲拘泥复古之说，而不论现在情形，不特挑河筑坝、帑项虚糜，倘转至河槽错出、梗浅难行，势必误漕，关系殊非浅鲜。况康家沟溜稳河深，现已船行甚利，并有湾环四处，亦不至直泻为患。与其挑已塞之旧河，仍不足恃，自不若就已成之新河，顺水之性”。

尽管北运河漕粮连续几年走康家沟，但其与复归张家湾主张的争议一直很激烈，直到嘉庆十四年（1809）才最终得以解决。是年六月二十八日，巡视通州漕务给事中史，呈上了有关北运河康家沟河道难行，宜复张家湾故道的奏折。其中提到，北运河“河道各处，俱属深通，惟该处淤浅。及五月底甫经暑雨，该处河流便已迅疾。现在水势险溜十分，又无拉纤道，挽运维艰，且无堤岸，不能停泊。据报漕艘被水冲击，多有损坏。盖因河道径直，旱则浅阻，潦则湍急，不可以常行”。请示清廷先令总督温承惠就近查勘情形，堵筑部分河段。“俟本年漕竣后再行钦派大员会同相度勘估，将康家沟设法堵筑，疏浚张家湾，复还故道”。

自然，将康家沟堵筑，疏浚张家湾旧航道，又有许多故事……但恢复张家湾旧航道的意见，最终没有实现。

（此文参阅了赵珍教授“清代北运河漕运与张家湾改道”一文，并引征了资料。）

关于蓟襄驰道

■马景良

《史记·秦始皇本纪》载：“二十七年，始皇巡陇西、北地，出鸡头山，过回中。焉作信宫渭南，已更命信宫为极庙，象天极。自极庙道通郦山（即骊山），作甘泉前殿。筑甬道，自咸阳属之。是岁，赐爵一级。治驰道。”

胡三省《资治通鉴音注》载：“为驰道于天下，东穷燕齐，南极吴楚，江湖之上，濒海之观毕至。道广五十步，三丈而树，厚筑其外，隐以金椎，树以青松。”

《通州区文物志》载：1960 年挖运潮减河时于召里村南曾发现很宽的条带蒜瓣土层，且有糟朽的树根有规律的顺序排列，这就是秦时驰道遗址。

秦始皇元年（前 221 年），战国时期的齐、楚、韩、赵、魏、燕等六国先后被击灭，秦始皇统一中国。为了巩固中央集权制，便于控制全国，就从二年（前 220 年）起，开始以首都咸阳为中心，向四方重点城市修筑

蓟襄驰道

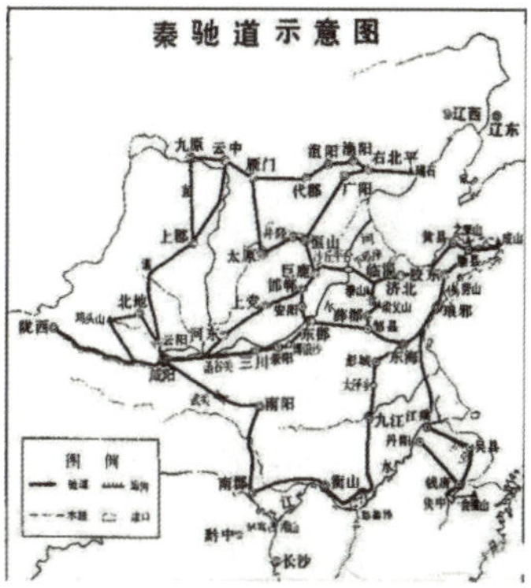

辽代地图

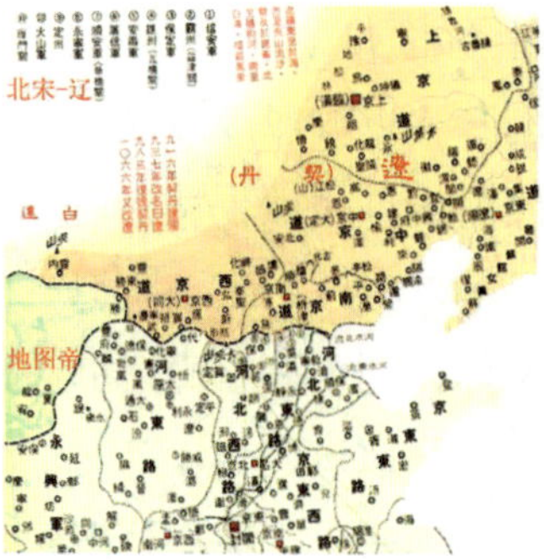

同制的驰道，道宽50步，以现在的单位计算约80米（古代旧制一步为五尺），两侧每8米左右栽植一株青松，道中间只许皇帝行走。其中有一条自咸阳于蓟城（今北京广安门一带），再由蓟城于襄平（今辽宁省辽阳），即蓟襄驰道。驰道横贯通州区，自今东关大桥（古时为渡口，漕运时土坝码头附近）越沽水（今运河），进入今潞城镇域，经古城村北，召里村南、宋庄镇大邓各庄北，渡今潮白河，过今三河市燕郊镇，沿京榆（旧线）（山海关）公路出关达今辽阳。

史载：公元前195年，西汉朝廷从渔阳郡南部划出一县。县城设在沽水之东（今古城村）、蓟襄驰道南侧。因设在驰道驿路旁边，得名路县，是蓟襄驰道上所设的第一县。清朝康熙后几个皇帝到河北省遵化境内的清东陵祭祖，在潞城界内，走的都是蓟襄驰道路段。

乾隆《通州志》墩拨：自州城八里至胡各庄，又四里至邓各庄，又四里至摇不动，又四里至燕郊。光绪《通州志》载：召里村，西距通州城6公里，隔大运河遥遥相望。明代曾于此设烟墩、铺递，由通州卫管辖。

烟墩即烽火台，又称烽燧，俗称烽堠，用于点燃烟火传递重要消息，是古代重要军事防御设施。若遇敌情，士兵白天施烟，夜间点火，台台相连传递消息，烟墩是最古老且有效的消息传递方式。墩拨，管理烽火台的治所。铺递则是连接驿站、传递公文函件的机构。

在九条全国性的驰道中，有两条通过右北平无终（今蓟县，秦之前曾为无终国的都城，秦时为右北平郡的治所，是秦防卫匈奴的守边重镇）。

史载：公元前215年春，秦始皇第一次沿驰道来到蓟城巡视北部边地，并于次年征发大批民夫，命将军蒙恬修筑长城，以防卫匈奴入侵，征招更多壮丁戍守长城。为供应守边将士食用，朝廷曾征收今鲁、苏沿海琅（yé）、黄（chuí）诸富裕地区的粮食，船运渡渤海，再“转输北河，北河盖即白河”（白河即古沽水、今北运河）。秦始皇死后，二世胡亥继位，为了威服海内，也效先皇沿驰道巡边，因北陲防务紧要，便在登基元年（前209年），自咸阳来至获得城，且走蓟襄驰道。穿今通州区到山海关东而归。秦代，利用沽水漕运济边，这是今通州区运河文化的开端。至明代朝鲜进贡马匹，过鸭绿江，穿山海关，沿蓟襄古道至通州，交与设在东坝的司马监官员接收，然后分散到各个养马厂或养马农户中去喂养。明万历《顺天府志》载：当时通州养马地：八百七十七顷五十亩（87750 亩），三河养马地：一千七十四顷七十亩（107470 亩）。

驰道，飞驰大道。科学家研究表明：秦始皇时期的驰道是“轨路”，铺有“枕木”（现代铁路枕木之祖）。枕木之间的距离不是现代铁路枕木距离，而是和马的步幅频率合拍，古代驭马都是驯养过的。古有六艺，曰：“礼、乐、射、御、书、数”。其中，“射”为军事射箭技术。“御”为驾驭马车战车的技术。至清末民初，通州东还有这行业传人，称“压骡子的”。马匹拉车到了轨道上，就不由自主地发生“自激振荡”，不得不飞快奔跑，无法停留下来。最后怎么停下来？专家们的意见是：一定还有专门的车站，在车站枕木之间有木材填充平整。马在这儿喂得饱饱的，休息得好好的。然后再套上车飞驰。到了下一站，由于枕木之间已经填充平整，马就可以逐渐减慢速度并停下来。换上另一匹吃饱休息好的马，继续飞驰前进。由于使用轨道，摩擦力大大减小，所以马也可以一次拉很多货物。专家认为这是一种最节省地使用马力的方法，或者说是一种效率极高的方法。公认的速度应该一天一夜六百公里，也有人认为七百公里。这是比八百里加急还高一倍多的速度。

驰道是轨道交通，在这条路南还有一条副路，同样是横穿潞城全境。西起通州，经今副中心郝家府、黎辛庄，过南刘各庄、榆林庄、贾后疃过潮白河。始于何年，未见明确记载。民间有：郝家府至黎辛庄“干八里”古官道之说、“南刘各庄村大槐树下”古官道之说、“贾后疃村”古官道之说。《析津志辑佚》有通州至夏垫古道 60 里记载。按秦驰道遗迹通州至夏垫不足 50 里，60 里正是这条副路。元代都水监宋褧从遵化回京走这条路，在通州东三十里虹桥关津诗，收入了钦定《日下旧闻考》。《明宣宗实录》亦有宣宗皇帝两过其地记载。

《天津日报·新蓟州》2005.01.11.27《蓟县的古代道路》文中说：“蓟州是通往东北的交通要道。元代的交通运输空前发展。元大都（北京）通往东部，东北部地区以蓟县（州）为中心运输线，西行经夏垫（今河北省大厂回族自治县夏垫）、通州（今北京市通州区）至大都（北京）”说的也是这条路线。

幽燕古道

■ 杨殿武

潞城镇东堡村地处潮白河西岸，过潮白河沿该村东口进，通过古“三官庙”正街至村西口，是一条悠久的历史古道，既幽燕古道。残存遗址段，东西走向，已成沟，长约 1000 米，宽 20 米。此道始于汉代。《潞城考古录》载“潞在汉时，东西最阔。至元魏，北并平谷安乐二县，而南北亦加宽广矣。唐析潞，置三河县。”又云：“世祖拜彭宠为渔阳太守，治此，宠叛，光武遣游击将军邓隆伐之。”攻入渔阳城（今潞城镇古城

东堡村白

村），火烧郡、县两级衙门，百姓房屋、县城变成一片废墟。故此，县城迁至今三河县城子村。潞县到幽州蓟城（今北京广安门一带）形成了一条官道。到北齐天宝八年（557），潞县县治自今三河城子村西迁到今通州旧城北部区域。这条古道与经东堡村至潮白河边的古道是相通的。

幽燕，幽即幽州。汉武帝所置十三刺史部之一，东汉治蓟县（今北京城西南隅）。辖今北京市、河北北部、山西小部、辽宁大部、天津市海河以北及朝鲜大同江流域。幽州也为古代“九州”之一。唐天宝元年（742）改幽州置，治蓟县（今北京城西南），辖北京市大部、天津市海河以北和河北保定地区小部。乾元元年（758）复改幽州。

燕，指战国时期燕地，即今北京市，河北北部及辽宁一代，也称燕州。东汉治蓟县（今北京市城西南隅）。北宋燕云十六州也有记载：即幽、蓟、瀛、莫、涿、檀、顺、新、妫、儒、武、云、应、寰、朔、蔚等州。相当以北京市和山西大同市为中心，东至河北遵化，北迄长城，西界山西神池，南至天津海河以北、河北河间市、保定市及山西繁峙、宁武一线以北地区。

可见，幽燕是分不开的州治体系。所覆盖疆域广阔，在历代中，是兵家必争之地。各朝各代都有不同的施政纲领，为了政治、军事、经济的发展，都不断地开拓适应自己的通道，使得幽燕古道不断地延伸完善，形成了历史以来最著名的古道。

明成祖朱棣，燕王于永乐十九年迁都北京，以南京为留都。解除了藩王兵权，巩固中央集权，屡次出兵打击蒙古贵族。在战争中，多次勘测，沿强强河而上，发现幽燕古道北京段东口，实为交通要塞，进京门户，是镇守北京的重中之地，这个位置就是今东堡村。强强河就是今潮白河，潮白河属海河水系，五大河之一。在北京市和河北省东北部，发源地为冀北山地。潮河和白河在密云县汇合而成，在通州入北运河。燕王为驻守军兵，固守防范，下令在此地修筑城堡，并设关卡，派遣高、袁、姚三员将领镇守，在此地种地养兵，东堡村也以此而得名。城堡建成后，在此地控制了四个古道道口。以东堡村三官庙为起点，东北方向，走大柳店、兴隆……，东南方向，走前榆、后榆、西集……，西北方向，走城子、小辛庄……正西方向，走七级、东大寺…。潞城幽燕古道的邻村有：东堡、西堡、小营、大营、夏园、刘庄、九间房、郝家府、杨坨。

古道也可称之为酒道，明清时期每天都有四辋车和大车往北京和京西送酒，日夜不停，东堡村家家户户都受着来往车辆的震动。那时候的四辋车属大型运输车辆，一匹马驾辕，至少三匹骡马拉长套，一车能装8个酒篓，1吨重。其它马车只能装4个酒篓，1000斤重。车辆风雨无阻，长年不断，古道中间形成了深深的辙印。夏季阴雨连绵，造成古道积水，送酒车辆时有陷在泥塘里。求得救援，只有找到东堡村杜家兄弟。杜家兄弟养有两匹高大骡子，膘肥体壮。来人不必多作央求，杜家兄弟牵着骡子便随来人而去。来到古道，告诉求援人，把拉酒车的马匹卸掉。换上杜家兄弟的骡子，呵上几声号子，酒车便顺利走出泥塘。求救人想答谢杜家兄弟，杜家兄弟却分文不取。杜家兄弟在酒车帮里很有威望，经常有人登门求拜。不料，两匹骡子被酒帮车辆的牲畜染上疾病，不能医治而病死，杜家兄弟痛惜多日。为了不失祖上“恩德如山”的家训，行好修善，继续为酒帮车辆救援，不惜重金又去寻找好马良驹。这件事传颂于酒道多年，为东堡村赢得了很好荣誉。那个时期，幽燕古道给沿途村落带来了商机，得到了经济上的发展，在民户中也产生了很好的经济效益。农业连年丰收，余粮满囤，交易繁荣。这一地区也出现过令人瞩目的富商大贾。

另一条道是香道。每年过阴历四月初八，这条道上的人络绎不绝。出东堡村，奔后北营、召里、龙旺庄、北寺庄去平谷。平谷是丫髻山所在地，丫髻山上有寺庙。当年，丫髻山的祭祀文化最为盛行，走这条道的人都是为祭祀而去。平谷是一个特殊的地域，是京东朝圣的必然选择。“长安客话”云：“四周皆山，中则平地，因以平谷名。”平谷景观自然而悠久，山水、林木、宫室深邃而幽静，是民俗口碑中的风水之地。来丫髻山进香的人，都为求善施德，保五谷丰登，长年平安，财源不断。

去丫髻山也有讲究，东堡村高跷会先行，由村里会头组织车马队。人员、道具、锣鼓有专车送行，场面很是壮观。高跷会来到丫髻山，首先上香祭拜，礼毕，开山门，打场子，准备庙会。

随后，财主贵门粉刷轿车，精选良马，备足干粮，给轿车把式发一套讲究的白色上衣。出发时，走在路上尤为显眼。庄户人也不失时节。各有各的盘算，有雇脚驴子的，也有用短工抵押，搭坐有钱人马车的。贫境家庭也要派上体壮男丁上道，肩搭捎马子（马塔子），徒步日夜兼程。总之，去丫髻山朝圣的日子不能耽搁。

香道并没有酒道那么宽敞，也是崎岖土路，虽然有铁瓦车辙印，但不深。除上香季节，平时行人不多，只有南北经商的驼帮、马帮。香道上长年杂草丛生，多见牛蒡、蒲公英和车前子。这条道也是信仰之道。

幽燕古道，唐以前，今河北北部及辽宁一带属幽州，战国时属燕国，所以称幽燕。这条道在不同历史时期承载了不同历史时期赋予它的使命，推动了社会的前进和发展。

清中叶，幽燕古道失去了它的色彩。由于长年累月踩踏，从凸凹不平沦为沟壑之路，古道底部与地面相比，深度达 2 米有余，已经不便行走了。据不完全统计，沟满壕平的大雨下过四十余次。1808 年的大雨下到了极致，持续十天十夜，古道积水 2 米多深，水面有 50 米宽。从此，幽燕古道失去了它的作用。经多年的淤积填掩，有些地段已经变成农田，较高而平坦的地方选择用做建设用地。

（杨殿武，通州区作家协会会员、通州区大运河研究会会员、潮白文友会会员）

崔家楼村的泗河帆樯

■ 马景良

《康熙朝实录》，记载如下：

“三十三年五月，丁巳。上巡幸畿甸阅视河堤。命皇长子允禔、皇三子允祉、随驾。是日启行。驻跸通州霍家楼。”

“谕工部尚书萨穆哈、仓场侍郎常书，河堤关系运道民生甚为紧要。春间令天津一带决口、速行修筑。因时方东作雨泽未沾、甚切忧虑。今新堤已成。复得时雨。良慰朕怀。尔等从陆路先至所筑新堤处。朕即乘舟往观。兼阅民田。或新堤有应增修处、即令缮治。”这是说公元1694年5月，清朝第四位皇帝爱新觉罗·玄烨命两个皇子随行，“巡幸畿甸、阅视河堤”，住在了今潞城镇崔家楼。“驻跸”为帝王出行时，先要派兵沿路戒严，禁止行人经过称为“跸”。正式住下，对“工部尚书”“仓场侍郎”做出指示。

“三十四年五月，壬申。上巡视新河、及海口运道。命皇长子允禔、皇三子允祉随驾。是日启行。至通州崔家楼登舟。”这是说1695年5月，还是这位皇上，带的还是那两位皇子（长子允禔、三子允祉），在这儿上船，出行巡视河道。

“三十七年五月，壬午。御舟泊通州崔家楼”。这是说1698年5月，这位皇上从下游回京，御舟泊此，上岸与否，并未名言。

《康熙朝实录》三段话，实录四年间，康熙皇帝三次莅临今潞城镇崔家楼村。另外，李钧《转漕日记》，也记载了这段河道。李钧在清道光年间，先后任河南粮盐道、山东督粮道，负责清政府粮盐漕运任务，日记是他在担任河南粮盐道期间，沿运河漕运进京的所历、所见、所闻，其中记载：

“二十日卯刻行（凌晨3时到5时），十里过漷县马（码）头，又二十余里，泊崔家楼。无风将十日矣。抵崔家楼，不过未申之交，（下午三点左右）仍拟趱行。狂飙忽作，舣舟傍岸，至夕不能解缆。又成一绝：“又听空中画角声，雪花飞舞浪纵横，风姨似惜临歧别，特与诗人续旧盟”“二十一日卯刻行，八里过小河口（仍通州地）。兑漕原在张家湾，后移通州。（今小河口尚有张家湾故道）又十余里，忽起大风，日色晦冥，河水鼎沸。泊至黄昏，飕飕未已。距通州石坝（卸粮之所）仅十余里，竟不能到矣。”

明代泗河示意图

崔家楼，曾经有流经潞城的泗河河段（系北运河的一段漕河）的码头。通州文化专家周庆良认为：“（这河段）原属于里泗河或南泗河，走张家湾、西定福庄、里二泗、武窑、崔家楼、小东各庄、谢楼、马坊、小屯，转往西南，经过供给店（志书曰公鸡店）汇入今运河。”

河段历史走向如图示，即萧太后河入白河东南行横向河段。其中一小段东北行，为今张家湾镇里二泗村东北至潞城镇武窑村河段，又曲折东南行即崔家楼村河段，然后东行，经北肖庄村南至今小东各庄村西（有老河底运河故道牌）。李钧所谓“八里过小河口，”指的是崔家楼村西北行至白河与萧太后河交汇处河段。

这河段，在20世纪70年代大平大整土地时基本填平。今小东各庄、谢楼村西南的“老河底”至1959年冬（水灾后）还有大面积水面。八十年代后做了当时的侉子店乡鱼场、猪场、眼下是林地成荫。

上图中未见八里桥（永通桥），或疑为元代郭守敬开通运河后示意图。白河（北运河段）因白河、萧太后河、凉水河、通惠河汇流而叫作“泗河”。当时，白河从通州城东分成两股，一条从龙旺庄流向东南，一条从小圣庙经张家湾流向东南，两股又在西集镇和合站村复合为一，该村也因此而得名。关于这两股河流，当时有里、外泗河之说，里二泗村也因在里泗河之畔，由李二寺而更名。

通州界内运河道，水势环曲，河上皇船、漕船、驳船、官船、客船、商船、售卖蔬菜果品的小船成千上万，汇集河上。远不止于石坝码头的“万舟骈集”谣曰：“榆林庄上小屯就，崔家楼上二泗浮，烧酒巷向张家湾，花板老堆望通州。”榆林庄到通州，有近百里河道，是否全都如此鼎沸不可知，但这些聚落处有码头是必然。

榆林庄、小屯、崔家楼、里二泗、烧酒巷、张家湾，各村，都有一段距离，靠岸停歇在所难免。花板（石），是明代从南方运来的花板石堆场旧址，形成的地名称“花板（石）”。“老堆”，应该是近通州的堆坊。（《通州志》中有“查堆坊疏”。）

上文中，转漕官李钧说漷县码头到崔楼仅二十余里（从里程看，与今河道相符），且没有经过谢楼记载。而《山东运河图说》（清1644——1911年），溯流而上的记载：“十里漷县码头、三里狄家楼、（今耿楼）十里师家庄（无考）、五里沙古堆、五里公鸡店，二里小屯、二里马坊、三里谢家楼、五里崔家楼、三里里二泗。”漷县码头到崔家楼是三十五里。

这是因为在1802、1808年间发大水，造成运河改道。尤其是1808年，连续十天十夜暴雨，天然调直了大运河，漕船可以顺“康家沟”直下（与今相近的运河河段）。转漕官李钧未走这泗河河段，直接顺“康家沟”逆流而上来的。但是，赵珍据清廷档案写成的“清代北运河漕运与张家湾改道”一文中说“……‘此沟若开成大河，南口转注太疾，南岸村庄可虑’。并用黄贴在图上标出北运河往武清方向5—8里南岸的几个村庄，有沙古堆、供给店和苏家庄等村落”。史上也有1808年后泗河漕运未受影响的记载。又说明这泗河河段并未因为1808年大水而停漕。

所以，1808年后泗河漕运未受影响，但同时漕船也可沿“康家沟”而下。两河段同时存在，走哪里都可以。泗河段在1900年停漕应无太大争议。其实那时北京东南漕河也并非这两段，《转漕日记》中，李钧的回空船就没有经过这两个河段，而是由京南的另一水路回乡的。

但是“运河故道牌”说泗河“自金天德三年（1151）始，即开辟为漕运河道”，就有待考证了：从文献记载看，到元代大运河才全线开通。金代漕运京南段，在今漷县镇延芳淀、永济渠，与潞城无关。北京至通州段漕运，是天德三年（1151年）四月，上京会宁府(今黑龙江阿城南白城子)迁都燕京，后又在辽南京城（今北京）的基础上兴建中都城。为保证中都粮食等物资的供给，金海陵王下旨开辟漕运，即利用金口河引永定河水，开凿东至今天通州一带的运粮河。即金都漕运粮道，是从石景山至通州北。“自金天德三年（1151）始，均未见泗河开辟为漕运河道”记载。

同大运河一样，泗河河段的漕运也远不止其政治，经济价值。文化，“改革开放”，也都是“先河”。意大利传教士、“沟通中西文化第一人”，利玛窦便是经过这一泗河河段进京。万历二十九年（1601年）利玛窦，从济宁乘船走运河到通州。他制作并印行《山海舆地全图》，这是中国人首次接触到了近代地理学知识。他利用解释各种西方事物的机会，同时介绍了他们的天主教信仰。他们翻译了《十诫》《主的祈祷》《圣母赞歌》和《教理问答书》。并派发罗明坚撰写的《天主实录》，以中文解释天主教的教义。除带来了欧洲文艺复兴的成果外，他还系统地学习了中国传统文化，传入的现代数学、几何、世界地图、西洋乐等西方文明。

“三望沙古堆”可谓是这泗河的漕艘志铭，说法有三：其一，沙古堆在崔家楼村南，康熙爷来崔楼三次，望了三次。其二是康熙爷乘御船经此，在崔楼南望，是沙古堆村；东行至谢楼村西南望，是沙古堆村；拐弯西南行，过沙古堆村回望，还是沙古堆村。其三是纤夫们之苦：逆流到此，疲劳至极，恨不得一时卸船，顺溜回空。在村南盼，眼前是沙古堆村；逆流东北行至谢楼村，西南望，是沙古堆村；再西行，拉至崔楼南望，还是沙古堆村。

武窑渡口

■ 胡文权

武窑渡口向来是京东的一处要津，其历史可追溯到三百年前。故址在今武窑村西南，隔河与张家湾镇里二泗相望处的古泗河码头边。运河通州泗河段，原由张家湾东南流，经里二泗，折东北奔武窑，然后再东流。民间有“上张湾绕里二泗”之说。20 世纪 70 年代大平大整土地之前，每逢水涝年头，武窑、崔楼一带的沥水，还都流向这段老河底。当年经营摆渡口的是宋家兄弟俩，官称二管船、三管船。据传是今武窑村民宋连元家祖先。

武窑大桥

老宋家祖上家大、业大，有龙盘地几百亩，南至今西集镇沙古堆村，西南至里二泗村，西至上店村（史上称长店），东至武窑村运河滩。泗河段正流经这里，宋家祖上休养生息都绕不开这条河，拥有渡口顺理成章。

其间有传说，武窑村

没有坚固的大堤，但有一位英雄，水性极好。每到涨水河发，洪水即将淹没武窑村时，他就挺身而出，用花枪把肖庄西的大堤捅个洞，借助洪水冲刷力，在那里决堤下泄，解救武窑村。以邻为壑且不议，但肖庄在武窑村、崔楼村、小东各庄村、谢楼村一线，足见当年泗河风貌。

清嘉庆年间大水，大运河改道，泗河段“搬河”至今运河段(史称抄河)，“上张湾绕里二泗”成为历史。从武窑村走旱路直上西北即可，路程仅为原路的三分之一。武窑渡口也顺势从西北迁至今武窑大桥处。解放前，村民李永平的亲戚给了他一条大船，他以摆船为生。在他雇佣的人中，王才身高力大，水性也好。大马车上船过跳板，牲口必须卸掉，要靠人力把车拉上船，王才就有这本事，这膀子力气，不论多么重的车，只要是牲口拉得动的，他都能一口气拉上船，停稳泊住。还有肖士元，驾船一绝。涨大水时，河面宽达二里多地，西至京津公路，东到武窑村口，烟波浩渺、惊涛骇浪。他独自一根船挽子（篙），即渡八抬大轿过河。乘船人吓得魂飞魄散，他却优游自如。肖士元后代子孙不少，现村长肖文松即为其子。

20 世纪 40 年代，运河西的三间房机场，小圣庙发电厂，都驻有日本小鬼子。河西枪一响，河东百姓便知他们来“清乡”，于是鸡飞狗跳墙，人们纷纷“跑反”。为大家的安宁，艄公们坚决不让敌人渡过河来，鬼子到河边，渡口船去人空。到解放战争时期，“敌我拉锯”，运河西是国民党军天下，运河东常有我地下党出没。国民党想渡河，渡口一样“坚壁清野”。可是八路军、共产党地下工作人员渡河，想什么时候渡就什么时候渡，而且从来不收一分钱。

解放后，天下太平，五业兴旺。京津公路通公交，设武窑车站。渡口是必经之地，大桥建成前，特别繁忙，渡船每日不知往返多少次。为大家安全，艄公省力，摆渡口人跨河拉起一条大铁筋，铁筋穿上滑轮，滑轮链条的下端固定到船头。撑船人再也不用篙挽，终日“夜叉探海”式拼死拼活。站在船头，只需拉动铁筋大缆，大船就往来于两岸。

1967 年运河武窑木桥建成，1968 年 5 月 1 日，世代供人们渡河的武窑渡口正式结束了它的历史使命。1973 年，武窑木桥改建成大型永久性钢筋混凝土结构桥梁，让人们的出行及货物的运输更加便捷。

（胡文权，原甘棠中学退休教师）

谭台渡口

■徐　畅

谭台渡口位于贾后疃村东，由此过河，即河北省大厂回族自治县谭台村。谭台是这一带，潮白河上最大的渡口。旧时行路人说：“离了东关（通州），就是谭台摆渡口”。地处交通要道，确是咽喉之地。虹桥关津即在此处。近代刘姓经营渡船，刘廷贤、刘十文，是西至通州，东至大厂，最有名的船家。

民国二十一年（1932）何绍曾《通县编纂省志材料》有专门词条：“谭台木桥，第二区谭台村西，跨潮潮河，以通东西两岸，系浮桥性质。后潮潮河水势甚盛，此桥遂不适用，民国六年建为渡口矣。”

谭台渡口旧址

此记渡口建为1917年。实际年代应更为久远。浮桥性质，可知大水之年或丰水季节也要用渡船。

“潮潮河自顺义县入通县十二学区，穿东西牛甫两村中间，南流至诸葛店、夫人庄之间，折而西南入十三学区，沿枣林村之西、白庙村之东，复南，沿广惠庵、田辛庄（今大厂田各庄）之西，迤逦南下，至十一学区贾家疃东南行入香河县境。缘十二学区地势自诸葛店以北，形势渐高，且诸葛店西北向有土闸一所，高约丈余。以防水患。后因年久失修，逐渐损坏。至清光绪二十八年(1902)，该闸全部冲毁，河身坍闪无常。宣统二年(1910)，坍至顺义县之赵庄以西。赵庄之西北为苏庄，相距甚近。潮河由苏庄东北逆折而西，其曲折处直向𣵀𣵀河。民国二年（1913），潮河暴涨，即由曲折处冲破堤埝，流入𣵀𣵀河。虽经河务局数次修筑堤坝，始终无效。是为潮河夺𣵀𣵀河颠末……至民国十一年（1922），𣵀𣵀河暴涨，西牛家甫全村被水冲，河身西徙二三里。沿郝各庄直奔夫人庄，曲折南下。至民国十三四年（1924—1925），又由夫人庄向西南移徙，渐坍至小杨各庄。至民国十八年（1929）及二十六年（1937），小杨各庄坍去大半，直袭白庙。二十八年（1939）大水，白庙西南两面之良田，变成沙漠。河身自白庙折向东，广惠庵全行坍去，田辛庄又坍去少半。自田辛庄以下又西徙沙坞（今宋庄沙窝）及东堡，冲毁地亩无算。自贾家疃至（西集）东仪、尹家河多成沙碛。”“潮白河，河广水深，为昔时漕运要路。民国二年（1913），自顺义县苏庄决口水流入𣵀𣵀（河）……二十八年（1939）阴历六月初十日，潮白河山洪暴涨，苏庄大闸被冲去十八孔，水势完全入于𣵀𣵀河。”

燕郊至谭台以西一线河道之桀骜狂放、谭台渡口之雄浑壮阔，艄公之激烈神勇，先人尽述，虹桥关津亦载典入籍，但需补充尚多，但有两点在百姓中广为流传。

一是新中国诞生前，河东有谭台炮楼，河西有前疃、后疃据点。抗日战争和解放战争时期，八路军和解放军多次从谭台渡口渡潮白河，往来于大厂和侉子店之间，有力地打击了盘踞在侉子店地区敌人的军事力量，宋林锄奸、杨占才捎信的事迹，均发生在谭台渡口。

二是本渡口“打船粮”习俗。“打船粮”，是今日“办卡”的前身。谭台渡口是商业性渡口，过河坐船收钱。面对如此大河，河东人登京上城别无他路。河东谭台大集又是重要商品集散地，传说自古即有，与燕郊位置相当。水急船挤，船上收费，自有不便。所以每年秋后，船家就到沿河两岸村内收粮食，称“打船粮”。“打过船粮”的村，村民再过河，便不用再付过河钱。

古迹遗存

卜落垡村詹府记略

■ 马景良

潞城镇詹姓家族，在卜落垡村已经绵延九代。从清嘉庆、道光、咸丰、同治、光绪年间到民初，一门有多人记入《通州志》。为通州地区教育事业，呕心沥血，持续多代，且有突出建树。他们地位显赫，却“事舌耕”，实属罕有。家族成员以“修身齐家治国平天下”为遵行，笃拙谨行，守“仁义礼智信”之道，大义不乱，临危敢担，平和处事，洁身自好，甘于平凡。本文只略记前五代中几位的德与行点滴。

因漕运，詹氏先人由浙江徙通，居今乔庄。依光绪《通州志》记载，将先祖詹遇昌列为第一代。因其子詹桂而贵，赐奉直大夫。其子詹荣的墓志铭中记载：詹家世居潞河城（通州），从世五公（詹遇昌）这一代移居卜落垡村。世五公把产业让给哥哥，自己要白手再造，所以勤俭过人。

第二代人中詹荣，字华峰。通州廪膳生。生于嘉庆丙寅，卒于咸丰辛亥，年四十有六。经本村臧夫子开蒙受业后，入泮（科举时代学童入学为生员称为“入泮”），开始的老师是谢夫子。詹先生本性好学，“猛于攻苦，致呕血之疾，几致不起”。先生二十岁时，“就馆城中，馆俸丰备”。但思念家中父兄俭素，总不安心，于是毅然回家教两个弟弟读书。弟詹叙不爱念书，以经商为业。弟弟詹桂好学，两人关系很好，“风雨连床，信可乐也”。

后来弟弟詹桂中举，侄子詹卿云也到州城入学。先生便在家教学，学生很多，作业堆案盈几。他又“秉烛批阅，彻夜不眠”。学生受感染鼓励，个个苦读，即便是“散栎之材，无不立变”。十余年间，培养出来几十个秀才，是当地首屈一指的教书先生。光绪《通州志·艺文志》中载有李焕文、李庆宝、李庆良一门三人诗章，并载有“江苏候补知府海门同知李焕文；花翎五品衔山西候补知县李庆保；蓝翩候选同知李庆良……”史料，李庆宝授业弟子。

由于成绩突出，德高望重，逝世后，立有墓碑（现埋于前榆林庄村地下）。墓碑刻有詹荣墓志铭。墓碑撰稿人李廷诏，书写人毛毓琪都是当时的通州名人。在民国《通县志稿》中记载：李廷诏，字丹樵，世居漷邑李辛庄，道光丙午（1846）举人。詹、李二翁系儿女亲家。

詹桂，《通县志要·人物·忠烈》卷之八：诰授奉直大夫，字一峰，卜落垡人，孝友性成。道光甲辰登贤书，办本地团练，选授成安县教谕。《通州文物志》载：以城防奖六品顶戴，后加盐提举衔……，次选授遵化学正，生于嘉庆二十一年三月二十三日亥时，殁于光绪十五年九月十八日未时。詹桂在成安居官二十载，亲修《成安县志》，对自己却只字未及。

《通县志要》中载：（成安）时土匪猖獗，桂率众捍卫，城赖以安。每与人曰：在位谋政，分所当为。捷径求荣，终未敢尝试。又谓：人以金钱遗子孙，我以诗书遗子孙。闻者叹服。卒年七十四。子采、文，孙中、珏，皆孝悌不衰。

这记载似有粗略，至少要补入以下几点：先生聪慧且读书刻苦，幼年时期即“日下百行”。道光甲辰恩科登贤书的意思是：三年一届的省级会考中，詹桂1844年考中举人。《范进中举》知县的级别，孝廉公，是秀才完成了鲤鱼跳龙门一跃。在成安期间，振兴文艺兼及古学，捐修文庙，俎豆以新；训导雷公终，于任子嗣式微，君分奉以周其乏；李鸿章保他当知县；主讲清晖、紫山两书院，在清代都是很有名的学府。“选授遵化学正”，先生著作《补拙堂诗》四集、《古文词》，都刻入了《遵化州志》。

詹桂终生秉承“人以金钱遗子孙，我以诗书遗子孙”。在坟茔地有墓碑，现埋于前榆林庄村地下，墓碑刻有诰授奉直大夫詹君墓志铭。

墓志铭的撰写人是清朝王文锦，字云舫，直隶天津人。同治十年(1871)

进士，二甲五十三名，散馆授编修。光绪十九年转兵部左侍郎，又调任吏部右侍郎。

《通州文物志》中，有詹府壁画，应该是詹桂与其兄长华峰所留。詹桂墓志铭中还有三个字：“孙中、珏”即詹府第四代中有詹中、詹珏。

詹中：《通县志要》中，《民国通县志稿》：詹中，字葆庸，拔贡。著有《地里韵言》。是未到任的山西候补知县。

詹珏：1875 年生，字葆厚，号幼文。清末以庠生县丞衔派游学东洋。归后，创办本县乡间小学，任劳任怨，成立百余处。额其闾曰：热心学务。（给他家挂匾，匾额写：热心学务）

后服务吉林，创办各种学校。充任府视学、省视学，成绩卓著。省视学，“掌管视察全省教育事业。历充吉林双城县劝学所长，长春府视学，吉林西南路道视学，民国时吉林省曾将西南路改称吉长道，道尹公署移驻吉林，下辖 11 县。滨江（哈尔滨）道尹公署教育、实业、内务各科长。多年连续获得“至简任职”三等嘉禾奖章。（嘉禾奖章设于 1912 年 7 月，共九等，授予那些有勋劳于国家或有功绩于学问、事业的人，授予等级按授予对象的

詹府后人全家福

功勋大小及职位高低酌定。嘉禾就是生长得特别茁壮的禾稻，古人视嘉禾图案为吉祥的象征。民国成立后，嘉禾图案取代清代的龙纹经常出现在货币、徽章上，并具有简易国徽的性质。当时对嘉禾图案样式，并未作明确的规定。中华人民共和国成立后，国徽图案中仍然保留了嘉禾图形。

民国三等嘉禾奖章（正面）

民国十二三年（1923—1924）县城东大水，出资赈济，全活甚众。殁之日，村人思之，公送“梓乡遗爱”匾额。

民国三等嘉禾奖章（背面）

据吉林省档案馆馆藏史料记载，詹珏在东北期间，与中国共产党的重要领导人，延安时期党内“五老”之一的林伯渠曾共事三年。詹珏任科长，林老任一等科员。振兴教育，保护进步学生。

吉林提学使决定：“特委省视学詹珏、普通科一等科员林祖涵前往查办……”。

提学司普通科一等科员林祖涵到长春后，极力保全学生，说服詹珏共同复电提学使，“力求转环，必求一完善之策以处之”，联络长春士绅出面求情。这次青年学生抗租的正义斗争在长春影响很大，迫使当局一再让步。“其肇事之学生刘宪孔，除责令赔偿租柜损失费四千吊外，照章斥退。其余各生均记大过一次，于十二日入堂授课。尚有帮同刘生闹事之学生九名，各记大过二次，留堂察看……”。最终使八十余名学生得以保全学籍。

那时的东北，并非三省，黑龙江也归吉林管。卜落垡村内胡郎路东侧仍存有詹府的两块上马石，石长 95 厘米，宽高各 62 厘米。村民说是詹葆厚在关外东三省做官时的上马石。

詹府上马石

在 1920 年的《官绅履历汇录》中，詹珏籍贯记入“直隶安平”。这有其原因，即其表哥张世培安家于此，姑表兄弟之情，可见一斑。

张世培，字心田，顺天通州（今北京市通州）人，进士出身。光绪十七年中举。光绪二十一年登进士，同年五月，改翰林院庶吉士。光绪二十四年四月，散馆，授翰林院编修。光绪二十九年，任四川乡试副考官。光绪三十年，任陕西道监察御史。后掌广西道监察御史、给事中。

詹桂外孙张世培书法

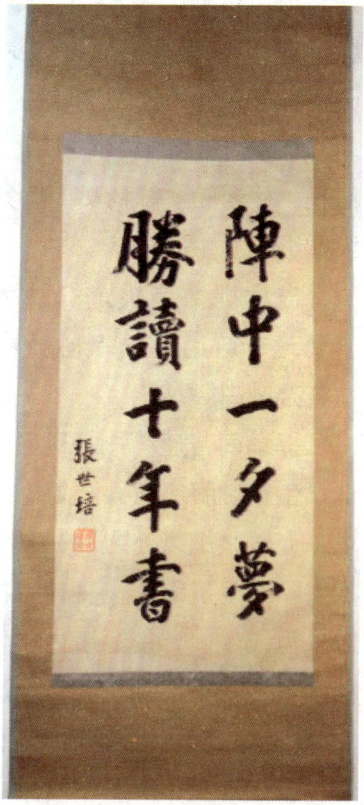

张翰林是詹桂外孙，和中、珏二翁同属詹府第四代。二代人詹桂墓志有“优廪生，受业于张庆熙，书丹”。在西集镇张各庄村有碑文记载：张庆熙，娶同邑孝廉詹桂之次女为妻，后生三子四女，长子张世培……至此，詹桂与张庆熙，翁婿关系明了。

在《通县志要》文教科第表中有：张庆熙（优贡），张世培（翰林院庶吉士）。

到中、珏二翁后辈，家族人已生活于北京及东北各地。卜落垡村中只有詹氏第五代人詹志存（静忱）老师继承祖业，做老师，终生舌耕。解放前家里有私塾馆，除了教私塾学生，还对贫寒之家的孩子进行开蒙教育，即冬仨月农闲，教他们《三字经》《百家姓》《千字文》。其间，也给大户人家教过“专馆”。解放后，卜落垈村娘娘庙改为小学校。詹老师成为人民教师，育人无数，直到退休。当年，老人以当时的通县督学身份，参与了《通县志要》的编修。

在光绪《通州志》编修人员中也有詹府人，廪生詹松云，字霭亭，此翁属詹府第三代人。因家族人众，在外面生活者居多，优秀人才不免遗漏。但现存的壁画、上马石，墓碑、早年詹府三合院遗址，确是潞城文化浓重的一笔。

关于詹府壁画，已故通州著名文物专家周良生前曾专门撰文评价。情真意切，言之凿凿，其中曰：“切要妥善保护，不可再动一铲，不要在上面涂写，认真保护好这一罕见珍贵文物。”周老定性为罕见珍贵文物。

贾后疃的天主教文化

■ 胡明才

贾后疃教堂创始于 1873 年，位于贾后疃村，东临潮白河，西与大运河相距约五公里。主要建筑包括天主堂、圣母山、宗徒广场等设施，罗马式风格。天主教堂面向东、纵深约 30 米，东西宽 10 多米，高 14 米，是北京教区郊区第一大堂口，为京东最大天主教堂，在宗教节日期间，可容纳近千人。“文化大革命”前为东八县天主教总教堂。20 世纪二三十年代，所属堂区有：谭台、卜落垡、榆林庄、八百户、豆各庄、城子等 20 多个村庄。

贾后疃教堂，称圣母无染原罪堂。与宣武门内，今前门西大街 141 号教堂同一名号。圣母无染原罪，又称圣母无原罪始胎、圣母始胎无回。染原罪，是天主教有关圣母玛利亚的教义之一，正式确立于 1854 年 12 月 8 日。

贾后疃教堂其文化渊源可追溯到传教人利玛窦。

利玛窦是西方传教士中最成功的一位。在“西学东渐”和“东学西传”中起到了十分重要的桥梁作用。他将“四书”中的《大学》《中庸》《论语》《孟子》翻译成拉丁文在意大利出版，使西方国家开始知道中国有位杰出的教育家、思想家孔子。他的《中国札记》和他早年翻译的儒学经典，成为欧洲人正面观察中国历史文化的窗口。《四库全书》编纂者将他编著的《乾坤体义》作为“西学传入中国之始”。长期以来，西方许多人，尤其是天主教徒将他视为令人景仰的，“诱导异教徒皈依的”传教士，而东方却将他视为促进东西方交流的科学家。这种评价主要是因为他向东亚地区传播了西方的几何学、地理学知识，以及人文主义和天主教的观点，同时他又向西方介绍了中国文化。也因此，将他视为“欧洲汉学之父”。

万历二十九年十二月二十一日（1601 年 1 月 24 日），利玛窦从通州到北京紫禁城，进献皇帝的礼品有圣母像、十字架等宗教物品，有自鸣钟、西洋琴等日用器物，还有让国人走向世界的“万国舆图”。万历皇帝对这些贡品兴趣十足，并把圣母像送给母亲李太后，李太后是通州漷县永乐店人。李太后特别喜爱圣母像，万历皇帝特别喜爱大小两架自鸣钟，小的那架被他带在身边时常把玩；大的那架被置于精美的阁楼之中，在宫内专司报时。由于自鸣钟构造复杂，需要时常维护，传教士们便被允许定期进宫对其进行检修。对利玛窦进奉的西洋琴，万历皇帝也备感好奇，他命利玛窦教太监演奏。利玛窦让助手庞迪我教授太监，他自己则仿照宗教赞歌的形式创作了八首乐曲，并填上简短的中文歌词，起名《西琴八曲》。每当悠扬的琴声在宫中回荡时，万历皇帝就会想起这位来自西洋的神父。正是这些“欧洲方物”打开了利玛窦进入宫廷的大门，万历皇帝也因此对他赏识有加，允许其留居北京，赐给他宅第。在宅第的东边，利玛窦建了一座教堂，这就是北京最早的天主教堂，名叫“圣母无染原罪堂”，因为在宣武门内（今前门西大街 141 号），所以被称为宣武门教堂，又称南堂。清顺治七年（1650），出生于德国的天主教耶稣会传教士汤若望，把南堂扩建为当时北京的第一大教堂。

到清嘉庆年间，贾后疃村有一位人称半仙的先民，在北京顺治门（宣武门）一带谋生，生活艰难，多次到宣武门内天主堂聆听神父讲道，慢慢入门，接受了天主教信仰，并领洗入教，回乡后传教，信教者渐多。又过 20 年，北京西什库天主堂主教樊国良（法国人），先后派王、李、邹等神父到贾后疃村及通州地区传教。

1873 年王神父（绰号马棒王）在贾后疃监工兴建天主教堂，为罗马式风格建筑，可容纳 600 多人同时参与弥撒。院落南向，神父宿舍为砖券，前廊合瓦券棚顶，墙嵌木制门窗棂，苇帘灰顶。前有洋槐两株。西部教堂面向东，门上部顶端高立十字架，面檐砌有连弧砖券。当时是通州乃至京东最大天主教堂，历史上教友人数曾经超过万人。

是年，先后在贾后疃、牛牧屯、通州西门外建天主教堂，并在通州设立教区，管辖良乡、房山、长辛店、琉璃河、顺义、宝坻、香河等地传教、建堂事宜。

摄于20世纪30年代

民国《通县志要》载：“贾后疃天主教系统属于罗马教会，会员八百余人。”

1900年，义和团运动，“扶清灭洋”，包围贾后疃村48天，坚持在村“围子”外攻打。

战事后，西什库教堂派李神父重新整饬教堂及教会事务，并在附近传教，后另派董神父（荷兰人）、王玛窦，1927年以后由王公覆、王汝楫、孟焕禹等人继任神父。这段时间，贾后疃所属堂区有：谭台、卜落垡、榆林庄、八百户、豆各庄、城子等20多个村庄。

解放后，从1955—1957年，先后有胡明德神父和贾西中神父为本堂神父，胡明新为副本堂神父。1958年始教堂被挪作他用，先是做地毯厂，后又做仓库等用。1973年教堂被彻底拆除。

1986年，由北京教区拨款5万元，通县政府补偿1万元，加上教友奉献的8000元和有关方面赞助3万多元，共10万元，重建贾后疃天主堂。由侉子店乡建筑施工队按照原天主堂外观和构造，负责设计施工。工程于同年4月18日破土动工，同年12月7日竣工，交付使用。重建后的教堂，外形类似北京南堂，三个半圆的拱形屋顶等都很有特色。可容纳400多人，堂内设施齐全，规模之大，样式之壮观，可谓北京郊区各地的教堂之最。12月8日（交付使用的第二天），北京教区主教傅铁山亲临，主持了隆重的开堂典礼。

由于损毁严重，2006年底再次拆除该教堂。由北京市第五建筑工程有限公司在原址重建新堂，新教堂于2008年7月落成。新教堂钢筋水泥结构，内部装修典雅、庄重。

2009 年 11 月 21 日，北京教区正权主教李山主持了圣堂仪式，三十五位神父共祭；有二十位修女，全体修生，近千教友参与。

贾后疃村天主教文化底蕴深厚，特别是融合民间音乐与天主教音乐的贾后疃村天主教音乐会，引起学者的重视。同治年间，教会成立不久之后，音乐会由天津以南西湾一带传来，时已开始使用中国乐器演奏中国乐曲。

教堂有若瑟修女院，史料不详，教友传说建于 20 世纪二三十年代，位于老教堂胡同东教会地产内。20 世纪 50 年代，作为小学校使用。1958 年，欧式平旋窗子的房屋保存完好。

教友奉行大爱，爱教爱人，爱别人胜过爱自己。“文化大革命”前，官道南贾焕章大门道内高悬黑底金字匾额，书曰：“见义勇为”，为当地多位高声望者所赐。

此图来源于《通县志》（2003 版）

抗日战争和解放战争时期，运潮两河之间为“敌我拉锯地带”，贾后疃紧临潮白河，是当然的“首当其冲”。1944 年秋后，通县支队一个连，夜渡潮白河，袭击了设在本村的伪十一区警察所，缴获枪支十一支，电话总机一台，使活动在前疃据点的伪新民团一个中队，撤至沙古堆老窝。

在革命斗争中，多位教友践行人生大爱，舍己为国。如贾素清（女），不顾个人生死救治八路军伤员。胡文良夫妇早年参加我敌工部工作，后为第十四军分区武装大队长，参加攻打谭台多次战斗，敌伪闻名丧胆，其妻为第十四军分区妇救会长，双挎盒子枪，晚年尚有“双枪老太婆”美誉，后被敌人抓去，严刑拷打，用烧着了的烟头烫脊背，仍不屈不挠。李国富，当年民兵队长，1945—1947年任村农会主任。1946年冬，县支队从潮白河涉水，，他亲自参加战斗、奇袭后疃警察所救出九名革命同志。

三通香联合县县支队政委，最早通县县委书记宋林(宋朝相)夫人胡女士，贾后疃教友，还有李东光。

新建成的贾后疃天主教堂

1986年至1999年，胡明新神父；1999年至2002年，鲍静波神父；2002年至2007年，贺兵神父；2007年至2009年，张洪波神父；2009年至今，闫一杰神父；副主任神父：罗茂英神父。高通曾任副本堂，神父晋铎后，亦晋铎神父。

贾后疃教堂前

（胡明才，通州区路城镇贾后疃村村民）

道教文化

刘　祥

潞城镇内，元代胡各庄村地藏寺、明代后屯村九圣庙、南刘各庄村真武庙、东堡村三官庙、卜落垡村天仙庙、清代东刘庄村三皇庙等，都为道家寺院。历史上该镇也是村村有庙，且多数属“佛道儒”三教合一的庙宇。该镇西邻的里二泗佑民观（天妃庙，是圣母娘娘道场）、南邻的西集鲁仙观，以及京城的白云观等众多寺观，均属道家。该镇东堡村三官庙、卜落垡村天仙庙（娘娘庙）都有庙会，民间称“高跷会大秧歌”，其音乐唱曲与东刘庄老道所演奏音乐，也都属僧传道教音乐。

高跷因舞蹈时双脚踩踏木跷而得名。高潮时，要朝顶进香，当地人称“超顶”或“抄下顶子”来，实际是朝山顶上香的意思。通州无山，以庙门前多级台阶代表。踩跷人要施展绝技、玩各种把式，表示虔诚，三步一跪拜，五步一叩首，慢慢地到山顶，烧香。潞城“北八会”的高跷基本是这个套路，大同小异。

胡各庄地藏寺

活动多集中在农历正月，时几档花会竞技，甚为壮观，使节日氛围更加热烈。

另一重要活动是到平谷丫髻山上香，潞城俗称“大山庙上香”。清初规定丫髻山庙会日期为农历四月初一至四月二十，会期20天。期间，北京四九城、城外大兴、通州、顺义、密云及河北省等方圆数百里的善男信女纷纷前去朝山进香。康熙、乾隆都曾多次亲临拜祭，雍正曾下旨每年拨款修缮，道光时曾制碑。庙会时，山上进香，山下表演。民间花会表演有开路、五虎棍、中幡、大鼓、高跷等。

各“香会”都要进香、助善。丫髻山现存碑刻中，有15座为各种善会所立。那时潞城各村都有香会，组织者称香头，专职负责上香之事。农历三月末操置，派车筹集香钱，为赶在四月初一开庙门抢烧头柱香，前一两天就要住入附近店房。自香河去平谷专有“香道”，纵贯潞城全境。

卜落垡村“娘娘庙”与丫髻山碧霞元君祠供奉的同是“天仙圣母碧霞元君”。潞城的说法是，碧霞元君为东岳大帝的女儿。东岳即泰山，东岳大帝即泰山男性神祇。泰山娘娘为东岳大帝的女儿这种说法在《山东通志玉女祠》有记载。据顾颉刚等调查，京津地区的民间也多认为天仙圣母碧霞元君是东岳大帝的女儿。民间亦俗称"泰山老母”，相传是保护妇女、儿童的神仙。

碧霞元君的大殿，正殿的盖瓦，殿前有香炉一座，殿内供奉的就是碧霞元君、眼光娘娘、送子娘娘、琼宵元君和云宵元君。潞城南刘各庄村药王庙建于金代，明朝后供奉的也是这几位“大仙”。

道家文化，有说起源于老子，其实老子出生于春秋之末，而道术早在三皇五帝时就已经形成。黄帝轩辕氏、帝喾高辛氏都曾经分别在峨嵋、牧德参悟道家文化。道家思想对中华民族传统美德的形成有重要的影响，如老子的虚怀若谷、宽容谦逊的思想，恬淡素朴、助人为乐、反对争名夺利的思想，以柔克刚、以弱胜强的思想等。正是这种道教文化的发扬，形成了中华民族开阔的文化襟怀，使中华民族的古老文化能够经久不衰，愈来愈繁荣昌盛。自黄帝之始，以及大禹，还有后来的老子与尹喜，莫不倡导臣民尊道重德、勤力修炼。“自天子以至于庶人，一是皆以修身为本。率真纯朴、心静欲清，自在道中”。

（刘祥，中国作家协会会员、原通州区作家协会主席、通州区政协文史和学习委员会特邀委员）

汉代潞城的几场古战

■徐 畅

潞城素来为兵家必争之地。刘锡信在《潞城考古录》的“通州潞县故城考”中说：“通州潞河东八里有古城……汉光武遣吴汉耿弇破铜马五幡于潞东，谓是县也。屈而东南流，经潞城南。世祖拜彭宠为渔阳太守治此，宠叛。光武遣游击将军邓隆伐之，军于是水之南……《续汉书·五行志》云：建武中，渔阳太守彭宠被征，书至。明日潞县火，灾起城中，飞出城外，燔千余家，杀人。时宠与幽州牧朱浮有隙，疑浮见浸谮，遂反叛攻浮，卒诛灭。即此征之亦可见潞县为太守治所。宠被征，而郡城灾为破灭之兆。……《三国志》所载，刘虞从事鲜于辅，阎柔，欲报公孙瓒，与瓒所置渔阳太守邹丹战于潞北，破之则终东汉之世。”

刘锡信记述的是今潞城镇古城村，似没离开一个“战”字：

开篇“通州潞河东八里许有古城……”说的就是潞城镇古城村，西北角有瞭敌台之类，是前代驻兵之所。副中心建设中，确实出土过兵器。

“汉光武遣吴汉耿弇破铜马五幡于潞东，谓是县也。”

这是两汉之交一场极具规模的大战役。西汉末年民不聊生，百姓揭竿而起，铜马、五幡、大枪是几十支起义军队伍中的番号。《水经注·鲍邱水》：后汉建武元年，光武遣十二将追大枪、五幡，及平谷，大破之。此战席卷潞城镇全境。《读史方舆纪要》载，刘秀的十二员大将由廊坊旧州追到今运河东潞城界内，又追至宋庄镇与顺义县交界处的小营村（平谷故城），

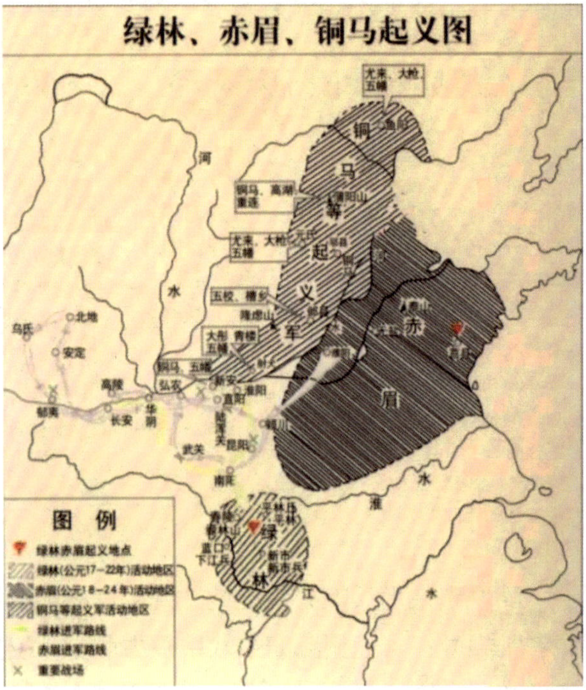

刘秀剿铜马五幡

大破之。

李鸿章、万青黎《顺天府志》卷二十七载："草寺，二十里葛渠……，内军庄，小营旧有平谷故城……后汉书，建武元年，遣吴汉率耿弇十二将破铜马、五幡于潞东。谓是县也。《方舆纪要》平谷在州北，汉置县北魏太平真君七年废，入潞县。"

当时，以古城村为"据点"，彭宠把这一带（渔阳郡）治理得很富裕。可是很快与刘秀矛盾激化，战事又起。这一段的战乱在《刘秀与彭宠》文中有述。

史载：刘虞从事渔阳鲜于辅、齐周、骑督尉鲜于银等率幽州兵马想为刘虞报仇，因燕国（今北京大兴）阎柔素有恩义，他们便推举阎柔为乌丸司马。阎柔招集鲜卑、乌丸等兵马，共得汉兵、胡兵数万人，与公孙瓒所置渔阳太守邹丹战于潞河之北，大败公孙瓒军，斩杀邹丹。乌桓峭王也率其部落的人及鲜卑骑兵七千余骑，随鲜于辅迎接刘虞之子刘和与袁绍将麴（qū）义，合兵共十万攻打公孙瓒，大败公孙瓒于鲍丘，斩首二万余。于是，代郡、广阳、上谷、右北平各杀公孙瓒所置长官，与鲜于辅、刘和兵联合，公孙瓒屡战屡败，于是逃回易京（故址在今河北雄县西北）坚守，开置屯田。两军相持一年有余，麴义粮尽退兵，公孙瓒乘势出击，击败麴义，尽得其车重。

此战发生在后汉三国时。战于潞北，潞北在哪里？

刘锡信在同一文中说："鲍邱水即今潞河，潞河过今州城东，即屈而东南流，古城在潞河东，与《水经注》所谓南经路县故城西相合。"《水经注》：鲍邱水入潞，通得潞河之称矣。按此解释，潞北在今北运河以北，副中心一带。哪儿来的北呢？解放初郝家府到黎辛庄还称"干八里"，八里地没有村庄。大运河就在这大堤路南面，地上还有偏东西走向的大沟，这与屈而东南流正合。东西没有村庄，南北地域也开阔，正是理想的战场之所。

但也有说是潮白河以北。理由是那个时期郡治在今燕郊西南的西城子村。这里有今三河市燕郊镇两个大村，兴都、西城子。"文化大革命"前在那个地方有大土坨子，几里地外都能看清。传说早年战乱时做瞭望台之用。这个地方就与潞城镇东堡村、后榆村隔潮白河相望。如若发生在这里，也是我们今天的副中心附近，没有离开潞城。

潞城的战事之多、之惨烈早已被尘封。刍议几段，只是历史长河中的九牛一毛。

潞县的捺钵文化

■ 任德永 王宝川

在春秋战国时代，今通州地区属于燕国。秦始皇二十六年（前 221）并天下为三十六郡，其中有渔阳郡。到汉高祖十二年（前 195），渔阳郡内设有潞县，即今天的通州地区，县治在当今的潞城镇的古城村。

古时潞县西隔鲍邱水（今称潮水）和沽水（今称白河）。东汉时期，鉴于治理等多方面需求，官方将路县的“路”字，改成了“潞”字。

公元 608 年，隋炀帝开掘永济渠，漕运迅猛发展。到金天德三年（1151）海陵王升潞县为通州。

路县，因水而得潞县，潞县因水而升通州，同时因水而形成辽代（907—1125）皇家捺钵文化。

潞县古城遗址

捺钵制度是辽代治国安邦的基本制度，对于辽朝这样一个多民族政权，至关重要。辽代中期以后的辽圣宗、辽兴宗和辽道宗 3 个皇帝都驾崩于捺钵，说明它不仅在政治生活，而且在日常生活中，对于辽廷都如影随形，到了不可或缺

的重要程度。

捺钵制度中，游牧狩猎活动气势磅礴，威武健勇，有排山倒海之势，又有不可侵犯战胜之雄。无比的宝贵元素，为中华文化北雄南秀、气象万千的多元一体格局带来了新的因子，注入了新的活力。辽朝灭亡后，其捺钵制度有了进一步传承和发展，对后来北方民族建立的金、元、清三代政权产生了极其深远的影响。

金皇统三年（1143）七月，熙宗即曾“谕尚书省，将循契丹故事，四时游猎，春水秋山，冬夏剌钵。”（《大金国志》卷一《熙宗孝成皇帝》三）。当然，在四时捺钵的具体内容、程序规模、性质作用和持续时间上，金朝以后与辽时相比已不尽雷同。金代诗人赵秉文有《春水行》诗：“光春宫外春水生，鴐鹅飞下寒犹轻。绿衣探使一鞭信，春风写入鸣鞘声。龙旂晓日迎天仗，小队长围圆月样。忽闻叠鼓一声飞，轻纹触破桃花浪。内家最爱海东青，锦鞲掣臂翻青冥。晴空一击雪花堕，连延十里风毛腥。初得头鹅夸得隽，一骑星驰荐陵寝。欢声沸入万年觞，琼毛散上千官鬓。不才无力答阳春，羞作长杨待从臣。闲与老农歌帝力，欢呼一曲太平人。”即形象逼真地描写了春捺钵的猎鹅活动在金朝得以再现的生动场面。

前几年，发现一块“泰和五年六月×日”的地界碑，经考证是金代金章宗泰和五年（1205）。碑上刻有“……西至漷阴县……捺钵四十里……”，是至今发现的唯一金石证据。由于在金代文献中“捺钵”一词很少出现，都以“行宫”代替。因此，此碑的文物历史价值可见之重。碑中记载“四十里”地，正是含潞县的漷县以东地区，时间、空间相一致。

海东青（通州博物馆供图）

潞城契丹文化一瞥

■ 马景良

从窑口来看，该壶为隋唐～两宋瓷器，通高 24.5 厘米，口径 5 厘米，底径 9 厘米。

首都博物馆藏，泥质红陶。扁圆形，小口，塔式盖，凹底。底满釉，有三个支钉痕，通体施酱黄色釉。器身有仿皮囊壶的缝制痕迹。

出土于潞城镇前榆林庄辽墓，于2018年5月16日，在由北京市文物局主办，首都博物馆和通州区文化委员会承办，北京市文物研究所和通州区博物馆协办的《畿辅通会——通州历史文化展》展出。系辽代鸡冠壶，又称皮囊壶、马镫壶。如皮革缝制的水囊，是契丹陶瓷中最具特色的器物。单孔式和矮身横梁式为辽代早期，双孔式和扁身环梁式为辽代中期，圆身捏梁式为辽代晚期。从式样看，辽中期物。

辽代鸡冠壶

从目前材料看，有确切出土地点的陶瓷鸡冠壶大多出自辽国腹心地区的墓葬，如蒙东、辽西地区，其墓主

大都是契丹权贵阶层，汉人墓葬出土很少，平民墓中尚未发现鸡冠壶。这说明了鸡冠壶基本为辽贵族阶层独有，是身份的象征。

从这两本杂志封面看，该壶更应该是一个民族的符号，一个曾经控制着整个中国北部和中亚地区民族的符号。如此重器在潞城辽墓出土，无疑是辽中期后契丹重要人物在此地活动的有力证据。

契丹族原为鲜卑族的一支，居住在辽河上游，以游牧为主。据《魏书·契丹传》记载，契丹早期分为八部，分别是悉万丹部、何大何部、伏弗郁部、羽陵部、日连部、匹洁部、黎部、吐六于部等。

唐初，契丹形成了由八个部落联合组成的部落联盟——大贺氏联盟。公元628年，大贺氏联盟长摩会向唐朝贡，随后唐在契丹设松漠都督府，以大贺氏联盟长窟哥为松漠都督，赐姓李氏。

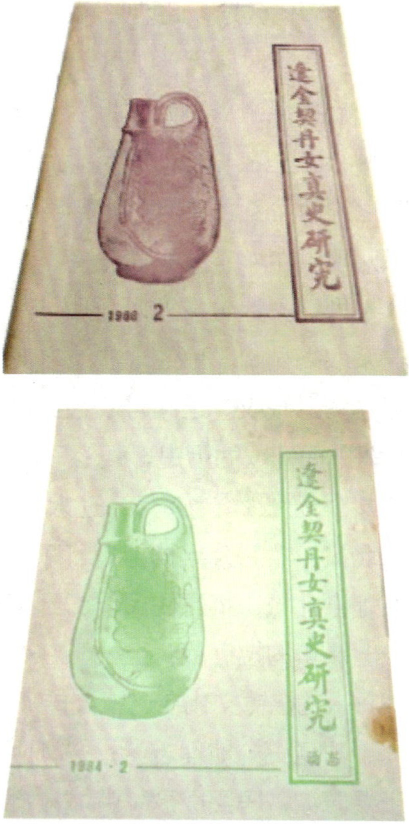

图注《辽金契丹女真史研究》（1984、1986）

武则天时期，大贺氏联盟长李尽忠起兵反周，武则天把他的名字改为李尽灭，派兵讨伐，契丹兵败，李尽忠病死。

唐朝末年，诸侯割据，中原陷入动乱之中，契丹趁机拓展疆域，增强实力。曾两次与中原政权约为“父子之国”。《顺天府志》第27卷载：十里胡各庄、姜庄、堤子有虚粮台。乾隆《通州志》载：城东甘棠乡堤子里，有台十余，赵德钧拒契丹筑台。今考其地，有土垅七，旁有小土垅一，俗称七疙瘩八疙瘩，谓此台即遗址。

赵德钧的虚粮台位于潞城镇胡各庄附近堤子里。

根据明清代区划，此地归属古甘棠乡。乾隆皇帝诗云：“只有德钧卫耕稼，至今乡尚号甘棠”。证明当时此地抗击契丹斗争激烈。

后唐皇帝李嗣源去世后，其义子李从珂夺得皇位，作为驸马的石敬瑭不甘心皇位落入他人之手。为了夺回皇位，石敬瑭向契丹皇帝耶律德光求救，与之约为父子之国，并承诺将燕云十六州割让给契丹，每年进贡大批财物，以儿国自称。

耶律阿保机成为可汗后，羡慕中原王朝文化，希望可以和中原皇帝那样采取终身制。后经“盐池之变”，阿保机统一契丹八部，于公元 916 年建立契丹政权。建国号“大契丹国”，年号神册，阿保机即辽太祖，从此契丹的可汗成为历史。

公元 921 年 10 月，辽太祖阿保机亲率大军进了居庸关。11 月，攻克古北口，然后分兵掳掠檀、顺、安远、三河、良乡、望都、潞、满城、遂城等十几城，将原住民俘虏到契丹人腹地。即是年通州已被掳掠。后经过十七八年的拉锯战，至公元 938 年，石敬瑭将这里割让给了契丹人。从此契丹人的捺钵文化在这里流传开来。

《辽史·地理志》：“漷阴县。本汉泉山之霍村镇。辽每季春，弋猎于延芳淀，居民成邑，就城故漷阴镇，后改为县。在京东南九十里。延芳淀方数百里，春时鹅鹜所聚，夏秋多菱芡。国主春猎，卫士皆衣墨绿，各持连鎚、鹰食、刺鹅锥，……国主亲放海东青鹘擒之。……得头鹅者，例赏银绢。国主、皇族、群臣各有分地。户五千。”

区文化馆常富尧通过民间采风，记录下了《海青歌》《拿天鹅》等当地特色的器乐曲；本地吹鼓手的唢呐将海东青与天鹅的激烈搏斗的场景描绘得惟妙惟肖……

通州东南部的捺钵文化，宋庄镇王宝川先生藏碑可证，碑文曰：“西至漷阴县……捺钵四十里……泰和五年六月……”地域为漷县以东今西集镇北部潞城镇南部，泰和五年是公元 1205 年。

但也有人质疑：在金代，四时捺钵改为了春水秋山活动，文献中“捺钵”一词很少出现，多以“行宫”说明。在明昌三年（1192 年），金章宗完颜璟就规定了，部落氏族只能在冬季率属户畋猎两次，每出不过十日。次年，他下令将行宫禁地和围猎场所尽与民耕种。怎么还会立这种碑呢？解释有二，一看历史背景，二看历史事实。

《中国编年史·公元1205年历史大事件》载：“四月：金边臣奏，宋兵入秦州（今甘肃天水界），又入巩州（今甘肃陇西）来远镇。金主命枢密院移文致宋，应依誓约撤兵，勿使入境，以免边衅。六月：宋准备北伐，宋宁宗诏内外诸军，密订行军计划，并令诸路安抚司教阅禁军。宋恢复同安（今福建同安）、汉阳（今湖北汉阳）、蕲春（今湖北蕲春）三监铸钱。十一月：金令山东、陕西备宋，令山东、陕西帅臣，训练士卒以备非常。且以银十五万两分给边帅，募民侦伺，并派遣武卫军副都指挥完颜太平、殿前右卫副将军蒲察阿里至边界，以备伏击宋军。”剑拔弩张，摩擦不断，大战在即。显而易见，立此界碑，就是明确主权。重提捺钵，无异于说此地自辽代系我圣土，与你大宋无干！

这一域内南有西集镇耿楼村，望君疃村辽代寿安寺，北有榆林庄出土马蹬壶，中有辽墓和契丹萧氏后人。捺钵通俗理解是“渔猎”。但并非仅仅是北方游牧民族生存手段。《辽史》，有诸多诏书记载，捺钵为大辽国策！“四时捺钵”，一年四季之必须。至金代仍相沿不衰，从四时捺钵逐渐演变成“春水秋山”。至上世纪50年代，这里还是当年“鲍邱水乱流”造就的地貌，水草丰盛，高坟如山丘，沙岗沙丘比比皆是，农田只为插花地。地块名称都是北大坨子、荒岗子、四沟子、东沙滩、南沙滩、枕头地等等。

遗憾的是，受种种条件制约，我们忽略了这一点。比如有关志书记载如下：

崔家楼村：“明代已成村，崔姓至此定居，建有码头，形成聚落后，因建有高房一座，远眺似楼，故因姓和房屋特征而名。”

谢家楼村：“明代已成村，谢姓至此定居，因于高处建房，远眺似楼，故名。”

以房称楼，也令人生疑。

此二村都是无楼却称楼，从汉语意义上难以理解，但是，读陈述先生等历史学家专著后，似可茅塞顿开。无独有偶，契丹也有四楼，同时也都未必有楼。辽太祖阿保机为了狩猎和习武，在他的辖地有四楼：西楼——

祖州，为秋季狩猎地；东楼——龙化州；南楼——永州，为冬季狩猎地；北楼——唐州。唐宋时代的回鹘可汗已筑城而居，但在举行盛大活动时，经常要在牙帐处设“楼”，可汗居其上，称作“楼居”。此“楼”实为一种专供可汗享用的毡殿，颇似中原王朝的“丹墀陛阶”。辽朝立国后，也继承了这一传统，建有“四楼”，作为“皇族居地”。

契丹意义的楼，是议政、举行重大活动的地方。王楼村，延芳淀东北岸；耿楼村，潞河边；谢楼村，崔家楼村都在古泗河畔。逐水而居，四时捺钵，为契丹人所必须，这四个村与此吻合。是不是契丹意义的楼呢？

也有说，此四村与契丹种族不一，《新五代史·四夷附录第一》载：“德威走幽州，契丹围之。幽、蓟之间，虏骑遍满山谷，所得汉人，以长绳连头系之于木，汉人夜 多自解逃去。”

小东各庄肖宝岐先生历时多年，修肖氏族谱，他在其序言中说：“经采访考证，中原肖（萧）姓属北辽契丹民族后裔无可质疑。明永乐年间有肖（萧）姓在崔家楼村已成大户。”除宗族脉络，小东各庄村有辽墓。

在崔家楼村与小东各庄村之间，还有一个北肖庄村，古称“肖家坟”。传说契丹肖太后本家弟兄，五虎上将之一肖达，战死于斯葬于斯。肖达九族内迁此地守坟，形成村落得名“肖家坟”。肖达的大坟坐落在村西南，坟东北 70 多米的地方是肖家祠堂，祠堂内供奉着肖达的塑像及肖家人列祖列宗的牌位。

三个村都是契丹肖氏后人，崔楼在西，是议事的地方；肖庄居中，为大将后人。谁的位置低呢？小东各庄，按契丹逻辑，称小，顺理成章。

当地村民解释：小东各庄村称前东各庄，大东各庄称后东各庄。小东在先，大东在后。此地从无东姓，但大东各庄也有辽墓。

通过崔家楼、肖庄、小东各庄三村，我们可以发现，这一带，凡有契丹因素村庄，都似有群落雏形。刘锡信据《金史·胥持国传》考定辽代成村的太子府村，也是前后二村。字典中“疃 ”字的第一注脚，是禽兽践踏的地方，最好的捺钵场所！李疃、武疃、贾家前疃、贾家后疃，四个村紧紧相连，也是一个群落。出土辽代鸡冠壶的榆林庄村，同样是前后二村，鸡冠壶还有的记前榆林庄村，有的记后榆林庄村。

除了辽时群落状态外，契丹人对这一带开发，也有体现。《辽史·地理志》载：“潞县。本幽州潞县民，天赞元年（公元 922 年），太祖破蓟州，掠潞县民，布于京东，与渤海人杂处。”带疃字的四个村，辽代原始状态不必说，后来也都没有契丹姓氏，人哪里来的，“掠潞县民，布于京东，与渤海人杂处。”奚庄，奚姓，也是和契丹一样的少数民族。契丹征服了奚，把他们安排在自己鼻子底下，既监督其造反，又开发这一带，岂不是一举两得么。

本地其他“二村现象”，其实也是一个“契丹营”，一个“俘虏营”。

汉化与“捺钵”

■ 马景良

在潞城，明文记载的金代寺庙有三处。乾隆《通州志》：“延庆寺，在贾家疃，金天会三年建……永庆寺，在州窦各庄，金大定间建。《通州文物志》：“崇兴寺石塔刹，原置于南刘各庄村东口北侧，金代建寺，明代易称药王庙。”自天会至大定年间（1123-1189），金在北京地区（中都）建庙 40 多座。潞城非市中心，而且仅仅是一个镇，竟有三处之多。围绕当时大金所为，便知其详。

汉文化的原庙制度，始于西汉，至宋代趋于定型。原庙是在太庙之外，另立的皇家宗庙，但仍然是皇室祭祀制度的重要组成部分。皇家祭祖的宗庙体系，代表国家形象与皇帝权威，昭示正统、祈祖福佑、以达孝治天下目的。

而这对于女真人则是关乎到政权巩固的“大事”。《大金国志校正·卷十》载：“金初无宗庙。自平辽后，所用宰执大臣，多汉人。往往告以天子，之孝在乎尊祖，尊祖之事，在乎建宗庙！”

上层统治者意识到宗庙为国家统治所必需，金帝遂即实施。金太宗至世宗的四位君主为祭奠开国皇帝，在太庙外建筑皇家祖庙——原庙。大定二年（1162）世宗诏曰：“会宁府，国家兴王之地，宜就庆王宫址建正殿九间，仍其旧号，以时荐享。”（《金史卷 33·礼制六》）至大定五年（1165）会宁太祖庙建成。随后世宗将先祖全部纳入“原庙”祭祀体系。并在各京兴建“原庙”，如天德四年十月（1152）海陵王在燕京（今北京）起盖太庙。

儒家孔庙，专家、学者们有言：“金代是中国孔庙和庙学发展的重要阶段，金代孔庙和庙学的修建，是金代政治、经济、文化发展的一个缩影”。且各家有各家之言，张敏杰：“金朝的女真统治者对孔庙进行了大规模新建、重建、扩建和修葺，不仅光大了儒家思想，传承了民族文化，而且也加速了女真族的封建化过程，促进了民族大融合”；于学斌、孙雪坤：“金代孔庙的发展是由于统治者推崇儒学和文治的需要，是尊孔崇儒、实行文治的重要手段”；张帆：“庙学就是官学，特别是地方官学”；张鸣歧：“庙，是为了更好地尊孔重教，以兴儒学，是为了崇儒传道，以养士化民”。

实际上，在金代，儒学是有“从斥孔到尊孔”的。史载：太祖、太宗两朝“儒学之事未遑遍举”（没来得及办）。初下中原时，金兵对中原王朝传统文化主要标志的孔庙，多加焚毁，有的“毒于兵火，煨烬之余，仅存讲堂”；有的“兵火之余，踪迹荡尽”。“曲阜先圣旧宅，在金兵面前照遭劫难，金兵指孔像曰：“尔是言夷狄之有君者”，遂将先圣旧宅毁为烟尘，庙学“悉为将兵毁折。”

一些上层将领对孔夫子也不甚了解：天会六年（1128）十二月，金兵“破袭庆府，有欲伐孔子墓者，粘罕（宗翰）问曰：‘孔子何人？’通事高庆裔曰：‘古之大圣人。’”

但此时，也有少数上层意识到借鉴儒家思想为国家统治服务的重要性，其间不乏对下层约束、对破坏者的严惩之例。天会五年（1127），宗尧“为右副元帅，驻燕京，虽戎马未息，首建太学，修国子监”。

天会七年（1129）金兵入山东衮州，睿宗（宗尧）为都元帅，告诫军士，“以夫子所生之地，不得剽夺”。十九日，命曲阜知县衡雄与县吏等引诣宣圣庙。“既至庙庭，以建炎群寇之火，皆为灰烬，而殿火犹未息。元帅乃登杏坛，望殿火，奠拜讫，诣圣林。时有军人发掘二代泗水侯墓，方深六尺余，又伐破四十六代孙宋刑部侍郎墓，元帅亲见，遽命执缚，乃奠拜先圣陵下，周览久之，以伐墓十二人随行，至庙南十余里，尽杀之。”

世宗大定十四年（1174）规范了释奠礼。是年正月初六日，以国子监申请：“岁春秋仲月上丁日，释奠于文宣王，案典礼合用笾豆俎坫簠簋幂尊等为祭器，实以豕羊牲体鹿麋醓醢等为祭，酌献利爵罍洗篚箱，皆有制度；献官拜跪、登庙、降阶，皆有节次；学生各执事庙庭，奏大乐，三献官并分献，以次行礼毕，焚祝与币。”（释奠礼原是古代学校的祭祀典礼，陈设酒食以祭奠先圣先师，属于“三礼”天神、人鬼、地祇中的“君师”之礼《礼记·文王世子》：“凡学，春，官释奠于先师。秋冬如之。凡始立学者，必释奠于先圣先师，及行事，必以币。”）

至章宗时，有诏令孔庙前置下马碑，刻文曰：“官员人等，在此下马”。

金代佛教，有联合大学“北京地区金代佛教考古的发现”等论著；对金代道教研究，日本人峰屋邦夫有专著。各种文献表明，在金代，完成了释道儒三教合一。潞城三处金代寺庙性质，也应为三教合一潜移默化中，女真人接受了汉化。

但考潞城三处金庙遗址，都建在州城之外二三十里处，且在“鲍邱水乱流”水边。这可以理解为郊庙—郊宫。因为这里有大片滩涂湿地，是水鸟、走兽的乐园，很适合渔猎。

有资料说女真人起源于“黑水靺鞨”。早期游猎为生，没有固定居所，住房只是临时性窝棚。辽代契丹人更以“四时捺钵”（即四季渔猎活动）为基本国策。女真人驱辽侵宋进中原，将辽代“四时捺钵”制度完善为其中“春水”“秋山”制度，形成了春季以海东青捕天鹅为主、秋季以山林猎兽为主的捕猎活动。金代春水玉——是玉天鹅（一对儿）。春水玉是指以“鹘（海东青）捉鹅（天鹅）”为图案的玉器，今通州人也有此类玉雕。

公元 1153 年（金贞元元年）海陵王完颜亮将金朝都城从女真故地——上京（今黑龙江阿城）迁往燕京（今北京），改称中都。《金史》中有概述曰：“海陵在位十余年，每饰情貌以御臣下。却尚食进鹅以示俭，及游猎顿次，不时需索，一鹅一鹑，民间或用数万售之，有以一牛易一鹑者。或以弊衾覆衣，以示近臣。或服补缀，令记注官见之。或取军士陈米饭与尚食同进，先食军士饭几尽。或见民车陷泥泽，令卫士下挽，俟车出然后行。与近臣燕语，辄引古昔贤君以自况。”

“尚食进鹅以示俭”表明食用鹅肉是最普遍的事情。“游猎顿次……”是辽代“捺钵”的继续。这也融入了汉文化，潞城乃至京郊，20 世纪还有渔猎行为。道教传统文化的高跷都有“渔翁”一角；居民红白喜事演奏的乐曲，都有《海青歌》一曲。其内容即猎鹰抓天鹅，海青是原本生活在黑龙江一带的猎鹰。

庙者，向善之所，行善之所。南刘各庄村崇兴寺，明代改成了“药王庙”。一边“舍药”，一边“施主进香”。前者为向善，后者为助善、行善。

潞城虹桥

■徐　畅

潮白河友谊大桥检查站，历史上就是京东重要关卡，原址在今贾后疃村东，谭台摆渡口附近，称虹桥，乾隆间《通州志》称“久废。”但史志记载颇多，历来为进京要塞。

最近的记载是：民国30年金士坚、徐白《通县志要·建置志·桥梁》：“谭台桥，在民国28年以前，每年由谭台船户搭设浮桥，28年，苏庄铁桥冲毁，水势浩大，谭台不能架设浮桥矣。”另一《民国通县》志稿中，也有谭台木桥的记载。

最有概括性记载的是清嘉庆年间人捐职通判王履泰进献的《畿辅安澜志》，其中《白河》卷三说：“虹桥在通州东三十里。谨案《元史·也速传》，索罗虹桥将同知枢密院姚伯颜不花军，过通州，白河水溢，不能进，驻虹桥筑垒以待。”

《石田集》载：天历元年，燕帖木儿讨秃佛迭儿，追残兵于虹桥。

《明宣宗实录》载：宣宗三年八月渡潞河，驻跸虹桥。

桥之由来久矣！《燕石集》《大清一统志》《畿辅通志》，具作通州东三十里。《方舆纪要》以为州南。又引志云，州南有洪仁桥。考洪仁桥即马驹桥。为凉水河所经，非即虹桥。以东为南，亦误。”

王履泰所摘《读史方舆纪要》是明末清初学者顾祖禹的杰作。书以明代两京十三司为写作范围，专言“山川险易、古今用兵战守攻取之宜、兴亡成败得失之迹，而景物游览之胜不录焉”，是一部军事地理特色非常浓厚的历史地理著作。

《读史方舆纪要》载虹桥为州南，是否为误，确有待商榷。东汉州治古城失火后，治所东迁，说法最多的是今三河燕郊南的城子村。而城子村恰在虹桥西北五华里左右。《方舆纪要》是军事地理著作，可谓“兵书”，“兵书”错误率，应为较低。

最具权威的记载是乾隆钦定《日下旧闻考》。卷 109 中说 ：“原虹桥在通州河东三十里，《燕石集》。臣等谨案，虹桥今无考。原天历元年，丞相雅克特穆尔，将大军东出蓟，讨图们岱尔，与王禅前军战榆河，剿之，追残兵于虹桥北，两军隔虹桥水为营。合兵鏖战白浮之野，大败之。”《石田集》按：图们，蒙古语万数也；岱尔，牡鹿也。旧作秃满迭儿，今译改。

通州河东三十里何处？即贾后疃村东，谭台摆渡口附近。以通州为圆心，三十里为半径划图，与今潮白河交汇点就在这里。换言之，只有这里满足方位、环境条件。

博罗特穆尔调伊苏南，御库库特穆尔，军伊苏，次良乡不进而归，永平遣人。西连太原东连辽阳，博罗特穆尔患之。遣骁将姚巴延布哈统兵出御，至通州，河溢，营虹桥。以待伊苏，出其不意袭而破之，禽姚，巳延杀之。博罗特穆尔大恐，自将出通州，三日大雨。而还《元史·逆臣传》按：库库特穆尔，义俱见前旧作。扩廓帖木儿今译改。原宣德三年八月，车驾发京师，渡潞河，驻跸虹桥。《明宣宗实录》原宋褧诗：“野春平碧生暖烟，虹桥南畔沙漫天。潞阳河上见酒旆，直下复有钓鱼船。”

“原天历元年，丞相雅克特穆尔将大军东出蓟，讨图们岱尔……”此战是元代两都之战中的一役。当今军事色彩的地名也还在，如河西潞城镇的燕山营（与内蒙燕山营重名）、东前营、河东大厂县的谭台、窄坡（窄城误写成的窄坡）、大东关、西关、小东关。这一代没有蒙古人，但贾后疃村西、东堡村，都曾有元墓群。

《明宣宗实录》载：“丁未车驾发京师度潞河，驻跸虹桥。……戊申驻跸三河县东之草桥”。“庚午驻跸三河县”“辛未驻跸虹桥，命诸将明日过通州二十里驻营，诸将皆曰，明日可至京师。上曰非谓远，不可至……壬申驻跸齐化门外二十里。”

这记载的是明朝第五位皇帝，明成祖朱棣最赏识的孙子，明宣宗朱瞻基的一次经典之战（此战载入世界名战），铁骑三千击溃一万入侵者的“宽河之役”。出征时驻跸虹桥，得胜后驻跸虹桥。

1428年八月十四日，他在奉天门召集公、侯、伯、五军都督府都督，告谕：北寇在每年秋高马肥时必定骚扰边境，近来边境的守备不知如何？现在农活将结束，我准备趁田猎的时机亲自巡视各个闪隘，整饬军备，你们要备齐士卒、马匹，等候命令。

八月二十七日，以巡边祭告太庙，申戒各位将领在所经道路时不得扰害百姓，违者处以军律，并遣前锋先发。

二十八日，宣宗的车驾正式从北京出发，少师、吏部尚书蹇义，少保兼太子少傅、户部尚书夏原吉，少傅、工部尚书兼谨身殿大学士杨荣，兵部侍郎王骥，刑部侍郎施礼，工部尚书吴中，右佥都御史凌宴如，太常寺卿兼翰林学士杨溥，太常寺卿姚友直，大理寺少卿王文贵等人扈从，英国公张辅、阳武候薛禄等将各分兵，驻到了虹桥。

九月六日晚，抵达宽河（今喀喇沁左翼旗南），与敌人相遇。宣宗亲射其前锋，杀死三人，将铁骑分为两翼夹攻，大胜，斩其首领，获军器马驼不尽其数。十七日，从遵化县东面的双城，经石门驿、蓟州、三河县、虹桥，抵北京齐化门外。

出征时住到虹桥，他见到水灾后百姓之苦，严令扰民者杀无赦，遂令锦衣卫严查。凯旋班师住到虹桥，将士们说明天即可进京，他认为路途较远，延缓一日还朝。

“野春平碧生暖烟……”，官员从遵化回京走官道。诗出自《燕石集》第4卷26页，是竹枝歌二首的其二。（其一为：五里河边修禊时，犊车载得細君归。河边柳色迎草色，山云结雨行人稀。）诗人自注：至治三年春（1323），自遵化县还京途中作。《析津志辑佚·天下站名》：“大都，向东四十里至通州，六十里夏店，一百里蓟州。”通州，六十里夏店。与今五十里不符，与史亦不符。乾隆年间《通州志·艺文志·重修广惠庵记》：“通州东二十里曰燕郊，古燕郊也。燕郊西二里有石梁曰绛桥，桥架河。河水北出顺义县牛栏山，经燕郊曰溜溜河。”何来六十里？通州至贾后疃三十里，再去夏店又三十里。当年明宣宗走的是这条路。当地村民亦有“千年古道”“幽燕古道”之说。沿途南刘各庄村、贾后疃村等官道边都有古井。贾后疃村还是“一井多眼”井口石盘都被井绳磨出深深印迹。（若说虹桥在燕郊东十里，六十里就更不存在了，且此地无河。）

另据其他史料，明嘉靖《通州志略》：“牛家务河在王家摆渡入潞河。”雍正十三年（1735）《畿辅通志》卷之21山川载：“牛家务河，一名绛河，在通州东北，源出牛栏山，经西赵村，过绛桥，至王家渡入潞河。”是志卷之42“关津”载：“虹桥在通州城东三十里《明外史》宣德三年车驾发京师，渡潞河，驻跸虹桥。”（牛家务河，一名绛河，即今潮白河。）乾隆《通州志·封域山川》载：“牛家务河，旧志云：一名绛河，在州城东潞邑二乡。源出牛栏山，经西赵村，过绛桥至王家渡入潞河。此即溜溜河，亦名箭杆河。现有石桥即旧绛桥。”

该志卷之二，建置、关梁：“虹桥，在州东三十里，明宣德三年，车驾发京师，渡潞河，驻跸虹桥。久废。同处：绛桥，在州城外箭杆河。”

绛桥，前文记在通州东二十里燕郊，虹桥多处载在通州城东三十里。即此无疑。

“关津”、“关梁”，泛指水陆交通必经之处。这些地方往往设防戍守，或设卡征税。顾炎武《流转》诗：“往住历关梁，又不避城府。”李汝琬在给乾隆《通州志》序中写道：东路为畿辅之重镇，而通州尤东路之神皋，新旧两城，拱卫京师，则形势之控制系焉。而虹桥关梁，又是通州的东大门，拱卫京师，为京东门户之一。

“秦时明月汉时关，万里征人尚未还。但愿龙庭神将在，不教胡马渡阴山。”在侯仁之教授的《北京历史地图集》：“汉代蓟城周边交通干道示意图”中，有北京至右北平路线，大道恰过此地。从下一幅古“右北平”图中可见，过了潞县（今古城村）不远就是“右北平郡”，汉时“关津”无疑。

《史记》原文：“广居右北平，匈奴闻之；号曰‘汉之飞将军’，避之数岁，不敢入右北平。”“龙城”指奇袭龙城的名将卫青，而“飞将”则指飞将军李广。“龙城飞将”并不只一人，实指卫青李广，以及众多的汉朝抗匈名将。《汉书·卫青霍去病传》载：元光六年（前129年），卫青为车骑将军，出上谷，至笼城，斩首虏数百人。笼城，颜师古注：“笼”与“龙”同。龙城飞将指的是卫青奇袭龙城的事情。也有人认为龙城飞将中，飞将指的是汉飞将军李广。龙城是唐代的卢龙城，是汉代的李广练兵之地，在今河北省喜峰口附近一带，为汉代右北平郡所在地。“上谷”应泛指北部边塞。李广名垂千古，是他一生都在抗击匈奴，防止匈奴掠边，每次匈奴进攻的汉地，天子都是派遣李广为太守。

清末至抗日战争时期，这里的贾家前疃村，都一直住有带防御性的“机关”，20 世纪 40 年代，国内革命战争时期，谭台渡口仍然是“关卡”。当时潮白河以东是解放区，以西是“敌我拉锯”地区。1946 年，进驻通县的国民党 92 军部队，为配合伪县政府的“清乡”“围剿”运动。亦在这一带设卡、设岗。到潮白河东谭台赶集的村民，上船过河前，都要一一检查。时任通县县委书记的宋林，就在摆渡口击毙了作恶伪军。1947 年，渡口随时封闭。隔河百姓结婚要“就亲”，即为防渡口封闭，新娘不能在娘家等男方花轿迎娶，要于日前住到男方亲属家，“正日子”时，在那儿上轿子，去婆家拜堂。

詹府后人碑

■任德永 王宝川

翰林碑在西集镇张各庄村，系潞城文脉源流。

传说的“翰林碑”，主人其实是张庆熙。碑文内容记述的是张庆熙，碑文、书丹者均为张庆熙授业嫡侄—戴旭。碑文中有张庆熙娶同邑孝廉詹桂次女詹氏为妻，后生三子四女。长子张世培、次子张世基、三子张世均。张庆熙没中进士，不是翰林。真正的翰林是其长子张世培。“翰林碑”实为“翰林张世培之家父张庆熙墓碑”。（张庆熙因长子张世培入翰林升御史，而诰受正四品中宪大夫。）

翰林碑

2006 年版《通州文物志》第 241 页有《奉直大夫詹桂墓碑》书丹者为授业弟子张庆熙。综上两碑文可得知，张庆熙是詹桂的授业弟子，门婿（二姑爷），张世培是詹桂的外孙。

查民国版（1941）

奉直大夫詹桂墓碑

《通县志要·戴孝文夫妇事略》：戴旭确是张庆熙的学生，而且戴旭的妹妹，嫁给了张庆熙的次子张世基。戴旭师从张庆熙，既是碑的撰文与书丹者，又是民国版（1941）《通县志要》的资料采集成员。可见戴家又是詹家的再传弟子。

史料记载："张世培，字心田，顺天通州（今北京市通县）人，清光绪十七年中举；二十一年（1895）乙未科进士。名列第99名84位。同年五月，改翰林院庶吉士。光绪二十四年四月，散馆，授翰林院编修。光绪二十九年，任四川乡试副考官。光绪三十年，任陕西道监察御史。后掌广西道监察御史、给事中。"

据今年96岁的四老太太（张世培孙女）等人回忆：清宣统二年（1910），全家先从张各庄来到今通州区漷县镇侯黄庄村的曹家，暂居数月，后来搬到周庄。在周庄的老地方，发现有其刚来时买地的地契多张。其中，最早一张是宣统二年（1910）的，最晚的是民国二十一年（1932）的。正好印证了始迁时间，应不晚于宣统二年。为什么要在侯黄庄歇脚呢？因为张世培内弟周戒三是周庄有名的大地主。姐夫一家来周庄，要等周戒三盖好房后五间正房，一家大小才好从侯黄庄搬到周庄来住，至今已有百年了。

张庆熙岳父詹桂之孙詹珏的籍贯，也有记为直隶安平的，应为其表哥张世培府邸。

张俊岭为张家长门一脉传人，河北农业大学园林专业毕业，现任河北省廊坊市时代广场管理处设备科科长，其父张月明因病于2002年去世。据其考研，这一门脉的辈分应从自张庆熙始，至今已传八代：（1）

张庆熙—（2）张世培—（3）张风池—（4）张书田—（5）张光会（张保德）—（6）张月明—（7）张俊岭—（8）张馨予（女）。

次子张世基这一支脉是迁徙至今河北省廊坊市香河县蒋辛屯镇王店子村隐居的。据民国版（1941）《通县志要》记载：次子张世基娶戴旭的妹妹，25 岁左右去世了。王店子后人也证实，他们的祖奶奶是二房、不姓戴，也是宣统年间从张各庄迁来的。（可推测戴家姑奶奶未育或已失传。）

长子张世培的在朝好友王荣商记载，他曾和张世培到过香河县张庆熙次子张世基的隐居之地——王店子村。王荣商，清末著名诗人，中进士入翰林院，任庶吉士。

据张各庄族人回忆：香河周庄的张家后人，与香河王店子的张家后人，以前清明节时，经常来上坟。资料分析：周庄张俊岭的这一支脉，应为长子张世培的后人。而王店子的这一支脉，应为次子张世基的后人。迁居周庄的张世培隐居后改号为香迁居，王店子的张世基隐居后改号为仲弢。据说三子张世均这一支脉，从未来过张各庄上坟。传言，他们隐居在凤河营的西张各庄，或永乐店的东张各庄，但前访无果。是因其后代没有男丁接续香火，还是别的原因，需今后进一步查实。

综上分析：张各庄之张氏一族，与卜落垈詹府，有同一家风，即低调不张扬。他们举家迁往他处甘愿隐居生活，或避战乱、或有它因。但其迁徙的时间同为宣统二年（1910）。这一年究竟发生了什么，亦有待考证。

乾隆《潞河怀古》

■马景良

说乾隆皇帝曾预言今日副中心崛起，未免牵强。但他的《潞河怀古》诗，就是潞城诗，没有一句离开今副中心地区。《日下旧闻考 ·卷108》中载：“乾隆三十一年（1767）：《潞河怀古》“空传彭宠守渔阳，城水东西究莫详。只有德钧卫耕稼，至今乡尚号甘棠。”可以这样解读：

《潞河怀古》

乾隆

时空传诵，彭宠驾驭，
渔阳故地！
其后一把火，郡城漂移，
八十年间，河东水西？
鲍邱水不言端倪！

涛涛潞河，
贤达豪杰孕育！
岂止一个后唐赵德钧，
卫稼穑，勇抗契（丹）！
乡号“甘棠”，

直称至今日！
莫忘记，
开创"四十年刑措不用"
"成康之治"
召公奭！

诗的首字“空”为什么作“时空”解，而非解作“空谈，空穴来风”？清高宗乾隆皇帝(1711年9月25日子时至1799年2月7日)，是雍正帝第四子，清朝第六位皇帝，1736年2月12日—1796年2月8日在位，共计60年。喜欢巡狩天下，所到之处，不是留诗便要题字。而这，是需要底蕴的。

他饱读诗书，能放过25史中的《汉书》《后汉书》不读么？所以对驻守在渔阳古城（今古城村西汉潞县故城），把“小日子过得很殷实”的彭宠，必定深谙在胸。作空谈，空穴来风解，“直男癌式思维”可以，全然没有历史知识的人可以，但那不是历史上最有名的皇帝之一——乾隆！

字里行间，我们已经看到，风流倜傥的皇帝，或端坐黄船，或弃舟登岸，潮河、白河二源汇合的鲍邱水，就在脚下，面对不远处西汉潞县故城，怀古，能是空穴来风么？此诗写于1767年，正值他在位三十年，如日中天之际！最起码他在睹物思人，继而心潮澎湃，感慨万千！感慨的是什么，是时空，如“浪淘尽，千古风流人物”。绝不是“大家都这么说的意思”。

诗的第二句，“城水东西究莫详”。城，指的不是那时的运河西通州城。因那时此城颇详，关于通州的历史，他要“御览”文案，他要“御笔亲批”，不可能是莫详！他所说的不详，指的是彭宠叛汉被征剿，渔阳城大火后，八十年无定论的那片城池。（有人疑在今燕郊西城子）自然，水也不是今天东关外运河，而是《水经注》中的鲍邱水乱流，含今潮白河。

诗的第三句多理解为，高度赞扬赵德钧“城潞戍幽”的功绩，有这个因素，如果一味单纯理解，真有“直男癌”式思维之嫌。帝王怀古，可能只念赵德钧一人么？毫无疑问，在博览群书的皇帝眼里，赵只是匆匆过客。所以皇上只肯定了赵德钧在这里筑虚粮台，抗击外族，保卫边疆一面。如果单写赵德钧，那赵德钧父子还投降了契丹，受到述律后的斥责羞辱而亡，也要写。可乾隆是眼里揉沙子，树这类样板的主么。如果肯定说，只有赵德钧一人，那不是乾隆，怕连个前清秀才都不够格。这句后的标点应是问号。这人杰地灵之地，岂止是一个赵德钧呀？不止赵德钧，还有谁呢？紧接一句："至今乡尚号甘棠。"贤达之人，古来有之！比如召公奭，到今天，我们还在沿用"甘棠遗爱"之典，称甘棠乡嘛！这就是帝王的气魄，这就是"御制诗"。（通州东及东南15华里范围内属古甘棠乡，始于何年不详）

有人说，乾隆写了四万多首诗，没有"精品"（或极少）。这怕与研究不到位有关。看另一首过通州诗。朗朗上口，通州的景物，作用尽在其中。帑，贮藏钱财的府库，一个字，当年通州的漕运、仓储，出来了。对仗、比兴、喻义……哪一点逊于评论者呢？

树梢看塔影，烟外过通州。
沙岭延东亘，潞河自北流。
浮桥连巨蠲，野岸起闲鸥。
发帑完城郭，无非保障谋。

赵德钧与虚粮台

■ 马景良

《日下旧闻考》卷108“潞河怀古诗”：“空传彭宠守渔阳，城水东西究莫详。只有德钧卫耕稼，至今乡尚号甘棠。”这是中国历史上，最有名气的皇帝之一——清乾隆于1766年作的通州诗之一。今天看来，像是专写潞城而作。“空传彭宠守渔阳”，说的是东汉彭宠降汉、叛汉在今古城村。“城水东西究莫详”，这个城，指的是古“渔阳”城，而非当时的运河西通州城，因为此城“已详”，“莫详”的是那个渔阳郡。东汉失火后，八十年间，在哪里办公，没有准确说法。“只有德钧卫耕稼”，乾隆爷对后唐时赵德钧评价极高。“至今乡尚号甘棠。”这个甘棠乡指的是古甘棠乡，方位大约在今通州东，东南15华里范围内。清朝时，今大甘棠村，东堡村，古城村等，都在其范围内。

《顺天府志》第27卷，30页：“十里（指距今通州10里）：胡各庄、姜庄、堤子有虚粮台，《一统志》载：通州城东有台十余，相传赵德钧屯兵于此，乏粮，筑台以诳敌。《顺天府志》（乾隆48年高天凤通州志）载：城东甘棠乡堤子里，有台十余，赵德钧拒契丹筑台。今考其地，有土垅七，旁有小土垅一，俗称七疙瘩八疙瘩，谓此台即遗址。”

赵德钧的虚粮台位于潞城镇大台村、小台村附近。因为此地不仅有台，志中所述几个村都在那一片。依清代区划，通州城东15里内村庄都归属古甘棠乡。堤子里现无存，但当地年长者都知道“老堤头”。

《读史方舆纪要》卷十一，《直隶二》载：“五代唐长兴中，赵德钧节度幽州，以契丹数入寇，乃城潞河而戍之，近州之民，乃得耕稼”。除了当时北方地区的“一把手”，赵德钧的军职，约相当于今北京军区司令。乾隆皇帝赋诗，对他赞赏有加，说他镇守在这里，百姓免受外强荼毒，日子过得踏实，富裕。

在崇文区永定门外西马场，有赵德钧墓。1956 年，发掘出墓志铭 1 方，其中说：“辽，故卢龙军节度使，太师中书令，北平王赠齐王天水赵公夫人故魏国夫人种氏合祔墓志铭。”

卢龙军，唐代主要藩镇之一。治所幽州（今北京）。抗拒契丹筑台者赵德钧前线即此。那时，契丹崛起，敌强我弱，军中缺粮草，为虚张声势，显示兵精粮足，赵德钧让士兵挖土筑台，足见谋略。赵德钧卒于公元 937 年，石敬瑭割让燕云 16 州是 938 年，也可见其历史功绩。史载：“925 年，赵德钧任卢龙节度使，镇幽州。明宗时封北平王。打通幽州城东西两侧，潞县和良乡地区的粮道，在幽州东南开凿运河，以行漕运。”

赵德钧虽与契丹周旋十余年，但并非完美无缺。后唐的末年，李从珂在皇帝之位。赵德钧和石敬瑭矛盾逐渐加深，石敬瑭为当北方的皇帝，勾结契丹向后唐宣战。契丹军队和石敬瑭的部队联合将后唐的讨伐军围困起来，统帅张敬达向朝廷求援，李从珂派赵德钧、范延光和符彦饶分兵三路火速增援张敬达，并命赵延寿随后跟进配合。（赵延寿为赵德钧养子，明宗驸马，后投降契丹。）

在增援张敬达的三路兵马中，赵德钧的战斗力最强，但赵德钧却讲起了条件，李从珂任命他统帅三路军队，他还不满意，又提出要李从珂任命他的养子赵延寿为镇州节度使，而且要李从珂允许他的军队和范延光的混合，目的是扩大自己的势力，将这支部队归为己用。

李从珂大怒，立即派人通知范延光小心防备赵德钧，对赵德钧让赵延寿做镇州节度使的要求，李从珂不但没有答应，还命令赵延寿马上进兵增援前线。李从珂对大臣们说：“赵德钧父子俩不思报国，反而在国难当头之际强取官职，真是可恨！如果他们真能退敌立功，我甘心将帝位让给他。他现在竟这样目无君王，大胆要挟，到最后只会是犬兔一起完蛋！”

李从珂不满足要求，赵德钧投向契丹，他给契丹王耶律德光送去大批财物，让耶律德光支持他做中原的皇帝，舍弃石敬瑭。但耶律德光当时很眼馋石敬瑭答应他的燕云十六州，已经把儿皇帝许诺了石敬瑭。可是看见赵德钧送来的宝物珍玩，又动了心，加上他也害怕赵德钧截断他回草原的退路，于是又犹豫起来。桑维翰得到消息，赶忙到耶律德光的大帐前劝说其应遵守诺言，在大帐前哭诉了一天。耶律德光支持了石敬瑭，回绝了赵德钧的使者。

由于增援的部队迟迟不到，贻误了战机，张敬达被属将杨光远杀死，杨光远率领后唐的军队投降了契丹。此战失败，赵德钧乘机要官和迟迟不进是主要的原因。和后唐决裂，他没有得到任何好处。为了立足，他和赵延寿攻占了潞州，权做容身之地。但他的所作所为让将士们很失望，不少将领领兵离他而去，小小的潞州也难以固守，赵德钧父子无奈，只得投降契丹，保条性命。赵德钧父子被押赴北方草原，受到酷刑后的斥责羞辱，赵德钧在一年后做了异乡之鬼。

文昌阁十二景与潞城

■张旭辉

通州文昌阁始建于明嘉靖年间，在旧城南门以东，城角之上，时本镇召里人御史杨行中倡建。清康熙三十六年（1697）知州吴存礼修筑城基，改名为“望耕堂”。乾隆初年重修。道光七年（1827）添建“藻轩”“登瀛馆”等建筑。

因其巍峨，可俯瞰通州及附近全景，建后便有“文昌阁十二景”之说，自明代始有多位文人墨客作诗赞扬。崇祯间都察院御史通州人杨若桥“时而翘首东南，铺汀者、白出塞者、黄日射之若星渚焉。云帆千叶，重者北载，轻者南浮，舟操之若御风焉。且也畦以蔬青、岸因树绿、辘轳之声彻耳。烟云之色满目，远树远山，可图可画可书。俯城下看，碧水湾环与天一色。渔舟往返，罾者、网者、坐而垂钓者、立而观者、行歌互答者，具各点缀乎其间……湛然如千文之縠围绕而不断者，郭外之清流也。飘飘冷冷、铮铮琮琮，风鼓之如琴瑟者，堤畔之荻芦也。去河堤而东南，不三十武垒石为闸，蓄水以备内运，通惠水部是也……”

十二景有：雉堞云连、古塔凌云、万笼炊烟、天际沙明、绕郭蔬畦、风行芦荡、柳岸渔舟、闸泄涛声、碧水环城、平林烟树、漕艇飞帆，层楼分峙。登阁翘首东南，即今镇域西北部，十二景中至少有6个与潞城有关。分别是:

“柳岸渔舟”，在20世纪70年代前，镇域内运河渔业资源一直丰富。50年代，每当河里出鱼，能轻松捞个几十斤。河中渔船更是常年不断。清

渔舟

代诗人，卜落垈村詹家私塾门生李庆宝诗云：“近水渔为业，浮家一钓舟。笠蓑孤棹雨，杨柳百花洲。路曲帆随转，桥低网暂收。归来明月里，清萝到闲鸥。”

“绕郭蔬畦”是菜园，登楼东南望，必是本镇郝家府园田。郝家府曾称郝家甫。“甫”通“圃”，即种植果木瓜菜的园地。李庆宝诗云：“春韭秋菘富，瓜壶色色齐。园丁居绕郭，菜甲种分畦。豆角趋秧马，龙鬓快瓠犀。待看霜露满，来访菊花溪。”

“天际沙明”，来自大运河岸沙滩。旧时不讲绿化，20 世纪 50 年代，沿河村庄南刘各庄、大甘棠都有“南河滩”“西沙滩”地块，沙土极不稳定，遇风就是黄沙漫天。秋高气爽，蓝天白云不是特别常见，一旦出现后，人们便心旷神怡。楼上观景，有“岸岸白沙送水来，村村红叶接溪开”之句。李庆宝诗云：“飞鸟风帆尽，烟消大漠开。宛然晴雪积，忽又白云猜。极浦鸥波落，平滩鹭堠堆。目穷天际远，高阁几徘徊。”

“风行芦荡”。运河边湿地芦苇塘。芦苇生命力极强，多生长于河溪边多水地区，形成苇塘。镇域内水资源丰富，直到 20 世纪六七十年代，芦苇遍布各村。南刘各庄村苇荡，从村西连绵至村东。每当风起时，芦苇荡随风摇曳，一浪接一浪，美不胜收。秋景最胜。天高云淡时，黄花漫漫，野趣横生。李庆宝诗云：“画出黄天荡，芦洲缩本成。潞河好风景，石闸作潮声。隐见渔舟荡，回旋雁阵惊。瓠卢头上望，一线露江城。”

“碧水环城”，城边运河，自元代郭守敬修凿至 1808 年大水改道前，运河走向都是北面通惠河注入后，沿通州城东南流，经通州东关，再东南流入镇域内。李庆宝诗云：“人似住蓬壶，环城水满湖。女墙围薜荔，渔舍隐孤蒲。绕郭荷三面，沿堤柳万株。钓游图可绘，吾亦写真吾。”

芦荡

“漕艇飞帆”，指运河中快船，如“皇家哨船”，执行公务的“官船”。从东关土坝码头下来，即境内地界。清人李庆宝有诗专门赞颂赈济灾民的粮船：“远物都非实，飞帆转漕来。碧空云影乱，破浪雪花堆。鹅鹳声容饱，蛟龙气势催。天仓收正供，寰海免鸿哀。”

（张旭辉，通州区潞城镇党委副书记 镇长）

太子府村私塾

■张树林

晚清1900年前，太子府村秀才王久贵（桂），号秀峰，开始在自己家里开办私塾。教室设在上房东大屋。因为那年间，办教育也要资质，无“秀才学历”，无教学处所，不可以做育人工作，秀才要称先生。王先生亲任教师，按当时“规定”选用教材。

启蒙教育从“冬仨月”开始，“必修课”有《三字经》《百家姓》《千字文》《弟子规》。要学生能认识这些字，能流利背诵全文，到“冬仨月”结课时，能默写下来。同时也讲解规矩类书“尺牍”，要求是懂了照着做即可，入“拜圣人”“拜先生”。入学后除了“背书”，还要学珠算，写大仿（毛笔字），描红，临帖。每天第一课是写大字，在每个字写得好的地方，老师划红圈，很好的划双圈。

进入课堂后，分上下午两个班授课。上午班就要从早到午，下午班从午到晚，没有课间休息。需上厕所的，先生讲台有一竹牌，拿着去。第一个人上完，交回竹牌，第二个才可以拿牌去。没有周六日，只放春节假，和大、麦两秋农忙假。期限由先生定，但一般就几天时间。

经启蒙教育后，才进入正式课程，教材是“四书五经”。王先生教学顺序是：《大学》《中庸》《论语》《孟子》。这四书要求是“认、背、讲、批”，珠算要求是加减乘除法全部熟练运用。五经是《诗经》《尚书》《礼记》《周易》《春秋》。修完这些课，可以写“论文”了，参加各级“科考”。

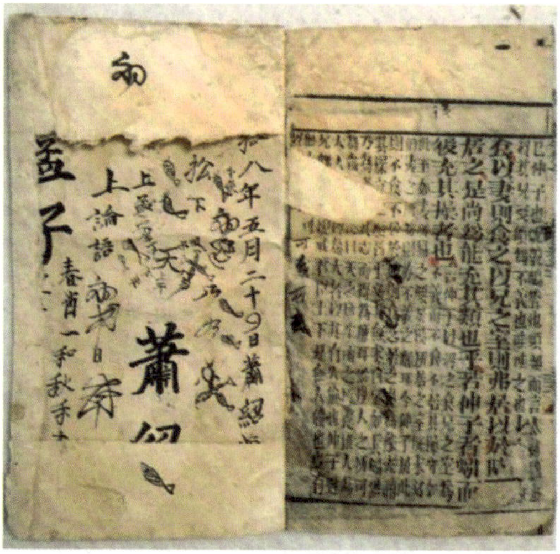

私塾课本

考试极端严格，只发一张卷子，卷面不能涂抹，否则视为“斩卷”，没有成绩。

王先生弟子全来自康各庄、太子府两村，只招男生，每期六七十人。冬天取暖靠火炕，岁数小、体质弱的孩子，在炕上听课、背书。民国期间，学生每学年学费两个大洋，再早是折合粮食。王先生逝世后，其子王志祥，号子合，继承父业，继续舌耕。但学费折半，只收一块大洋。在王先生办学期间，对于家庭困难，又勤奋好学者，学费也有减免。私塾一直办到民国年间，终止原因不详。

学生有无高中，没有记载。但却有佼佼者。康各庄张三先生、张七先生全都素养极高，且事业有成，在西集镇还开过“烧锅”（酿酒厂）。那些年，潮白河总发大水，发水就往康各庄太子府这边改道，大片良田坍到河中。老王先生心急，找到一位风水先生。给出的办法是在康各庄太子府与潮白河之间，修一座庙。

王先生没有这份财力，几番犹豫后，去找弟子，康各庄张家。结果弟子慷慨解囊，庙成后取名“小神庙”。事也凑巧，修庙后河水还真地不大往这边“进犯”了。那里地块也得名“小神庙”地块。直到“土地改革”，村民还习惯这样称呼那地块。

“东汉潞县”的踪迹

■ 杨永兴

2016 年，北京市文物研究所组织专业人员，重点在潞城镇胡各庄村、后北营村、古城村等地开展考古调查、勘探和发掘工作，共勘探 122 万平方米，发掘四万多平方米，通过考古钻探，确认为“西汉路县治所遗址。”路县故城考古项目负责人之一、北京市文物研究所副所长郭京宁在《寻城记：北京通州汉代路县故城现身始末》一文中记载：“由于大多数出土文物是西汉早中期的，结合地层分析确定这属于西汉路县县城”。在《北京城市副中心的“金名片”——通州汉代路县故城遗址考古发掘取得重大收获》一文中，考古学家白云翔强调：“西汉路县故城遗址的考古工作，其重点应当是西汉。”

著名历史地理学家侯仁之曾在《北京历史地图集》前言中明确提出：“今通县东八里古城村有潞县故城，即西汉的路县故城。而今三河县西南潮白河东侧城子村，发现一处较大的故城遗址，地面多汉代瓦砾。《水经注》谓：‘潞城西三十里有潞河’。从方位看，应是东汉到北魏的潞县。”

综多家之言，通州区文史委员王文续在《曾经通州（县）治所的变迁》一文中说：“《北京市历史地图集》编辑组，对三河市燕郊、夏垫一带进行考察，发现了几处古代居民点遗迹，其中在燕郊镇西南约 4 公里处，有一个叫西城子的村庄，该村西约一里的潮河大堤内，现已辟为林场，群众称之为‘瓦碴地’。这里地势平坦，地面散布着大量两汉时期的砖瓦碎块。时代特征非常明显，很少混有其它时代的，特别是西汉以后的遗物。瓦砾分布面较广，南北约 800 米，东西接近 600 米，显然这里是古代一个较大的居民点，从地理方位上看也更接近《魏氏土地记》所记载的古潞县城。因此考察组认为后魏以前的潞县治所，应该在现今燕郊西南 4 公里西城子的古城遗址‘瓦碴地’”。

20 世纪 60 年代以前，东堡村地界已紧贴西城子村村口，该村西约 1 里的潮河大堤内，属东堡村无疑。“瓦碴地”向西 2 公里，人称“瓦坨子”，西城子村所在的三河燕郊西南 4 公里处，也属通州，所隔潮白河，曾名㴔㴔河，在潮白河侵占其河道之前，水流很窄，1968 年北京市政府与廊坊市进行土地置换，将潮白河以东的地块划拨给三河市，据此可知，1968 年以前潮白河也不是“界河”。

清代学者刘锡信推测潞县治所后迁址于古城东南不远处。当时那一带是大片的湖泽地—夏泽，从龙旺庄经召里、后北营、东堡西，至七级沟（史称七里龙潭，深不可测）、后北营一带“碑阴洼”等湿地至今还有人知晓，所以这里不具备筑城条件。夏泽西岸，已近张家湾，偏离了东南方向。只有“东堡瓦坨子”，至解放初还高出周围两米，具备筑城条件，且符合《水经注》中记载的“潞城西三十里有潞河”的方位。

从后北营出土的唐时“吕元悦墓志”看，潮白河称白屿河，流向是现今后北营村北。也就是说，未经今西城子村西南，而是在此折向西流。现后北营村南的东夏园村，亦有二水汇流之说，即唐代（或之前）潮白河是流经后北营村西南，在今东夏园附近汇入运河。联系《水经注》：“鲍邱水。又南经潞县故城西，王莽之通潞亭也。”鲍邱水流经“瓦坨子”西也可以说通。

王文续所言西城子“瓦碴地”范围内，现已辟为林场，原本是一片杨树林，东堡村民皆称“杨树园（kàng）子”。地面散布着大量两汉时期的砖瓦碎块，其面貌一直延续到 60 年代，在开挖运潮减河过程中发现汉代砖石，有整块的尺寸约 40 × 18 厘米，也有被当地村民建房时砌筑了地基层的，现仍然可以见到。本村村民还见到过带有“地洞”字样的汉砖。袁姓村民在此处发现过“汉刀”一柄，因当时“文物意识”淡漠，此刀被当做废品出售。80 年代，在进行水利建设时，村民袁某在地下发现过一段疑似城墙的墙基，且未遭到严重破坏。村民杜会忠在此放羊时，曾拾有“大汉通宝”钱币（元代汉王陈友谅时期钱币）一枚，本人仍在珍藏。

另有一说，本村陈姓村民祖先是山东人，当年“打行炉”至此，即推着木质车轮的独轮车（俗名侉车子），一路打铁一路走。由于先入为主，原住民不让进村，便在一块周围全是碎砖烂瓦，人称“瓦坨子”的地方住下，开荒种地，直至解放初期，东堡村土地多为陈姓所有。当初移民拓荒的历史，成为东堡村的历史记忆。

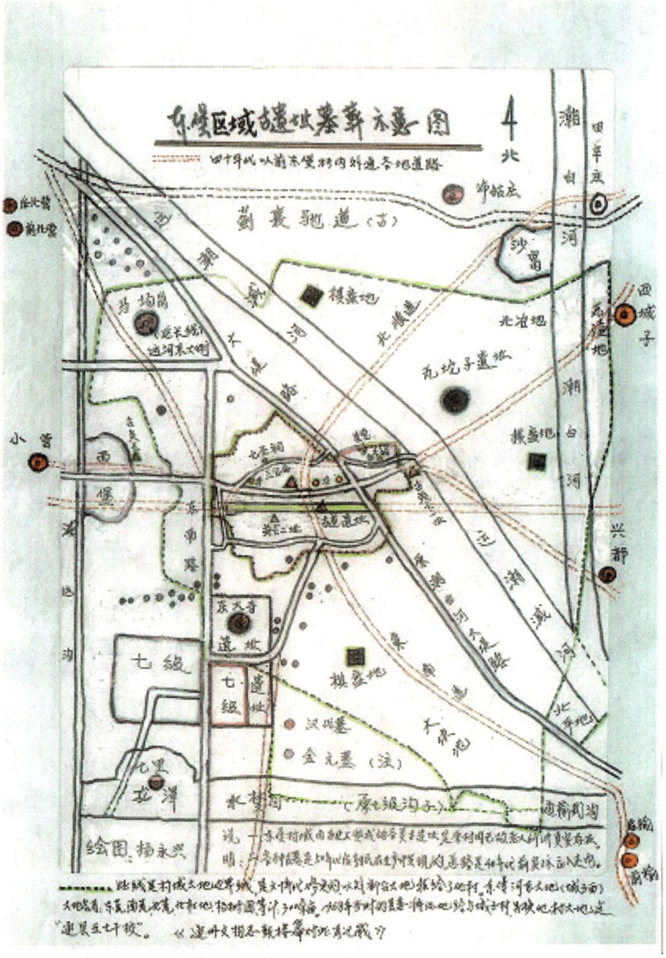

东堡村古遗址图（杨永兴手绘）

“瓦碴地”范围，约在今运潮减河东端、师姑庄村东、大运河高尔夫俱乐部，及这一带潮白河河道内，面积有3000余亩。那里地块的名称，如“北冶地”“北顺道”似乎也与古代治所有关，1949年因为水患，这些地方已经被潮白河淹没。

除了“冶铁制兵器”的地名，这里还有养马场遗迹，在现东堡村西北角出土的石质马槽，就曾掩埋在地下。同时，东堡村及周边还是汉代墓葬最密集地域，每次施工，必有发现。1996 年，在大运河高尔夫球场施工时，村民陈玉英在挖下水道过程中，发现有十几处疑似古井的砖制建筑遗迹。

据此推论，东汉建武（25—55 年）至北魏中期这段时间的潞县治所，极有可能就在这 3000 亩地域内，现在所说“潞县故城在三河西城子”，或许应为“东堡瓦坨子”。东汉潞县，是在三河西城子村还是在潞城东堡村有待考证。

清代学者曾考证古城村

■ 任德永

其实，古城村的神秘面纱早就引起了学者的注意。早在清代，刘锡信就对古城村有过详细的考古，为此，他专门写了一本《潞城考古录》。

刘锡信，字桐村，清代通州人。他少年时代聪明伶俐，理解力强，喜好读书；青年时代博览群书，深通历史，谙熟传记，尤其善于根据历史文献、传记或出土文物等去考核证实历史社会和自然现象，学问高深。刘锡信曾任户部湖广司员外郎，主管湖广省有关土地、户籍、赋税、财政、收支等事务。刘锡信在《潞城考古录·潞县故城考》中写到：“通州潞河东八里有古城，周围四里许，遗址约高五尺。东西北三面俱存，惟南面近官道，已成陆地。西北隅废堞独高丈余，疑当日角楼瞭望台之类。考之州志，曰相传为前朝驻兵处，或云古潞县，疑不能明也。”又言：“后读《水经注》云：鲍邱水（潮白河水系），南经潞县故城西，王莽之通潞亭也。”

《潞城考古录》

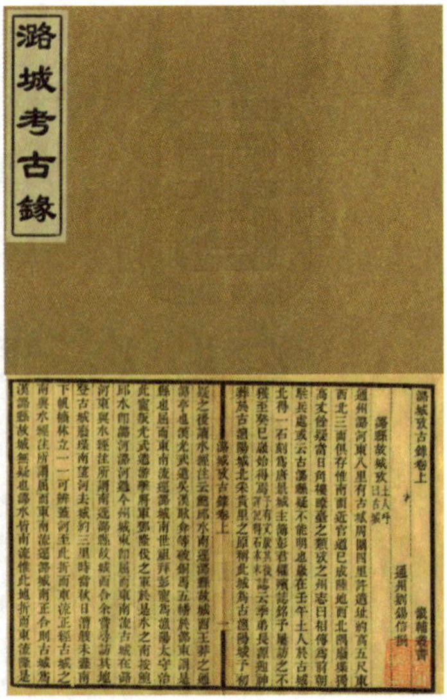

《潞城考古录》是通州人在清代对古城村最早的考证，目的是考证此古城村是否是当年东汉的潞县古城遗址。当时的古城在地表尚有遗存，东西北三面均有城墙遗迹，且高约五尺。随着时代变迁，如今古城地面遗迹早已荡然无存。不变的是古城西面八里许的潞河，不过已改称北运河了。当然，在清朝雍正年间，已经有人将潞河称做北运河。

潞县古城墙的消失始于明代。明朝为了修缮通州城垣、仓场、衙署等官家建筑，补充南方运来的砖料之不足，在古城外设窑烧砖，当时古城的熟土被用来制砖，东、南、西面城垣被大量破坏，西北面城垣要用来防止诸河泛冲村庄，所以当时完整保存了下来。在村民挖城制坯时，曾于垣墙内发现一枚汉初“半两”铜币与一些夹砂红陶碎片，还有村民在取土时，出土一件战国红陶釜。

虽然历经损毁，但古城的价值之大仍然无法估量。2016 年，北京市文物研究所先后邀请了国内 9 家有团体考古领队资质的兄弟单位，调集了近 2000 名探工、技师对古城村进行了抢救性发掘。据统计，共发掘出墓穴 1092 座(战国至清代)，各类文物 4000 余件(套)。出土的随葬品较为丰富，有陶器、铜器、铁器、铅器、骨器等，陶器主要有鼎、壶、罐、盐碗、盘、案、奁、耳杯、灶、灯炉、磨、仓、井、楼、动物和人物俑等；铜器主要有戈、刀带钩、钱币等。此外还有算筹，可分为长、短两种，每根筹棍两端齐正，粗细大致均匀。这套算筹是北京地区考古中首次出土的算筹实物。考古学家根据古城遗址出土的钱币、陶片等，以及在城墙周边上沟壁上悬挂着的三个瓮棺葬，可以断定此城墙之遗址为汉时所建。最为有利的一个证据，是一个直径超 15 厘米的汉代瓦当，也恰恰佐证了此地的衙署身份。

为进一步了解路县古城，考古人员对南城墙的护城河做了小范围的局部解剖，发现了大量汉代文化遗存。同时，在城周围，也陆续发现汉、北魏、唐、辽、金等各历史时期的遗迹，都有分布，其中汉代的文化遗迹最为丰富，可见路县古城在汉代是一个比较繁荣的地方。

寻城记——北京通州汉代潞县故城现身始末

■郭京宁

在“2016年度全国十大考古新发现”评选中，北京通州汉代路县故城遗址名列其中。

城市副中心的建设是咱北京的一件大事，正在如火如荼地进行之中。建设施工，埋藏在地下的古代文物岂能不摸清楚？这就引出了一座古代城池的横空出世——西汉路县故城遗址。

这处距今已有两千多年的城址位于副中心行政办公区的西北角，又一度被人们称为古城、土城。它是如何被发现的？有哪些重要发现？又是如何被保护的？

潞县故城遗址发掘现场

考据“二重证据法”证实通州自西汉伊始就设有县城

配合北京城市副中心建设的考古工作始自2016年

城内通向城壕的排水渠

2月，短短半年时间，就在通州区潞城镇发掘了千余座从战国到清代的古代墓葬。这其中，又以两汉时期最多，接近百分之八十。

出现这么多墓葬绝非偶然。它暗示着这个时期人口繁荣，而人肯定需要固定的住所。根据中国古代城市与墓葬的分布规律，逝者一般埋葬在他们生前居所的周边。而考古人员发现，潞城镇及周边出现大量墓葬的几处地点如武夷花园、辛安屯村、胡各庄村、召里村、宋庄等，它们大致成环形分布，皆指向居核心位置的潞城镇古城村。

古城村，因为村名，西侧六环路上的桥也被命名为古城西桥。细心的读者或许从这个名字上就能品味出这个地点不同寻常：北京几处名为古城村的地点，都是因为旁边有古代城址，如石景山区的古城、顺义区的古城村、延庆区的古城村等。通州的古城村会不会也与某座古代城址有关？潞城镇的“潞城”又暗指何城？

通过查阅文献得知，通州自西汉伊始就设置有县城——路县县城，东汉之后，路县改名为潞县。这在《汉书》《后汉书》《水经注》等史料中都有明确记载。清乾隆年间，通州的举人刘锡信曾对潞县故城遗址进行实地调查并撰写了《潞县故城考》，收录在其《潞城考古录》一书中。根据他的记述，当时故城遗址的东、西、北三面城墙都有残存，南墙因接近当时的官道已被夷为平地，周长约四里，城垣残存高度五尺。《日下旧闻考》第一百八卷《京畿·通州》一引《通州志》：“古城在城东八里甘棠乡，周围四里。相传为前朝驻兵处，今观遗迹实乃邑墟，或曰即潞县”。下有按语：“古城遗址今尚存，地名古城庄。”

这些文献记载都说明，古城村如果有古城，应溯源于汉代路县故城。但岁月侵蚀，地表上的城墙早就灰飞烟灭，不知所踪了。到底有没有？有的话，具体位置在哪？形状与规模什么样？这就要通过考古手段大展身手了。通过间隔只有 1.1 米的“地毯式”勘探，终于在古城村的周边发现了深埋于地下的汉代城墙的夯土。王国维提出的文献记述与考古发现相结合的“二重证据法”在这里得到了证实。由于大多数出土文物是西汉早中期的，结合地层分析，确定这属于西汉路县县城。

意外

城的四边和四角都找到路城的追寻才算大功告成

路县故城遗址平面图

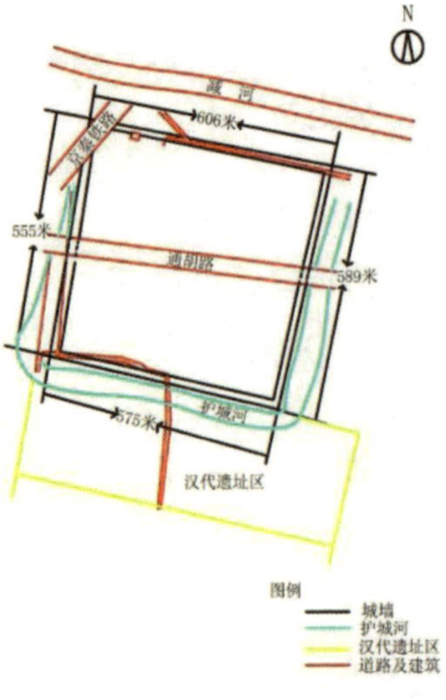

勘探时，某领导“吓唬”现场负责人：“如果找不到古城，就提头来见！”现场负责人吓坏了，趁着领导外出的几天，发动靠谱的探工拼命探，对他们说：“大哥，如果你们找不到城，我的脑袋就要搬家了！找到城我的命就保住了！我的命就掌握在你们的铲子上！”

城墙的发现偶然中有一定的必然性，生动地诠释了什么叫功夫不负有心人。找城墙的时候，东、西、南三面都先后找到了，但北墙和城的西南城角一时半会找不到，这意味着还不能形成一座闭合的城。大家都有些着急，只有去怀疑有可能是北墙的地方反复探。这时一位当地老乡嘱咐，“你们的杆子（探铲）向下戳时小心些，别把俺刚种的树探坏了，这些树还没有赔过钱”。考古队员们问：“您这些树是什么时间种的？”老乡回答：“刚种的，但一直长得不好。”

说者无心，听者有意。大家一听，这话有门。因为经常翻动的土才适合植物生长，他说长不好，肯定是不常翻的。不常翻的原因可能就是以前这里就有东西，没法翻。于是就重点在他家的树林里探，果然，在这片树林中探到了北城墙的夯土基址，这是原生堆积的土。由于地表的北城墙一直到1959年的文物普查时还存在着，地下的墙基不可能被扰动，这片树林下的土被翻动只可能是最近的事。由于后人翻动少且时间短，当然树木长不好了！

西南城角的发现则有些柳暗花明。苦于一直找不到，考古人员私下嘀咕：“估计是找不到了”。2016 年 7 月 11 日，注定应当被记入史册。考古人员 10 点多到了工地，远远地就看见几名工人拿着树枝跑来跑去，一名考古人员对另一人说：“不会是他们找到了吧”。因为有些老探工有用树枝临时作标记的习惯。一问，还真是西南城角找到了。至此，城的四边和四角均已找到，整座城的形状和范围确定，路城的追寻大功告成。当初“吓唬”人的领导闻讯后大喜，一向很少发微信的他专门在朋友圈中点赞：“向追寻历史、发现历史、改变历史的人致敬！”很多人不明白，问他是什么意思。他嘿嘿一笑：“不告诉你们！”

规模

其形制和大小是黄河中下游地区汉代县城的标准规制

西汉的路县县城什么样？考古发现揭秘，由城墙基址、城壕（护城河）、城内遗存、城外遗址区四部分组成。

城的平面呈方形，方向为 17 度。四面城墙长 555 米 -606 米不等，城的周长近 2400 米，城的总面积约 35 万平方米。城墙基址的残存高度为 1.9—2.5 米，横剖面为梯形，上窄下宽，顶部残存宽度为 13—15 米，底部宽约 18 米。城墙系夯筑而成，夯层清晰，厚 0.10—0.20 米，部分夯层之间夹杂有植物杆茎和料礓石，以起到加固夯土的作用，大致类似于现在混凝土中的钢筋。

路城在西汉是什么规模？这要从当时的行政管理体制说起。西汉初期，除了封国，主要实行的是郡县两级制管理。“盖秦汉间为天地一大变局”，就政治统治空间形态的“变”而言，主要表现在“郡县制”政体和区划的形成与发展。

西汉初年新建的路县故城，可以说就是这种“变”的产物。路城方形，每面城墙五、六百米长，其形制和大小是黄河中下游地区汉代县城非常标准的规制。作为“凝固的历史”，它对探索汉帝国中央集权封建政体中北方地区和幽蓟地区的基层社会的主要架构、管理机制和组织形式等均具有重要考古和历史价值，有助于认识秦汉时期郡县制的运行。

在东、西、南城墙基址外 25—30 米处发现了城壕遗存，其走向与相对应的城墙基址一致，宽为 25-28 米。城壕的作用除了防御之外，也兼泄洪、蓄水之功能。

战略
路县故城在汉代就为形胜之地

夯土内夹杂有植物的杆茎

城内外都有啥？城内普遍存在 1—1.2 米厚的汉代文化层。城中部发现有明清、辽金和汉代三个时期的道路遗存相叠压，表明这座城在这三个主要时期都有过人类活动。随着发掘的继续和研究的深入，城内路网、水系、房屋衙署、城门、仓储等各功能设施的情况也有望逐一揭开。

南城墙外有大片开阔的遗址区，目

前所知面积约 20 万平方米。地表上可以采集到大量的陶片、铜钱等汉代遗物。遗址区的东部发现了汉代的沟渠、道路、房址、灶、灰坑和瓮棺等，出土的遗物有铜镞、陶釜、陶豆、铜钱等。

城外的灰坑和房址

通过试掘，从地层和包含物推断，该城的始建年代不晚于西汉中期。之后，一直沿用到明清，有较强的序列性和完整性，汉代遗存尤为丰富。

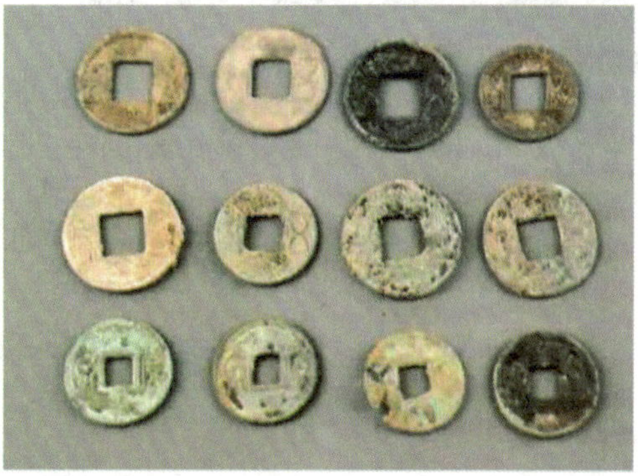

汉代铜钱

秦汉时期，北京是防御以匈奴为代表的强大北方游牧民族的重要地区，也是汉王朝与东北亚地区文化交流的前沿基地，经略该地区对于巩固秦汉帝国的国家安全有着举足轻重的作用。因此，路县故城在北京与周边地区文化、交通、经济、军事上都有着纽带作用，它的发现是北京作为早期中国北方地区政治中心、军事中心和交通中心的重要物证之一。

如果展开北京地图就会发现，故城西距天安门 28 公里，东西向横穿故城正中的通胡路正是长安街的东延长线。所以不难想象城址缘何选址于此：正是东西向交通要道的区位和地缘优势。路县、通州，路路通达，古今一脉。而这条交通大动脉也在经历了 2000 年前的古道、元大都的南城垣后成为如今的北京长安街。

我国古代大到定都建城，小到盖房筑墓，择地为首。占据地利，上应天时，中聚人和。路县故城西望蓟城，为广阳之门户；北守渔阳；东控碣石，

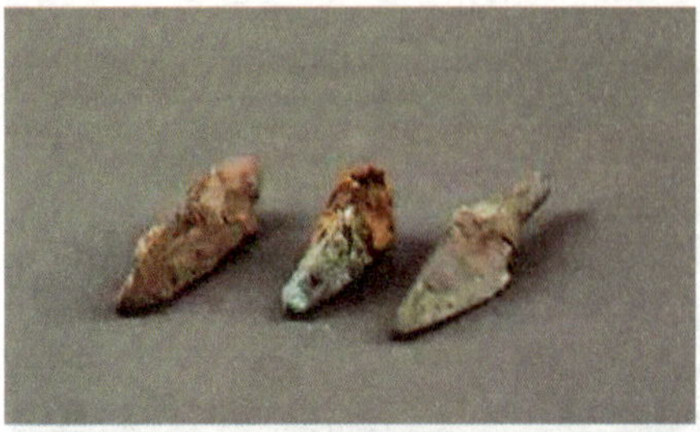

上图：镞
下图：汉代陶纺轮

为陆海相通之孔道，是汉帝国在其北部却敌守边并拓展疆土的重要据点，在当时就为形胜之地。

罕见

路县故城从建成之始一直沿用至今

路县故城是迄今通州区发现的最早古城，两汉时期作为县治的治所，并曾为渔阳郡的郡治；唐代以后，潞县治所西迁，后来演变、发展为明清时期的通州城；现在北京城市副中心又筑城于此，这一选址与古人不谋而合，也符合北京城址从东向西不断发展的趋势。路县故城挖掘和丰富了城市副中心的文化内涵，是副中心文化资源的重要组成部分，是北京城市副中心历史文脉延续的“活化石”。不妨这样对比，路城之于副中心，如同琉璃河西周古城之于现在的北京城。

秦汉时期今北京地区有城 20 余座，而今，可觅踪迹者不过 7、8 处，路城是目前通州区仅有的 1 座，也是北京第一处对城址和附属墓葬整体发掘的城。

“潞县”一词大量见于通州出土的墓志。通州迄今至少发现唐代墓志 7 方，提及“潞城”的就有 6 方，记载了“甄升乡”“招义乡”“潞城乡”“高义乡”等唐代潞县乡名。特别是在南距南城墙 860 米的辛安屯村，发掘出一座唐代墓葬。墓主人为葬于唐成宗开成二年（837）的幽州潞县县丞艾演，志文记载，墓葬“葬于古潞城南一里平原”。艾演墓的位置和墓志的记载，是汉代路县故城城址位置的有力佐证，也表明唐人尚用东汉的“潞城”之名。唐代的高行晖为土生土长潞县人，曾任正议大夫，赠户部尚书，参与平叛安史之乱，死后魂归故土也葬于潞县高义乡。辽代的墓志还记述了潞县“郑公乡”，金代墓志中提及潞县“潞水乡”。

就汉代考古而言，以往城市考古的发掘与研究多集中在都城大邑，而地方郡县治所等一般性城市的考古相对较少。汉代全国约有县城1000座，开展考古工作的不多。路城的发现将会填补相关的学术空白。

历史沿革

春秋战国时代，今通州区属燕国。燕昭王（公元前311——公元前279）时开拓北疆，置上谷、渔阳、右北平、辽西、辽东五郡，今通州属渔阳郡管辖。秦时沿袭。

据史籍，路县“西汉初置”，约在汉高祖十二年（公元前195年）设立，所以筑城当约略同时。路县之名，当源于“蓟城东首要驿路为名”。

初始元年（公元9），王莽篡汉，改路县为通路亭，属通路郡。《汉书·地理志第八下》载：“路，莽曰通路亭。”所谓通路郡即王莽所改故渔阳郡。

东汉建立后，废新莽所改，恢复西汉旧称，但改路为潞，始称潞县。《后汉书》志第二十三《郡国五》中载，渔阳郡下辖九城，潞县是其中之一。

当年东汉光武帝刘秀起事时，曾得到一个叫彭宠的人的帮助。然而刘秀登基后，却没给好处，只是给他封了个渔阳太守。彭宠一气之下，建武二年（公元26年）率军造反，攻下大片土地，并自立为燕王。刘秀便遣游击将军邓隆伐之，最终双方在潞县激战，僵持不下。此时的县城四面环水，易守难攻。就在彭宠得意洋洋之时，他的仆人却乘他午睡时将他杀死，持首级投奔了刘秀。直到第二天，他的部下见主帅惨死，随即土崩瓦解，潞县城池的荣光也暂时戛然而止。

《水经注·鲍邱水》中载：鲍邱水“又南迳潞县故城西，王莽之通路亭也。汉光武帝遣吴汉、耿弇等破铜马、五幡于潞东，谓是县也，屈而东南流，迳潞城南，世祖拜彭宠为渔阳太守，治此”。据此可知，潞县一度作为渔阳郡的郡治。

《旧唐书》卷三十九《地理志二》记载：“潞，后汉县，属渔阳郡，隋不改。武德二年，于县置玄州，仍置临沟县。玄州领潞、临沟、渔阳、无终四县。贞观元年，废玄州，省临沟、无终二县，以潞、渔阳属幽州。”

至唐代，潞县真正的治所可能已西迁至今通州区明清旧城一带，但需要更多的考古工作证实。此地空余古潞城。

《新唐书·地理志》记载：“鲜州，武德五年析饶乐都督府置。侨治潞之古县城。县一：宾从。崇州，武德五年析饶乐都督府之可汗部落置。贞观三年更名北黎州，治营州之废阳师镇。年复故名。后与鲜州同侨治潞之古县城。县一：昌黎。”这段记载的意思是，本来，鲜州和崇州皆于唐武德五年（622）析饶乐都督府之奚部族和可汗部落置，均为羁縻州，属营州都督府管辖。武后中，李尽忠陷营州，迁鲜州于青州境，迁崇州于淄州境。神龙初年，鲜州及所领宾从县和崇州及所领昌黎县，分别由青州、淄州北迁于幽州潞县故城，属幽州都督府管辖。后废。

《元史》载，“通州，唐为潞县，金改通州，取漕运通济之意”。1975 年通州城关出土了金代宣威将军墓，墓主人石宗璧《金史》无传。金大定十五年（1175）十二月二十四日终，享年六十一岁，金大定十七年（1177 年）四月四日葬于“通州潞县台头村”。由于镇压农民起义受到器重，石宗璧由一介普通官吏一直升至五品官阶的宣威将军，管理大和寨的军政。该墓志中明确出现了“通州”一名，证实了《元史》中的记载，对研究通州当地地名的演变，补充了新的资料。

明代，因取熟土制砖修通州城，路县故城东、南城垣大部分用尽，只余西、北墙以抵河水冲积。清光绪年间，仅余北垣依旧，城内的西北角楼台尚存残迹。

2017 年 1 月，北京市政府专题会议强调，汉代路县故城见证了北京历史文化的发展记忆，是不可再生的文化遗产，要优先加以保护。同时决定，将故城文物保护工作纳入城市副中心建设整体规划，与城市副中心规划建设统筹考虑。这是北京文物保护工作上的空前壮举，定会在北京文化遗产保护史上、城市发展的历史长河中画上浓墨重彩的一笔。

城市建设中，完整的保护一座新发现的汉代县城遗址并建设遗址公园，在全国范围内绝无仅有。路县故城的全面保护，留下了北京的“根”与“魂”，不仅对北京城市副中心建设，也对大遗址保护、文化建设、京津冀协同发展、中华民族优秀传统文化继承和弘扬，都有着示范、深远、积极的影响。

（郭京宁，北京市文物局考古处副处长、研究馆员）

通州汉代路城遗址

■靳　宝

随着北京城市副中心的建设，通州历史文化备受社会各界的广泛关注。据文献记载，早在西汉初年，汉王朝就在渔阳郡设路县。王莽建立新政，改路县为通路亭。光武帝刘秀建立东汉政权，仍设县进行管理，改路县为潞县。长期以来，对两汉时期路（潞）城具体位置，并不是很清楚。随着考古调查和科学发掘的陆续开展，这一历史谜团渐渐被世人所解开。

一、郦道元《水经注》与两汉路（潞）城

关于两汉路（潞）城的位置，《汉书·地理志》中仅记录渔阳郡下有路县，班固注曰："莽曰通路亭。"西晋史学家司马彪在《续汉书·郡国志》中也只表明渔阳郡下有潞县。南朝史学家范晔编纂的《后汉书》，里面涉及到潞城作为军事战场的零星记载，也只是提供一个大概的方位参考，对于考察潞城的具体位置并无太大价值。直到北魏时期郦道元在实地考察的基础上所写成的《水经注》一书里，才承载了汉代潞城位置的重要信息。《水经注·鲍邱水》曰：

（高梁水）又东南，流径蓟县北，又东至潞县，注于鲍邱水。（鲍邱水）又南径潞县故城西，王莽之通潞亭也。汉光武遣吴汉、耿弇等破铜马、五幡于潞东（笔者：可简称为潞东之战），谓是县也。屈而东南流径潞城南。世祖拜彭宠为渔阳太守，治此。宠叛，光武遣游击将军邓隆伐之，军于是

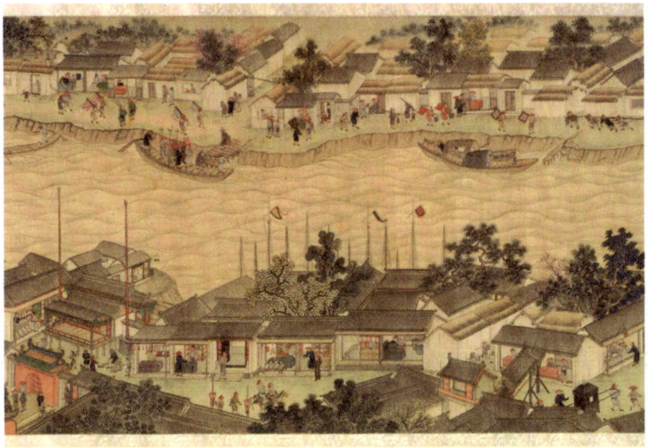

清·江萱《潞河督运图》(局部)

水之南。光武策其必败，果为宠所破（笔者：可简称为潞水之战）。遗壁故垒存焉。

从郦道元的考察来看，鲍邱水向南流经的潞县故城，既然是王莽之通潞亭，那么这一故城为西汉路城，是没有问题的。鲍邱水接着是“屈而东南流”，经过“潞城南”。这一“潞城”，是西汉路城的延续，还是东汉潞城？从前后叙述来分析，至少在郦道元的认识中，显然它指的是东汉潞城，彭宠与邓隆当年军事战争的防御工事还有残存。既然是“潞城南”，这也说明东汉潞城在北魏时期依然在沿用，且与西汉路城并非同一处。至于光武派兵击灭铜马等于潞东，郦道元注曰“谓是县也”，这个“县”指的应是北魏时的潞县，呼应高梁水“又东至潞县，注于鲍邱水”，并非进一步阐释鲍邱水所经的潞县故城。不然，我们无法理解郦道元所引证的潞东之战与潞水之战这两条史料，因为它们前后间隔的时间在一年左右，甚或更短。

郦道元所考察的，虽然对我们了解两汉路（潞）城提供了非常宝贵的历史信息，但这也只是道出了两汉路（潞）城并非同在一处，二者发生了一定的位移，且它们之间也有了一个相对位置，即东汉至北魏时期的潞城在西汉路城的东南，距离不会太远。至于二者的具体位置，则还需其他历史线索来寻找和判断。

二、刘锡信《潞城考古录》与两汉路（潞）城

清代通州人刘锡信曾专门考察过通州古城遗迹，并撰有《潞城考古录》（丛书集成本），使得这一重

要的实地调查成果得以保留、传承，为我们寻找两汉路（潞）城位置提供了珍贵资料。他当时所看到的一座通州古城遗址是这样的："通州潞河东八里有古城。周围四里许，遗址约高五尺，东西北三面俱存。惟南面近官道，已成陆地。西北隅废堞，独高丈馀，疑当日角楼、瞭台之类。"《日下旧闻考》亦曰："古城遗址今尚在，地名古城庄。"这也就是说，在清代通州潞河东八里的古城庄有一座古城遗址，周长约2000馀米，高约2米，东西北三面城墙还残存，只有南城墙接近官道而被夷为平地。遗址的西北角还残存一座疑似角楼或瞭望台的建筑。

那么这座古城是不是郦道元《水经注》所言的潞县故城或潞城？对此，刘锡信也进行了一番思考和论证。他查阅了当时的《通州志》，志中载曰："相传为前朝驻兵处，或曰古潞县。"对其年代和属性并不能确定。清代时，还曾在这一古城北出土过一方唐代墓志。刘锡信找到了这一石刻，其为唐景城主簿彭君权墓志铭，其中写道："季弟长源迎神葬于古渔阳城北采贵里之原。"这似乎对问题的解决起不到关键作用。最后，他还是以郦道元的记录来进行推论。

刘锡信认为："鲍邱水即潞河，潞河过今州城东，即屈而东南流，古城在潞河东，与《水经注》所谓'南经潞县故城西'合。"他还实地考察过河流走向，"此折而东流，正经古城之南，与《水经注》所谓屈而东南流经潞城南正合，则古城为汉潞县故城无疑也"。在他看来，当时考察的这座古城遗址，应为汉代潞县故城，两汉路（潞）县治所是没有变化的，均在通州古城村。但他仅仅依据千年之后的河流走向来推断两汉路（潞）城位置，缺乏说服力。况且，他忽略了郦道元所记载的"潞县故城西"与"潞城南"的不同，以及郦道元所引证两条东汉史料。再者，由于他没有经过现代意义上的发掘，拿不出具体的汉代遗存来做出说明，故他的结论仍值得讨论，也有待科学发掘来辨别。

刘锡信又根据《续汉书・五行志》的记载，论证了他所找到的那方唐代墓志所记录的"古渔阳城北"是有道理的。《续汉书・五行志》载曰："建武中，渔阳太守彭宠被征。书至，明日潞县火，灾起城中，飞出城外，燔千馀家，杀人。京房《易传》曰：'上不俭，下不节，盛火数起，燔宫室。'儒说火以明为德而主礼。时宠与幽州牧朱浮有隙，疑浮见浸谮，故意狐疑，其妻劝无应征，遂反叛攻浮，卒诛灭。”刘锡信认为，彭宠当时所在的潞县应为渔阳太守治所，“若潞仍如西汉时为渔阳支县，远在数百里外，即偶而遇灾，岂得遂指为太守灭征”。至于司马彪在《郡国志》中的体例，即先书者为郡治所，而渔阳郡下第一个县恰恰是渔阳，而不是潞县，他认为是司马彪误沿班固《汉书·地理志》的记载而没有及时调整。为了进一步说明这一点，他又引用了公孙瓒与鲜于辅等的决战这一史料。《后汉书·刘虞传》载曰：“刘虞从事渔阳鲜于辅等，合率州兵，欲共报瓒。辅以燕国阎柔素有恩信，推为乌桓司马。柔招诱胡汉数万人，与瓒所置渔阳太守邹丹战于潞北，斩丹等四千馀级。”他由此得出，终东汉之世，渔阳郡均治潞县。这样，把潞城说成渔阳城也是可行的。

虽然清人刘锡信的结论并不完善，有待材料的充实，但他至少发现了通州东八里有一座古城遗址，从大的环境尤其是河流走向来看，对郦道元《水经注》的记载是一个很好的补充，也为我们揭开这一历史谜团提供了更为丰富的历史信息和文献线索。

三、城市副中心建设下的科学发掘与两汉路（潞）城

为配合北京城市副中心建设，2015 年，北京市文物研究所对通州区潞城镇进行了初步考古调查和勘探。2016 年，北京市文物研究所组织专业人员，重点在潞城镇胡各庄村、后北营村、古城村等地开展考古调查、勘探和发掘，共勘探 122 万平方米，发掘 4 万馀平方米，清理古代墓葬 1146 座，出土各类文物万馀件（套）。特别是，考古人员还发现了一座古城遗迹。发掘时，地表已无城墙遗迹。通过考古钻探，了解到城墙基址保存较为完整，整体平面呈近似方形，其中，北墙基址长 606 米，东墙基址长 589 米，南墙基址长 575 米，西墙基址长 555 米，总面积约 35 万平方米。城墙基址的残存高度约为 1.9—2.5 米。

关于这一遗址的年代，发掘人员在相关报道中这样写道：“为进一步确定城址的时代，在城内北部布设了三条东西方向、贯穿全城的探沟，进行了钻探，了解到城内汉代文化层堆积的厚度约为 1—1.2 米，且遗物较为丰富。根据地层和遗物，判定该城址的时代应不晚于西汉。”（北京市文物研究所、通州区文化委员会《北京城市副中心的“金名片”——通州汉

代路县故城遗址考古发掘取得重大收获》，《中国文物报》2017年2月28日）这说明，这座城址应为西汉路县故城。路县故城考古项目负责人之一的郭京宁也撰文提出：“由于大多数出土文物是西汉早中期的，结合地层分析，确定这属于西汉路县县城。”（郭京宁《寻城记：北京通州汉代路县故城现身始末》，《北京青年报》2017年4月14日）考古人员还钻探发现了一条南北方向、东西宽度8–9米的汉代道路遗存。从遗址的位置来看，这一城址就是清人刘锡信所考察的那座古城，二者在面积上基本一致。这样，我们对西汉路县故城就有了一个更加清晰的认识。刘锡信当年的实地调查并传承下来的文献记录，对我们今天通州西汉路城遗址规划和相关建设提供了非常珍贵的资料和数据。

不过，我们也发现，在相关报道中，考古人员所表述的，往往是汉代路县故城遗址，并强调“该城址就是两汉时期路（潞）县的治所”（北京市文物研究所、通州区文化委员会《北京城市副中心的“金名片”——通州汉代路县故城遗址考古发掘取得重大收获》）。这似乎又说明，在他们看来，两汉路（潞）城是没有发生移动的。这与他们判定的城址“时代应不晚于西汉”不相一致。况且，从所发现的文化遗存来讲，东汉时期的遗迹与遗物很少，百分之八十的是西汉遗存（郭京宁《寻城记：北京通州汉代路县故城现身始末》）。因此，这次所发掘的通州古城遗址应为西汉路县故城遗址，而不能笼统地称之为“汉代路县故城遗址”。正如考古学家白云翔先生所强调的，“西汉路县故城遗址的考古工作，其重点应当是西汉”（北京市文物研究所、通州区文化委员会《北京城市副中心的“金名片”——通州汉代路县故城遗址考古发掘取得重大收获》）。

四、东汉潞城位置蠡测

郦道元在其《水经注》中所反映出来的东汉潞城往东南迁移的历史信息，也受到了后世的关注和不断解读。

其实，刘锡信也注意到了路县城址的迁移。他根据清代在通州城南一里的地方出土了唐长丰令李君墓志，云“葬于潞县之南三里”，推测唐时潞县已迁徙于清代通州城。故他在《潞县治考》一文中明确提出：“潞县旧治二：汉时在潞河东八里之故城，唐以后即治今州城。”那么汉唐之间二三百年，潞县治所何在？《水经注》引《魏土地记》云：“潞城西三十里有潞河。”他根据这一记载，认为元魏潞县治所当在潞河东三十里，约略在通州、三河交界之地，可惜当时遗址不可考。1935年编撰出版的《三河县新志》说得更为具体，其文曰：“北朝元魏时，潞县城当在今三河城西偏北三十里的军下。”

著名历史地理学家侯仁之先生对通州汉代路县故城也很关注，他曾在《北京历史地图集》前言中明确提出：“今通县东八里古城村有潞县故城，即西汉的路城。而今三河县西南潮白河东侧城子村，发现一处较大的故城遗址，地面多汉代瓦砾。《水经注》谓：潞城西三十里有潞河。从方位看，应是东汉到北魏的潞城。”这就把刘锡信的推测又往前推到了东汉，认为两汉路县城址并不在同一处，即西汉路县故城位于今通州潞城镇古城村，而东汉潞县故城则位于今通州与三河交界处的城子村。之后出版的《北京历史地图集》，西汉路县故城就标注在今通州古城村，而东汉潞县故城则标注在城子村处。

北京历史地理研究专家尹钧科先生对侯先生的这一认识作了比较详尽的阐释。他认为，东汉时路县改作潞县，迁治于今河北省三河县西南城子村处，理由有三：首先，既然《魏土地记》所言潞河在潞城西三十里，那么这一潞城当然不应是今通州东八里之西汉路县，即使古里再小，西汉路县西距潞河也没有三十里，而且从地势和河道分布形势判断，潞河也无流经今通州以西的可能。因此，西距潞河三十里的潞城必定在西汉路县以东。其次，他针对《水经注·鲍邱水》的记载，明确指出，《水经注》中的潞县故城和潞城是指两地，因而将两个历史事件分系于其下。尽管这两个历史事件相隔时间不长，都是东汉初年发生的事，但这也无碍于作出潞县故城和潞城应是两地的判断。第三，经《北京历史地图集》编辑组野外考察，在今三河县西南境、潮白河东岸的城子村处，发现了一处汉代遗址，面积较大，在被河水冲刷过的地面上，多散布汉代砖瓦陶片。经过多年反复讨论分析，认定这里应是东汉至北朝时的潞县治所。这一结论与《魏土地记》所谓“潞城西三十里有潞河”是吻合的（尹钧科《北京历代建置沿革》，北京出版社，1994，224-226页）。

侯、尹两位先生所提出的判断，还是很有道理的。他们所依据《魏土地记》所载“潞城西三十里有潞河”这一史料，也是可行的，同时还有实地调查，尽管这一调查仍有待正式考古发掘来证实，但至少是目前寻找东汉潞城的一条重要线索。

通州西汉路城遗址的发掘，不仅解决了历史上长期争论的一个问题，亦为当前北京城市副中心的建设增添了丰富的历史文化资源，增强了中心建设的文化自信。从郦道元、刘锡信等的实地调查，到当前的科学发掘，再一次说明考古学对于历史学的重要意义。

（靳宝，历史学博士，现为中国社会科学院历史理论研究所副研究员）

大运河沉船出土纪实

■周　良

2011年11月12日上午，大雾弥空，我和通州区文化文物局副局长赵俊臣、副研究馆员姚景民先生等人，正在京杭大运河北端部位—胡各庄乡郝家府村南河段上观察勘探运瓷沉船，忽闻运河南岸车笛频鸣，旋见雾中一人急急走来，乃运河治理工程第三区段指挥、马驹桥镇水利管理站站长刘惠民，他向我们报告：昨晚在京秦铁路桥南150米处西岸下，发现一艘沉船，命人看守一夜，清淤工程需要抓紧时间进行，此船要尽快处理。

闻讯后，我们十分惊喜，当即驱车赶到现场。见是一条残船。该区段指挥、甘棠水利管理站站长宋德山告诉我们：昨晚已报工程总指挥、区水利局局长刘建成，他要求配合文物部门将沉船清理出来。这是件大事，有重要历史意义与现实意义。当天11点钟，赵俊臣认为情况紧急，需马上处理，遂要我去附近村庄雇民工，下午开始抢救性挖掘，然因未能解决排水问题而停止。

在区长焦志忠、常务副区长苏文全、主管副区长沈德海等人关心下，水利部门积极配合，出动掘土机、抽水机与民工，克服严重的流沙困扰，经过几日清理，战胜严寒，于19日傍晚清毕吊出，且将船板运至区图书馆大院保存。

此艘沉船头西尾东横置，几乎与河床垂直，船底朝南，舱口朝北呈120度倾斜。其左侧船舷完全无存，右侧船舷腰断，前部残存小块尚处原位，后部折离船底；桨设在腰部稍前，前部仓隔挡余半，其余甲板尽失；船底平而走形，腰两侧外屈，矢高约 50 厘米，左侧底板腰及前部毁失小部，头、尾底板各与主体底板脱节。主体船仓有 9 仓，其中桨前 4 仓，桨后 5 仓；头、尾各 2 仓，共计 13 仓。其为杉木所制，而纵横龙骨皆为硬杂木小枋。主体船底长 12.78 米，咸由 6 厘米厚木板纵拼；船头底板亦顺向而拼，为 8 厘米厚木板；船尾底板横拼，厚度与主体同；两端长度各 2.35 米，底板总长 17.48 米。船两端底板宽 1.82 米，腰部约 2.14 米。船舷由一根杉木中开两板所拼，弧面向外，平均厚度 9 厘米。横纵龙骨宽、厚 8 厘米，系由锻制铁锔固接。各仓隔挡均设在横向龙骨上，厚 6 厘米，残存隔挡高低不等，高者 80 厘米。仓纵长最大者是桨后第四仓，长 1.53 米，其余有 1.24 米、1.2 米者不等，最小者是尾部第二仓，纵长仅 85 厘米。清理中发现，缸、坛、锅、盆、火盆、斧、凿、碗类炊具、取暖工具多出于尾部第三、四仓内，表明此二仓是船主所用；其余各仓中均清出数量不等、形制不同之碗、杯、酒壶、钱币、席头、口红料等器物，表明为乘客所用。由此可以见证，此艘沉船乃是客船，而且大概是随漕妓船，80 厘米长杆小嘴烟袋似是老鸨所用。从此船除纵横龙骨外尽为杉木制情况分析，其应是南方所造。无论船底船舷或甲板，拼接处均有暗钉相固，钉距 15 厘米，入木深度均衡，约 3 厘米，连结坚实；龙骨与船板交接处，皆为铁锔固定，中部扁平呈长菱形，两端出尖，一端先贴龙骨一侧穿透船板，锤弯抱板，再将另一端对准龙骨弯成直角，锤入龙骨，锔距亦 15 厘米，使船板再行加固，同使船型稳固；船底、船舷、仓隔挡三交处，都由三向垂直丁字形铁锔固定，令船体更加牢固。缝隙处全以麻刀油灰塞填严实，不入滴水。可见其造船工艺之高。

此船垂直河床横沉，而且是向右侧上游斜沉，表明是在停泊时遇大水而沉，并且船头、尾各向上游方向下大锚，大浪骤至，缆绳粗实未断，水入右侧涌入各仓，整船斜沉河底，淤沙旋抵船底，致使沉船至今尚呈倾斜状态。各仓内未清出人骨，可能是乘客已经登岸，或者是仓皇逃生而被洪水卷走。从所遗精致小铜镜、小铜簪情况分析，后者可能性较大。清出瓷器均属晚清民窑产品，且乃南方民窑所制。

从所沉位置及深度可知，当时西岸西距现岸约 80 米，河底较今稍深 1 米许。所遗铜币明少清多，最晚者是“光绪通宝”，没有一枚铜元。铜元

沉船瓷片

乃光绪二十六年（1900）于广州始铸通行，至宣统间，易铸“大清铜币”，与“宣统通宝”并行流通。沿至北洋军伐期间，铜元泛滥，形制益多，但是沉船内均一枚不见。据此可以判断，此船当在1900年以前沉没，绝非民国间所沉。据载，光绪年间通州运河发大水5次，分别是八年（1882）伏秋大汛，苏庄至姚辛庄运河冲开新河一段；十二年（1886）九月五日，新运河决口漫溢；十三年（1887）八月二十三日，白河决口，通州水几冒城；十六年（1890）运河、凉水河洪水为害，荡析离居者过半；十九年（1893）八月大雨，运河涨溢，两岸汪洋。第一次在伏秋，不可能此次而沉，因北京地区伏秋雨水集中，通惠河、温榆河、小中河与白河（北运河、潞河）相会通州城东，水势汹涌，一般客、货船均知此情，思想应有防备；第二次虽是运河决口，但是指新冲开河道，堤防不固，河水稍大即易决口，而如此长大之船非特大洪水不能沉没；第四次、五次洪水未指明具体时间，只是泛提；惟第三次大水是在1887年10月9日，运河决口，大水几乎流入地势较高之通州城，而且此时已是中秋过后，进入少雨季节，发大水出乎常人预料，沉船亦在情理之中。

此船沉没后，仓口倾向上游，或因多次洪水冲击，或因过往船只擦撞，故使左侧船舷及大部甲板毁失。

北运河上，北京地区发现如此大型古代沉船尚属首例，是京杭大运河之重要历史见证，是不可多得之珍贵文物，对研究运河史提供重要资料，不能不说是通州、北京之重大考古发现。

南刘各庄的运河文化遗迹

■ 罗凤光

大苇荡

1808 年运河改道之前，曾流经南刘各庄，在村东一里半处折向西南。《通州文物志》记载有这河段的遗迹，但此处的其他遗迹，并未入册。大苇荡即为其中之一。

大运河古称沽水，历史上水患频繁发生。清光绪九年 (1883) 至光绪三十年 (1904) 的丰水期，连年水灾，运河决堤，一片汪洋，水流没过院墙、门楼子，使这河段多次改道。南刘各庄村附近河道，俗称“小武河子”，足见凶悍。老人传说有“独角龙”“小白龙”作怪，于是人们祈求神灵减灾，在村西口内修了龙王庙。后来龙王庙被毁，水患又给南刘各庄东口留下一片大水塘，依照西为上古论，龙王庙又在西，水塘得名龙王庙大坑。

名曰大坑，实为水淀。面积有六七百亩，抬眼望不到边。大水带来各种水生植物，就此繁衍，一派青绿，从岸边直接蔓延到塘中。芦苇占据大半领地，渐成主宰。岸边空地，临岸院落，一劲儿蔓延，很快又成为了芦苇荡。到了夏天，荡里“百鸟朝凤”，水中“海洋世界”。布谷鸟、苇喳子、画眉鸟、野鸭、黑鹭鸶、白鹭鸶、红靛颏鸟、蓝靛颏鸟……你来了它走，它走你来，说不清有多少种。水中鱼鳖虾蟹，临岸水蛇，应有尽有。鸟唱蛙鸣，一派原始生态。直到上个世纪中后期，雨水渐少，农业学大寨，平地造田，才逐渐消退。

双石桥

“千年古道”经由苇荡东面和北面。往西北走经老堤头、黎辛庄干八里，去杨坨村摆渡口奔通州；往东过榆林庄、贾后疃、谭台摆渡口过潮白河东；往南经八各庄、大甘棠、梁各庄或武窑摆渡口过运河奔张家湾、里二泗，下天津卫；往北经东堡、燕郊，再远点关外。官民商贾皆经此路，骑驴坐轿、背包窝伞络绎不绝；村民耕种收获、做买做卖，须臾离开不得。

至清末民初，“泽国”仍不通路，涉水又艰险。苇荡东西，皆有此忧。于是在1918年，本村安大纯及王姜马等诸姓村民，尽地主之谊，量家当捐资，分别在村东口和相距二里地的村西口修桥筑路，建起东西两座石桥，一直未命名，后依村民习惯，叫“东桥”“西桥”。

修桥时，他们即未雨绸缪，考虑到修木桥虽然省工省钱，但是缺陷也很明显，第一经不住风雨，第二不堪如此重负。随即决议，两座桥梁都按当时最高标准建造。桥面铺装的是当时最有名的孤山条石，建造师雇佣的是专业人才—孤山石匠。

由于真材实料，坚持质量第一，所以历经风雨、地震、车碾人踏，二桥都一直“坚固如初”。直至2005年，才因“石桥不如水泥桥美观时髦”而将其拆除。当年的条石，虽完好无损，亦被弃之于七级村南“大运河水梦园”内。部分石料，又给当作了“景观石椅”。

南刘各庄村民据此铭记百年前捐资者，世代传承“修桥补路”美德！

庙前戏楼

戏楼在苇荡北，即老村东北角，占地十二亩，是最繁华地段。“千年古道”之南，是古典式戏楼“区”；之中有参天古槐；之北有千年古刹；之西有甘泉古井。

古戏楼坐南朝北，正对药王庙山门，建成年代无考。楼前有60米宽广场，是众人听戏之所。戏楼台基高出地面1.5米，由两部分组成，前层面宽10米，进深8米有余，是演员表演区，为戏楼主体；后面5间大房，面宽15米，进深8米，是演员化妆和临时休息场所。戏楼是歇山式屋顶，青砖小瓦，前廊后厦，有万字不到头的建筑盘肠；明柱、楣梁有苏式彩画。

戏楼常年演戏，演员多为北京、天津等地民间艺人，庙会期间，偶有

南刘戏楼手绘图

名角儿登场。民国以前，以演大戏为主，后加演小戏。演出的剧目有《打狗劝夫》《继母娘打孩子》《老刘公》《小刘公》《冯奎卖妻》《窦娥冤》《二进宫》《借女吊孝》等。解放前，戏楼倾圮，但节日或有重要活动时，在场地或周围地界，也搭芦席戏棚，上演戏剧或小节目。

戏楼被毁主要原因是年久失修、战乱、天灾。涨水年头儿，戏楼前明柱下就有鼠洞冒水，造成糟朽；1947 年，这里紧邻南刘各庄炮楼，枪林弹雨，你来我往，以致战后还时常可见子弹皮、子弹夹；雷击楼旁大树，倾倒砸向戏楼后起火，直接造成戏楼坍塌，无人修复，部分砖瓦被个别村民用于建房。

（罗凤光，通州区潞城镇南刘各庄村村民、潮白文友会会员）

运河故道

■ 肖宝岐

运河故道小东各庄村段南至谢家楼村界，西至崔家楼村界，全长三千余米。

北运河是京杭大运河最北端的自然河流。自金代天德三年（1151）始即开辟为漕运河道。该河漕运至1900年结束，共使用749年。

清嘉庆十三年（1808）主流改道后，里二泗以下河道并未受到影响，而形成了水浅面宽人人皆知的老河底了。

北运河河道在张家湾以东流过，在里二泗以下向东甩出一个大湾（人们俗称二道河子），经过崔家楼村、小东各庄村西、谢家楼村、马坊几个村落，然后向西折回至榆林庄继续向南流……出通州界。此段运河成遗址已近120年。

（肖宝岐，北京大运河瓷画艺术馆馆长、北京大运河艺术馆馆长、通州区旅游行业协会顾问）

小东运河故道

漫谈潞城寺庙

■徐　畅

宗教信仰是人类社会最广泛、最普遍的文化现象。寺庙是宗教建筑，是世界上最优秀的文化遗产，被看做全人类共同的财富。潞城历史上即有一些寺庙，但史志对它们的记载并不详实。在乾隆《通州志》观音庵记述中只有“其建于小村庄者尚多，不备载”的文字。至解放前，潞城还村村有庙。曹坨村、岔道村、东刘庄村，是潞城最小的三个村，小到三个村合一块儿，没有一个村大。可是曹坨村有菩萨庙，20世纪50年代还做小学校。岔道村有土地庙，庙里的钟在集体化时期还时常敲响，成为召集社员集合的信号。东刘庄村有三皇庙，合作化时期才倾圮。

为什么村村有庙？这是因为，寺庙在人们的心目中，既是烧香祈祷、祈雨求福、超度亡灵、聚会议事之地，一段时期也多辟为学校，成为教化之地。庙里神龛香炉自不待说，按旧丧葬习俗，死人要“接三送三”，人死后第三天要诵经，设祭迎魂；黄昏时，要焚化纸钱冥器，送到坟地。在“送三”之前，隔一个时辰就要送纸一次，即定时到庙前烧纸。这烧纸是给死人送钱，不能到外村去烧，因为那等于把钱给了别人。最通俗的理解是，离开庙，人死便不能入土为安。

谚语讲，“小旱不过五月十三，大旱不过六月二十四。”意思是农历五月十三和六月二十四，是降雨的日子。五月十三降雨，称为“关老爷磨刀雨”。这天降雨，兆示好年头，全年风调雨顺。六月二十四是关羽的诞辰，称“关公诞”。关羽生前以忠义立世，死后被封为关公、关帝，列为伽蓝神之一，因其信义耿介，被授驱邪除恶、扶正保民，掌控旱、涝之职能。旧时农田没有排灌设施，人们完全靠天吃饭，大旱之年不下雨，农民就必须要设坛“求雨”。《通州志·七里龙潭》载，城东南运河东，窝坨庙即此，祷雨辄应。意思是今天七级村大运河水梦园处曾有窝坨庙，百姓求雨就灵。求雨是在关帝庙山门外搭起一座法坛，法僧在坛上盘膝打坐，有人往他头上泼水，众农民叩拜祈祷。民国时期，直系军阀曹锟驻保定府，规定初一、十五至关庙敬香，潞城也有此传说。

那时代没有大队、没有村委会，诸多民事要到“会里”去办。所谓会里即“村政权机关”，传达政令、派捐派丁派税等务，均在庙里办。潞城的情况是，比村高一级别的机构也在庙里办公。清末民初，有前疃局子（警察局），延庆寺就曾是这类机关的办公地点。

至20世纪50年代初，诸多小学校，还都在庙里上课，南至太子府，北到后屯，潞城全境内，多数村庄的庙堂几乎都做了小学校，1955年以前出生的人，都可能会有一段在庙里上学的经历。

金士坚编的《通县志要》，也简要记述过几所寺庙：关帝庙，一在古城，现为古城公立初级小学校；一在丁各庄，现为丁各庄公立初级小学校。三官庙在东堡，一在东堡公立初级小学校。观音庵在城东小营，现为小营公立初级小学校。地藏寺在胡各庄，原有大殿两层，前殿于民国二十五年被毁，后殿佛像尚在，东西配殿曾作为胡各庄分住所及公立初级小学校。后因院墙颓毁，学校局所先后迁出寺庙而废。九圣庙在后屯，现为后屯公立初级小学校。

明万历《顺天府志》记有潞城几座最古老的寺庙：“观音寺二处，兴安寺在甘棠乡七级屯；甘泉寺在甘棠乡，永庆寺在孝行一乡窦家庄中；宝林寺、延庆寺……俱在孝行二乡。”观音寺未记村名，现存召里观音寺，应是一处；七级兴安寺无考；其余四处遗址尚存。（见附表）

甘泉寺是潞城乃至京都寺庙的佼佼者。寺址在大甘棠村内，为汉魏古刹。《通州志》载：“饧鄂公敬德兵捷过此，凡汉魏以来古刹重修之。明嘉靖十三年重修。国朝康熙六十一年重修。”（饧，志书也作唐。）饧鄂公，即民间认可的门神爷，唐朝上打昏君下打谗臣的尉迟恭（字敬德）。

古刹甘泉寺断砖

他在这里号令天下，凡汉魏以来古刹，一律重修。意在甘泉寺系汉魏古刹。大甘棠村东北有战国墓，人类活动，年代久远，该寺当属北京地区最早寺庙之一。传说前门在今张家湾镇里二泗村，后门在今七级村。跨度大到 10 公里，要骑快马关庙门。庙产耕地无数，耕地时一个来回要一天，早起开始干，干到地头吃午饭，下午再回来。有一大段运河，河内有水军。谣曰："有名和尚三百六，没名和尚满天星，拆半拉甘泉寺，建了通州一座城。"可见庙宇之宏大。至于后来为什么破败，传说后辈僧人腐败，不讲慈悲为怀，挥霍庙产，荒淫无度，而且惨无人道，他们杀人，是把人立着活埋，然后套上犁杖，把人头割下来。

潞城寺庙多为中式古典伽蓝建筑，以歇山顶最常见。但是，除了南刘各庄村有药王庙手绘图外，其他没有图片留存。该村药王庙前有戏楼（大豆各庄村也曾有戏楼，但与寺庙关系不详）。潞城寺庙外有塔、和尚坟，坟内有圆寂缸。但多数寺庙的情况未见记载。人们还有记忆的塔，只有南刘各庄、太子府、元通寺（村庄消失）等几处。出土的圆寂缸多作了生产队的"饲料缸"，然后被毁。如南刘各庄、岔道等村，圆寂缸多为附图式样，三体分装，顶部冠状，下瓮状，两体扣住实缸，严丝合缝。圆寂缸外，还有小缸。体小许多，若把圆寂缸比茶壶，这小缸即茶碗。小缸附图，拍摄于 2014 年。

除了贾后疃村天主教徒外，潞城人的传统信仰，多属佛道儒三教，且三教合一。如前榆林村的三教庙。其他村记录以表简述。（小东各庄村、小甘棠村、小营村等寺庙《通州文物志》已详录，未入表。其他无典籍记录寺庙未入表。）。

圆寂缸

小缸

镇域内部分寺庙记录表

名称	所在村	建成年代	性质	现状	
甘泉寺	大甘棠	汉魏	佛教	无存	
延庆寺	前疃	金代	佛教	无存	
永庆寺	大豆各庄（实为小豆各庄）	金代	佛教	无存	
药王庙	南刘各庄	金代	佛教	无存	
宝林寺	大东各庄	元代	佛教	无存	
观音寺	召里	元代	佛教	区保护	
地藏寺	胡各庄	元代	佛道结合	无存	
三官庙	东堡	元代	道教	无存	
关帝庙	侉子店	明代	儒教	无存	
关帝庙	孙各庄	明代	儒教	无存	
关帝庙	堤子里	明代	儒教	无存	
重兴寺	南刘各庄	明代	佛教	遗址他用	
真武庙	南刘各庄	明代	道教	无存	金药王庙
九圣庙	后屯	明代	道教	无存	
凌家庙	凌家庙	清代	家庙	无存	
兴国寺	太子府	清代	佛教	无存	
天仙庙	卜落垡	清代	道教	无存	

南刘各庄药王庙

■ 罗凤光

“千年古道”之北，曾有一座通州地标性建筑—药王庙。

《通州文物志》载：金代崇兴寺，明朝改称药王庙。金代是佛教隆盛期，庙堂及古塔属佛教。明、清两代京城药王庙盛行，故从明朝改称药王庙。

庙内“塔刹”由通州区博物馆收藏。塔身、塔座仍旧掩埋在离庙不远处的8—10米深地下。塔身上大底小，呈白色，高约6—7米。塔身有精美花纹，有梵文。民国时期南刘各庄村北大学生滕国华解释，意思为“土田”和“国”，佛教的引申义为“佛国”。

崇兴寺塔刹

王同祯《寺庙北京》中记此庙为真武庙。这也并不冲突，北京市崇文区东晓市街药王庙即有真武殿。真武殿后有

戏楼。而南刘各庄药王庙前有戏楼，或因真武殿记成真武庙也未可知。传说庙宇原来很大，南门在此地，北门在七级村正东。60 年代用机器钻井，在北面 500 米外的七级村地界就打出 3 米多厚木屑层，东堡村陈姓老者解释为此庙木柱。

庙宇为瓦蓝色古墙、大红色山门，门额上书有“普济药王庙”。正面山门宏阔，两侧各开便门。三座门皆可进入庙堂。庙堂南北长 80 米，东西宽 60 米。进正面山门为迎客厅，东有茶坊，西有舍药房，各与两侧院相通。院东南角为中药库，西南角是制药房。

大殿为两层，第一层是前殿。迎客厅以北是前殿，前殿矮于后殿，是药王殿。正面供奉三大仙，药王爷居中，左为马王爷，右为土地爷。药王爷身后有手执法器的护法神，护法神身后有门，与后殿相通。两厢各有佛教壁画。

第二层为后殿，高于前殿，为三佛殿。中间供奉弥勒佛，左右各有观音菩萨，意在祈福恩泽于民。东西两厢殿各供奉五大神医，即十大神医分列两厢，意在药祖济众，万民安康。十大神医分别是孙思邈、扁鹊、华佗、张仲景、皇甫谧、葛洪、宋慈、钱乙、朱震亨、李时珍。关于十大神医，民间说法不一。此庙应为重修，名医中换上了叶桂叶天士（清人），即说明是清代或清代后重修。（1938 年大水灾后重修，木工叫刘春华，是南刘各庄村亲戚。瓦工叫郭文元，八各庄人。）东厢五大神医外东耳院是火神殿，供奉火神爷。火神爷坐东朝西，前有小鬼执火球。西厢五大神医外西耳院是娘娘殿，娘娘坐西朝东，正宫娘娘居中，左面送子娘娘，右面眼光娘娘。外墙角处有胖鬼瘦鬼塑像。正殿东北角是住持寝室，西北角僧室。殿后有 40 米宽园田，种菜供众僧食用。庙外东北角有方丈寿塔，除前文所述塔刹，住持圆寂缸也出土于此。（后来圆寂缸做了生产队饲料缸，直至 80 年代初生产队解体）

农历四月二十八日为药王诞辰，每年举行“药王庙会”。期间香火最盛，香客游人络绎不绝，求子、治疗眼疾者更是虔诚，上香钱个个不菲，药王庙舍药亦如流水。是庙东濒深塘，荷香与苇馥同芬，水影与云光一色。南接古道，后有菜蔬，过客游人多在此流连。此庙于 1952 年由村民捐资改建为小学，捐资碑现在村大槐树西 5—7 米处。庙中泥塑彩绘神像，在破除迷信的运动中，被倾倒于村东北的沙坑中。本村教师王士春深爱此庙，于1955—1956年绘出原貌图，现藏于南刘各庄村。

庙前千年古道中央，原有古巨槐三棵，像当今隔离带一样，正好把大道分成上下道，人们依序而行，从不拥堵。古槐树龄没人知晓，只有村民一句口头禅“千年松，万年柏，不如老槐踀一踀”。20世纪50年代，树高达60到70米，人在通州，抬眼可见。两棵毁于70年代，一棵成活至今。

巨槐主干虽被岁月蛀空，但枝叶依然茂盛，生机盎然，覆荫如伞。只是树干遭受过雷击，去掉了上边大半截。底截树围没有具体数字，但有当年三四个孩子进入围坐，玩儿过家家，一点儿不挤为证。

解放初，本村某村民尚在儿时，因家境原因，被送与他人当儿子。小孩不愿意，逃回村里，又不敢回家，两头没着落，便寄宿于空树中。此公今虽老迈，但仍视老槐为家。

甘泉寺钩沉

■马景良

大甘棠村内甘泉寺是汉魏古刹。《通州志》载："唐鄂公兵捷过此，凡汉魏以来古刹重修之。……"（唐鄂公，当今作门神爷贴画。即尉迟恭，字敬德。唐朝开国大将，凌烟阁二十四功臣之一。上打昏君下打谗臣）他在甘泉寺号令天下，凡汉魏以来古刹，一律重修。关于他为何会在此发出如此号令，还要从西周说起。

史载，6000多年前，卷阿（今陕西省岐山县城西北方的凤凰山南麓）一带即有先民傍山临泉而居。周发于卷阿附近，周公旦晚年归隐于卷阿。逝世后即建祠祭祀，周公庙由此而始。西周末年古卷阿建筑遭毁坏，秦汉以后曾重修。唐武德元年（618），唐高祖李渊下诏在卷阿建周公祠。后经宋、元、明、

曲阜孔庙西配位

北京孔庙西配位

清历代修葺、扩建，形成了以周三公（周公、召公、太公）殿为主体，姜嫄、后稷殿为辅，亭、台、楼阁点缀辉映的古建筑群。

曲阜孔庙，又称“阙里至圣庙”，是祭祀孔子的祠庙。始建于鲁哀公十七年（前478），历代增修扩建。孔子虽然以教学著称，但初年祠庙与讲学也非同处。

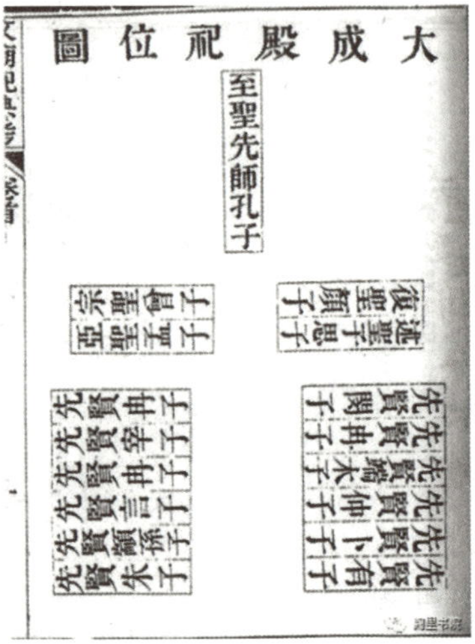

大成殿祀位图

公元59年（东汉明帝永平二年），刘庄帝令京城的大学祭祀周公、孔子。当时大学不叫大学，称“国学”。这是“国学祀孔”的开山之举，意味着国家祀周公、祀孔子同时并举。同时一改过去祭孔都在阙里（孔子故里）的惯例，开创了异地祭孔之先河，为孔子“冲出家门，走向全国”迈出第一步，为佛道儒三教中的儒教的日后发展奠定了基础。

之后，儒教的国学地位逐步确立。据《三国志》载，曹丕登帝位后，于黄初二年（221）二月最先发布的情浓意切、典雅流畅的诏书中就有：“昔仲尼资大圣之才，怀帝王之器，当衰周之末，无受命之运，在鲁、卫之朝，教化乎洙、泗之上，凄凄焉，遑遑焉，欲屈己以存道，贬身以救世。于时王公终莫能用之，乃退考五代之礼，修素王之事，因鲁史而制春秋，就太师而正雅颂，俾千载之后，莫不宗其文以述作，仰其圣以成谋，咨！可谓命世之大圣，亿载之师表者也。遭天下大乱，百祀堕坏，旧居之庙，毁而不修，褒成之后，绝而莫继，阙里不闻讲颂之声，四时不睹蒸尝之位，斯岂所谓崇礼报功，盛德百世必祀者哉！其以议郎孔羡为宗圣侯，邑百户，奉孔子祀。”令鲁郡修起旧庙，置百户吏卒以守卫之，又于其外广为室屋以居学者。(《三国志》)

但这还是初级阶段，真正成为定制，始于唐朝。唐太宗李世民先于贞观元年(627)下诏“停周专祀孔子”，继而又于四年（630）下诏“州县学皆特作孑”。等于一举“贬下周公，确立孔学”。孔庙的劝学功能同步于国家的教育政策、制度，与“儒”紧密结合，孔庙是国家的劝学机构。劝学内容是儒家经典，劝学的方式是以提高生员的地位，优待、赐官于学习先进分子为刺激手段。在这种社会制度和庙学氛围之下，形成了“五尺童子，耻不言文墨”的社会风气。

由于孔庙具有学校和劝学的双重性，从而吸引学子到孔庙内学习儒家经典。由于孔庙是封建国家的御用工具，政治教化功能处于主导地位，通过庙学合一使得政治教化得以普及、发扬和深入人心，通过劝学功能的发挥，使得学习儒家经典、实现观念一统成为共识，使得封建国家牢牢控制住社会的意识形态。因此，孔庙在两千余年的封建社会中起到了国家机器无法代替的作用，历朝历代均将建庙、修庙、尊孔、祭孔作为政治生活中的一件大事来抓。

尉迟恭是唐朝开国大将，贯彻执行李世民的旨意当十分坚决，似乎可以断定，甘泉寺是儒家寺院。但也不尽然。据考证，佛教的传入和发展大约在汉明帝时期（约公元前67年），被称为浮屠教。汉魏之际，已传入中原。在大甘棠村东北有战国墓群，周时“分陕而治”，这里是召公封地，《诗经·甘棠》一诗即源于召公“甘棠遗爱”。甘泉寺是否祀周三公（周公、召公、太公），史料虽无记载，但也存疑。尉迟恭打了胜仗过此，是否下令“停周祀孔”，也说不清。只可臆测，尉迟将军莅临之前，是寺可能祀周三公（周公、召公、太公），也可能是佛家浮屠。但在他严令重修后，必是孔庙。

从年代看，道教于东汉年间兴盛，恐怕传过来时甘泉寺已经祀周三公，先入为主。徐茂公在瓦岗寨就是军师，但尉迟敬德、程咬金等一班人均称其“鼻子老道”，这是对道士的贬称。近代道庙重要活动，甘泉寺一项也没有。

岳公祠拾遗

■马景良

这座古香古色的建筑，立于今通州大运河森林公园漕运码头之南，新堤外大路北，为岳正祠。祠是给伟人或名人贤达而修建的供舍，可做“纪念堂”理解。据记载，在通州城、漷县城内都曾建有过岳正祠，但是现均已无存。

岳正（1418—1472），明代官员。字季方，号蒙泉，顺天府漷县（今北京市通州区）人。工书，画葡萄称绝品，雕镌悉臻其妙。正统十三年进士第三（探花），授编修。天顺初改修撰，命以原官入阁。因忤石亨、

岳公祠

曹吉祥，谪钦州同知，戍肃州。成化初，诏复修撰。出知兴化府，致仕。卒，谥文肃。正博于学问，为文风骨峭劲。撰有《类博稿》十卷，又有《类博杂言》等，并行于世。因他“正素豪迈，负气敢言”，故为后人景仰，因此一些地方建有“岳公祠”之类的祠堂以纪念他。

岳公祠建得最早，建得最好，而且常有祭祀活动的，应该是今天福建省的莆田，古称兴化。岳公曾被贬至在那里做太守。岳公的门生、门婿，明朝内阁首辅，华盖殿大学士李东阳在《蒙泉公补传》中说：“兴化人既去而思为祠，以祀之。”可见是率先谋划的。

（明）张琦《重修太守岳公祠堂记》中说：“立祠涵江泽塑厥像，高鸠而长须、白面美目，阳然肖似于其生。冀若见之春秋称秩而享达焉。堂凡三楹，轩其前、中为神位，左右夹室以藏祭器，皆东西有庑，可以聚立百执事之人。门三重，中门有屋庭，中纵可十丈横称焉。”可见塑像栩栩如生，建筑宏伟。

《莆田水利志》记载：“岳公祠在小西湖左，祠岳太守，正报濬湖功也。正精形家言，诸所兴作，皆造福帮人。小西湖尤著者，壬戌倭变，祠毁湖壅。又梅峰后驱雷坛为郡城，龙脉掘土筑城，遂为坑堑，元气大伤。万历四十七年，分守徐良彦重浚西湖，辇土填堑，不旬日间，堑平湖辟，重建岳公祠。令南北堤遍栽桃李，清查祭田二十八亩，零供春秋二季之需……”“岳公祠祭田，前经乾没，康熙甲午，在城举人请查，额数实存……”

兴化郡民把岳公作为“福德正神”奉祭。祠内敬悬“名德殊勋”之匾。祠毁了重修，而且不止一次。供祭祀的田产，历经明清两个朝代。岳太守逝于1474年，到康熙甲午（1714），200多年间，历经明清两个朝代（春秋二季祭祀活动的经济来源），数额实存。

何以至此？李东阳在《蒙泉公补传》中说：“公得知兴化府，时论哗然，为之不平。公才素不屑条格，动辄为阔远计，兴化地贫，财不足用。公察民间利权而操之府，於是建院及孔子庙，铸祭器。下诸县作小西湖。开兼济河、筑南北隄塞、白埕港别购民田開河，直趋涵口。修江口桥，他如通津铁河、猴溪诸桥、多修治。而白埕功最钜，复购谷实饥民，仓出羡余以补，料价民输料京库类多侵克，公亲为会计，且教之纳省其半费。”

这段记载，莆田人至今传为佳话，500年前的诸多历史遗迹，他们都如数家珍：

涵口桥，俗叫白马桥，下马桥；岳公桥，在今新度镇白埕村，仍在使用，莆民呼之“岳公桥”以“岳公桥”的名纪念他；狮屿（秀屿）桥，俗名铁锁桥，长约一市里；二后陈桥，在新度村，也称“土地公桥”，现称“朝阳桥”（1970重建）；荔城埔西桥，在城郊；铁沙港桥，在今城郊。通津桥，在今厝柄村；郊溪桥，在今华庭镇郊溪村；江口桥，为岳公重建。原建于宋，为官道所经，地处福清和莆田交界的入海处，为福州至泉州的官道要冲。由于溪洪无情，该桥常修常坏，天顺二年，桥又遭洪毁，临界两县互相推诿，致使南北交通中断二年。岳正了解情况后，果断决定重建，终于成化二年（1466）修复，他还亲自撰写了《重修江口桥记》于碑。

亦有记载说：岳公在开浚小西湖时，受到了阻力和挫折。因湖址是在城内，湖面横长十五丈，筑上、中、下三个堰，必然拆迁许多祠庙，故凿湖得罪了豪绅，有人就以岳公破坏莆田风水为名，上控到京。幸得在京的莆田港利人彭韶（1430-1495，号从吾，累官副都御使，刑部尚书）京官仗义执言，朝中奸佞很畏忌他。彭韶极力替他辩解，结果还是落个“免职侯戡”的处理，罢官回家。岳正有《凿新沟呈彭从吾》诗。诗云：“凿了一亩灌万田，孰民寸土不轻捐。盍思兰水开沟日，计亩何人舍万千？”可知岳正颇有远见，是肯为人民做好事的。但是，小西湖开凿成了，桥也建好了，他却罢官回家，家计萧然。

还有记载说：成化三年（1467），岳公决计治理小西湖。依地势垒石筑堰，藉以调节涧水。一在明宗书院前（今洞桥头）为上堰；二在城隍庙旁，为中堰；三在元妙观（今三清殿系其主体）前为下堰。下堰之水为兼济河，水经兼济桥（今观桥）、水关头与外河汇流而去。还在河桥和岸堤上修建了凉亭、护栏和牌坊等配套设施。三堰之中，中堰为大，面积约有十五方丈，大抵2200多平方米，堰圆如镜，乌石山、梅峰的涧水尽蓄其中。水清湖圆，故亦称“镜湖”。

湖成之日，岳太守邀请各路宾朋，泛舟湖中。正值夏日，碧水、远山剔透，荷花香气沁人，一扫往日荒芜景象，俨然一派杭州西湖盛景。岳太守心旷神怡：“此莆中小西湖也！”遂即兴赋诗：“性癖耽山水，莆阳不负吾。林峦青似滴，城郭隐如无。天险关形胜，坤灵效画图。全功些子欠，我作小西湖。”

浚湖时，还有一段文人相重故事。岳太守在水中得良石一方，自书“小西湖”三大字及题诗，令人刻在石上，置于湖旁。石匠镌刻时，恰遇书生林照路过，见诗后即嘱石匠莫刻“林峦青似滴”句之“似”字，当有所改。太守闻讯，亲登林照家中求教。林照逊谢而徐曰：“‘似’与‘如’合掌（同义字重复），更‘似’为‘欲’何如？”太守闻之，抚掌大喜，再拜谢之，赠以束帛，遂改之。树石之时，士林争颂林照之雅、岳太守之贤，一时传为佳话。岳太守当年命镌的“小西湖”刻石，尚存世间。此石历经五百多年历史沧桑，饱尝天灾人祸，主体保存完好，仅左下角稍有破损，其手书湖名和题诗，依然清晰可见，弥足珍贵。

岳正，蒙泉公，是通州区北辛店村人，史志记载颇多，不再抄录赘述。他到底是怎样一个人？简言之，最符合当代白富美择偶标准：帅哥，高官，高学历，高才华，类屈原。

召里观音寺

■ 张松林

潞城镇召里村始形成于西汉末期，当时只有六户人家，其地理位置颇为重要，是解放前北京通往东北的唯一交通要道。

当年从北京城里往东北去一般是这个路线：齐化门(朝阳门)—八里桥—潞城—召里—菜园—北刘村—田辛庄渡口—过潮白河—燕郊—东北……来，没有建国路。去，也无白庙出口。

香炉、大殿

那时候，从朝阳门去通州，一般要骑驴，经召里到田辛庄过河去东北，所以有人也把这条通往东北的要道称为“旱路”。道路旁边设有驿站，叫召里铺递，

观音殿

置若干人等负责驿传，而后便把家属陆续迁来定居。首个迁来的人姓绍，于是得村名为绍里。随着交通的发达，商业也逐渐兴旺，渐次有了旅店、商铺，因此又命名绍里店。绍氏后来迁徙山东，又从山东招来招姓家族，人员较众，因而又改名为招里店。元朝又叫招里。

至宋朝，村里已有18户人家，其中12家来自山东，因为山东连年灾荒。到元朝时，已增至上百户。自观音寺往东依次建造房屋，形成了几条街衢。为便于管理，每个胡同住十户人。明朝时，召里观音寺的香火旺盛，在方圆百里已有声名，作为通往东北的交通要道，百姓往来络绎不绝，皇帝、官员寻访东北亦必经此村，因而带动了召里村的商业兴旺起来。

召里村时过境迁，昔日名胜古迹的“四貌”淹没在历史的长河中。

（张松林，北京市首都公路发展集团有限公司收费员、通州区潞城镇召里村泥塑爱好者）

召里观音寺大钟

民俗文化

一个武林高手之死

■张宝石

一九四一年春的北平城，处于日军的占领之下，平民百姓朝夕不保。日本大兵，伪军汉奸，似一对吃人的虎狼，层层欺压百姓。大量日本侨民住进北平，变成了飞来的贵族，多灾多难的北平人头上，又多了一块大石头。日本人根本不把中国人当人看，连他们移民过来的狗崽子，张口闭口都喊中国人为东亚病夫，满大街的日本浪人到处滋事生非，拿欺压中国人当儿戏，心情不顺就杀中国人开心解乐。

东四十条街面上，有一个永庆日杂商店，经营日杂百货，柴米油盐，烟酒茶糖，老板叫徐庆斋，是一个老老实实的商人，店员张永旺是通州前榆林庄村人。主仆二人在这风雨飘摇的日子里经营着这家小店，张永旺这年刚好三十二岁，身体倍儿棒，平日里酷爱武术，从十二岁就访名家，结武友。二十多年的风吹雨打，勤学苦练，使他练就了一身好武艺，是聚八卦掌、太极拳、三皇炮锤于一身的武林高手。张永旺平日里忠厚和气，乐于助人，做事从不张扬，更不以武欺人。老板徐庆斋只知道他会点武功、有两下子，却不知那时的张永旺已练就了一身好武艺，是一个名副其实的武林高手了。

四月份的某一天，一个日本浪人到商店买东西，口称买一盒香烟，张永旺礼貌地用双手把烟递给日本浪人，哪知这个日本浪人不给钱，拿烟就走。张永旺追出门外要烟钱，日本浪人蛮不讲理地说：“你的烟怎么会在我的手里，在我的手里就证明是我的，有本事你拿去！”张永旺一闪身，一伸手，一个凤回头，夺回烟回头便走。日本浪人没吃过这样的亏，于是恶从心头起，拔出倭刀就向张永旺砍去，张永旺就像长了脑后眼似的，一闪身，躲过砍来的刀，就跟什么事都没发生的样子，不慌不忙把烟交给了掌柜的。恼羞成怒的日本浪人又一刀狠狠的砍来，张永旺头都没回，往后一蹬腿，这一脚正踹在了日本浪人的前胸口上，日本浪人往后退了几步没站住，一屁股坐在了一个闲置的破竹筐上。活该出事，这个日本浪人没站起来，这个破竹筐中央上有一个朝天带尖的竹片子，倒霉的日本浪人坐个正着，上天有眼，竹片子从日本浪人的屁眼儿一直扎到腹内，日本浪人鬼哭似的嚎叫着，众人忙去救，没到医院人就有进气没出气了。张永旺一看不好，对老板徐庆斋说，出人命了，我得回家照应一下。老板徐庆斋惊恐地说：“你躲出去了，赶明儿日本人要是找我怎么办？”张永旺说：“大丈夫一人做事一人当，徐老板你放心，这事与你无关，我做的事决不连累您，如果日本人明儿来找，就说到通州城东，东堡村陈朝会我舅舅家找我。”张永旺做了最坏的打算，连夜赶回老家通州前榆林庄村，安顿好了家事，就躲到舅舅家东堡村听天由命去了。

这事闹大了，原来这个日本浪人是日本驻北平驻军，白塔寺宪兵队队长小田的亲哥哥，这家伙狗仗人势，从西单到东单这一带，他有好几条中国人命在身。张永旺前脚走，日本宪兵后脚就到了，抓走了徐庆斋的老婆儿子，条件是三日内不把杀人者找回来，就杀人，两命顶一命。第二天徐庆斋就赶到通州城东东堡村陈朝会家，张永旺就和徐庆斋赶回了北平城。

张永旺和徐庆斋到白塔寺日本宪兵队，见到了小田，“小田君请先释放徐老板的家人，此事与他无关，我就是杀人者张永旺。”小田下令把徐老板的家人放了。小田一伸大拇指，“张桑，你的，中国人的这个，很好！很好！张桑，你的闯祸大了，如果你打死的不是我的亲哥哥，我愿和你这样的人交朋友！张桑我给你一次生的机会。这是一个四合院，你必须从前门出去，外面有八条狼狗，你能过了这条狗关，出了大门，咱此仇一笔勾销。如果出不去，张桑，证明你武术不精，只有喂狗了，来吧！张桑请。”小田打开门，门外趴着八条张着大嘴，吐着舌头的纯种日本狼狗……

张永旺一咬牙，气沉丹田，一抬腿冲进院内，八条狼狗冲他直扑过来，张永旺一连两个弹腿，踢飞了两条狼狗，双掌左右双拍，又拍碎了两条狼狗的头盖骨，再飞起一跃，左腿当轴，右腿当鞭，连转数周，冲上来的两条狼狗又被踢飞，这几招快如疾风，一气呵成。一哈腰，双腿用力，一招蜻蜓点水，就站在门楼上了。这时张永旺已经赢得了生的希望。突然背后枪响了，张永旺身中数弹，一个倒栽葱，摔倒在门楼下，六条狼狗冲上去……毫无人性、信义的日本侵略者最终还是夺去了他的生命。

事后，徐庆斋以朋友的身份出资厚葬了张永旺。

家

■张宝石

大运河的左岸有一个不大的村庄，叫小甘棠村。村西北有一个大土坨子，据老辈人传说，这个大土坨子是早年间运河发大水，龙王爷发威，一夜间冲刷堆积而成的。大土坨子靠西头长着一棵大椿树，大椿树高大而威武，三个壮汉手拉手围成一圈才勉强能够围住大树。树下有三间土房，房子的主人姓周，村里人称他老五叔。老五叔命苦，媳妇死得早，给他留下俩个不大不小的儿子。老五叔勤快能干，命苦不惜力。老光棍带着俩小光棍，脸朝黄土背朝天，风来雨去用鸡刨食的工夫，硬扛着清苦的生活。多少年来，爷仨儿在大运河边的土地上为了生活，流了多少血，流了多少汗，谁也说不清，唯一能说清的是爷仨个生活还勉强混得下去，虽然苦多甜少，基本上能混到一年到头，吃喝还能将就。前些日子托人保媒，给大儿子说了一房媳妇，老五叔心中盘算，老二也将近二十岁了，再苦干两年，攒钱积物，把村北坡下自家场院那两间破草房翻盖一下，再紧一紧给老二说房媳妇，到那时我周老五就没牵挂了，上苍给俺的任务就算完成了，到时死也能合上眼了，轻轻松松无牵无挂地到阴间会那苦命的老婆去了。这老婆也真狠心，俩个人的担子，让我一个人挑……周老五有时也想老伴，有时还会骂上一两句闲篇儿。

人算不如天算。收完秋，狗撵鸭子紧忙，白露前必须把麦子种上，一种完麦子，这时候的农户人家，活茬子就轻些了。麦苗一钻出地面，再给麦子浇完三道水，一年的农活就此打住，老婆孩子热炕头，男人嘴叼烟袋，手捂茶壶，侃大山、谈天地、论古今，外加抬扛扯闲篇儿。当然这是男人们的事，女人们可没得清闲，一日三餐喂鸭打狗堵鸡窝，衲鞋帮子钉底子，忙得脚朝天。天凉了，活茬子一松人就犯懒，这些日子不知咋的，老五叔总觉得心里慌，后背有时疼得直冒凉汗，没着没落的。老五叔心里骂道:“真他妈的穷命，人前马后吃苦干活啥事没有，刚一清闲这毛病就找上门来了。”老二跟爹商量，不成到前榆林庄村把沈四先生请来看一看，老五叔一摆手，没啥大事，你给我拔拔罐子就过去了。有一天夜里，老五叔做了一个梦，梦见老伴来找他，他和老伴在天际飘呀飘呀，轻松极了……第二天早晨，起得最早的老二发现，平日里鼾声如雷的父亲，怎么没有了鼾声，仔细一看，爹已驾鹤西去，尸体都僵硬了，老人走时的面相很好看，似笑非笑的。

葬完了老爹，送走了亲朋好友，老大把老二叫到屋内，爹走了，咱在一起生活也不方便，把家分了吧。兄弟俩沉默了好半天，还是嫂子先说了话，结婚时你哥把我接到这大椿树下的三间房，我死尸不离寸地，再说我结婚也是冲着这三间房来的，这三间房理应归我们，坡下的两间房归你，房子我们占了便宜多你一间，村东六亩地归我们，河边的七亩地归你，地你多一亩，咱扯平，亲兄弟明算账……

亲兄弟明算账，嫂子就这样公平地把家分了，至于房子，嫂子公开承认他们占了便宜，那么地又谁占了便宜呢？村东的六亩地是公认的肥得流油的肥田好地，而运河边上的那七亩地是爷仨农闲时用了好几年的时间开垦的荒地，谁都知道这七亩河边地十年九涝，十年九不收。这就是哥哥的沉默，嫂子的公平，亲兄弟明算帐的结果！

周家老二刚二十岁，继承了周老五的品质，勤劳、朴实、能干，牛一样的性格和品质，浑身有的是力量。运河边上的七亩地成了他的家，他的乐园。“地薄咱施肥，缺水咱肩挑”，老二坚信只要人勤，就会长出好庄稼，这一年出奇的大旱，整个月整个月烈日当头，就是不下雨。一条扁担两只大木桶，秧苗缺水，一桶一桶到河里挑，河叉子里的水都要挑干了，汗水流了多少，只有那七亩薄地知道。七亩薄地里的秧苗知道。秋后大旱年变成了丰收年。那七亩薄地里的大棒子，跟大槌锤似的，个个一尺半长。

哥哥家村东南那六亩肥田可惨了，大旱缺水，人又懒，瘦弱的秧苗参差不齐地长着小得可怜的玉米棒，掰下一个和老二家的玉米棒一比，没法比，不及老二家的三分之一大，颗粒也不饱满。一连三年都是大旱年，周家老二凭着勤劳苦干连续三年都是丰收年，老大家里三年生了三个娃，人丁旺，经济上入大于出，六亩肥地打的粮食不够这五口人吃。老大找老二来借粮，老二言自家兄弟别言借，到粮仓里装。

论家大业大，论钱财，在小甘棠村那得首推梁权宝，别人再有钱，您也得往后排，单从梁家大院那气势，小甘棠独一份，周围十里八乡的你扫扫，没有不知梁权宝大财主这个名的。再牛再气派再有钱，也有着急上火的时候，最近大财主梁权宝就有点难，老父亲老财主最近身体不好，把前榆村的神医沈大夫请来，沈先生一把脉，把梁权宝叫到堂屋："老先生年岁已大，毕竟上百岁的老人了，五脏六腑都有毛病，看来老先生这个关是过不去了。也就三头二日，准备后事吧。"沈先生抱着药匣子，骑着大黑驴前边刚走，大东各庄村的神挂李半仙，就被梁家的大车接来了，李半仙围着小甘棠村外绕了三圈，最后来到村北周家二小子的场房，一指那间破草房，说："这可是块好地方，草房的正中央是块上等的吉地。如果老人葬在此处，您看方位，左为乾，右为坤，乾为小甘棠，坤为大甘棠，老爷子这叫脚踩二棠，关前是什么？"李半仙一指燕郊方向，"通州八景之一孤山，孤山上有一座千年古刹，佛教圣地，这叫头枕孤山，合在一起就是脚踩二棠，头枕孤山。我敢断言，得此穴者，将来子孙必将荣华富贵，高官得坐。这在民间可是一等一的好穴呀……"

梁权宝亲自出马，找到周家二小子："二侄子，老伯有个事跟你商量一下，我想把我家后院那三间正房搭两间厢房的独门小院，换你家这个场院，另外我再追加你一百块现大洋做为安置费，你看咋样？如果嫌少你跟老伯说个数……"二小子一乐，老伯你那院子虽说是下人住的院子 ，那也是磨砖到顶的大瓦房，我做梦也没想过住那么好的房子，如果咱们交换，我占的便宜太大了，老伯要不这样，您老人家如果真的需要这个地方，我明就给你老人家腾地方，我搬到运河边我那七亩地地头，再压两间棚子住，咱街里街坊的，我占便宜不能占太大了。"得嘞我的大侄子，你老伯我是个水萝卜就酒嘎嘣脆的人物，这事是老伯找的你，不存在你占便宜的问题，如果说占便宜，可以说我在找便宜，将来我的先祖保佑我的后辈荣华富贵，高官得坐，那我的便宜可占大了”，梁权宝说。周家老二说：“伯父那一百块大洋就免了吧。”“坚决不能免，看在贤侄你这实在劲，老伯发话，今后你种地干活如用得上牲口大车什么的，你找管家说一声，免费用。这话有老伯在世一天，它就管用。”好，成交。爷俩儿的手掌拍在一起。“我搬家，您老人家请人写字据。”周家老二也是个干事利落的人。“另外还有一件事与换房换地无关的事，这件事我说完你点头就算，摇头拉倒，算我没说，不能外传。”梁权宝显出神秘神情。“得挤勒您那，老伯您说。”周家老二着急。梁权宝郑重地说：“我说和你换房的那个院，现在住着我家少爷的奶妈和她的女儿小芹姑娘，小芹的岁数和你差不多，昨天我有意跟陈妈一说，意思是想把小芹姑娘嫁给你，陈妈当时就表态同意，老太太直夸你能干实在，靠得住。叫过小芹姑娘一说此事，小芹也红着脸同意了。这事就看你这头了。”“行行行。”周家老二一连说了三个行字，凭空掉下的好事，咱周老二这辈子还能娶上媳妇？

一事顺，好事连着顺，好事好运全让周家老二撞上了，从破草房搬进挑灰灌浆青砖到顶的大瓦房，小光棍娶了媳妇，最让二小子感动的是丈母娘疼姑爷，比疼闺女还疼，多少年来没得到母爱的二小子，甜蜜的生活把他喜蒙了。小俩口白天到运河边那七亩地里干活，二小子总觉着有使不完的劲，有媳妇就是好，好得不得了，回到家里菜饭做好，其乐融融，小院里总是传出笑声……

周老大可惨透了，三年生了四个娃，四个娃像四个高音大喇叭，大的哭，二的闹，三的抓了四的脸，你打他，他打你，四个娃搅一起，让您说乱套不乱套？一连三年大旱，六亩肥地收回来的粮食不够吃，不够吃就没心思种地，不出力再好的地也长不出好庄稼来，六张嘴吃空了老爹周老五留下的产业，混得吃了上顿没下顿，没辙就找周老二，这三年周家老二没少周济哥哥周老大。

有一天，周家大小子蔫巴巴地来了，二弟你嫂子有事叫你去一趟。二小子和大哥一块来到大椿树下的老屋，一进屋门一股臭气扑面而来，屋子里乱极了，盆朝天碗朝地，连个坐的地方都没有，炕上横七竖八散乱地放着黑得分不出颜色的破棉被，四个孩子在炕上你打他闹，又哭又叫，嫂子的肚子明显涨了起来，这几年哥哥东上坡那六亩肥田没种好，不长粮食，光长了草，嫂子这块地可没闲着，向五个进军。嫂子脏兮兮的脸好像多日没洗了，坐在被窝里，破被子披在身上，还没起床，老二进屋叫了声嫂子，嫂子一呲黄牙板：“二弟今儿我叫你没别的事，我让你哥跟你说，你哥他死要面子活受罪，他窝囊废不说，我来说。二弟我觉得咱上次分家分得不公平，好事全让给你了，这些年你都成财主了，你吃肉不要紧，你得让你哥你嫂你这群侄男外女的也得喝口肉汤吧，既然不公平咱就重新分，再说，咱上次分家也没找人签字画押，既然上次分家不公平，咱就公平地换个房子，你搬到我家，我搬到你家。地咱也互换，你看咋样？”嫂子地嘴赛机关枪，这一席长话，让当今小品名家说也得喘口气，嫂子没打奔儿，一气而成。周老二脸一红，像做错了事似地一低头，“全听嫂子的……”

哥哥喜滋滋地把家搬走了，周家老二在大椿树下搭窝棚，先住下，三间老房早已不成样子，光垃圾就推出好几车，顶棚糊上带蜡花的大白纸，窗户糊上白色高粱纸，漆黑的墙壁一连刷了三遍加了卤水的大白粉。这三间老房经过小两口双手一捣腾，立马变了样儿。雅赛水晶宫，小芹用剪刀剪了一个红双喜字贴在门户上。二小子一乐，说“婚都结一年了，贴它做甚？”小芹一笑，“这叫双喜临门。嘛双喜？一咱这是乔迁之喜，二我有喜了……”小院又传出咯咯咯，哈哈哈的笑声。微风一吹，大椿树树叶哗哗作响，眼前的情景，大椿树看在眼里也跟着乐。这一年风调雨顺，绿得像要流油，天要养人，撒把豆子就长金子。周家老大新换过来的那运河边上的七亩地，庄稼也长势喜人，老大一看见那地就笑。三年没看到这么好的庄稼了。

一近七月，老天爷翻了脸，一连七日瓢泼大雨下得人心里慌慌的，大运河的水猛往上涨，都快到大堤的上沿了，人们自发地拿筐拿篮子，冒雨往大堤上运土，决不能让河水越过大堤，要么家毁人亡，要么保护好大堤，没别的选择。右岸下游的下店村就决了口子，冲毁了多少好田，死了多少人！没法算，算不过来，越算越多……洪水退了，运河左岸的大堤虽然保住了，周家老大运河边上的七亩地成了绿汤汤。周老大哇哇大哭，哭大运河无情，哭自己命苦，周家老二双手扶起大哥，没关系咱家东上坡还有六亩好田，够咱吃。水退了咱种大白菜，记住咱爹常说的那几句话，家和万事兴，人和事业顺，兄弟和，家之肥。只有勤劳咱才有希望……

召里观音寺传说

■路城镇志编修小组

1. 观音坐下的深井

千手千眼观音像坐落召里村后，四方百姓和远方朝拜者纷至沓来，络绎不绝。来人大都有一个共同心愿，就是要听听自己许的愿观音是否答应，烧完香后就向观音盘坐的大腿处缝隙往下扔个铜钱，如果听到下面有回声，便是答应了请求，否则说明朝拜者心不诚，还要继续投币。这个习俗一直延续到解放后。

那么观音答应的声音是哪来的呢？传说观音坐下有一口深井，与通州燃灯佛塔底下的井连着，中间穿过运河，与运河水也相连。观音回答的声音就是钱币掉在水里的回音。

古代人们喜欢到召里观音寺求雨，相传是因为一求就灵。传说也是观音座下那口井与运河、燃灯佛塔下的井连在一起的原因。2002 年观音殿重修，人们发现殿下确实有井印，但是没水了，人们猜测说，这是因为佛像搬走三十多年的缘故。

2. 祈雨必灵

自元朝观音寺建于召里村后，村内一直风调雨顺，安定祥和。可到明朝有一年，直到农历六月初一龙掉泪的日子，都没下一滴雨。八方农民纷纷在自家地里挖土井，但滴水难解久旱。烈日炎炎似火烧，野田禾稻大半枯焦，眼看庄稼就要旱死。尽管村民在六月初一都去运河边求河神降雨，但老天爷依然不为所动，毫不开恩，滴雨未下。当天夜里，观音寺住持夜梦千手千眼观音指责他说："你念佛诵经不就是为了普度众生吗？如今大旱临头，庄稼枯萎，几成灾害，你怎么还不带头祈雨？此时不求，更待何时？"梦醒时，正是六月初二时分，住持如梦方醒，立马呼唤僧人弟子，取来纸笔，做纸龟、写条幅，忙碌不停。四更后，只听锣鼓喧天，36 人组成的求雨队伍出门往西直奔运河东岸，诵经半晌，将所供食品和纸龟一并扔到河里，然后掉头便回。方走几步，但见天空乌云密布，惊雷乍起，大雨倾盆，足足下了一个时辰。人们被大雨浇了个透心凉、透心爽，皆雀跃欢呼，兴奋不已。雨过天晴，庄稼由黄转绿，茁壮生长，人们笑逐颜开，觉得生活有了盼头、奔头。此后大家争相传颂：召里观音菩萨大慈大悲，求雨就灵。一传十，十传百，很快就传遍了十里八乡。以后每逢干旱，各村百姓和地方官员，就来此请求召里观音寺的和尚求雨。结果当然是天遂人愿，甘霖洒地，人们争颂观音菩萨的恩德和灵验。

3. 观音调龙

相传，明代有一年大旱，到农历五月底了，没下过一场透雨。可是召里观音寺关公殿前的那眼井，水却是满满盈盈的。于是村里人就到观音寺求雨。一天夜里，寺里的住持一觉醒来，觉得凉气逼人，便让两个小和尚到外面看一下，大热天的凉自何来。两个小和尚出东面的经房门往西看，但见一条大龙蛇，尾巴盘于大雄宝殿，身子从关公殿上探过去，正在那口井里吸水。那龙蛇见有人来，须臾便隐去了身形。天渐渐亮了起来，一场喜雨从小及大，洋洋洒洒，一会儿便沟满壕平，如饥似渴的禾苗得到了"迟来的爱"，迎着阳光轻松地舒展起来。

据说那条龙蛇是千手千眼观音特地从南海调来的，从井里吸满了水，然后喷向龟裂的田垄，救活了将死的秧苗，拯救了这一带的百姓。从此后，当地人纷纷交口称颂："千手千眼观音就是灵。"

4. 召里观音不怕水

召里观音寺创建700多年以来，历经元、明、清三朝和近现代历史时期，曾经遭到了多次洪水的冲击，侵蚀，然而千手千眼观音在特大洪水面前岿然不动。

不论是西边运河涨水，还是东边箭杆河涨水，都给本地人民带来重大灾难。可是，两面洪水一到召里观音寺这里就必退无疑，古人说原因就是千手千眼观音不怕水。

传说元代创建此寺的四年后，箭杆河卷来滔滔洪水，当时此寺建在现址南边 150 米处，洪水将其它殿宇都冲垮了，只有观音殿安然无恙。村民和地方官一看观音灵气真大，决定异地重修，以期更多更好地惠泽民众，于是把此寺北迁 150 米，座落现在的这个地方。

古代的多次洪水不说，村里 70 岁以上的老人都知道民国二十八年（1939）涨大水，水都到了大雄宝殿的上门槛。观音殿在大雄宝殿北边两丈多远，但是奇怪了，水刚要流进观音殿，水势就小了。不一会儿，居然自动消退了。

据传，当时观音寺东边地势较高的人家，有人看见水未退下时，在观音殿前有两条大黑鱼挡住殿门口，让水不能进去。至于水为什么消退了？人们说这两条大黑鱼是观音借来的两个水兵。洪水一会儿就消退了，是因为水怪忍受不了观音义正辞严的呵斥。洪水后，村民和朝拜者一齐给千手千眼观音烧香，再看千手千眼观音，依然笑容满面、慈眉善目。从此以后，千手千眼观音不怕洪水的故事在这个地区流传开来了。

萧玉氏与刘承相

■肖宝岐

早年间，更多的说法是在清中后期，京东有个萧玉氏，他死前告诉家里人，要等到他死后一百天，身上任何衣服不能穿，把他埋在潮白河边上就行了。待他咽气后，但见他家的大黑狗疯了一样窜到了房上在自家房的烟囱上，一动不动，不吃不喝，任何人也叫不下来。到九十九天了，家里外面任何事情都没发生。女儿见状便自作主张，怎么也得给老人家穿条裤衩吧，不能叫其光着走呀！别人只好照办。抬到河边，但见尸首已成龙形，并全身布满了鳞片，只是穿裤衩的部位没有鳞片。家人不解正迷茫时，有人报信说家里的大黑狗从房上摔下来摔死了，房子的烟囱冒出了一大股清烟直冲天外。说来也巧，这股青烟被皇宫内的观天象大臣看到了“有紫气东升”，立刻报告了皇上，这还了得，下令追杀。结果萧姓被追杀得四处逃散。“文化大革命”前，潮白河东的西关村还每年都拜“萧玉氏”的画像，那幅画像是用硃砂画的长袍，头戴黑色乌纱帽，端坐正中，后来被烧掉了。但这个传奇故事一直流传在民间。

再说，但为保皇上而来的京东“八大怪”分散在各村，明察暗访，防止再出“紫气东升”的事，不由得你不信，大东各庄村的刘承相的奇人奇事人人皆知，传说他便是“八大怪”之一。

刘承相力大无比，确有传奇色彩。过去富户人家都有碾子、磨，用来碾米磨面，但也有几家合买一盘碾子共同使用的，使用时大都靠人去推，有的人家为了节省时间，就先用别的东西；如碾棍、簸箕等事先放在碾子上，算是先占上了。别的人看见有人占上了，就去找别人家的碾子去用了。刘承相从不占碾子，他想用哪个就用哪个，看见有人先占上了也不管，把他占上的东西拿下来，先推碾子来碾自家的粮食，如遇有人与其理论，他便不作声，索性把碾子抱起放到地下，咱谁也别用，别人见其如此大的力气，就从不与他争吵，自然而然地都让其先用罢了。久而久之，刘承相力大无比的故事就传开了。去张家湾打短工，给人家劈柴，中午都回家吃饭，别人怕刨斧丢了，就都带着工具回家，下午上班再带回来用，他不这么做，他把刨斧往木墩子上使劲斫一下就回家了，别人想拿他的铇斧也甭想。下午来时只见他左右摆一下斧子顺顺当当地拿了出来。

传说刘承相从来没吃饱过，家里给他做过一大柳斗白面的片汤，一顿全都被他吃光，家人问他饱了没有，他便说“饱不饱就这样了”。但这个人从不招人烦，出外打工共同用饭，别人放筷他自然也就放下筷子，绝不误事。他到底有多大力气谁也不知道，有人就算计他，一次给地主家打短工铡草，入草的人偷偷地把杈子把裹在草里，他就跟没事似的握着铡刀的把，上下按着，结果杈子把被一段段地铡成了象棋子儿了。

一天，从东官道来了一挂三套骡子的大车，拉的全都是酒，从东奔西路过大东各庄满家沟子时，在小桥的西边误了车。车把式扬鞭呐喊，可车子越陷越深，车轴已卡在路的中间了，车轮悬空已不起作用了。车把式围着车左右转圈，嘴里不停地嘟嘟着：“要是有我这样的再来一个，我们俩就能把车抬出去。”刘承相正好背着粪箕子遛弯赶上了这档子事，听到车把式这么说话，便上前搭话：“那好吧，你把牲口卸了，我和你把车抬出来，你抬车头部位我抬后面。”车把式一听，看了看刘承相，这个人貌不惊人，还有点跛脚（刘承相小时候在他们村西大寺庙外枣树上摘枣吃的时候，寺里的老道在院子里乱叫：“有人偷枣了！”刘承相急忙往下出溜，快到地面时往下一跳，脚落在枣树棵子上，扎坏了脚，当时都不在意，用土一敷就算上了药了，后来留下了跛脚的毛病）。车把式就问他：“你行吗？”刘承相便说：“你把牲口拉得远一点，别误了咱们抬车。”车把式又叮嘱说：“后边可比前边重多了，有把握吗？”刘承相不再说什么，他放下粪箕，便蹲在了车的后面。正和车把式同时喊号较劲的时候，一个怀孕的小媳妇骑个小毛驴路过这里一看，大叫："快来看呀，车下有一大青牛！"此话一出，刘承相当即一口鲜血吐出来，重病不久故去。京东"八大怪"也相继辞世。萧玉氏没能成龙当上皇帝，保皇上来的京东"八大怪"自然也就完成了他们的使命。

南刘各庄的水淀传说

■ 罗凤光

潞城镇南刘各庄村（以下简称“南刘”）是潞城地区的大村，上千的人口，村子东西长也有上千米，村子的街道是千年古道的遗存，走向未变。近千年的古槐仍在坚守着千年古村，那千年古庙的原址，像古庙的卫兵，尽职尽守，在风雨中摇曳。

说起南刘大苇荡的成因，传说不一，更是人们茶余饭后的话题。有的人说是大地震震出来的，有的人说是运粮河决堤冲的，还有的人说是坌（河道泥沙聚集）出来的，众说不一，没有一个精准确切的答案。到底是怎么形成的？为此有人也查阅过历史资料，作为南刘各庄村的人，有义务把这些关于芦苇荡形成的传说略加整理，留给后人吧！

（一）关于运粮河决堤的传说：（第一版本）

相传：道光年间，大运河水量充沛，夏季汛期，防汛形势严峻，清政府都会派兵丁分段把守，以保大运河这个运输大动脉的安全。

据说守卫南刘西这段的那个清兵，平日吊儿郎当，纪律散漫，只要心中不悦，便整天以酒消愁。这一天，下着瓢泼大雨，这个清兵购来酒肉回到堤防处时，河水暴涨，已形成决堤之势。随着深夜的来临，大雨丝毫没有减弱的迹象，守堤防的清兵身披防雨的“油布”（老年间防雨之物）也无济于事，只能喝着那烧酒就着熟肉，来对抗那湿冷的孤独。眼看河水即将漫过河堤，但见这个清兵的表现确是与众不同，居然看那快要漫堤的河水发笑，并用枪头在堤上划一道沟，看到河水从他划出的小沟流过，他还拍着手喊道："流了，流了……"又一次用枪头在那猛划，咆哮的河水像脱缰的野马向东直到南刘各庄村，形成贯穿村东西的大沟。自此，南刘各庄村便形成了这一大片芦苇荡。

（二）南刘的芦苇荡是小河（潮白河）的坌出来的？（传说的第二版本）

南刘各庄村中贯穿全村东西走向的苇淀形成时间是清光绪二十一年（1896）。1918 年，村中 22 名乡贤集资在村东村西建起双石桥。这一点在陈喜波作品《通州区河流水系 – 潮白河》中得到了印证，他在文中写道"……光绪二十年，潮白河在平家疃等处决口波及通州、香河、武清、宝坻等县二三百村庄"，南刘地处两河（大运河、潮白河）之间的狭长低洼处，必在被殃及的二三百村之中。

在南刘各庄村，一直流传着一个传说，潮白河里有一独角龙。而村中绵延数百米长沟的形成，让人自然而然的与潮白河的独角龙联想到一起，披上神的传说，有骨头，有肉，有因有果，有滋有味，显得更加鲜活生动，形成故事流传于世。

相传光绪二十一年（1896）夏季阴雨连绵，雨三天一大下，两天一小下，潞城地区已沥涝成灾，低洼处沟满壕平，说有这么一天，暴雨如盆倾，天都下白了，形成了天连水，水连天的奇特现象。

南刘药王庙的主持能掐会算，会观天象，算出必有妖魔鬼怪兴风作浪，手持黄符，出山门，见从东北方向翻卷来像龙一样的巨浪，直奔大庙而来，知是小河的独角龙，便口念咒语，将手中的黄符扔出，巨浪在村东头打一个大旋，转头向南，直向王家大院，王善功带领家中老老少少，摆案烧香，众家人伏地叩拜，相传这时独角龙见到供案香火和王家的诚心叩拜后发了慈悲，再次转头向西。南刘前后街的人们都惊呆了，纷纷效仿王善功家，伏地叩头，烧香祷告。听我爷爷跟我说：我的祖辈就因为没有烧香，院前的"二门子"连墙瞬间就无影无踪。传说中的独角龙，法力无穷，能腾云驾雾，呼风唤雨，它到来时水头有一两丈高，凡人看是水，但实际上是似水非水，似雾非雾，所到之处，地里黑水如泉涌，地陷成沟，沟深几丈，所有之物连同大量的泥土皆无，不知被移到了何处？

披风带雨的巨浪涌到南刘各庄村中心处突然转头又向西南方向，王善功（王保臣的祖父）家房前是大场（夏秋季打轧收获五谷之场所），场院被

原南刘戏楼旧址

吞去了三分之一多，王善功性情倔强，从来不信邪，别人烧香叩头，他不，他跟独角龙也要争个高低，看到自己的大场被削去那么一大块，急红了眼，便扯开嗓子喊道："你有能耐把我这棵树也陷进去呀"（王善功房西有一棵大柳树，直径二尺七八，树高六七丈，树冠有如半个篮球场大小）。说来也怪，"神"能听懂你说的，巨浪一个反转，从向西南反转直指东北那棵大柳树，浪头到的瞬间，偌大的树冠像巨大的陀螺在水浪中旋转，树冠旋转着下沉着，刮扫着王家的房基的下方，吓得王善功再也不敢和巨浪叫板，慌忙跪地叩头，保全了自己的房屋，而巨大的柳树谁都不知去向何方。

巨浪向着北方向翻滚着，恰好正对着邓八爷的三间老屋。眼见王善功那棵大树在大浪翻滚中没了影，已把他吓得够呛，见又冲着他的房子来，忙搬出桌子点上香，家中正好有一大猪头供在桌子上，拉上自己的女人，双双跪地叩头。

南刘的传说不一，有的人说邓八爷上完供，将猪头扔向大浪，水浪调头向了西，有的人说那天是邓八爷新婚不久，那猪头是为夫妻双双回门见面礼而备。大浪向西王东滕家（滕寿山家族的宅院），见多人跪地烧香转向北，后又折向西，形成了南刘"龙王庙大坑"。大水过后，南刘在"龙王庙大坑"北侧建了"龙王庙"，东有药王庙，西有龙王庙，两庙相距一里地。

民国七年（1918）在形成的大沟上建起了双石桥（东大桥、西大桥）成为潞城地区独有的双庙双桥大戏楼的美丽的可爱的我的故乡故土。使我冬居异地总在回想。因为那是我终生不能忘记的生我养我伴我成长的可爱的家乡。

黑丑，白丑，牵牛花

■徐　畅

喇叭花又称牵牛花、勤娘子，多在秋天带露开放，结籽叫黑丑，白丑。关于这些名称的由来，潞城地区流传着一个其他地方都没有的版本，来源于五十多年前一位老中医的口述，如今，我将它整理、记录下来。

相传在很多年以前，小河边有一个小村庄。村里住着相依为命的老夫妻俩。老两口本来无儿无女。谁想过了花甲之年，忽然老树开花，诞下一对双胞胎女儿。那时代，重男轻女，老来得子算大喜事，一来两个丫头，老两口却都没有喜色，给闺女起名时，老头儿只信口一说，叫什么呀？大丑二丑，招呼时有个说法就行了。

八各庄村北的牵牛花

老两口活到70岁，已属古稀，扔下二女离世。物质贫乏，人们普遍认为女儿是赔钱货，谁都不肯收留。两个孩子只能以乞讨为生，后来大一点儿了，帮人做些针线活儿。偏巧瘟疫流行，一个村的人先后死亡。依此惯例，两个孩子埋完那个先于她们死去的人，村里就再没有其他活人。这时候来了一个白胡子老头，自称是朝廷命官。给了她俩预防瘟疫的仙药，并告知说，这个村所有土地都由你们耕种，还颁发了盖有大红印章的地契文书。没人帮忙，没有牲畜，小姐妹俩只能起早贪黑摸爬滚打。

一晃间，小姐妹俩年近二十。瘟疫过去，世间也慢慢有了生气，她们决定不再刀耕火种，雇些人手来打点土地。可巧村里来了一帮陌生的男子，自称是逃荒之人。开价不高，干什么活都行，只要吃饭管饱，有个落脚地方就行。天助人愿，这拨人就住了下来。

他们中间最年老的哥儿俩，力大无穷，干起活来，有模有样，重体力活全是他俩的。按规矩，他俩一个叫“打头的”，一个叫“二趟”。这是扛长活人的术语，即这拨人的老大老二。这俩老家伙的力气大到不可想象，耕地的时候，他俩在前面拉犁杖，没有人扶，那地就耕得特别平整、滋润，而且特别快，不管这块地有多少亩，他们都能按时耕完下种。拉车也是，大车陷在泥淖中，牲口拉不上来，他俩一着手，大车立刻拉活。可是有一点，俩老家伙特别能吃能喝，做多少饭，送多少水，都不够他俩的。同来的人抢不到饭吃，喝不上水，一来二去，就慢慢开溜了。这拨人中不乏细心者，他们向姊妹俩透露：那两个老家伙常常五更天就出去，到河边就化作牛形，专吃嫩草。牛老了牙口不行了，老草嚼不动，只能挑嫩草吃，叫“老牛吃嫩草”。姊妹俩对此不屑一顾，只以为是这人受了气，谗言报复。

实际上这老大老二本不是人，是修炼千年的两头犍牛精。这犍牛生性好斗，在一次顶架中，误伤了天宫大片仙草，被贬下界，罚“修善行”。即化成人形来到此地，“代天行善”。听说了瘟疫流行，这里只留下两个孤苦小女子，便要戴罪立功。这姊妹俩老大不小了，周边男性稀少，即使有，也没有这么优秀。日久生情，便嫁给了老哥儿俩。因此，“老牛吃嫩草”一语，也流传开来。

修行岂容婚配，何况还是罪牛？一位上仙来此视察，将此事奏报玉皇大帝。玉皇震怒降旨，此二孽畜永世为牛，不得变化成人形。上仙领旨，回村将符咒贴在两个牛精的身上。一旦化为人身，立遭天谴。牛皮不像其他牲口的皮，紧紧箍在骨肉上，不能活动。牛皮是活的，可以来回滑动。人在骑牛的时候，它一滑动，就把人摔下来。为防止两牛施诡计，用滑皮术将两道符贴在一头牛身上，另一头牛化作人形。两道符特制成两个样式，色泽是一黑一白。

嫁鸡随鸡，嫁狗随狗，嫁牛也要跟着走。变回牛后，娘子舍不得他们走，还在一起过日子。可是变回牛后，不能直立行走，智商立马消退，除了拉车犁地，其他什么都做不了。拉车犁地也要姊妹俩牵着才行。害得姊妹俩只能家里外头一肩挑，起五更爬半夜，累得人比黄花瘦，日渐憔悴，眼看便要不久于人世。

“一日夫妻百日恩，百日夫妻比海深”。牤牛精看在眼里，疼在心里。到春耕大忙季节，俩牛精再也忍受不了自己的娘子受这千般苦万般罪。二更天，它们偷偷地抖掉神符，变成人形，下地干活。到五更天再进棚，变回牛形。姊妹俩自然是由衷地幸福。可是，那神符怎容亵渎？明有王法辖管，暗有鬼神循环，抖掉身上神符，也逃不过街衢神眼。他们的行踪很快就暴露了。

又是公鸡叫头遍的时候，姊妹俩照例担上吃食、茶水下地送饭。可是她们的丈夫不知去了哪里，人影儿没有，打回原形的牛也没有。二人不约而同地把手合成喇叭状放在嘴上，奔走呼唤。叫天不应，叫地不语。她们怀疑自己的丈夫被裹挟到了外乡，二人嘶声力竭，遍寻四乡。嗓子喊坏了，声带出血了，她们拾起了螺号，这螺号外观像蜗牛，俗称牛喇叭。

她们用牛喇叭哭诉，“老天爷呀，老天爷，你就是收走我的人，让他化泥而去，也该让我们夫妻道别呀！”从春哭到夏，她们再也支撑不住，双双倒地。也不知道过了多久，她们感觉到了身下萌动，土地有了人的体温，小娘子似乎回到丈夫的怀抱。她们分明听到了那爱抚的声音：“我的苦人儿，我的勤娘子，受苦了，受罪了，勤娘子、勤娘子……”公鸡又叫了，牛精留下嘱托：“你们回去，烧纸化钱，坚持七七四十九天，我俩就会回到你们身边。到时候，你俩可别害怕，重生的我们，再不是老头儿，而是翩翩少年。

七七四十九天，已经秋日。时过半夜，牛精没有爽约，果然变成了一黑一白两个棒小伙儿。按谕旨，他们要永世为牛，这短暂变化，是娘子烧纸七七四十九天，求来的一点儿恩惠。不容分说，各自背上自己的娘子，一飞冲天。从此后，娘子的衣裙化作了拂晓前东方天际的鱼肚白。她们呼唤丈夫的牛喇叭留在大地上，凡是她们走过的地方，都有五颜六色的小喇叭花儿开放。人们说，这是牵牛花，不是娘子牵着丈夫耕田，牵的是勤劳，是爱情，是幸福。她们的丈夫化作了青藤，背负着她们，托举着她们。秋天里金鸡一叫，那美丽的花朵便带露绽放，警示人们，早点儿起床，收获的季节就要到啦！

喇叭花结籽有黑白二色，入药叫黑丑、白丑。这是两对夫妻的遗愿，她们的声音只有看到第一朵牵牛花开的童男童女能听到："我们不是大丑二丑，贴白符牛的儿子叫白丑，贴黑符的儿子叫黑丑，服用下去，瘟疫不再流行！"

前榆林庄三个戏星二花旦

■张春昱

20世纪50年代，广播覆盖面还极其有限，电视根本没有。农村百姓文化生活单调乏味，最期盼的就是正月里唱大戏。宣传新婚姻法时，演出《刘巧儿》《小女婿》《小二黑结婚》还有《杨三姐告状》《擦亮眼睛》等宣传男女平等，恋爱婚姻自由的几出戏，家喻户晓。干活时，人们都能拿戏词当号子：“罗寡妇老封建，做媳妇更难！”

前榆林庄村评剧团，便是诸多乡村评剧团中的佼佼者。不但在本村演，还出村去演，十几里，几十里地都有他们演出。南到今西集镇，北到宋庄镇通州城下，运河西现张家湾镇里二泗、梁各庄，潮白河东谭台、窝坨都有大马车来接剧团演出。那时候，观众即有口头禅：“前榆林庄，仨戏星（精，褒义）宝昆、宝文、王士兴”。

宝昆指贾宝昆，饰演小人物，老生行当，虽然饰演角色都不是主角儿，但却能风生水起，扮演《小女婿》中田喜儿爹，《刘巧儿》中赵柱儿爹……

《刘巧儿》说的是农村少女刘巧儿，自小由父亲作主与邻村青年赵柱儿订亲，后其父刘延贵贪图财礼，令巧儿退婚，嫁给财主王寿昌。巧儿不允，遂自己作主与劳模柱儿订亲。刘父到县政府告状，地区马专员用群众断案的方式解决了这宗案件，使巧儿的婚姻如愿以偿的故事。宝昆特别入戏，为给人以真实感，他真抽烟，烟袋锅是点着冒烟的。演到刘巧儿、刘延贵与赵家退亲一折，柱儿爹一着急，把冒着烟的烟袋锅送进嘴里，烫得两眼流泪，直摇脑袋，他顺势猛吐唾沫，观众都以为表演太逼真了，哪知他真受了伤，嘴疼得好几天不敢吃饭。

宝文叫沈宝文，男性老旦，《小女婿》中扮香草妈，这本是无足轻重的配角，但他却能够凭一手绝活儿，博得阵阵叫好声。香草妈有一句唱："雪白的大鸡蛋滴溜圆，滴溜圆……"。他把两个真鸡蛋抛得老高，边抛边唱，两个鸡蛋俩手来回倒，遇到叫好声特别热烈时，兴致起来，还能现加词儿，把鸡蛋多倒几个来回，从来没有一个鸡蛋失手坏在台上。

王士兴，乳名年头，没有儿化音不能读作年头儿。原因是他年三十夜里出生，天一亮就是虚岁两岁，寓意一年之头，所以叫年头。他曾有一段革命经历，1945 年，来本地开展工作的干部金瑞藻发现他是个人才，就把他"发展"到革命队伍中。1948 年，在河北唐山市任职，后来回到村里。又在剧团显露头角。

王士兴瘦高个子，头发稀疏，上台演戏靠假头套。所以"甩发功"很有一套。甩发用的是假发，在舞台上，用甩、扬、带、闪、盘、绕、旋、冲等手法舞动甩发。男角儿甩发称为"梢子"，分"通梢""倒栽"两种。前者发梢成尖状，后者较为齐整，一般长度以垂至腰间为宜。细高挑儿的身材，长发及腰甩起来，本身就有魅力。王世兴又深谙其道，自然叫好声不断。每每甩起来，观众都屏住呼吸，可是谁都不能憋住一口气等他甩完，可见甩动时间之久。

1956 年，前榆林庄评剧团被评选为"通县农村业余评剧团演出第一名"，可见演技不一般。这三位老戏星功不可没，即老百姓所言"红花还需绿叶扶"。提及红花，自然是当家花旦。剧团当时有二位最有名，外边儿来车接剧团，除了必须要"三个戏星"，就是这两人，一个叫沈德琴，一个叫杨瑞芳。她们颜值高不在话下，关键是嗓子好，气用得好。往往一嗓子下来，台下便人头攒动，叫好声不断。通过他们的精彩演出，极大地丰富了乡村的文化生活，成为乡亲们温馨快乐的记忆。

（张春昱，北京市作家协会会员、通州区政协文史和学习委员会特邀委员、潮白文友会会长）

中幡

■肖宝岐

中幡起源于唐宋年间，至今已有一千多年的历史。中幡早年叫“大督旗”，又叫“大执事”，在古代具有朝廷、军队的仪仗、指挥等实际效用，后来才演变为民间娱乐节目。

明清两代帝王仪仗队行军时，或打猎休息期间，旗手为给皇上解闷，挥舞耍动大旗以博皇上欢心，鼓舞三军斗志，到清乾隆年间又将原龙旗杆上加上伞，耍起来更是好看，后来加伞的大旗被皇上用做迎接外交使者的仪仗队，显得更加威武庄重，故名“大执事”。皇宫每年要耍“大执事”，庆祝重要庆典，并受过皇封，盛极一时。当时中国各地都有中幡表演，但表演形式各不相同，到了清朝末年，“大执事”正式改名“中幡”，变成卖艺性质的表演传入民间，现已被列入国家非物质文化遗产项目。

中幡的主干是一根长三丈三的竹竿，竿顶悬挂着标旗，旗的正面绣有祝福语句和吉祥图案，反面有时绣上表演团体的名称。中幡分为单练、双人对练和集体练，动作有几十个。表演者或顶幡上额，或神臂托塔，惊险动作连连不断，但始终幡不离身，竿不落地。十几米高，几十斤重的中幡在表演者的手中、肩上、脑门、下巴、顶背等处上下飞舞，交替腾挪，甚是好看。

清道光年间，小东各庄村的萧尚林（萧七爷）就组织过中幡表演，一到春节前后他便打起场子，为村里的乡亲们表演中幡。一次他耍幡正在高潮时，有个动作是将幡用手猛地向上推起，然后幡落下时用肩接住，但当时突然风向变了，一下子失控肩没能接住，瞬间就会落地，那后果就是“七爷”玩的幡演砸了。但说时迟那时快，只见“七爷”将身子一侧，幡却在七爷的肋上停住了，乡亲们一片欢呼声，为七爷叫好。七爷这手“插肋”平时不用，就是到关键时刻才派上用场，可就是这手“插肋”的绝活，不知七爷下了多大的苦功。有人见过七爷在练习时，在他自家的井口上搭上一块木板，人踩在木板上稳如盘石，他将幡抛向空中，待幡落下时用左肋或右肋接住。尔后再用力将几十斤重的幡弹出去抛向空中，反反复复一连就是几十次。如果接不住幡就会落在井里，如果人站不稳，人就会掉到井里，可想而知这需要多大的力气和多么娴熟的技巧。

解放前后，小东各庄村的文化活动又到了一个高潮。由于战乱被停滞了几十年的中幡表演又在村里小车会（掸尘会）的组织下开始了活动。会里出资修复了六幅中幡。每天在中幡组长朱玉秀和郭维田的组织下反复练习中幡的各种技巧。有的人因掌握不了特殊情况下的应对技巧，满口的门牙都被砸掉过，但他们不怕苦，不叫累仍坚持练习，真称得上是轻伤不下火线。后来玩的人越来越多了，郭维杰是个搭棚（搭戏台）的能手，在不忙时也参加了中幡练习，并且成绩总是前几名。朱瑞林、朱瑞生这二人不但有把子力气，更在技巧上多次受到组长的表扬，并指定这二位为每场演出的头幡人物。由于他的勤学苦练，到春节时从初一到十五每天上下午两场为乡亲们表演。更让人敬佩的是，那时的各场演出是没有任何报酬的。由于名声在外，小东各庄村的小车会和中幡表演经常被邻村用马车接去表演。同时也被县、乡指派到各种庙会去演出。里二泗庙会和西集的鲁仙观庙会都少不了小东各庄村的小车会和中幡表演。

开春农忙不演出了，他们将中幡的旗杆都整理得干干净净放在庙里的西厢房的两根柱子上捆起来，以备再用。20 世纪五几年以后中幡没人再演了，组织了村剧团，中幡的旗面子改成了戏台的头道幕。

现在人们提起此事还都回味无穷，特别是七八十岁的老人更希望有朝一日再把小车会中幡表演恢复起来，因为它必竟是人们喜闻乐见的文化活动，同时也是中华民族的传统民间艺术，应该传承下去。

潞城的烫画与泥塑

■朱　勇

葫芦是中华民族最原始的吉祥物之一，因与“福禄”谐音，兼具多子多福、子孙万代的美好希望，在民间常被用来当作吉祥、纳福、驱病、消灾的吉祥物。潞城的每个村都有人家种葫芦，20 世纪 50 年代，许多人家还用葫芦瓢做舀水工具。近年来，随着人们精神和物质生活水平的提高，文化欣赏品位升华，“文玩热”兴起，种植的品种又转向了文玩葫芦。

葫芦烫画（烙画）是中国传统民间工艺，相传起源于西汉，后失传，清中期又兴起。潞城自古以来文化底蕴深厚，地域特征突出，传统手工艺发达。在两汉时期即有人类活动，至 20 世纪，北至召里、堡辛（如葫芦杨），南到八各庄几个村，还都有葫芦烫画的爱好者。问其有无师承，大都回答“全靠自己心里出”。

这项工艺，看似简单，实则不易。葫芦的表面木质，坚硬而且光滑，且有弧度，不像平面易于操作。因此烙画艺术不仅对葫芦的品相、外皮光洁度有着严格的要求，还需要有绘画的功底，同时还要有使用电烙笔的娴熟技艺。每一个小点都要细细描绘，烙笔不同的温度，配合下笔的轻重，烙出不同的颜色深浅，才能使作品的层次、远近分明；各个环节的完美结合，无不是匠心独运，现在国内已将葫芦烫画列为非物质文化遗产。在潞城地区众多追求这一民间工艺者中，董太双（1964 年出生）和张松林（1983 年出生）可谓是这一文化的传承者。

董太双在创作葫芦烙画

董太双1988结婚，1989年到八各庄落户。其岳父王文福（1939—2018）即有此雅好，尤以烫烙人物见长。所作钟馗，乍看上去，笔墨并不重，如蜻蜓点水，但就是让人忘不了，越回味那描摹，越觉得具有独特的艺术魅力。屋里挂着那葫芦，就好像是驱邪降妖的门神爷，保人安宁，让人内心踏实。

董太耳濡目染，开始对葫芦烙画产生浓厚的兴趣。一把葫芦，一副烙笔，把这对翁婿紧密相连。闲暇之余，翁婿俩常聚在一起探讨切磋，互通技艺。董太双的烙画技艺日臻纯熟。翁婿二人追求艺术，并不在乎经济收益，不管是怎样精挑细选出的葫芦，无论花多大功夫烫烙，他们都是馈送交友，不取分文。他们的烫画葫芦，村内乡亲墙上挂，外边友人身边藏。究其根源，皆曰：馈赠品。这种不为金钱名利的精神，都源于他们对葫芦烙画这门传统技艺孜孜不倦的热爱，这份慷慨豁达，也在邻里间广为传颂。一个精美的烫画葫芦，蕴藏着艺人滴滴心血。须知，一件小小的作品，都付诸极大的心血和努力，有时坐在那里少则两三个小时，较大的器型，有时一两个礼拜都无法完成，更不要说，有时一点点小的失误，都会导致整个作品的失败。烙笔的起落，需要凝神专注。

董太双说，这是他锻炼心性的重要途径，已经成为修身养性的必须。他制作的诗书联画、人物脸谱、花鸟虫鱼等，处处传神，栩栩如生，件件制作精美，内涵丰富。而且追求纯天然，不用一点油漆，一笔一划熨出烙痕，使烙出的画作具有原始的光泽，毫无违和。为了专心致志搞创作，他把工作室搬到岳父生前的老屋，将此民间艺术创作世代延续。他的作品，布置在两个院子的各个房间，琳琅满目。使人一进屋，便觉满眼珍奇、“儒雅”！只要人们见到他的作品，必脱口而出——神奇！为了选择好器型，他在自家和岳父的院落里、自己的承包地里，都种植了葫芦，同时尝试异形葫芦的加工，使得葫芦烙画更具有时代感和多样性。

如果说董太双是潞城南部地区的非遗传承者，那张松林便是潞城北部地区的代表。张松林是土生土长的召里村人，是个 80 后，他爱好广泛，对有历史渊源的事物情有独钟，从传统的泥塑，到历史悠久的葫芦烙画和篆刻，他都信手拈来。

或是因为从小受到观音寺里僧人的影响，张松林的泥塑和葫芦烙画多与佛教有关，所做的泥塑佛像、罗汉像形态逼真，表情各异，或慈祥、或狰狞，无比传神。其葫芦烙画作品也多以中国传统的龙、凤、佛像为题材。走进他家，首先映入眼帘的便是一尊尊形态各异的佛像，更为可贵的是，在他的工作台边，还有一个小小的工作台，上面摆着各种橡皮泥制作的小工艺，有小西瓜、小胡萝卜等等，稚嫩间透着可爱。

2018 年张松林（家庭）荣获“北京市艺术家庭”称号

通州时讯

2010年3月31日 星期三

5

人物

草根小伙
泥巴里
“塑”
说佛语

2010年通州时讯对张松林的报道

问及此事，张松林笑着说：这是他女儿做的，在他的熏陶下，女儿也很爱好这些。说到这里，他的笑容里无不透露着欣慰和自豪。

最初开始制作泥塑时，取材大都来自路边工地挖出的黄泥，而工具仅仅是一把水果刀改造的雕塑刀，因为没有专业的学习，只能对着画像一点点描摹，有时画像只有正面，看不到后背，他便左左右右仔细研究，用心揣摩，还通过观察日常生活中人物的形象，日积月累，终于使自己雕塑出的佛像不仅形象，还更地的神似。

后来他发现工地灌浆流出的泥浆水，经过沉淀成粉更加细腻，再和成泥坯也是做泥塑很好的原料，便四处去工地收集，有时骑着自行车出去一天，只吃一顿饭，就为了能找到更多的泥塑原料。在一个偶然的机会，朋友给了他一点炉泥（过去煤炉内膛用的泥），经他实验发现，炉泥做出的泥塑不仅胎质更加细腻，而且坚硬度也很好，这让张松林的泥塑作品更加地鲜活生动，一些有难度的造型也可以更好地完成，给泥塑作品赋予了新的生命。

他和大多数的“非遗”传承者一样，不为名利的诱惑，他的家庭并不富裕，但是他大多数的作品都是亲朋好友喜欢什么样式，他就免费给制作，至今他的许多作品还陈列在胡各庄的古月斋里。2008年，张松林获得北京市艺术家庭的称号。2010年的《通州时讯》

还以“草根小伙泥巴里“塑”说佛语”为题，专门作了报道。

无论是泥塑、篆刻还是葫芦烙画，都深深融入张松林的血液里，成为他身体里不可分割的一部分。虽然很辛苦，但闲暇之余都会沉浸在其中，用心揣摩，用心雕琢，力求让自己的每一件作品都更加接近于完美。

“非遗”是人类创造力的精神源泉，从先祖手中传承下来的宝贝不能丢，因为这承载着一代代潞城人生命的记忆，这是优秀的传统文化，一门精湛的技艺。董太双和张松林就这样默默地做着，以自己的行动，坚守着这一份责任。闲暇之余，他们还会一起小聚，讨论着潞城地区的历史，探讨各自的艺术门类，共同担负着“传承”这一历史责任。而在潞城这片土地上，还有着许许多多像张松林、董太双这样的普通人，默默地贡献着自己微薄的力量。不高调，非专业，但他们绝对是扎根基层的“非遗”文化传承人！

现在，人们对“非遗”这一数十年前还并不普及的事物越来越重视，在潞城镇甘棠中学，已将葫芦烙画这一技艺列入日常教学课程。

卜落垡村清代民居壁画

■周　良

提起壁画，人们不由得想起甘肃省敦煌莫高窟，那里至今尚存南北朝至元代八百年间历代壁画，构图精细，绚丽夺目，为世人瞩目；也多会赞叹北京石景山法海寺内明代壁画神采隽永，栩栩如生；还许会滔滔不绝地谈论河北望都东汉刘公墓壁画之鲜明清晰，形神兼妙；或许还会津津乐道旧日大小庙宇内形形色色的壁画或荒诞离奇、或有趣生动。大概不会有人提到旧日民居室内壁画，因为自古至今民俗中常见的只有民居堂舍内悬挂字画福轴。《北京文物》2002 年第 2 期登载《福字画》一文，载门头沟区山村有户农家院落照壁上用画组成一“福”字，颇有新奇之感，应该算做壁画之类，但在室外。前不久，笔者在通州卜落垡村中一家小卖部内西山墙墙壁上，发现一幅清代壁画，为之一震。该幅壁画横布于墙壁中部，宽约 4 米，高约 1.8 米，除原烟道处残缺外，余下画面尚完整存在。整幅画全为墨彩，以毛笔直接画在麻刀灰墙壁上，用湿毛巾轻轻擦拭，墨色不褪而更显鲜明。所画为山水景致，远山近水，浓淡相宜；远景层峦起伏，绵延无尽，莽莽苍苍；一条小河自远山流来，弯弯曲曲，狭阔自如，流至眼前：一座木板桥架在河流浅窄处，桥左端有小块平地，几株松树苍翠，或虬干曲上，或折干横生，相互呼应，一株阔叶乔木高耸，挡蔽远望视线，填补空茫，一座低矮四角草亭置松荫之下，空荡无人；过桥是一片坡地，坡下是宽阔水面，坡尽是山区，区间梯田层层，草木丰盛。沿山径而上，至河水远去岸边，有一座双重殿宇，静无人影，庙宇对面彼岸设有栅木码头，上有圆亭一座，亭后为田为径，为村为园，偶有樵夫猎户行走，水面上有家禽游动。所绘乃是一幅幽静山村画面，静中有动，以静为主，反映作者不求仕进而安闲自得的心态，情景交融，寓情于景。尤其是以单一墨色绘画，不着一笔他彩，更加表现出作者作画心情和面世态度。

此幅壁画布局丰满，但仍虚实结合，远近照应。在画法上工笔与写意兼用，根据景色需要而定，不随心所欲。墙壁所抹石灰坚固平光，不用铁质锐器铲凿则不掉一渣一粉。墨彩附着壁面甚强，不用湿布用力擦拭则不减色，值得研究。此料此画，用于室内，作者不仅要表现一种平淡处事的心态，似乎还有警示子孙或来访者用意，而不只是起到装点居室功能。

经细致调查，此小卖部所用房屋乃是该村詹家老房，解放后用作村公所，人民公社时期，当作生产大队办公用房。公社解体后，村委会办公地点他移另建，此房卖给村民做小卖部，进行装修时铲去老墙皮，才发现山墙此幅壁画。村民报之村委会，再报之镇政府，区文物管理所得知，迅速驱车前往，并叮嘱村民切要妥善保护，不可再动一铲，不要在上面涂写，认真保护好这一罕见珍贵文物。

卜落垈村詹府客厅西山山水壁画

詹家祖长詹荣，字华峰，是清代道光间通州禀生。平生好学，博览群书，品德端方，重义信，慎取与，不苟言笑，居家教授众多门生，教育启迪严而有法，能使粗鲁愚钝学生得到教化提高，所以其门下出现不少名士，如诗人李庆保、李庆良、

壁画局部（一）

壁画局部（二）

壁画局部（三）

名人庄虎臣等。其生活在清代晚期，目睹西方列强侵华，朝廷官员腐败，不乐为官，不愿与贪官污吏为伍，故敝居乡野，过宁静生活。但其不愿国破家亡，又无力报效国家，便竭力教授生徒，培养清正人士，寄希望于门徒，将来能拯救颓败时局，使国人脱离水深火热。在此情况下，其请高徒创作此画，并作为壁画永久保留，以生教益。故判断此壁画作于清代晚期詹荣兴学授徒之时。

贾后疃天主教音乐溯源

■常富尧

贾后疃村位于通州城东偏南30里，潞城镇辖区内。据1988年统计，全村1500人，95%是天主教教徒，占通州信教人口的80%，贾后疃村有个全区最大的天主教教堂，还有一支本区唯一的天主教乐班。该乐班的演奏，被村里人称为“天主教音乐会”。

该村信教历史较长。据该村教堂资料显示：清顺治年间，贾后疃村贾某在北京顺治门一带谋生，多次到宣武门内天主堂聆听神父讲道，并受洗礼入教，后回乡传教。其人有“半仙”之称，因受其影响，贾后疃村的信教者逐渐多了起来。

笔者分别在1988年10月24日，1992年7月21日和1992年8月15日，先后采访过天主教教会神父胡明新（1917年生）、领导小组贾德和与贾德化、管子演奏员贾俊峰（1939年生）及贾德福（1929年生）、胡文志（1930年生）等师傅，又知道该村天主教是由北京东堂（现王府井）正式传入。在同治十三年（1874）建成大天主堂。之前，村里一些人已有相当长一段信教历史，且原来还有一座小教堂。光绪二十六年（1900）夏，义和团冲击教会，该村众多信教者奋起反抗，因此，该村未被攻陷，故损失较小。新中国成立初期，教会一直坚持活动。从1964年“四清”运动开始，活动受限；“文化大革命”后教会停办，教堂曾作礼堂和仓库。1973年，大小教堂被拆除。直到1986年，在大堂遗址上重新建了天主堂。

此时，胡明新神父也被落实政策恢复原职，该天主教教会重新开始活动至今。2006 年年底，因天主堂成危房被拆除，2008 年 7 月，新天主堂落成。

据贾德福、胡文志说：“该村天主教音乐会要比建堂（1874 年）早得多”。据神父胡明新说：“天主教音乐是在教会成立不久，由河北省崇礼县西湾子村传来的，传来之时，已经是用中国民族乐器演奏天主教音乐了。”据了解，西湾子村是位于张家口东北，长城外侧坝上的一个村庄。康熙三十九年（1700）天主教传入西湾子，自 1726 年开始兴建教堂，后来逐渐成为一个天主教教徒占大多数的教友村。由西湾子传入贾后疃的曲谱为工尺谱本，约有 200 多年的历史，可惜这个谱本毁于“文化大革命”，现在传下来还在使用的只有 7 首了。至于西湾子天主教音乐会的情况无法了解。

该村当年天主教音乐会成员，均为该村贾、胡两姓村民。技艺多为家传，乐曲由上辈人口传工尺谱。乐队一般为 16—20 人，最兴盛时有 50 多人。所用乐器有管（1 支，为主奏乐器）、笛（多时用十几支，一般用 3 支或 4 支。传说过去以笛为头，后来添了管子，换了以管为头）、笙（6 盘，也可多）、云锣（2 架）、箫（4 支）、四弦（2 把或 4 把）、二胡（2 把—4 把）、低胡（1 把）、扬琴（一架，行走不用，现在没人打了）、中堂鼓（一面，其声念“登崩”，大字打，小字不打）、镲（一对，其声记谱念“叉（一声）”，一板三眼时打）。过去乐器还有琵琶、手提琴（板胡的前身）、板（1 个）等十几种乐器。现在，音乐会一般保持在 15 人—20 人左右，仅用管、笛、笙、二胡、四弦、低胡、云锣、铙和中鼓。乐器中，管为演奏者贾俊峰用紫檀木自制，全长 19.4 厘米；哨长 2.9 厘米；直径 1.6 厘米，筒音 5（e）。云锣为祖传九音锣，每个锣直径为 11.2 厘米。其余乐器多从乐器店购买。

该音乐会演奏形式为齐奏。根据演奏场合，又分为用于宗教活动的“坐吹”和用于教民家办丧事时的“走吹”。针对上面两种不同的活动，曲谱又分为“经谱”和“玩谱”（也称“花谱”“挽曲”“走街曲”）。现在仍使用的经谱，仅存《出行工夫》（开始念经时演奏）、《卑污罪人》（领圣体时演奏）、《圣母经》（念祷文时演奏）、《举扬圣体》（行圣事时演奏）、《已完工夫》（散堂时演奏）五首。据贾德化师傅回忆，原来经谱尚有《天主经》《钦敬圣体》《大申尔福》《小申尔福》等多个曲目。玩谱仅存《老八板》《将军令》两首。原来尚有《上堂鼓》《柳青春》《柳叶井》《绕口令》等。

关于乐曲用调的变化，贾俊峰听长辈说，从西湾子传来之初的乐曲原是小工调的，后经本村胡文岐（1993年90多岁，已去世）的姥爷高先生对其进行了改良，为了配合天主教传统礼仪庄严肃穆的气氛，把小工调改为了正宫调，指法变难、速度放慢。

关于乐曲的曲调，根据村民把“经谱”叫作“昆调”和“经谱”的旋律推测，这位高先生可能是依据昆曲曲调改编的，只是这些经谱的曲名，是依据天主教的仪式程序而命名的，没有起中国式的名字而已。我从一些经谱中，看到有佛教乐曲的因素：如《出行工夫》中，看到几次出现的旋律片段，和佛教乐曲《醉太平》《祭腔》中的旋律片段一样或相似，乐曲结束和《醉太平》相似，乐曲所用的商调式和《醉太平》一样。笔者认为：天主教经谱创作一定吸收了佛教音乐的营养；而玩谱中的曲调名和曲调选择，则更加中国化。如《老八板》《将军令》《绕口令》等乐曲，直接用了中国传统民间乐曲的名字。而曲调，有的是对中国民间乐曲的改编，有的则是直接运用。（如《老八板》和海淀区唢呐曲《老八板》旋律基本相同，只是速度稍慢，调高改变，主奏乐器不一样了）

天主教作为外来宗教，却能在中国封建历史上最封闭的时期的农村立足扎根，这首先得益于西方传教士频繁的宗教活动，他们逐渐地把天主教教义精神灌输到教民心中，从精神、文化上使教民信服，并加入教会；再有，作为天主教礼仪不可或缺的组成部分的天主教音乐会，发挥了很大作用。天主教在中国各地逐渐传播后，为了更方便传播，必须适应所传播地区的当地文化，而这些当地文化中，最能反映当地人精神生活的，便是当地的民间音乐，它既方便传教，同时又让当地人容易接受。因此，天主教音乐会的艺人们，便借助这些他们熟悉的传统音乐，加以调整，使音乐既保留了历史悠久的中国古调的韵味，又使之与天主教音乐庄严肃穆的特点相符合。从崇礼西湾子传来，又经贾后疃音乐会艺人改造的天主教音乐，便具备这些特点。所以，传承至今的贾后疃天主教音乐会，堪称天主教音乐中国化的典型范例。

（常富尧，通州区政协文史和学习委员会特邀委员）

潞城的捕鱼民俗

■张　建

今潞城村民在潮白河边晾晒的渔网

潞城自古多河富水，《水经注》有“鲍邱水乱流”说，《通州志》不仅记载多条河流纵横交错，还专门有一笔“窝坨河为鱼虾之地”。

潞城人多不以打鱼为生，但在早年捕鱼还是十分常见的，几乎村村都有。民谣有“东堡村出了打鱼汉”“卜落垡杨达三钻冰窟窿摸鱼遇险”广泛流传。东堡、兴各庄等村也都有渔船。但多为半耕半渔，专业捕鱼。谚语说：“打鱼捞虾，误了庄稼”；“三天打鱼两天晒网”。但是非专业捕鱼，却是十分盛行。捕鱼目的不是卖钱，主要用来自己食用或者送给亲友改善生活，捕得太多时也卖一点。哪里水浅，哪里鱼多，哪里鱼好逮他们就去哪儿！他们用的渔具也是五花八门儿，连竹篚、竹筛子也能用上，实在没有捕鱼的家伙儿，就下水用手摸。

潮白河撒网

河流坑塘中主要出产鲤鱼、鲫鱼、鲂鱼、草鱼、青鱼、黄鲇、鲇鱼、黑鱼、噘嘴鲢鱼、蚱鱼、麦穗鱼、泥鳅、黄鳝、刺鳝、红眼儿鳟、黄瓜鱼、甲鱼、河虾、河蟹等淡水鱼类。

主要渔网有：拉网（拦河网）、撒网、粘网、搬罾网、抬网、抄网、耙子网、推网等等。

拉网 拉网也称拦河网，是渔网中最大的网。旧时说网的大小按尺论，拉网短的几十尺，长的几百尺不等，网线较粗，网眼有大有小，视所捕鱼的大小而定。

撒网 撒网可以说是最灵便的捕鱼工具，除了急流险滩什么水面都能用，尺寸不大，网眼较密。底部有网兜，有铅坠，铅坠与网片连接牢固，也就是系紧，铅坠与铅坠之间即是捕鱼的网兜，一般间隔在一尺左右。一根较细的绠绳连接网片上方中部，用以拉网。

撒网的使用方式也较简单，俗称“三把网”：第一把约占网的三分之一，用右手挂在左臂上，剩下的三分之二握在右手，出网时前后掂几下，为的是借一点惯力，看准水面方向后用力将网撒开扔出。网出手时必须把网撒开，不能像扔砖头那样，那样什么鱼也逮不着。正是这种独特的使用方法，所以才形象地叫它撒网。

撒网用着很灵活，三网下去没有鱼，立马换地方。就因为撒网很轻便，浑水清水都能用而且不必下水，所以用的人很多，不管是专业还是业余的渔民。

粘网 粘网的捕鱼原理是网眼把鱼腮挂住。鱼的头部小、身子大，一旦挂住腮部便回旋不得，进退不能，要让粘网挂住鱼腮，网线就必须细，而且网眼儿不能太大，这倒不是怕鱼钻过去，而是网眼儿一大，伸缩性强，有的鱼会破网而过，既逮不着鱼又毁了网。正因为粘网的这种功能原理，所捕到的鱼才多半是死的，活的也没有全鳞。

搬罾网 搬罾网在河、沟中最多，这种网不用人下水。严格说搬罾网不是网鱼而是等鱼，等从网片上游过的鱼。搬鱼多少有点像现在的钓鱼，不但要有耐心而且一定要反应快，手脚麻利，这是根据网具决定的，稍慢一点鱼就游过去了。

搬罾网按尺寸：有八尺、九尺、一丈、丈一、丈二等尺寸，再大的则很少见。搬罾网用四根竹竿上网，叫网竿。网片四角有细绳套儿，在网竿底都拴竹子扣，就是一种活扣。四根网竿上部交叉固定，然后上扻竿，相当于起重臂，扻竿长六米左右，底部直径约有八厘米左右，与网竿连结处拴半手粗的拉绳（一般为自己编织的麻绳），扻竿底部有脚，一根插入竹杆底部的横梁，长有五十多厘米，至此搬罾网才算上好，可以放入水中搬鱼。

用搬罾网捕鱼身边必不可少的是抄网子、鱼篓或水桶、一个马扎儿或板凳，再就是一杯茶水一把扇子。一般来说，搬罾网适合在浑水中捕捞，清水里的鱼眼尖跑得快。

插图 - 搬罾

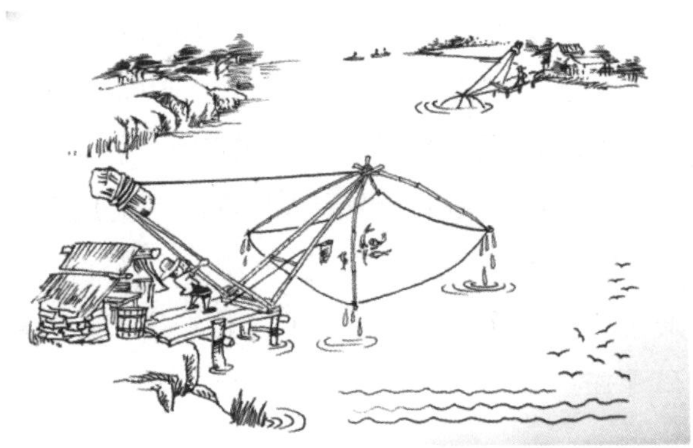

抬网 顾名思义，抬网肯定是由人抬着的捕鱼网具，这种网更简单：一块长三米左右、高一米五至两米的网片，两端一根相等长度的竹竿或木棍系在网上，这就是抬网。

使用抬网的先提条件是：水浅、水浑、下水、逆水，不过抬网不怕水急。两个人下水，一人一边儿，将网竿探到水底，向相同方向兜鱼，走的距离不能太远，速度不能太慢，浑水中十米甚至几米就要出一次网，所谓出网就是一旦网内有鱼，两人用“巧劲儿”将鱼弹到滩上或岸上，由岸上的人把鱼拣起来。

抬网还用于“截鱼”。雨后，鱼见新水，极为活跃。两个人分站水沟两边，网在沟中，鱼过撞网，随即抬起。

淘鱼 淘鱼即竭泽而渔。是件累活儿，而且不是专业渔民的捕鱼方法。是选一条认为有鱼或者鱼多的沟渠，一段一段地截坝，一段一段地淘，淘多远淘几段临时决定，没有一定之规。工具简单：铁锹、水桶、一个竹筛子。两三个人合伙，人多几个也没关系，有时一个人也能淘。不管淘多淘少，卖钱与否，最后都是大家平分。

摸鱼 摸鱼是很有讲究的，而且河里摸鱼和坑塘摸鱼不一样，深水与浅水也有区别，深水摸鱼往往有被淹死的危险，旧时便说是碰上了水鬼，所以，深水摸鱼的人很少。只有专业渔民才进入深水摸鱼，而且要在冬天的冰层下面，水流不大的季节。

冰下摸鱼 数九寒天，大地冰封，加上三天两头的昼夜飞雪，河湖水位快速下降，使原本鱼就很多的冰下环境越发恶劣：水中冰冷、拥挤、严重缺氧，这种生存条件下，冰底下的鱼基本处于休克状态，只不过还没彻底死亡而已。在冬天的冰下与其说是捕鱼、摸鱼，还不如说冰下捡鱼、装鱼，因为这和掀开锅盖捞饺子没多大区别。

钻冰窟窿下水摸鱼，三九天卖个好价钱，听着是件好事，但可不是谁都能干的买卖。干这行的人都是专业渔民，这路人胆子大、身体好、水性好、脑子好、熟悉河流河水，而且多是家传几代。冰下摸鱼肺功能要好，多少懂点儿气功儿，能调节身体的用氧量，也就是俗话说的会憋气、换气，据说有人能在冰下呆几个小时，传说中更邪乎的说有人能在冰下呆几天。如卜落垡村杨达三，兴各庄村田姓老辈人等。不过，此传说未经证实。

（张建，中国文物学会会员、中国收藏家协会会员、北京作家协会会员、北京捷云轩科技发展有限责任公司总经理、通州区政协文史和学习委员会特邀委员）

民间地契

■马景良

解放前，土地私有化，凭据是地契，有的经官，有大红印章。但大多是民间行为，未经官，无印章，不在有关部门备案。仅凭白纸黑字，相当时下白条。但没有伪造诈骗事件发生，极具权威。现以民国、土改时期的几帧为例，简述以下特点。

1. 通过立字据仪式，明确归属，公之于众，做到了公平、公正、公开。那时候，买卖房屋田产，分家析产，租典田产，都要写字据。立字据时，和当今婚丧大事一样，还要举行礼仪。除当事人外，还有族人在场，有村内德高望重者参加，起码要办几桌。通过他们见证，加上日后经营活动，大家便认清了其归属。就一块地来说，大家都知道 X 地块归 X 人了，它的归属、四至、来龙去脉，都能说得一清二楚，形成公众力量。

2. 字据行文规范，由有威信的人执笔。书写字体见功力，标准高。文书大多是墨笔字，基本上是小楷字，基本上是临帖的颜柳欧赵四体，多为楷体，行草少见。这些字体需要功夫练，冬仨月的水平根本写不了。当时文化水平普遍偏低，一般人不会模仿，能模仿的人又都有文化，有头有脸，读孔孟之书，受当时氛围影响，绝大多数人不会去模仿，所以即便有权有势，任有多大势力，花多少钱，也找不到合适的人做枪手。

3. 字据格式统一，一目了然，言简意赅。是置地是典地，是祖遗是家产，取得原因，一律阐明。置地契约封面页有“永远为业”字样，意思是

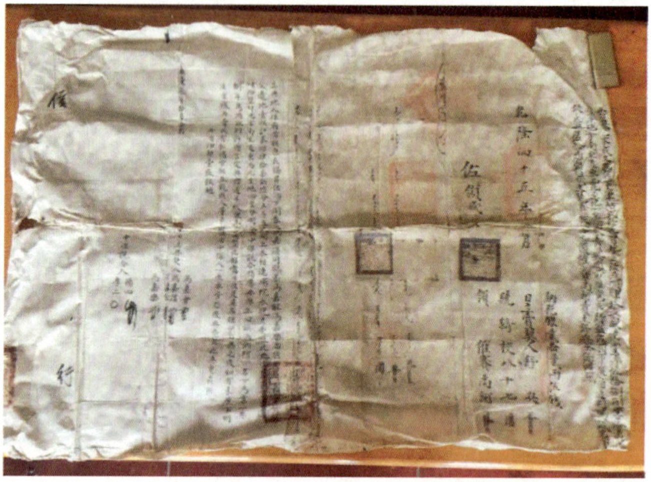

西堡地契（张文光提供）

无可争议，永久为业。典种租用活契地写有“信行”二字，意思是临时性（阶段性）财产，到期归还，言必信行必果，不可失信狡赖。分家单，称析居，属永久性田产房舍。土改时，斗争地主富农所得财产，永远为业，写献地文书。证明人为“工农妇青团体”，意思是人人可以作证。

4. 中人、代笔，出让方，承接方画押，划“十”字居多。“十”字与“实”谐音，取其属实，不欺诈的意思。

5. 土地性质都有明确说明。民人土地为民地。清代统治者拨归皇室、赐予勋贵，或授与八旗官兵等旗人户籍的土地总称旗地。民地、旗地契约中都有表述。

征得持据人同意，抄录我村王氏先人文书几帧，以供参考。

例一：（购置旗地地契）

立推网户字据人王海，因正用，今将祖遗受分旗地一段，计丈数：南北长拾丈，东西宽叁丈，四至列后。亲烦中人说合，情愿出卖与王君名下，永远为业。同中三面言明：地价现银元，肆拾叁元整，其银元笔下交足不欠，立字之后，与置主自便，不与推主相干。如有亲族人等争论对错等情，有推主中人一面承管，此系三面言明。有杨树、桑树共两棵，归推主抱出。

两造情愿，各无反悔，空口无凭，立字为证。

四至：南北至置主，东至契主，西至郭姓。

中保人：马禄、王瑞、曹培信、王起（并列图押）

立字人：王海

代笔人：郭澄

中华民国十六年十月十七日

大致意思：王海因急用钱使，把分家得来祖上遗产，旗地性质土地出卖与王君。成交后，土地由买主自便，有麻烦，由出让方与中人负责。

例二：（购置民地地契）

奉母命立卖民地文约人，王钦。因正用，今将祖遗民地一段，计数七分五厘，坐落，岔道村东头。四至列后。亲烦中人说合，情愿将此地卖与本族王君名下，永远为业。同中人三面言明作卖价：现通行国币洋，十一万整。其洋笔下交清不欠，立字之后，如有亲族人等争论，具有弃主中人一面承管，不与置主相干。此系三面言明，两家情愿，各无反悔，空口无凭，立卖字为证。

四至：南至王老坟，北至道，东至韩国良，西至置主。

代笔中人：郭诒、王浩仁（并列图押）

中华民国三十六年腊月五日

奉母命（指纹）立卖地文约人王钦（指纹）

例三：（分家单）

立析居字据三人：王德、王君、王志（并列）。因年月饥馑，无所营生，情愿各立门户，各守各业。

君所受分者，庄东辛坟前地肆亩，南长地一段，厢房两间，言明住三年。南段土坑一段，公用。正房一间半，辛坟前地二亩。

志受分者，原有庄东地三亩。

德受分者，原有家钧器具，同中分清，并无搅扰。祖父活养死葬，俱归二、三门，并无长门相干，立字为据。

又有树、木料，俱归二门用。过道公用。

中保人：马禄、王亮、王荣、曹培信、王琇（并列图押）

立字人：王德，王君，王志（并列图押）

中华民国十二年正月二十二日

各派一张

代笔人：郭成（图押）

例四：（土改献地文书）

立献田地字据人刘万兴。今有本身地一段。计数三亩整，坐落刘庄前，南北为垅，四至尺丈列后。情愿献与王君名下耕种，立字之后，与承种自便，不与献田人相干。此系两家情愿，各无反悔，立献田字为证。

计开四至：东至、西至、南至，北至。

保证人：工农妇青团体。

中华民国三十六年旧历四月二十三日

立献田地人刘万兴

例五：（典地文书）

立指地立约人：王君。因正用，今将本身地一段，计数坐落岔道村东，方老坟后一亩地，四至姓：东至王、西至马、南至老坟后。烦中人王宽说合，借与放钱王全名下。大洋七十元整。当面言明：每月接立（利）二分半厘行息，使至十个月为满。如若至期本利不到，王全名下耕种，此系之面言明为业。反悔主约为证。

中华民国三十一年八月初十日

中人王宽（图押）主人王君（图押）代笔人王世林（图押）

从窝头老咸菜说起

■ 马景良

窝头老咸菜，直到二十世纪八十年代中期，一直是潞城人的主要饭食。潞城基本不生产稻米，主粮是玉米、小麦。可是在实行家庭联产承包责任制前，口粮按指标供应。农户大多口粮紧张，“不够吃”的家庭村村有，且不在少数。当时，大约人均每年原粮420斤，折合成商品粮不足400斤。420斤原粮还要二八开，即420×0.8=336斤，按人口分配，另外84斤按工分奖励。这400斤也有配比，小麦只占四分之一到五分之一，四分之三或五分之四是玉米。三年困难时期，“忙时吃干，闲时吃稀”。一般人家都是早晚喝稀粥，中午窝头或玉米面贴饼子分份儿。

那年代副食是城市户口定量供应，农村户口免谈。由于物质匮乏，鸡鸭鱼肉都是奢侈品，贯彻“以粮为纲”方针，蔬菜种植很少，水果几乎是零值，老咸菜自然是当家菜。

老咸菜，不是“水疙瘩”，也不是“酱疙瘩”。“水疙瘩”是芥菜疙瘩或蔓菁疙瘩上缸，直接用大盐腌。老咸菜是“水疙瘩”腌一冬天，开春捞出来晾晒。腌疙瘩的盐汤上大锅熬，称“熬咸汤”。条件好的人家把花椒、大料、桂皮等调料缝成料包，和黄豆一起加入，文火熬制，捞出漂浮在上面的沫子，经半天时间，出锅放入大缸，捂几天，称老咸汤（在今天已成奢侈品，老咸汤拌面）。晾晒过的“水疙瘩”再放入缸内汤中，腌制几天，叫老咸菜。一般农家都要腌几十斤到百多斤，有的还要吃个年对年

（跨年度）。讲究的主儿，把这疙瘩放进酱缸一些日子，就成了“酱疙瘩”，与今天商品酱疙瘩是有区别的。

那时候家家有酱缸，家家做酱。做酱用白和豆（品质低于黄豆）的居多。上大锅㸆（煮）烂，冷却后攥成圆球状，叫“酱糗”，装筐里，放柴锅的锅台上发酵，水分自然挥发，酱糗表面长出白毛（菌丝）。捶碎，上碾子轧成面，放缸里搅成糊状，发酵加盐。民间有“省了盐酸酱”的说法。因为那时候人穷，鸡下蛋用来卖钱，有了钱用来买盐，不免心疼舍不得。但舍不得酱就变酸，坏了。

窝头 - 老咸菜

二十世纪五十年代中期至八十年代中期，是这“老三味”最当红时期，不管是谁，都要靠这活命。如今都逐渐退出历史舞台，不必说了。解放以前，潞城地区也是种植谷子和小杂粮的。小米也曾经占据过“半壁江山”。土地改革时期，共产党干部在老百姓家里吃“派饭”，就给小米。“小米干饭”“小米水饭”“小米豆饭”等都做过当家主食。有句夸婚丧嫁娶办大事的俗语：“小米饭有酒—那叫事儿！”。“小米水饭”不是小米粥，是伏天里卖力气人的中午饭，叫“小米水饭打卤”。碾干簸净的小米淘洗干净，煮到八分熟，捞出来澄干，加井里现提上来的凉水就成。“打卤”不是“打卤面”的“打卤”，是老咸汤腌葱。耪完三遍，从大棒子地出来，汗出得跟水里捞出来一样，又累又热又饿，喝口水吃这个，解暑、解饿、解馋。

婚丧嫁娶办大事，讲究搭棚，办多少桌。主食小米饭，菜品称“席面”。有“四盘五碗”，档次最一般，四个盘子五个碗，九样菜，以豆腐、饹馇、粉条等素食菜荤做为主。如果有一碗炸豆腐，一碗炖炸丸子，一碗条肉或墩儿肉，一碗肘子，就算此中上品了。高一等级的是二八席，即八盘八碗，这要荤一些，大扯一些，小门小户儿办不起。不杀两口猪或买一杠肉，再做几道豆腐不行。那时候卖肉的都是挑一条木杠，人在中间，肉挂两边。屠户也称开猪肉杠的。真正大操大办得是财主家，讲究三八席、海味席、八个碟子压桌九大件，起码要有红丸子、白丸子、红肘子、白肘子、整鸡整鸭……

潞城旧俗

■张春昱

碾子

粮食加工的方法从舂米发展到碾米磨面，工具从杵臼到碾子与磨，是一个进化的过程。

碾子碾米是通过挤压、磨擦作用，使粮食脱壳、去皮。碾子由碾台、碾盘、碾滚和碾架等组成。碾盘中心设竖轴，连碾架，架中装碾滚子，多以人推或畜拉。碾盘和碾滚上分别由石匠凿刻着很有规则的纹理，其目的是增加碾制粮食时的摩擦力，通过碾滚子在碾盘上的来回滚动达到碾轧加工粮食的目的。

石碾

碾架在潞城地区称为碾框，碾滚子称为碾砣子。碾框固定碾砣子在碾盘上转，碾框围碾盘中心的竖轴转。碾砣子固定在碾框里，两端靠碾脐子和碾铳子。碾脐子是1

磨盘（出自东堡）

寸左右见方的两块厚铁，用明矾铸在碾砣子平面正中，为与碾铳子形成转动装置，厚铁外面儿中心凹进，因为像肚脐而得名。碾铳子像铁錾子，錾子一头方一头尖，尖头大而圆，与碾脐子配套，上好蓖麻油润滑，转动灵活。方头固定在碾框上。其他农具如碌碡，轧地滚也是这种脐铳装置。

碾框围碾盘中心的竖轴转部分叫碾管向，不是脐铳装置，它是嵌铁键即3分或5分方铁条卧在碾轴里，内圆外棱的铁钏卧在碾框里，加上蓖麻油，碾框随碾轴转，碾砣子在碾框里转。因这两套转动装置纯粹是铁磨铁，对间隙要求很严格，俗话说，一分轻，二分重，三分拉不动。

磨

磨最初叫硙（wei 四声），到了汉代之后才改称为磨。磨的发明者是鲁班。他想找一种用力少收效大的方法，就用两块有一定厚度的扁圆柱形石头制成磨扇，分别叫上扇、下扇。下扇中间装有一个短的立轴，用铁制成，上扇中间有一个相应的空套，两扇相合以后，下扇固定，上扇可以绕轴转动（这个装置称为磨脐）。两扇相对的一面，留有一个空膛，叫磨膛，膛的外周制成一起一伏的磨齿。磨面的上扇凸，下扇凹，有磨眼，磨面的时候，谷物通过磨眼流入磨膛，均匀地分布在四周，被磨成粉末，从夹缝中流到磨盘上，过罗筛去麸皮等就得到面粉。

我们潞城地区，应用较多的是旱磨，用于面粉加工。磨的上扇有两个眼，一个眼上大下小，呈漏斗状，这个上面放木制的磨斗，筛簸干净的粮食由此进入磨膛，研磨成粉。另一个眼直上直下，较小，在粮食不能顺利加工时，插筹用。即指头粗细木棍，靠其搅动，加速磨膛内粮食流动，达到顺利加工的目的。好牲口拉大磨，半天就能把一石棒子磨成粥渣，加工速度很快。大户人家磨房都有扇车。刘绍棠小说这样描写扇车："农业社在太阳光下打场，远远就听见扇车的嗡嗡声，风干了的金色的小米，像急流似地流泻下来。"扇车就是一个靠轮轴转动扇叶的大木箱子，起去掉粮食糠皮杂质作用，但省力，速度很快。

还有一种磨是油磨，用于磨香油，说是小磨香油。但磨并不小，驴拉不动，得牛或骡子拉。再有就是水磨，不是以水为动力的磨。是平膛磨，用于摊饹馇、做豆腐磨浆。因需加水得名，大小不一，大豆腐坊，骡子拉。庄稼主儿自己吃，"小拐磨儿，老太太坐炕头就办了。"

碾台子周围叫碾道，磨台周围叫磨道。干那活，都要围着碾道和磨道转圈，所以叫推碾子道磨，是半个世纪前家家户户的必干活计。主要工具有笸箩、簸箕，筛面用的箩、箩床，扫碾盘和磨盘的笤帚，等等。特别是筛面的箩，粗细又不同，有好几种，加工不同的粮食用不同的箩，不能凑合。筛粗玉米面用马尾箩，筛白面（小麦面粉）用绢箩，筛细面细绢箩，筛粘面还要不糊罗底的箩。马尾箩是用马尾巴上的毛编织儿成，绢箩是用极细的铜丝编织而成。这套工具加牲口，不可能家家都齐全，都得互相借用。

井磨千家用，人进腊月自来忙，腊月二十三的小年前，先准备齐全过年米面。如果有养着驴呀马呀的，还得预备一正月的料面子。那碾子、磨便开始从天不亮转到深夜，一会儿不得闲。由于碾子、磨一时不够用，家家户户就抢碾子、占磨，实际就是按先后顺次排队。

扔笤帚占磨，是潞城地区的习俗。就是提前把自家的笤帚簸箕放在碾子或磨上，好年景，有放少量粮食的，也有放皮皮谷谷的。那时人守规矩，知廉耻，排后头都等着。没到自己不去抢，实在急的，也是帮上家干干活，筛筛簸簸，让人家早些磨好，早点轮到自家，真个是与人方便，自家方便，特别遵守公序良俗。

碾子、磨也有讲究：碾子称青龙（多数为青色花岗岩材质），磨称白虎（多数白灰色石材）左青龙右白虎，方位上碾子居左，磨放在右边。春节贴红联，碾子多写青龙大吉，磨杆贴白虎大吉。春节初一到破五，不能推碾子套磨。春节碾子、磨不能空膛，要象征性放些粮食。

历史不断发展，到 1958 年后，电动小钢磨盛行。二十世纪七十年代，人们巧妙地将古老技术和现代化元素结合起来，创造出了用电动机驱动的石磨。眼下，大型米面加工机主宰这一行业，碾子、磨彻底退出历史舞台。

老娘婆子

老娘婆子，是接生员、助产士的俗称。

生儿育女一直是居家大事，在农村尤其重要。自古以来，无论贫富皆如此。由于农村的重体力劳动和传统观念影响，重男轻女根深蒂固。人们普遍认为，生儿子人丁兴旺，既可发家，又可提高家庭的社会地位。每户人家娶了新娘子，都是企盼她早早怀孕，早生贵子。所以娶媳妇人家春节都贴年画“麒麟送子”，以为儿子是它送来的。如果娶来的媳妇两年不见喜，人们就会安慰她：两年不行等三年。三年没动静，就会安慰她：三年不行等六年。六年还没有则安慰她：六年不行等九年。但多数婆婆没这修养，有的还会指桑骂槐：养个老母鸡还下蛋呢，这吃饱了不打鸣不下蛋的，算什么呀？可真要有了喜，全家眉飞色舞，公公婆婆就更美得不知迈那条腿好了。

说“儿的生日，娘的祭日”，就是指分娩造成的悲剧。旧社会老娘婆子没有经过专业培训，瞎字不识。好一点的是家传，次一点的是，所谓跟过师傅，也有的凭经验无师自通。革命老人陶承写的回忆录《我的一家》中就有丈夫给自己接生的记载。那记载是，家里穷，请不起老娘婆子，只得自家的男人上阵接生。穷苦人家一般拿孩子当小猫小狗随便养，分娩时，一般只是请有经验妇女帮忙助产，事后送些礼品酬谢。

称为老娘婆子的大多集几“婆”于一身，她们不像巫婆那样明目张胆、大张旗鼓地装神弄鬼，但烧香迷信。还会点儿医道，头疼脑热时扎针放血。同时保媒。俗话说的“比老娘婆子多八出戏”，足见这种老娘婆子大吹大擂的张狂。她们“吃人”，遇上顺产婴儿，她山吹鬼叫，说她给带来的福分，简直就差说她养活的了。接生当天要给好处，三天请她吃喜面，完事要谢礼。

遇上大户人家，盼子心切，那说词就更多了。婴儿出生三天，给洗手洗脚称为“洗三”。“洗三”由老娘婆子具体主持，要“上供”“添盆”。供品：“添盆”的金银、干鲜果品，完事都要归老娘婆子。关键是那时医疗水平低，许多人家分娩时母婴不保，前榆林庄一家就一连死了12个孩子。直到解放后，国家培训了接生员，他们才有了孩子。

吹糖人的

通州区在解放前和20世纪50年代有吹糖人的人，但是并不多。这是一种农村副业，农忙时在家耕田种地，完秋没有农活了，便挑起糖担走村串乡，找几个零花钱。进村找个背风的地方，放下糖担，引逗孩子。

他们的担子前面一头由圆竹筐和方木箱组成。竹筐（或荆条筐）内放着小煤炉，炉上坐着小钢锅，钢锅分五格，格内分别装着不同颜色的糖稀。四四方方的木箱，正好盖住小钢锅，方木箱上插着一个H型木架，吹好的糖人用竹签插在上头。担子后面一头装有煤球、扇子等工具。

招揽到生意后，吹糖人的便坐下来，用小竹筒弄糖稀，糖稀用麦芽糖和黏米面熬成糊状，然后加入色素（颜料），染成红绿黄等颜色。糖稀经过加温，便给孩子们吹“玩意儿”：苹果、西瓜、葫芦、桃、鸟、鼠等等。有的还可以吹“老鼠偷油”“小猴上树”一类的故事角色，有些所吹之物都是空心，所用糖稀极少。绿叶一般不吹糖，只用剪刀剪成后粘上。糖人染料有毒，人用嘴吹、手捏，极不卫生，已被有关部门明令禁止。

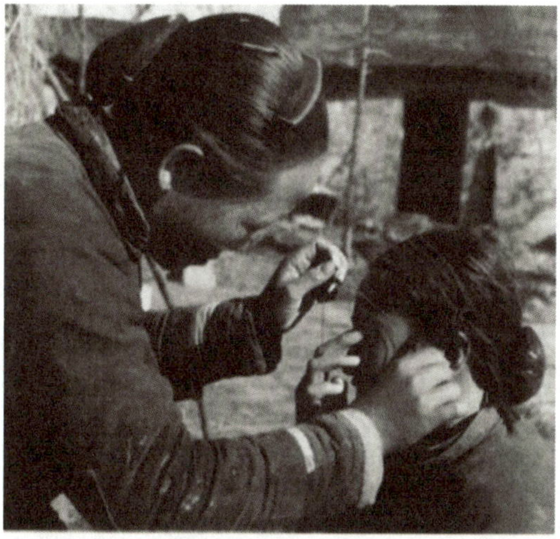

开脸习俗

开脸。是旧时女子嫁人的标志之一。又称绞面、绞脸。这活实际是去除面部的汗毛，剪齐额发和鬓角的仪式（俗称去锅圈）。有在上轿前在女家进行，也有娶到男家后进行。开脸人须是“大全课人”，父母子女全都健在。有女无子不算数，而且犯忌，因为没儿子就是“绝户”。一般还得要求手巧能干的人，关系近的人（近人儿），如婶子、大妈、嫂子等。

开过脸，即女人行过成人礼，人一眼就能看出此女子不是女孩子了，结过婚了。操作时，就是用丝线蘸上水，捻成交股状，在少女的脸上捻成圈走，这样就可以把脸面上的绒毛交股到丝线上，随着丝线的拉扯，交到丝线上的绒毛被连根拔起，以此类推，看似简单，其实很疼，往往被拔得喊爹叫妈，这是封建社会少女婚前必走这路，解放后搞民主自由，提倡新生活，这个让少女受罪的事就消失了。

抢碗习俗

通州东南部，确切的说今潞城镇东南部的大东各庄村往南到郎府西集一带，从古至今在民间流行一个抢碗的习俗。

碗，即是吃饭用的饭碗，人人都用，家家都有必备，民间谁家的老人死了，要请亲朋邻居，叫办丧事，也叫白事，因为这一天丧家事主要穿白挂孝，所以称白事，结婚嫁娶都要穿红带绿称红事。村里的老人死了，特别是年岁大，辈份大，超过八十岁的老寿星，而且德高望众，人们称之为老喜丧。死者的后人，在亲人死后，一般都要宴请亲朋、街坊邻居，民间叫办丧事。办丧事就要摆大席，一桌为一席，过去讲究一席，小米饭四盘八碗，席面就不错，现在比过去奢靡多了，排场大了。讲究十凉十热，主食大米饭，鸡鸭鱼肉加大虾，是普通平常席，讲排场的海货鲍鱼不稀奇。办丧事的这家死去的老人，死者无论男女，只要辈份大，德高望众，年纪超过七十岁，越大越好，超过八十岁最好，九十岁，一百岁最佳。亲朋好友、街坊四邻，吃完中午饭后，临走时一定会把自己吃饭时所用过的饭碗拿走，拿回家当饭碗用，意思是今后谁用这只碗吃饭，谁就能活到或超过今天去世老人的年龄，年纪越大，碗就被拿走得越多，反之年龄越小，碗就少有人拿。死者年纪在五十岁以下的吃饭人绝没有把碗拿回家的，民间比谁家的饭碗被拿走得多为荣，拿走得越多，这家主人就越高兴，证明这家死去的老人年高德高，证明这家人气旺，这地区民间暗中传述某某村，某某家办丧事被拿走了多少只碗，为本地区之最。某年某月某村某某家被拿走了多少只碗，超过了某某村某某家多少只碗的纪录，有的人跟办丧事的这家人没什么关系，但办丧事的这家死去的老人年岁高，德行高，有人气，没关系也要拿钱随份子，为的是吃饭抢只寿碗，图个吉祥。

嘛事都要与时俱进，都要在变中生存。这些年办红白喜事讲究租大棚，谁家有事，请来棚头，按照事主的要求，棚头开单买菜，购买原料，棚头找专业人员加工，烹炒油炸全委托了棚头，棚头负责桌椅、碗筷、大棚等设备，然后按事主办事坐了多少桌席而结账，每桌席面，加工费从 30 元涨到了 70 元左右，吃席的哪管这碗是谁的，包桌不包桌跟吃席的没关系，吃完饭照样把碗拿走，拿走多少，办事东家再按数赔偿。现在为讲卫生，图省事，改用一次性餐具。怎么办，有办法，东家把碗预先买好，交给账房，在客人交份子钱的时候，每人发一只漂亮的饭碗，这只碗吃饭时不用，您装包拿回家做纪念品，席上您用一次性塑料碗，用完您一推，剩下的就是服务员的事了。这个习俗延续了多少年。

服饰趣谈

■张宝石

毛衫儿

潞城民间，特别是汉民，一直传承至今的服饰，就像老祖宗留下了铁打的规矩一样，孩子出生时，第一件事要给孩子穿毛衫（又称小毛衫）。毛衫虽小，确是有里有面的双层衣服，样式都是叉襟的明朝服饰的样式，而且袖口衣襟下部都不缝边，俗称毛衫。为什么孩子一生下来都要给孩子穿毛衫呢？老通州有这样一个传说。

相传明朝末年，闯王李自成进京，吴三桂引清入关，闯王兵败，民族英雄史可法奋力抗击清兵，他的手下一个刘姓大将，在一场大战之前，爱妻将要临盆的情况下，留下遗言，保卫大明死不投降，后来这位大将战死在沙场上，他的爱妻生了一个男孩，为了纪念丈夫，她就给儿子做了一件衣裳，就是毛衫。

毛衫的样式是叉襟，这是明朝服饰的特点，意思是孩子永远记住大明，反清复明，记住国仇家恨，因为大明朝是汉人的天下，所有汉民的孩子都流行穿毛衫，一直传承到今天。为什么衣襟袖口下边都不缝边呢？那意思是丈夫的死仇不报，痛苦无边，让孩子要记住家仇，大明大清都是中华民族，此仇无法报，所以一直到今天孩子穿的毛衫都不缝边。为什么毛衫要有里有面的双层加衣呢？那意思就是说，将来孩子大明世理，做任何事情，有里有面。如果穿单层的衣服，那就做事没里没面，那不成混蛋了吗！

红肚兜儿，屁帘子

红肚兜儿：三角形，是保护肚子、使肚脐眼儿不受风的服饰，老人小孩都能穿，大人穿的颜色无所谓，小孩穿的基本上是红色，红色能辟邪！穿红色有福气有喜气，大红大贵，红色是中华民族的主颜色，穿红肚兜儿的祖宗是哪吒。哪吒身穿红肚兜儿，手拿长枪，脚踏风火轮，捉妖斗怪，战龙王八面威风。

屁帘子：孩子小时候都穿开裆裤，为的是大小便方便，夏天穿开裆裤还行，冬天的风硬，容易扇屁股，于是人们根据孩子的大小做一个正方形的屁帘子来挡风。民间有句骂人的话：“吃屎穿屁帘子的东西”，那意思是吃屎的孩子不懂事。

主腰子

主腰子：主腰子双层中间絮有棉花，宽 30 公分，长度根据个人的体型腰围而定；上有坠带，下有系带，本是民间一种御寒的服饰。女子结婚时从娘家必带的两种物件一个是鸡毛掸子，寓意嫁到夫家有胆子不受气，另一个就是主腰子，意取到夫家有主心骨，有娘家给撑腰，腰板硬。

穿虎鞋、戴虎帽、枕虎枕

虎鞋

孩子过百日后，要给孩子穿虎鞋（软底）、戴虎帽、枕虎枕。虎是百兽之王，统领百兽的大王，虎头虎脑，虎虎有生气，孩子长得壮如老虎。

相传早年间有一穷苦之家生了一个男孩，姥姥家也很贫困，没啥送外孙的礼物。姥姥就给外孙做了一双虎鞋、一顶虎帽、一个老虎枕头。一天，孩子的父母给孩子

虎枕头

穿戴好，就到屋外的田间劳作。这时，来了一只大狼，这大狼进了屋，走到孩子身旁，正在疑惑。这时，孩子突然大哭，声音很重。生性狐疑的大狼看到这阵势，立马就感到害怕，就从屋里跑了出来。孩子的父母听见孩子的哭声，忙赶了回来，正看见从屋中跑出的大狼。大狼一看来人了，就逃跑了。孩子的父母很害怕，忙跑进屋，一看孩子安然无恙，心里这才踏实下来。后来人们就传开了，是这虎鞋虎帽、老虎枕，是老虎吓跑了大狼，慢慢地在民间就流行了给孩子穿虎鞋、戴虎帽、枕虎枕。

穿红内衣、系红裤腰带、红袜子

现在在潞城地区仍流行着这么一个规矩，父母本命年（生肖年），子女要给父母买一身红内衣、一条红裤腰带、一双脚底画有人图案的红袜子。哥哥弟弟本命年由姐弟来买，姐姐妹妹本命年由哥哥弟弟来买，或侄子、侄女、外甥、外甥女及孙辈都应该敬送老人礼物，意思是本命年的人，身体弱，容易有灾，以红冲灾，过一个红红火火的本命年，穿红袜子，脚踩“小人”，这双袜子从穿上就不能换别的袜子，直到把袜子穿坏，“小人”穿没了，才能更换别的袜子。

婚礼服和丧服

境域内流传着这么一句话：“人生要经过两次盛装装裹，一次是婚礼，一次是葬礼。”婚礼服和丧服原本风马牛不相及，可这一比，却有许多相似之处。

婚礼服

1. 结婚这天在婚礼上不能穿棉鞋。特别是女性，古时候，女人要缠足，这天人们看到的就是你这双小脚，民间有脚越小越漂亮之说，最美不过三寸金莲。

2. 新娘不能穿褂子。新礼服应该有里有面，意思是说新人懂世礼，是个干事有里有面的人。还有一个不能穿褂子的原因，是刚结婚还没入洞房就挂个子来，所以不能穿褂子。

3. 换头。新娘子在出嫁前要先理发，这叫换头。意思是说，换完头你就为人妻了，就要行人妻之道了。

4. 盖头。新婚娘子进洞房时要盖一块红布，叫盖头，盖头要新郎亲自掀起。

5. 鸡毛掸子。女儿结婚从娘家必带之物就是一个鸡毛掸子，意思是到了婆家后有胆子，不受气。

丧服

1. 死人不能穿棉鞋、皮鞋。没病不死人，有病就身体不利落，穿棉鞋更不利落。因为人死后，上西天的路上要过狗关，死人手里的面饼、打狗棒，就是用来对付狗的。到了狗关，还要跑得快，穿棉鞋就笨跑不快，所以不能给死人穿棉鞋。更不能穿皮鞋，因为穿皮鞋下辈子转世就要转成带蹄的皮毛动物了。

2. 死人不能穿褂子。因为“褂子”与“挂子”同音，人死后即变成鬼，人鬼情不断对今后儿女不利。

3. 倒头。老人断气，不叫断气，叫倒头，意思是说从人间倒到那头去了，从阳间转到阴间去了。

4. 面衣。死人穿衣停好尸以后，要给死人的脸上盖一张黄麻纸，这叫面衣。这么做，一是怕孩子看到死人的脸，害怕惊吓生病。二是人死后，脏腑内有一种气，叫殃气。这种气毒性很大，不能直接喷到人身上，以免伤人。

5. 打狗棒。死人的手里都拿个打狗棒，那是从人间到阴间的路上过狗关打狗用的。

潞城地区儿童游戏

■郑建山

打“皇上”

打皇上游戏者五六人，游戏场地空旷宽敞。游戏前在场地上划定两条相距 10 米左右的横线，一条为准线，站立的是游戏者，另一条线则摆放四块土坯，中间土坯为“宰相”，两侧两块土坯为“文臣”“武将”，“宰相”后面的一块坯叫“皇上”。游戏开始，众儿童按顺序站在准线上，用手中的石片儿或土块儿击打四块土坯中的一块，谁击中哪块儿，谁就是此职务的承担者。在这四块土坯中，当然是“皇上”最难打，它的前面有“宰相”遮挡，但技术高超的孩子们使抛出石片儿或土块儿越过“宰相”将“皇上”击中，或从“文臣”“武将”空隙中击中“皇上”。谁击中谁就成了“皇上”了，可以发号施令。如果打中了“文臣”“武将”，也可得胜，但当不了皇上。没有击中任何目标者，则必须听从“皇上”的命令，让打中“文臣”“武将”的孩子弹脑门儿或拧耳朵。玩这个游戏时一般会有很多人围观看热闹，笑声此起彼伏，气氛欢快热烈。与打皇上游戏相似的有打阎王，只不过是将“皇上”变成了“阎王”，“文臣”“武将”变成了“耳朵”“鼻子”而已。“打皇上”游戏对锻炼孩子们投掷能力有很大的帮助，是很好玩的投掷游戏。

抖空竹

抖空竹

抖空竹也叫抖地铃、扯铃、抖空钟等。通州人还给它起个名，叫抖嗡哧儿。空竹为竹木质，分单轴和双轴两种。轮内中空，竹轮上有孔，孔内有竹碗做笛，两轮之间有木轴相连，轴中段细而光滑，抖转时，空气入孔发出音响。空竹每轮有孔 2 个、5 个、10 个不等，大空竹每轮各为双排，俗称 32 响、48 响。抖空竹的棉线绳两端系在竹棍上，竹棍长约 40 厘米，线的长度以手握两棍屈肘约 90 度线中段接触地面为宜，不可太长或太短。将线在空竹细轴上缠绕一扣，右手提左手送，带动空竹按逆时针方向旋转。抖单轮空竹时，先绕两扣，提起后，由于一头沉随转动而自然解开两扣，这时应及时挥动木棍再绕一扣，随抖随绕或跟随空竹转动移动脚步。抖空竹有很多花样。空竹旋转时将绳扣绕开，两棍一撑，将空竹弹起落在棍上旋转，叫“鸡上架”；旋转时将线绷直，右棍高举，空竹由下飞转至顶端，叫“猴儿爬山”；用绳绷弹，高高将空竹抛起，接住后继续抖或再抛接，叫“满天飞 "；单轮空竹将尖端放落地面旋转，减速时救起再抖，叫“放捻转”。《帝京景物略·春场》云:“空钟者，刳木中空，旁口，汤以沥青，卓地如仰钟，而柄其上之平。别一绳绕其柄，别一竹尺有孔，度其绳而抵格空钟，绳勒右却，竹勒左却。一勒，空钟轰而疾转，大者声钟，小者蜣飞声，一钟声歇时乃已”……

拽包

拽包是少儿集体游戏。三人或多人一起玩儿。有两种玩法。三人玩儿：先通过“锤子、剪子、布”方式决定甲乙两个拽包人，甲乙两人相对间隔四至五米，中间站一小朋友，甲手中拿自制的布包（包内装入豆子或沙子），用力拽向中间的小朋友，小朋友会边躲包边倒退跑到乙方。乙方捡起拽过来的包，又拽向中间的那个小朋友，中间的小朋友立即转身边躲包边倒退跑到甲方这边，其间如果中间小朋友接到了拽过来的包，就多了一条命，可以抵一次被拽中，如未接住过包就被拽中，就要下差（即输了），与拽中他的人交换游戏角色，继续游戏。多人玩儿：先将小朋友分成两组或多组，玩儿时由两组上场，其他组在一旁等待。游戏开始时一组人站中间，另一组分别站两边，站两边的一组用包快速地打中间的一组，如被拽的组中有人接住了一个包，就可抵消一个人被打中而不下场。如果该组已有一人或数人被打中下场，而留在场内的人如接到包，每接一包就可救回一个人上场。如果该组所有人都被打中下场，就要与另组交换角色。如是三组以上小朋友玩儿，就由下一组人接替上场。

打土仗

打土仗的工具主要是向日葵秆儿，截成一米多长，中间掏空，装土。土为村中马路车辙里被木轮大车（轮用铁皮包裹）碾轧得很细的面土，不可用土坷垃，更不能用石头、瓦块。游戏多在傍晚举行，人数 10—20 人不等，场地一般是在村中马路上。游戏开始前先由两个强悍的孩子站出来自任主帅，招兵买马。然后孩子们根据自己倾向分别投到自己的主帅下，人数大体相当后，在马路上横画一道“国界线”，游戏开始。朦胧的夜色中，霎时喊声连天，烽烟四起，两队兵马在“国界线”相互攻击。“刷！”“尘弹”甩了出去；“噗！”“雾弹”冲了进来。主帅强悍，兵马勇猛。既要躲过敌方的“土弹”，还要准确打击“敌人”，这需要敏捷的思维和灵巧的身手，更需要顽强的斗志和不怕牺牲的精神。游戏直至有一方战败逃跑为止。60 年代左右，胶轮车代替了木轮车，村里的马路上没有了细面土，这一游戏完成了使命，退出了游戏舞台。

打雪仗

大雪过后天更寒，但寒冷挡不住孩子们的户外活动。打雪仗就是其中之一。打雪仗的游戏有两种。一是混战，混战就是瞎打。雪后，孩子们走出家门，在小巷、打谷场或上学的路上追逐嬉戏。有的将雪塞在对方的脖领子里，有的攥雪球互相攻击。直玩得孩子们满头的热气。二是冲过封锁区。小伙伴们分成两组，一组先做冲锋队，站在起跑线上；另一组将人分为两队，面相对，相距约 10 米，站成两排，作为封锁区的投弹手。游戏开始，投弹手每人立即动手团制 3-5 个雪球，一声令下，冲锋队员从起跑线弯腰抱头跑向另一端，这时投弹手的雪球如雨点般打来，最后数一下击中几人。然后两组互换角色，比比看哪组“伤亡”小，就算获胜。

掏苇柞子

苇柞子鸟，体色褐绿，嘴细尖，体形纤长，性活跃。叫声“呱呱儿唧！呱呱儿唧！”，抑扬顿挫，简约动听。初夏，芦苇长过人头，苇柞子来到水塘芦苇深处筑窝。衔来细草，先把三四根修长的芦苇缠住，然后，每天衔草一点点地筑窝，随着时间的推移，一座精巧的“建筑”随着芦苇慢慢升高。掏苇柞子要到苇塘边儿观察，看苇柞子在苇塘中穿飞跳跃，听苇柞子在芦苇枝上唱歌。哪儿的苇柞子飞降次数多，哪儿就是其筑窝的地方。掏苇柞子，一是要注意蛇。苇塘的蛇很多，也不知道它在哪儿潜伏着，稍不注意，水蛇就会“曲连”一下子出来。二就是留神短苇和苇根。它们都很锋利，容易扎脚。为掏苇柞子把脚弄个窟窿，就犯不上了。笔者幼时曾在家乡西堤坑掏过苇柞子。西堤坑是个苇坑，坑水碧绿，芦苇高高，蒲草丛生。那天，笔者与小伙伴们潜入苇塘内，“披荆斩棘”，转悠了半天，终于见一苇柞子窝搭在芦苇上面。惊喜之余，“咔嚓”、“咔嚓”折下芦苇一摸，嗬！三只小苇柞鸟。我们正好三个人，一人一只。毛茸茸的小苇柞在手心里动着，叫着。我们在河滩上捉小蚂蚱，放在小苇柞鹅黄色的小嘴里，喂小柞……心痒痒的、痒痒的。

苇柞子是候鸟，秋风刮起来，它们就不见了。现在，西堤坑已经变成墓地了，甭说苇柞子，连苇子也不好找了。

捉蜻蜓

蜻蜓又称蚂蛉。夏天大雨过后，天空中到处都飞满了蜻蜓。捉蜻蜓有许多办法。一是用手捉，这种办法随时可用。蜻蜓落在草叶上，要屏住呼吸，悄悄靠近，不能背对太阳，自己的影子不能影射到蜻蜓，手一点一点地伸向蜻蜓，当蜻蜓尾巴进入拇指和食指之间，突然捏，一只蜻蜓到手了。当然，这种办法对橘黄色的蜻蜓“黄儿”比较管用，对黑中带花的小蜻蜓还行，对别的蜻蜓就没那么容易了。二是用竹扫帚拍蜻蜓。此方法比较低级。拍蜻蜓一般是在场院、马路等空旷场地。雨后蜻蜓漫天飞舞，大扫帚一拍，非死即伤，有什么意思呢？孩子们要的是健康活泼的蜻蜓。与拍蜻蜓相比，粘蜻蜓就有点意思了。粘蜻蜓和粘知了相似，找一根秫秸秆（高粱秸），七八尺长，再撅一软树枝，弯成椭圆形，插在高粱秸的头上，然后到墙角找新织的蜘蛛网绞，让蜘蛛网缠绕上面。要多绞几个，这就是蚂蛉拍，然后拿着去田野、水沟、小河边去粘蜻蜓。粘知了和粘蜻蜓不同的是知了一般是在树上，蜻蜓是在天上。粘知了是摁，粘蜻蜓是舞。网蜻蜓时用一根铁丝弯成圆圈，绑上塑料网，然后绑在细的竹竿上或竹扫帚苗上。用这样的网，不仅可以网蜻蜓，也可以网蝴蝶。另外就是套蜻蜓了。找一个扫帚苗儿或树枝，去牲口棚绕到马后面，趁其不急“噌噌”揪下几根马尾儿，系在扫帚苗儿或树枝上拴成套儿，就可以套蜻蜓了。孩子们见蜻蜓飞舞，就晃着蜻蜓套唱着：“蚂蛉蚂蛉过过，我跟你一块儿乐乐。蚂蛉蚂蛉落落(laolao)，我跟你一块闹闹。蚂蛉蚂蛉过河，东边打鼓，西边敲锣……”蜻蜓真的飞过来，孩子们用蜻蜓套挥，蜻蜓立刻被套在马尾儿上，越挣扎越紧……用它也可以套知了。最有意思的是逗蜻蜓。逗蜻蜓又叫招蚂蛉，从被逮到的蜻蜓中找出一只母蜻蜓，用细纱轻轻地绑在其头与大身连接处，用手攥紧纱线的另一头，将母蜻蜓放飞到半空中，不久就会有“求爱心切”的雄蜻蜓紧紧地钩住雌蜻蜓，随之迅速将雌蜻蜓拉至眼前，用手捉住雄蜻蜓。还有一种方法是用树枝或小竹棍儿拴上线儿，再用线儿拴上母蜻蜓，上下慢舞，边舞边嚷：“老刀刘，老刀刘，你的老母在这呢。”公蜻蜓会迅速地飞下钩住母蜻蜓。一种蜻蜓，黄黑色相间的，名为老膏药，形状美丽，雄的黄色稍深。有个叫青头愣的，个儿大，浑身青绿色的，因尾巴上凸起小铜钱似的小轱辘，孩子们叫它轱辘钱儿。红蜻蜓称为红辣椒，异常机警，很难逮，只能用网子捉。孩子们捉蜻蜓的目的其实很单纯，就是玩儿，逮着满把的蜻蜓往天上一扔，就放飞了。

捞鱼

少儿集体游戏。用“猜猜猜”等方式决定两个搭网人，两人面对面双手互拉，举过头顶，搭成拱门状（即所谓的网），其余的人排成一队，后边人双手拉住前边人衣服后摆，依次从网下穿过。搭网的两人唱道：“一网不捞鱼，二网不捞鱼，三网专捞小尾 (yi) 儿巴一尾儿巴一尾儿巴鱼儿。”可以重复唱几遍，歌声不停，排队的人就要不停地从网下穿过，搭网的人趁穿过的人不注意，在唱某遍结尾处即“三网专捞小尾儿巴一尾儿巴一尾儿巴鱼儿”，唱中突然放下搭网的双手，把正好穿到网下的人圈在两人双手中。被抓住的人站到一边去，等下一轮又抓到一人后，两个被抓的人接替成为新的搭网人，新一轮游戏又开始。

吹泡泡

用肥皂泡一点水，用小玻璃瓶盛着，然后在塑料瓶盖上抠一小洞，再把截一段水稻的秆部插到瓶子里一蘸，随着两个小腮鼓鼓吹起一个大泡泡。泡泡离开稻秆， 在阳光的映照下带着不断变换的色彩飘向空中……最得意的还是几个小孩子在村道上一起表演，偶尔能吹出一个比别的小朋友更大的泡泡，尾巴就会翘到天上去。现在还可以在公园里看到不少儿童玩吹泡泡。

过家家

传统的儿童游戏。游戏前协商分配角色，有的孩子当“爸爸”，有的儿童当“妈妈”，还有当“爷爷”“奶奶”“姥姥”“姥爷”“哥哥”“姐姐”“弟弟”“妹妹”以及“叔叔”“婶婶”的等等。游戏开始，模仿爸爸的孩子“下地”回来抱柴挑水，模仿妈妈的孩子做饭盛饭，饭菜由瓦片儿和小树枝代替。姐姐抱个枕头当孩子拍着哄着，弟弟、妹妹在院中嬉戏，叔叔婶婶买菜洗衣服，形象逼真，憨态可鞠，其乐融融。

拧柳笛

春天，柳树吐嫩芽，正是拧柳笛的好时节。上树折枝嫩柳条，拧，使柔韧外皮慢慢从柳枝脱离，折断柳枝，将柳枝“白骨”(硬梗)从柳皮中抽出，用小刀或剪子截成六七厘米的小段，将柳条一端用指甲一刮，这就是柳笛。粗长柳笛低沉浑厚，细短柳笛尖细悦耳。

做哨子

将高粱秆儿细梢儿削成 10 厘米左右的段儿，中间一面破开 1 厘米长宽的槽。将里边内心儿挖空，再在另一面距槽 3 厘米左右的地方，轻轻地破开 3 毫米左右的小条儿，将这个小条劈过对面的小槽，再把小条儿内的心挖空，使其能和小槽连通，这就做完了，将带有小条的一端放在嘴里一吹就响。想吹啥歌，就能吹成那个调儿。高亢洪亮，极具美感。

骑竹马

竹马是一根 1.5 米至 2 米长的竹竿或秫秸秆，将其夹在双腿间，左手握竿一端，另一端拖地，右手做持马鞭状。玩时口喊“嘿、嘿……”向前奔跑。多人玩时同时奔跑，快者为胜。李白《长干行》里的“郎骑竹马来”即此“竹马”。

憋死牛

又名堵坑，两人组合。棋盘为“区”字形（“区”字口处为坑（井），不可走子）。这个游戏最大的特点是随意，在哪都可以玩，棋子就简单了，什么土块、纸片、小树枝、果核儿……都可以用。游戏开始，甲乙双方将两枚棋子分别摆在对角，每人每次沿线走一步。先走者，第一次不得走成死局，然后可任意纵横、回避、堵截，直到把对方的子逼得无路可走，掉到“坑里”即为赢。

（郑建山，北京作家协会会员、通州区政协文史和学习委员会特邀委员、通州区文化馆副研究馆员）

流传潞城的民间土棋

■张宝石

潞城的民间土棋，花样多、玩法不一，有繁有简，一盘棋下来，快棋简单的三五分钟解决战斗，论出输赢。慢棋繁琐的，下一盘棋也得半个小时以上。高手与高手，时间还会长一些。

潞城的土棋，何言土？土棋源于民间、发展于民间，沿着社会的发展它又将消失于民间。老通州的民间土棋，是古运河文化的产物，是通州劳动人民千百年来劳动智慧的结晶，它是普通百姓在劳作之余创造的一种休闲游戏。无论胜与负、输与赢，它都给劳动者带来欢乐和笑声，它无形中开发了劳动者的智慧，可以说，它间接地为古运河文化的繁荣发展，起到了推波助澜的作用，它是运河文明的催化剂。

潞城的民间土棋，玩法有难有易，对弈者多分为二人台（两个人对弈），也有三个人玩一盘棋的，老少皆宜、男女不分。虽然它的玩法充满着智慧，它的胜者必是智者，但它玩棋时场面不讲究，无论饭桌前、树荫下还是田间地头，用手指或随便捡颗石子砖头树枝之类，画出双方商量好的玩法类别的棋盘。蹲着站着坐着不限，身边随时随地的砖头石子树枝、树叶草梗都能当棋子用。两个人商量好玩什么棋，一个人在地上画棋盘，另一个找棋子，快的三五秒钟，慢的最多 10—15 秒钟。经过猜丁壳或锤子、剪子、布等猜猜看的形式，定出谁优先走子，一盘棋就开战了。

虽说是土棋，它也讲究棋风棋德，有规有矩。胜负一般采用三局两胜制，就是每盘为一局，三局中为能赢两局谁赢，也有单局定输赢的，赌注是输棋者对众称胜者为“老师”或“师傅”，也有输者给胜者点根烟的（没有用它赌钱的）。土棋的诞生与发展，是为劳动者劳作之余、劳动间隙之间的娱乐而产生而发展的，是劳动者的一种休闲娱乐的工具和方式。土棋给劳作的人带来了欢乐，这种欢乐使劳累的人们忘记了劳累从而得到了身心上的休息，无形中锻炼了他们的智慧。

土棋的玩法一般采用猜丁壳的方法，确定谁先走第一步，也有用猜锤子、剪子、布的方法来确定谁走第一步的，也有相互谦让的，也有一上来就礼让的，下棋双方一般都相互知其心、性格合得来，一般语言能谈到一起的、才能坐到一起下棋，性格合不来者坐不到一起，也就下不了棋。下棋时思考时间不能过长，时间长了，对方就不干了、就该说闲话了—

1. 哎！快点走！下小猪呐？

2. 哎！快点走！生孩子呐？

3. 哎！再不走，我可家吃饭去了。

4. 走的太慢，老母牛拉车都比你快。

5. 快点吧！黄瓜菜都凉了。

如果你还想不出下一步的走法、耗时间，对方就说了：“我可数十了。”数十就是从一数到十，于是对方均匀地用秒速从一数到十，这期间你还没想到下一步的走法，随着十的声音一落，对不起，回天无术，推枰服输。

下土棋时虽说有观棋不语的规矩，但大多形同虚设，下棋时，特别是高手，处在同一水平的棋手下棋时，如果旁边也有观棋的，由于观棋者文明程度不一样，一般都会支几招。有的观棋者比双方下棋的还着急，特别是下棋双方不听支棋者的招数时，有的支棋者更着急，有上手直接替走的。支招支对了，使下棋者破了对方的招数，被支招方乐了，下棋的对方就不干了，就该说闲话了——

1. 谁家的驴跑了，跑这儿多嘴来了？

2. 谁家的驴屁股没带粪兜子跑这儿拉屎来了？

3. 今天不错，就是苍蝇太多。

4. 下棋，下棋，不要多嘴驴。

5. 多嘴驴一多，事儿妈就多。

6. 天没下雨，多嘴的蛤蟆怎那么多？

这闲话一说，有的支棋者就知道人家不高兴了，知趣的走了，有的就不干了：

1. 嘴长在我脸上，没吃你家饭，没喝你家水，我爱说什么，就说什么，你管得着吗？

2. 你才多嘴驴呐，不会来别来，别这儿丢人现眼。

3. 世上人事，世上人管，爷今就爱管个闲事。

4. 下棋就下棋，哪儿那么多驴话？

5. 下棋怕说怕看，你到家去玩，这儿又不是你家地方。

6. 下棋怕说怕看，你到阴间地府去玩。

于是乎一场口战就开始了，一般情况下口战很少改成手战的，大多数都是由和事佬出面，说几句中听话（不偏任何一方的话），给双方一个台阶，于是棋又继续开始接着下了。

几种土棋的对弈方法

一、九子连

1. 此棋对弈双方每人各持九子

甲方：●●●●●●●●●

乙方：△△△△△△△△△

2. 以猜丁壳或锤子、剪子、布等方式决定哪方先出子。

3. 先出子一方为攻方，后出子一方为守方。

4. 如甲方为攻方，即甲方先出一子，乙方跟一子。

如乙方为攻方，即乙方先出一子，甲方跟一子。

5. 甲乙双方出子目的就是使自己的棋子在同一条直线上的三个点都码放三颗自己的棋子，即成一连，形成一连后可以吃掉对方一颗棋子

6. 甲方为攻方尽量码放成连的效果，乙方为守方尽量出子破坏甲方成连的目的。

7. 攻守中谁成连次数多（成一次连能吃对方一子），胜率越多。

8. 九颗子码放完后，即开始走子（要求一步一子只许走一个点）。

9. 攻方走棋时的每一步都要为成连做准备。

10. 守方走棋时的每一步都要为攻方作障碍，使攻方不能成连的同时，守方自己成连。

11. 无论出子时还是走子时，只要一方的棋子三颗子排列成一条直线上，将有权吃掉对方一颗棋子（不可吃掉已形成连的棋子）。

12. 棋势的输与赢甲乙双方哪一方吃掉对方七子以上，本方还剩三子以上，棋局基本上分胜负了。

13. 如果甲乙双方在棋面上都剩二子以下，都剩下同样数额的棋子，甲乙双方战成平手。要么看棋面上谁的棋子多，谁的棋子少，棋面上棋子多的一方获胜。或者以猜丁壳的形式分胜负。

14. 甲乙双方在走子阶段，如某一方被另一个封堵得没步可走时，双方在一盘棋内，都有一次机会申请对方退一步棋，在没路可走的情况下，给申请方留出一条出路，代价是让对方任意吃掉棋盘上的三颗子（已经形成连子的不能吃）。

注意事项：

1. 棋局采用谁先卯子谁后走的方式，就是说如果甲方首先出子，那么乙方就享受卯完第九颗子时、再随便走一步自己任何一颗棋面上不被对方包围的棋子。

2. 卯子时本方三子成一条直线即形成连，就有权吃掉对方任何一颗未形成连的棋子，但要在该旗子处画一个 X 做印记。此印记作为记号，证明此处双方都不能卯子了，只有在走棋时才能将本方的棋子走到此处。

技巧：

1. 打点式

如果攻方的第一枚棋子卯在 A3 处，守方的第一枚棋子就要卯在 A7 处，如果攻方的第二颗棋子占领 A7 的位置，那么攻方就占了双先手。攻方的第三颗棋子卯在 A1 或 A5 处都能形成双连，守方只能守一处，守不了第二处，只能眼看着攻方成连，吃掉自己一颗棋子。

2. 打拐式

如打点式：如果攻方将棋子卯在 A3 的位置，守方将棋子卯在 A7 的位置，这就证明，攻方打点的心思已经被守方识破了，守方已经把攻方点堵死了。攻方必须改变招数，攻方就会将第二颗棋子卯在 C4 的位置，如果让攻方的第三颗子再卯在 A3 的位置，那么就形成了 A3−A5、A4−C4 两条线将要形成连，守方只有一次机会，堵住一条线，却堵不住另一条线（这叫堵住一堵不了二），守方必被攻方吃掉一子。

二、十二子连

这局棋是在九子连的基础上发展而形成的一种新的棋种，此连在九子连的基础上又加上 4 条角线，从九子改为十二子。布局与走子收宫和九子连规则相同。加了 4 条线就增加了成连的机会，攻防之间无形中增加了很多难度。这盘棋，高手跟高手过招，一般要在 1 个小时以上才能决出胜负手，这种棋在田间很少有人玩，只有在茶余饭后高手之间对招时才玩此棋，此棋的高手再玩九子连，那就是高手中的高高手了。

十二子连

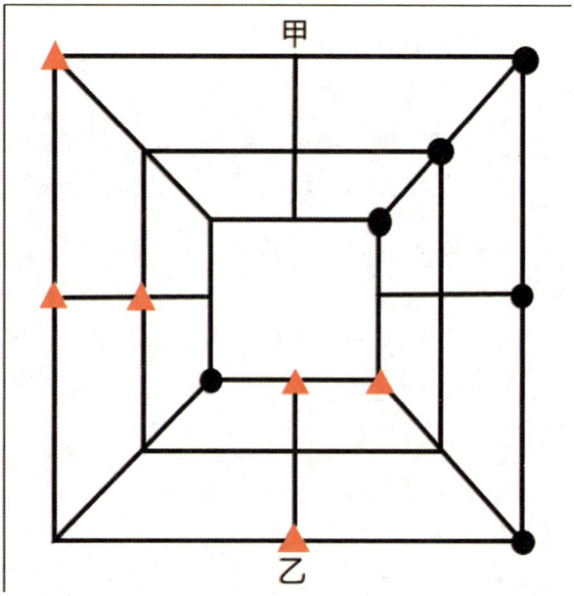

三、燕子过河

此棋局简单，通俗易懂好学，甲乙双方各持两子：

甲方：●●

乙方：△△

1. 以猜丁壳或锤子、剪子、布等方式决出谁先走第一步。

2. 无论谁先走第一步，必须先走 A2 或 B2，不能首先走 A1 或

B1。

3. 甲乙双方每轮只许走一步，走哪颗棋子都行。

4. 输赢：甲乙双方通过运动战把对方两枚棋子逼迫到一条直线，使其无子可走，最后认输。

四、老头串小管

此棋好学，通俗易懂简单。

甲乙双方各持三子：

甲方：●●●

乙方：△△△

1. 以猜丁壳或锤子、剪子、布等方式决出谁先走第一步。

2. 每人只许走一步，一步一点。

3. 通过棋子运动战把对方棋子挤到三个圈内。

4. 三枚棋子进圈者输（如图：即甲方输、乙方赢）。

五、撑大肚

此棋通俗易懂，走法简单。

甲乙双方各持四子：

甲方：●●●●

乙方：△△△△

1. 以猜丁壳或锤子、剪子、布等方式决出谁先走第一步。

2. 每方每次每子只许走一步，一步一点。

3. 通过走棋无论甲乙哪一方把对方四个子逼到ABCD四个角上，即获胜。

4. 走棋时某一点出现死点，对方某一颗棋子无步可走，对方应礼让一步，使死点变活点。

六、五子对弈

此棋像围棋又似国际象棋，方法简单，但其中奥妙很多，想赢棋得下点功夫动点脑筋。

甲乙双方各持五子：

甲方：●●●●●

乙方：△△△△△

1. 以猜丁壳或锤子、剪子、布等方式决出谁先走第一步。

2. 四条边线上的截点及棋盘内的十字交点是此棋的走点。

3. 每一步走一点，横向纵向都行。

4. 攻方如两枚棋子走成一条直线，乙方双子成一条直线，前面有甲方一枚棋子，乙方即吃掉甲方一子。

5. 当走成两枚对两枚时，谁也不吃谁子，安全走子。

6. 走子时即使乙方已形成两子相连但前面空一格，进攻无效，不吃子。

7. 甲乙双方谁攻守平衡，全部吃掉对方五颗子即获胜。

七、赶大集

这是一个三个人玩的棋局，分别为甲乙丙三人，三个人虽在不同的方向，但有共同的目的：超过对方，使自己的三颗子安全快速地通过，占据大集内的圆圈位置。另外两方的围追堵，到达大集圈内占据三个点为赢家，也可以说谁占据的位置（最少两个位置）即为赢家。

甲方：△△△

乙方：□□□

丙方：○○○

玩法：（在棋盘上行走三方各有三枚棋子，在甲乙丙三方手里备有三枚猜码子）

1. 以猜丁壳或锤子、剪子、布等方式分出甲乙丙的位置。

2. 甲乙丙三方每方手里各有三个猜码子，每一方都要根据己方还要分析另外两方出猜码的特点来出猜码子。

3. 每轮猜码都由甲先唱一四七，乙跟着唱二五八，丙再跟着唱三六九。

4. 每轮猜码都由甲先唱一四七，甲唱完将猜码子的枚数藏于右掌心，用左手压盖在自己右手上面并伸出，乙方接着唱二五八，也和甲一样，将猜码子的枚数藏于右掌心，用左手压盖在自己右手上面并伸出，当丙方的三六九啊字一出，三人同时唱“向前走啊”。当“向—前—走—啊”字一出，三人同时将各自的左手撤出，落出甲乙丙三方右手心的猜码子。三人右掌心的猜码子数相加，即如甲的右掌心有2枚，乙右掌心有3枚，丙右掌心有1枚，三人相加共6枚，即丙方（三六九）将自己的三枚棋子任意一枚向前走一步，以此类推。

5. 甲乙丙三方为了达到首先率自己的三枚棋子到达大集的目的，要相互制约，有时需要两方合作，压制另一方，从而达到率先占据大集中的五个圆圈的位置。

6. 甲乙丙三方在走棋子时，相互利用、相互围堵，走A点也许是朋友合作，当走到B点时也许就变成了围堵的敌人，亦敌亦友，冲出封锁占据大集中的有利位置，即是赢家。

7. 甲乙丙三方在行棋时，如一方之子在行棋时，正好也到A点（A点有一枚棋子），那么这枚棋子按规则后退两步，这招叫后来居上。当这枚棋子后退两步时，落点也有一枚子，另方后退两步，以此类推。如落点是本方棋子，则一点双子，不退不进，等机会上进一步。

8. 如甲方之子在行棋时正好也到A点（A点有一枚乙方棋子），但A点旁边还有一枚乙方的棋子，则甲方后退两步；如乙方之子三点相连，则甲方连退三步。

甲乙丙三方谁的三枚棋子率先进驻大集即获胜，如：甲乙两方各进入大集两枚棋子，丙方进入大集一子或未进入大集，甲乙双方获胜，丙方则败。

八、天下太平

天	下
太	平

“天下太平”是通州古老运河文化发展的结晶，它是通州劳动人民对生活的一种向往、一种期盼，不当亡国奴，不要兵慌马乱，不要瘟疫，不求荣华富贵，只求天下太平，平安才是福，勤劳善良的通州人民通过游戏来抒发他们内心世界的呐喊，用他们勤劳的手在大运河两岸、在古老的通州大地上，一代传一代，多少人多少代，世代相传，共同书写着这四个字：天下太平。

天下太平共有两种版本的玩法。它通俗易懂，老少皆宜，随时随地、只要在阳光下都可以玩。

1. 男人的玩法：

（1）两人以猜丁壳或锤子、剪子、布方式决出谁先在各自的四方格内写一笔。

（2）猜一下，获胜方写一笔。

（3）天下太平共 16 笔，谁先在各自的四方格内清楚地写完天下太平这四个字谁获胜。

2. 女人和孩子们的玩法：

女人们和孩子们常以玩骨拐（猪羊的后腿的一块骨头，以羊拐骨为优，小而轻；猪拐骨次之，大而重）为玩法，一副好的骨拐共 6 枚子，很难求，一头猪一只羊身上才有 2 个骨拐，要凑齐 6 个头大小相等、重量相同的 6 枚骨拐很难，所以女人们在田间地头常以石子代替骨拐作玩的工具。

（1）双方采用猜丁壳或锤子、剪子、布方式决出谁先开始玩。

（2）玩者先用手心将 6 枚骨拐抛向空中用手背接住，再用手背将手背上的骨拐抛向空中，再用手接住其中一枚骨拐，即在方格内写上一笔，第二次接子时要接住 2 枚子，在方格内写二笔，以此类推，动作越难，接的子越多，写的笔画就多，但要按顺序接子，一二三四五六的顺序接子，多接子、少接子或没接到子则换对方，看谁先写完这十六笔则谁赢。

九、鸡毛蒜皮 大肚鲇鱼

此棋通俗易懂好学，走法简单。

甲乙双方各持两子。

甲方：△△

乙方：●●

1. 双方采用猜丁壳或锤子、剪子、布方式决出谁先走子。

2. 一次走一子，一子必须走四步。

3. 甲方一边走子一边唱“鸡毛蒜皮”，走四步。乙方一边走子一边唱“大肚鲶鱼”，走四步。

4. 行棋的目的是封堵对方之子，使对方双子没路可走（注：每条路必须走四步），被封堵方即输。

十、西瓜围棋

甲乙双方每方各四枚棋子。

甲方：○○○○

乙方：●●●●

1. 双方采用猜丁壳或锤子、剪子、布方式决出谁先走第一步。

2. 甲乙双方按图中各点一枚子

一次走一步。

3. 甲乙双方要在运动战中达到围堵对方。如图：甲方成功将乙方一枚黑子围在阵内，甲方既吃掉这枚子。

4. 因每人台面上只有 4 枚棋子，如让对方吃掉两枚棋子，失两枚棋子方认输。

十一、二十人打虎

二十人打虎是两个人对弈的游戏：

●● ●● ●●

● ● ● 代表二十个人

●● ●● ●●

□ □ 代表两只老虎

20 人的任务是在老虎出山上蹿下跳时利用占据有效点来围堵图中的两只老虎，两只老虎有效行动点是—

1 进 3、3 进 5、5 进 7

4 进 6、6 进 8、8 进 10

就是说老虎跳跃时必须跳过一点，老虎的落脚点必须空子，才能吃掉图中任何一枚散子。行棋时如两枚子的两个点相连（最少两子相连），这就形成了一个堡垒，两只老虎吃子时，不能吃这些子，老虎空步时，可为下一步做准备，即空走一步。围堵老虎的人也要按照老虎的走势调整位置（一步一点）。

东堡村高跷会

■ 杨殿武

东堡村高跷会组建于清代道光年间（1821–1850），原名“善缘童子会”。相传十几代人，参加过的人次达 200 人之多。

发起时期，每年七月十五云锣会，在村三官庙内搭台与道教共同表演。然后，到濕濕河（今潮白河）边吹打共祭河神。高跷会在河岸舞扭，村人将贡品投入河中，祈祷河神爷保佑不发大水。晚上，村人还要自制河灯放入水中，禳灾避祸。

东堡村高跷会

演出地点一般在本村宽阔街头、东堤口，走街、打场、拜年表演。也出村参加庙会进香、各种祈福、庆祝节日、联演等文化活动。

东堡村高跷属通州北八会，包括大甘棠（小车会）、卜落垈（高跷）、南刘（高跷）、七级（小车会）、小营（高跷会）、

东堡村高跷会

师姑庄（高跷会）、召里（高跷会）。东堡属文跷范畴，伴之武角。文跷讲究软功技巧，打锣有撇锣、转锣、望日、捞月等。打鼓有过腿、飞锤等。渔翁有撇髯、挑髯、吹髯、耍杆等。樵夫有双换肩、高挑腿、抛带等。角色伴相端装，粉饰讲究，舞姿优美，跷高 2 尺 8 寸（托板至跷底）。武跷讲究硬功技巧，有背剑、抱月、搭架、蹲桩、迈毛、劈叉、搬墩子、铁板桥、拉骆驼、蝎子沟、招柞子、鹞子翻身等。

出场角色 12 人，由四跳、四打、四唱组成。四跳：头陀（头行）、小二哥（买豆的）、公子（武扇）、膏药（买药的）。四打：两锣两鼓。四唱：渔翁、柴翁（樵夫）、老坐子（文扇）、渔婆（后兰子）。集体动作有：五谷攒心、搭架、拉骆驼、攒蹲桩、堆山子、双斗女等。两锣两鼓的谱子有：开头鼓、行进鼓、加花点、起块山、篱笆鼓、回乡鼓等。

开场由头旗“头陀”先行，展开队列形式：拉幺五、单变双、打圆场、单走街、斗坡、拜门、加花篱笆等。唱工起：独唱、双唱、合唱、帮唱（搭斗）。唱段曲谱：渔樵耕读、十针扎、浮云调等。语言形式有：抓皮歌、上拜词。头陀三棒响起，小二哥舞鞭随后，全队起舞，公子向前跑跳压场亮相，行进在大街上，叫“踩街”，然后进入开阔街头的指定地点正式演出，在角人员 30 余人。从出会开始，锣鼓四件不停，一直随角色起舞、跳跃、逗坡、走场而变换曲谱。

东堡村高跷经几代老艺人改进演技，出现了京东武扇高手袁延真、怪头陀陈二、膏药王杨永春、扫地鞭小二哥陈三等优秀艺人。现健在传承艺人：90 岁以上 2 人，70 岁以上 3 人。

东堡村高跷曾多次到西集鲁仙观、燕郊、天齐庙、广会庵、通州庙会、李二泗、南刘等多处庙会进香演出。在李二泗庙会上，武跷上下翻跃十余级台阶。小二哥陈万元下蹲上坡三回合，高药袁二飞腿鹞子翻身，公子陈士荣德双迈毛，都在历史上留下了响亮的声誉。先后传授帮助了西集、南刘、小营等村的高跷艺术。

1990 年，东堡高跷扩大了传统的演出角色。村支部出资 4 万多元，购买服装、头面、道具、跷具。由原来的十二角色，增加到二十四角色，两锣两鼓改为四锣四鼓。新增角色有：白蛇、青蛇、大头仙女和孩童、傻小子等，并改为女生饰女角，真实亮相。更改角色服装有：原文扇着装一身黑衣（青衣打扮），改为上身绣花浅蓝女披，下身绣花大红裙；“膏药”的原黑色上身改为上穿黄团龙马褂，下穿大红裤子；渔婆（后兰子），改为桃红小袄带裤，下穿百褶长裙；傻小子改为上穿蓝色孩童装，下穿红裤子。白蛇穿抱衣裤褂，白色百褶裙，头戴红中球白额子，背插双剑；青蛇穿打衣裤褂，头戴蓝色额子，腰挂宝剑。提高头饰档次：女角改加“珠花头面”、贴片子上泡子小弯、配耳环、云肩；男角额子增加彩球。一律按戏剧化妆，油彩、粉底、胭脂。原来的白楂道具，统一油漆彩画。演员动作以舞扭为主，白蛇有与公子等丑角的斗蝴蝶、青蛇双舞等；青蛇有舞剑、护白蛇、卧鱼等软功夫；女角以造型上拜词为主，上拜

东堡村高跷会

词由唱念组成。如：潞城人民笑开颜，春风吹遍地平川，来你看阳光照耀，嗳咳嗳咳咳，共建和谐好家园。嗳咳咳！恭贺新喜把年拜来你看，幸福唉咳唉咳长寿，保平安来呀，我喝我的天汗汗，呀嗨汗、哦吼厚，我喝我儿，嗳咳咳，幸福长寿保平安。嗳咳咳 ---！

东堡村高跷绝技：集体动作有，加花篱笆、斗坡、堆山子、跳山子。个人工夫有，窜山门、招柞子、高迈毛、卧鱼看跷等。斗坡，坡度在 45 度以上，居高临下。其中高难动作，由“公子”上下十几个回合完成。堆跳山子，演员要上到 3 层高桌进行表演，然后逐层跳下。

改变传统的队列，以舞蹈造型为主，武功花样翻新。恢复了“拉一五”、“五股攒心”等程式。变单逗为双逗，变老调“搭斗调”为“拜年歌”。在通县小食节汇演中，唯东堡高跷制作了 18 米长桥，宏大靓丽，增加了特色效果。此后参加了区里组织的次渠和八里桥等处的数十场花会演出，两次到乡政府拜年演出。多次参加乡镇组织的文化活动，到敬老院、及下村义演。在北京地檀庙会上表演了武跷枝艺和文跷舞蹈。“五女上桥”“上拜词”受到数千观众的欢迎，表演剧照被多家媒体和报刊选用，丑角演员陈亚东的演出照，长时间在区文化馆橱窗展示。

1996 年，东堡村高跷会在北普坨，参加了北京电视台录制的，根据刘绍棠先生著作改编的电视剧“运河人家”的拍摄，剧中的蓑妹子，踩高跷的替身演员，就是东堡村高跷会演员袁克霞同志。

2012 年，村委会又投资了 6 万余元。增添了服装道具、地面大鼓。2013 年，参加了运河文化节、正日十五元宵节的特邀演出。

东堡高跷会现保存的老物件有：老金匮（衣箱 --- 清末）老会虎撑（清末）、武跷用茨苦叶（清末）、通县小食节锦旗 2 面（90 年代）、影像资料有 90 年代至今各种演出照片 80 余张、2012 年，北京电视台“一箩筐节目”录像一份。

农耕遗风

麦田守望者——天食录之三

■ 王梓夫

一

小麦是庄稼中的贵族，用它磨出来的面粉，算是细粮，其它的应该算作是粗粮。在北方，精细的大米勉强可以跟面粉一起被视为细粮，也仅仅是勉强而已。在共和国长达 30 年的粮食定量供应中，每个月发的粮票，分为三种：面票、粮票、米票。面票占的比例不超过三分之一。只有面票能够买馒头、面条儿，粮票只能买窝窝头。

麦捆

我的家乡潞城盛产小麦，面粉至今还是当地人的主粮。

由于小麦有着尊贵的血统，农民视它为公子公主大少爷，小心伺候精心呵护，不敢有丝毫的马虎。

首先在播种上它就占了先，别的庄稼

都是春播，清明前后，种瓜点豆；而小麦却是秋播，白露早，寒露迟，秋分麦子正当时。秋风萧瑟，大地苍茫，万物凋零。在耀眼的阳光下，土地又被翻了过来，黑黝黝的土地重新被耙平整细，播下了像阳光一样暖洋洋的小麦。当田野蜕尽繁华呈现出一片凄凉的时候，突然间又翻腾起了碧波荡漾的海洋。这便是小麦。

小麦要与人们一起熬过冷酷的冬天，人们心疼它，给它施最好的肥料，还要给它灌足了水。

寒潮伴随着暴风雪如约而来，苦寒世界，充满了迫害的恐怖。识时务的候鸟飞走了，投机的寒鸦战战兢兢地觅食，胸无大志的麻雀躲进了屋檐下，空着半挂肠子的农民则缩进了被窝儿里。而小麦呢，却毫无选择地挣扎在冰雪之中。文人们不厌其烦地歌颂松柏、歌颂苦竹、歌颂梅花，就因为它们敢斗严寒，须知在反抗严寒的主战场，却是在实实在在的麦田里。与小麦比较起来，松柏苦竹梅花，充其量就是“地雷战”“地道战”。

小麦在战斗中疲惫了，身姿萎顿了，紧紧地抱在一起，匍匐在地皮上，它的根须却深深地扎进了冰冷的土地里。冰雪铺天盖地，把麦田严严实实地侵占了。小麦在沦陷的土地上默默地祷告着，它尊重造物主的旨意，保存着实力，积蓄着能力，咬紧牙关迎接着生命的春天。

农民并没有忘记冰雪中顽强抗争的小麦，有抗争就有希望，那是生命的希望。大年三十，诸神下界，大地上点燃了星星点点的灯光，这是向上苍祈福纳祥的庄严时刻。父辈对子侄们说，提着灯笼到麦田里去，把灯笼放在田头，再走到麦田的另一头，顺着垄沟望去，可以看到麦浪滚滚，那是丰年的象征；亦可看到人头满地，那是灾年的恶兆。

我也早就想去麦地田间望一望、试一试，每年都跃跃欲试，终于缺少这个勇气。

麦田，苦了你了，我只好远远地守望。

二

海一样的麦田对我们这些贫饥的少年有着特殊的诱惑，春阳融融，棉袄里的虱子爬到脖颈上，到了“蜕毛”的时候了。没有秋衣毛衣，棉裤棉袄里面就是光溜溜的身子，名曰“硬山搁”。脱了棉衣就是单衣，甚至就是光屁股，好在北京没有春天，夏天会很快到来的。

这正是青黄不接的时候，不管如何省吃俭用，冬储的粮食见了缸底儿，农民把饥饿的目光从面缸移向了田野。天无绝人之路，田野里已经钻出了野菜的嫩芽芽儿。麦田是最肥沃的，又有浓密的麦苗滋润呵护，麦垄里的野菜又鲜嫩又肥硕，孩子们便成群结队地奔跑到麦田里，像麻雀觅食一样啄挖着。尽管用野菜充饥苦不堪言，收获的喜悦依然欢如奔兔。

那时候的麦田是分垄播种的，当麦子拔节高过膝盖的时候，麦垄便成了孩子们的巷道，捉迷藏、玩打仗，疯得不亦乐乎。更有趣的是，鸟儿也到麦垄里觅食。

捉鸟是最有技术含量的游戏，先要准备好夹子，铁丝编的，上下两层，中间有弹簧。夹子可以到集市上去买，没有钱，多数是自己做的。把铁夹子掰开，用一根细细的“支棍儿”支在小小的“屈屈儿”上，捉个小虫子，同样拴在“屈屈儿”上。

鸟儿觅食是很谨慎的，人类的凶残狡诈使它们积累敏锐的的经验。多数是一只鸟儿独自行动，顺着麦垄一边蹦跳着，一边仰起头滴溜着眼睛观察着，稍有点儿风吹草动，它们就会仓皇的飞走。捉鸟是需要有耐心的，把夹子支起来后，还有用土埋藏起来，小土堆上只留下蠕动着身子的小虫子。鸟儿在垄沟里张望着，孩子们在鸟儿的后面观察着。鸟儿走走停停，有时候需要催促。怎么催促，打口哨。口哨很轻，似鸟儿啾啁，又像是别的声响。一般的情况下，鸟儿听到这种声音，既不会受惊，也不会无动于衷，多是加快了脚步。人为财死，鸟为食亡，加快了脚步就加快了死亡。

终于鸟儿看见了虫儿，终于经不住诱惑。尖尖的喙轻巧地啄向虫儿，拴着虫儿的“屈屈儿”被扯开，“支棍儿”弹起，铁夹子在弹簧的作用下迅速合在了一起。鸟儿的脖子随之被死死地夹住了。如果想捉一只活鸟儿养着玩，需要事先在铁夹子这件放一根木棍儿，鸟儿就不会一夹毙命了。

三

麦熟三晌，从返青拔节抽穗扬花灌浆乳熟到成熟，速度是非常惊人的。天气一热，麦田便一天一个颜色，一天一个样子。收割小麦是夏收，夏收还要伴随着夏种，夏种紧跟着是夏管，因之叫做“三夏”。“三夏”只有短短的十来天，何况又到了雷雨季节，稍有不慎，一场雷雨冰雹，成熟饱满的小麦就会毁在田里。庄稼人拼死拼活盼了八个月，不能白白地交给老天爷。所以，麦收又叫做“龙口夺粮”。

“龙口夺粮”是要脱一层皮的，在那个特殊的年代，将什么工作都称之为“战斗”，窃以为，真正称得上“战斗”的只有“三夏”的“龙口夺粮”。庄稼人说，不累死也要脱一层皮。

当年收麦是用手拔的，叫做“拔麦子”。“拔麦子”要的是力气，也要的是技术，是男劳力的活计。农村流传着“四累”，前三累是脱坯、搭炕、拔麦子，第四累少儿不宜，从略。夜里三点钟就要来到田头，每人一垄，领头的一弯腰，便一字排开拔了起来。右臂将麦穗往怀里一拢，左手抄根用力一拔，顺手把麦根上的土甩掉，一攒麦子便拢在怀里。不能直腰，重复做一遍，再做一遍，怀里便抱满了三攒麦子。这时候方能直起腰来，抽出一撮麦子，将麦攒一捆，扎个扣，又弯下腰去。

右臂拢，左手拔，用力一甩，连拔三攒，打结绑扎，顺手一扔。曙光里，一排赤膊男人协调熟练，动作整齐化一，起伏有致，如果有人拍摄下来，会是一幅多么雄性、多么潇洒、多么撼人心魄的画面啊！

拔麦子的男人后面，是一群妇女和儿童，他们将扔在地上的“麦个儿”拣起来，攒成一堆。这时候拉麦子的大车来了，负责攒麦子的妇女儿童又帮助装车。这一切，配合得紧张有序，争分夺秒，一刻都不敢耽搁。因为麦子被拉走之后，紧跟在后面的就是犁地开沟，播种下茬儿的晚玉米。后来有了拖拉机，更透着急迫。拖拉机是追着收割的屁股进入的，连气都喘不上来，更像是“战斗”。

四

每个生产队都有一个场院，那是大麦两秋收获所有农作物的集散地。麦收之前，便早早地把场院硬化了，叫做“杠场”。把场院表面的土层翻起来，浇上水，掺上花秸麦芋，用碌碡反复地碾压，晾干以后，场院便光滑如镜，坚硬如石。

从地里拉回来的麦子是带根的，根须上还带有许多的泥土。在场院的边上，先要用铡刀将麦根铡下。铡下的麦根毛茸茸的，也是不错的燃料。

铡下来的麦子包含三个部分，麦杆、麦莛和麦穗。经过几天妇女们拿着木叉不停地翻腾和晾晒，很快就晒干了。男人登场了，把绳套的一端往碌碡上一拴，另一端则套在马脖子上，进行轧场。轧场酷似演戏，农历的六七月份，正是一年当中最热的时候，男人们大都头戴草帽，穿着衬衫、背心，挽着裤腿，顶着火辣辣的烈日，手持长鞭，站在圆形的土场中心，牵着拉动碌碡的牲畜，一圈又一圈地在摊平的麦子上运作起来。此时，矗立在场边的几棵郁郁葱葱的杨树静默着，隐藏在枝梢间的知了们，则用那嘹亮的声音不知疲倦地放声歌唱。与这高亢声音相匹配的，则是场上男人的吆喝声、女人的翻麦声、牲畜的喘息声和沉重碌碡的吱呀声。所有这些，构成了一幅“马拉碌碡压麦场”的生动活泼的画面。

妇女们翻麦叫做起场。麦杆儿麦莛轧碎了，叫做花秸。用木杈将花秸挑开，放在一边，剩下的就是麦粒和麦鱼了。麦鱼是包裹麦粒的外壳，把麦鱼和麦粒分开的工序叫做扬场。扬场是技术活儿，又该男人上场了。先要辨认风向，找好位置，一个人双手端着一个簸箕，另一个人站在他的身边。拿簸箕的人称作扬场，旁边的人称作“供锨”。“供锨”的手持木锨，将攒成堆的麦子铲起来，倒进扬场人的簸箕里。扬场人将簸箕按照一定的角度扬出去，麦粒和麦鱼一起抛上了空中，风把麦芋吹开，麦粒便落在了远处。

扬场亦即是表演，姿势潇洒飘逸，扬出的麦子在天空中形成一条彩虹。风吹彩虹，将麦鱼铺展成了云雾。云雾中飘然而下，金灿灿的麦粒堆成了金色的小山，同样金灿灿的麦鱼在小山的后面形成了一片流光溢彩的湖泊。这时候的农民是最开心的，如醉如梦。

五

小麦的高贵还表现在人们对它的命名上。譬如几乎所有谷物的秆儿都叫秸或秧，只有小麦的秆儿叫花秸；几乎所有谷物的壳都没有专门的名字，只有小麦的壳叫麦鱼；几乎所有谷物的糠都没有别的称呼，只有小麦的糠叫做麸；几乎所有谷物磨成粉都叫面，只有小麦磨成的粉叫做白面；更有甚者，如前所述，几乎所有的谷物都称作粗粮，只有小麦有资格称作细粮。

不能小觑这些命名和称谓，它们确实是有大用处的。

花秸是不可缺少的，碾下来的花秸不能扔掉，也不能烧掉，要把它弄回家，放在家家户户的院子外面，堆成堆，下面有一圈儿矮墙，里面放着麦鱼，麦鱼的上面堆着花秸，花秸上面再抹一层泥，叫做花秸垛。我们知道，农村大部分的房屋都是土坯房秫秸房，每年春天雨季到来之前都要进行修缮的。主要是为了防止屋顶漏雨，叫做抹房。抹房需要花秸，将花秸铡碎搀进泥里，就是花秸泥。

屋顶上抹上厚厚的花秸泥还是不够，因为花秸泥比较粗糙，容易渗水，在花秸泥的上面还要抹上一层麦鱼泥。麦鱼泥很细，用抹子在上面反复地擀，屋顶上又光亮又平整，防水防渗，效果极佳。

小麦还有一个重要的部分是需要提及的，麦莛。小麦拔节之后，会抽出一根长长细细的莛，莛上面才能秀出穗来。获取麦莛一是在小麦收割前夕，姑娘媳妇们拿着剪刀奔到田里，将麦莛麦穗一起剪下来，回去以后去掉麦穗即可。二是小麦收进场院打轧脱粒之前，用同样的办法将麦莛剪下来。

麦莛是用来编制草帽辫儿的，草帽辫儿编好之后由供销社收购，是农民贫寒生活中一笔小小的收益。

“三夏”过后，农事中有一段短暂的闲暇，谓之“歇伏”，是一年中天气最热的时候，也是庄稼在强烈的阳光下疯长的时期。

女人的双手是永远没有空闲的，烈日炎炎下，妇女们三五成群从家里走出来，找个阴凉处坐下来。她们每个人都夹着一个浸湿了的毛巾包，包里裹着泡软了的麦莛。麦莛在她们纤纤十指中舞动着，开始时只是露出一个银色的小舌头，慢慢地越变越长，像是魔术师抽出的绵绵不绝的纸条儿。很快，一条有头无尾的长辫儿便盘在它们的腿上，绕过她们的腰间，在她们肥硕的臀边盘踞着，缠绕着，堆积成一团蓬松柔静形状异异的云朵。云朵淹没女人们俏丽的身姿，只露出戴着野花的鬓发。说笑声却是淹没不了的，女人在一起总是快乐的。尽管在她们身上还留着被丈夫暴打的伤痕，心里还积郁着生活强加给她们的愁苦，以及对公婆的怨怼和对孩子的气怒，笑声如同长长银辫儿一样从她们的心里抽出来，亦如疯长乱爬的藤蔓儿。她们或许碰到了真正可笑的话题，或许只是重复着粗俗不堪的笑话，或许只是为了笑而笑，甚至为了苦而笑。生活的辛酸与不幸原本是可以通过笑来表达的。

姑娘们也编织草帽辫儿，她们不愿意与媳妇们为伍，躲到村外的小河边或高粱地中间的小径上。草帽辫儿在姑娘的手里舞动着伸展着，速度却远不及媳妇们。她们还没有真切地领略到持家的艰辛，编织草帽辫儿既是一种创收，更是一种闲趣。她们也笑，但是笑得很有节制。更多地是轻言细语倾吐心迹，掏心窝子的话说出来让人感动得泪湿。姐姐的心里有了谁，哪个讨厌鬼害得妹妹睡不着觉，他们都可以互相诉说的。说出来了，有小小的喜悦，小小的妒忌，小小的担忧，姐妹依旧是好姐妹。这是待字闺中的幸福与期盼，也是纯情少女最纯情的友谊，闺蜜是弥足珍贵的。

小麦是庄稼中的贵族，有关小麦的一切活动与故事也随之高贵起来。

（王梓夫，北京人民艺术剧院国家一级编剧、中国作家协会会员、北京作家协会理事、通州区文联名誉主席）

扛活打短儿

■马景良

解放前，有钱有土地的人，叫财主（地主）。有的有少量土地，但不能为计，或没有土地，以出卖劳动力干庄稼活为生的人，叫庄稼人。俗称扛活打短儿。

扛长工，一般是正月初六开始到雇主家上工，干到“立冬”节气下工，吃住在东家。一干就是一年。无特殊情况，中途不得终止（契约）。财主家有正月初三遛地头的习俗，“打头儿的”（带着伙计干活的人）这天必须要陪东家溜地头，制定种植计划。上工的日子，有初三、初四、破五、初六。但最晚不超过正月初六。上工早是因为节气不饶人，“惊蛰一犁土”“豌豆大麦不出九”。上工就是紧张的备耕。那时都用

锄禾

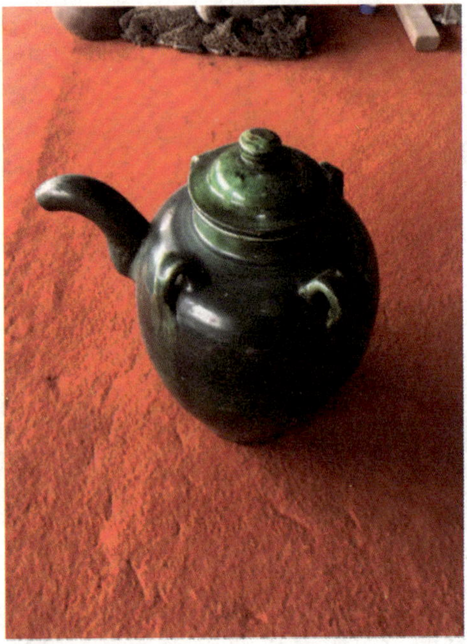

下地劳作时送水的水壶

农家肥，惊蛰前必须拉到地里，迟了就会开化烂道，土道车辙半尺多深，地里一踩泥就粘上帮子，没法送粪。“种地不使粪，一年瞎胡混”。敢那样干，人们就都会说那不是过日子人家，姑娘不好找主儿，小子不好说媳妇。

长工一般有三个等级，“打头儿的”，级别最高。因为有经验，干活棒，拿头份钱（挣头等工钱）。种什么作物，每天安排什么活茬儿，都由他说了算。

其次是“二耥儿”（老二）。讲究“软打头，硬二耥”。二耥体格棒，庄稼活样样精通，手底下利落，比试起来，一般人干不过他。只是没有当打头的经验丰富，对活茬的算计也逊色一些。但打头不在，他要带着干活。有时有的人不服打头的，他要挺身而出，靠本事镇下去这个闹事的。一般来说，用不了一二年二耥就熬上打头的了。

再往下排，是随活（大耥），干活不少，挨累一样，听喝儿，但挣钱比前两位少。还有半大小伙十五六岁，活没学好但有力气，脏活累活，干前头，吃后头；耠地拉墒，跟车，套前饮，套后饮，牲口打滚，趟青回来，牲口一身汗不能马上入棚。学活儿，挨呲是常事，喂猪打狗起猪圈，挣打头一半钱，有的还不到一半。最低等是小半伙儿，白吃饭，十岁出头，打杂，力所能及，送水送饭。

临时工叫短工，俗称打短儿，干一天算一天。东家活儿忙不过来时就用，活儿干完了就走。随长工干活吃饭，因为工期短，有今儿没明儿的。因为是帮忙抢活救场，所以工钱略高于同等长工，一般是随行就市。

除了长工、短工，还有月工，季节工。如“扛秋的”，干一大秋，完秋后下工结账。“过冬的”，从立冬干到腊八，最晚不过小年腊月二十三。

在“三节”时，东家要给长工“吃犒劳”（改善，打牙祭）。“三节”是：清明节、五月节、中秋节。与其说是过节，不如说是占饭，或者说就是收买人心的饭。清明节，春耕大忙开始。不给吃这顿饭，长工就报复，比如，打头的撒种手头松一点儿，嘴上说“舍种不舍苗”，表面还是好心，实际粮种早就白扔地里了。五月节，是农历五月初一，标志着三夏大忙正式开始，要龙口夺粮。“数伏不亮甲，十年九不打”“芒种不可强种”，报复手段自然就更多了。中秋节，正值三秋大忙。“处暑找黍”，把爪镰磨光，麻绳上水，紧上加紧。然后是砍高粱、掰棒子、腾地、耕地、整地，再种冬小麦。都有质量要求，有定额，前边有人带着干，后头有人查质量。半个月内，种小麦的地都整得像面缸一样滋润。“麦子不怕草，就怕坷垃咬”。当然，这时伙食得好，吃咸菜都要香油就着。不然，长工也报复。“有油没油，芝麻地报仇。”芝麻熟了，芝麻角自然开裂。一遇震动，便撒一地。待好长工，照谱儿干，镰刀割，不震动。割下芝麻秸直立，把成熟度最好的落镰芝麻倒在笸箩里。反之，镰刀不磨，跟打棒子秧似的大展雄姿，芝麻就全“落扬”（糟蹋）。

土法生产“5406”菌肥和“920”农药

■ 马景良

潞城农业科技，始于20世纪60年代。当时是通县农业局技术员宣建平等人在后榆林庄村搞试点。主要的项目有：土壤调查、作物栽培试验、良种推广、粮食作物病虫害测报与防治等。土壤调查主要是通过对土壤剖面形态及其周围环境的观察、描述记载和综合分析比较，对土壤的发生演变、分类分布、肥力变化和利用改良状况进行研究、判断。作物栽培试验主要是依托当时后榆林庄大队良好土地条件，辟出小麦试验田，选择有代表性的植株，并对农大183（小麦）、八趟白（玉米）等良种进行推广；作物病虫害防治，主要是防治小麦黑穗病、条锈病、叶锈病、玉米钻心虫等。“文化大革命”初，科技服从革命，宣建平回到了原籍江苏省，农业科学实验也随之中断。

到1970年前后，“抓革命促生产”，各公社又先后恢复了科技活动，并很快掀起小高潮，各大队都有三人以上农技小组，社员称之为“科技人员”。可是这并未坚持下来，到1975年前后，各村农技小组基本自行消失。农技小组正兴旺时，在作物栽培、良种推广、粮病虫害测报与防治的同时，大力推广微生物学和酶学的农业应用。通县辖村搞的最多的是“5406”菌肥和“920”农药。

“5406”菌肥是1954年中国农业科学院植物保护研究所微生物研究室尹辛耘教授从老苜蓿根土壤中分离筛选出的第六号菌株，代号“5406”。

是解钾、解磷、抗病、促生、保苗等多功能的抗生菌肥。可用作拌种、浸种、穴施、追施、基施等。加入饼肥或土杂肥中作种肥或追肥等效果更好。拌种或浸种时，“5406”活孢子在种子周围可减少种子受病害侵害，同时还促进种子发芽、生根、提前出苗、早熟；转化土壤中无效磷、钾，增加果实的糖度，提高作物品质，一般增产 10% – 20%。

生产“5406”菌肥和“920”农药，首先要具备无菌条件。各大队科学实验小组按照因陋就简的原则，用纸糊起“无菌间”，没有灭菌高压锅的大队，就在大锅上架笼屉蒸，给“培养基”灭菌。菌种由北京市农科所等科研单位供应。试管菌种取回后，各大队经两次扩大培养，开始生产堆肥。即：把扩大培养出来的“菌种”按比例拌入加有棉仁饼的土或农家肥进行发酵。“5406”菌生命力顽强，施入大田也能继续繁殖。

无菌操作图

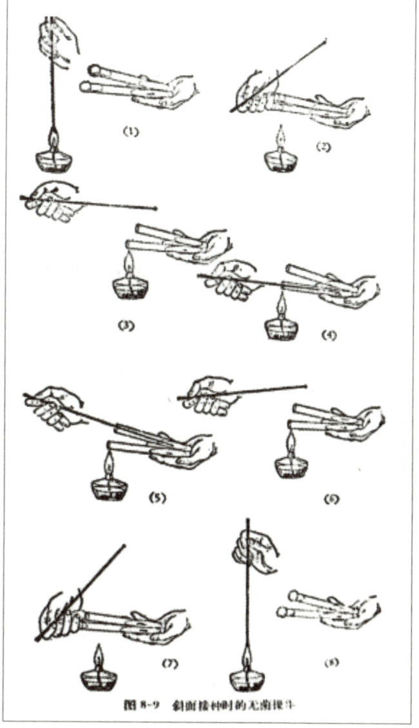

图8-9 斜面接种时的无菌操作

潞城的农技小组都要按公社要求，做施用与不施用的对比试验，写出试验报告上交。理论数是增产 10% – 20%，但这里不少村的结果都在 30% 以上，尤其是黄瓜，竟达 60% 以上。经后来验证，“5406”菌肥中的棉仁饼作用可以忽略不计。不过也有细心人，在小麦越冬前，分别冲洗施用与不施用的小麦单株，结果发现，未冲洗施用者大多为 5—7 条根，冲洗施用者多为 10 条根左右。但那时候人们只注重产量，这类基础数据并未保存。

土法生产“920”农药，源于毛泽东在山东视察，在棉田里亲自数一棵棉

棉花

花上的棉桃数。看到有的果节上没有棉桃时，问道：“这是怎么回事？”有人回答说：“这是脱落了。”毛泽东说：“你们要研究一下为什么落桃的问题，是否可以研究个办法，叫它少落或不落。”

“920”是赤霉酸，用作作物生长调节剂，有助于植物细胞生长、打破休眠、诱导开花、减少落花落果、促进作物提早成熟等。在当时是防棉桃脱落、保蕾、保铃、保桃的首选。队里相当重视，在各大队农技小组中，武窑的徐信、谢楼的庄业甫、曹坨的刘涛等人，都是高中的化学或生物教师。武窑村生产的“920”粗品，净含量达十三点多，一直高居通县第一，谢楼村也达到十点以上。

用“920”稀释加灭虫农药喷洒棉花，确实可以起到防棉桃脱落的作用，因为有些掉桃不光是棉花自身生长的原因，还有的是因为虫害、棉铃虫给咬的。这在当时也是一大成果。在棉花上作“920”对比试验，大都没坚持下来，主要原因是收获时，没有单分出来。

砖井

■马景良

“大道众人走，井磨千家用”。道路、水井、碾子磨是公用设施。水井虽大家用，可大多私人投资操办。老人也说：“一辈子别赶上盖房、打井”这两样事的确工程量大，熬人。

挖井，开始先要挖一个很标准的大圆坑。到一人深，缩进一圈，留下一步台阶。一直到见着泥水，接近泉眼。留台阶的目的，是把泥土一步一步地倒上来。越挖到深处泥水越多，棒小伙也就越发卖力，称作“抢茬”。抢到清水后，放入不易腐烂的柳木井盘（起水泥桥墩基础作用），在上面砌砖，缩着砌，越往上，井的直径越小。同时回填挖出来的土。

砖井

圆形井盘由木匠放八卦线，说白了是以方求

圆法，比现代的几何作图法简单易行。口诀是：“四六分八方，中间错一当，六三下推上，下余是三行”。可是木匠作头都拿这当资本，甚至有人说：学徒三年零一节就学的它。但打井千家用，再能耐的木匠作头也不能像平常一样高高在上，四盘菜干烧酒，也得和抢茬小伙一同吃喝。

井打出来，架上辘轳，淘净浑水，便可食用。经过一段时间，有的井淤塞，水不旺，要淘井（井底清淤），那是纯公益性质的。会里（村里）组织，吃水户有的拿白面，有的拿鸡蛋，小铺拿烧酒……

东家要操心的是在井沿预备石头水槽，槽边栽拴牲口桩子。牲口干活卸套要到井沿饮水。有人干完活也到井沿洗手涮脚。虔诚东家，过春节还给井神上供，在拴牲口桩子上贴“井泉大吉”一类的红纸楹联。

拉大驴的

■马景良

拉大驴的是指为大牲畜配种，选育优良品种，繁育牲畜。准确的叫法应该为“畜牧繁育师”。这行有家传，也有师徒。这一行开销较大。师徒要养家，种畜要活力四射。不但需要营养要好，每天还得奔跑 20 多里路。吃喝差了，根本不行。配种讲究马不群母（不能近亲繁殖）、血缘要远，种畜还要定期更新。整个过程包括三个：“手艺”，“摊销”，“酬谢”。

手艺，即给牲畜去势，劁猪骟马。对于活蹦乱跳的骡马，不用麻醉，不用缝合，不用上桩（学名四柱栏），用绳子将马盘蹄捆好，系上专用扣子，完事一拉就开。手艺好的人骟牛，不用捆，只把牛头固定在树上，然后身体抵住牛的后腿，死死攥住牛的睾丸，趁着牛剧痛，让它在不伤人的前提下快速完成骟牛。劁猪一般是断奶前的仔猪。把一窝小猪全头朝下吊起来，然后解下一个劁一个。小公猪拉口挤出睾丸就算完事。劁小母猪用竹刀，把卵巢等生殖系统全部摘除。摘得不彻底，继续发情，不成。

摊销，家有适繁母畜的财主，骒马顺利产过一胎之后，每年又下一头驹子，多的一生能下七八头。骡马数量多的大财主，此时很是风光。出手也阔绰。

酬谢，是产下了小驹子。拉大驴的虽是父亲一方，可是叫娘家人儿。一般母畜怀孕后期，娘家人就要光顾了（提醒不要流产，同时图个娘家人吉利），“一骡一子”比喻拿骡驹子当儿子看待。自然要招待娘家人。

事实上，这行人生活窘迫，拉大驴没有发财置地的。整天跟牲口打交道，安全也没有保障，尤其配种时直交，人不上前控制公畜不行，经常还要扶住生殖器。社会地位低下，许多人看不起。直到如今“畜牧繁育”学科，仍然被划在“畜牧兽医”专业里。

在潞城境内，这行人的徒弟在20世纪60年代都进了“胡各庄配种站”或“侉子店配种站”，成为正式职工，挣工资，享受退休待遇。

侉子店地区解放前后，都是一位住李疃村的张先生做这一行。他的徒弟有燕山营村王永峰、裴福才，二人直到退休都没离开这一行。“侉子店配种站”职工曾有兴各庄村顾德福、陈兆林（二人都曾经是负责人）、小东各庄杨长江，曹坨村杨敏、康各庄村陈宝荣等。

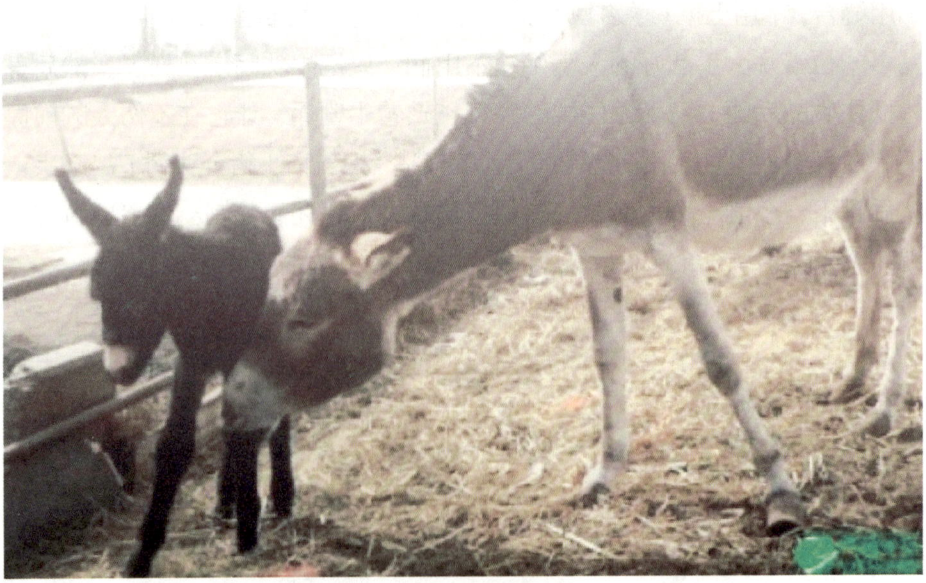

压骡子的

■马景良

这行人是驯服、调教骡马，近似马戏团驯兽师，只不过驯的不是野兽，是骡马，而且是上等的骡马。要求人有眼力，就如同伯乐相马一样，一看就得知道这牲口是不是可造之才。同时脾气得好，有耐性，无论牲口怎样任性、乖戾暴躁，人也不能大动干戈。品性要好，骡马是半拉家当，不是交给什么人都行。当然最主要的还是身手矫健，这样才能降服烈性骡马。

这行有家传，有师徒。穷人没有骡马练手，富人不与牲口较劲。但绝舍不得拿着自己的产业交给别人去练就这功夫。一般财主把这行人请到家里，和教书的一样专管，当面也被称爷。

大牲畜是耕种的主力，用于农业生产的，一般由车把式调教就可以了。这行人负责的是“骡马的高等教育”。压出来的叫“走马”、“走骡”。这是财主身价象征：说 XX 大财主骡马成群，排名第三等，说 XX 家有小车骡子好，排名第二等（俗话说特殊待遇，还有“小车骡子—单喂”之说）。“小车骡子”是骡马中佼佼者。只有炫耀“走马”、“走骡”之家，才是一等，那相当于现今豪车。

骡子灵活，但步幅较碎。没有压出来的骡马走路，都是后蹄落在前蹄上。压出的“走骡走马”，后蹄要落在前蹄前面，俗称“插腿”。“插腿”距离越大步幅越大，也就越快而且平稳。压出来的上品“走骡走马”，都是名门望族才可享用，普通财主家是没有的。

压骡子

到民国战乱时期，这行业基本消失。得到过真传，且口碑好，20 世纪 60 年代还健在的，是潞城镇东刘庄村一位李姓老人。他孙辈们的后人都有了孙子，但是都已经不知道他们祖上有此绝技。

李家车铺

■马景良

很长一个历史时期，马车都是最主要的运输工具，造马车的叫打大车，打大车的作坊叫车铺。在潞城，实际是“木匠铺”。

清至民国时期，今岔道村西元通寺村（村庄已经消失），有老车铺。后来的西集西门外李家车铺，张家湾乡垡头村严家车铺，前榆林庄村王家车铺等，都是从这里“繁衍”出来的。他们打大车，同时生产农具，如犁杖，驮床，碌碡框，砘子，压地滚框等。还有场院里用的扇车、抢杈木制类农具，生活用的碾子框，水井辘轳类，还外带做棺材。南至西集香河，北至宋庄燕郊，大运河东，潮白河两岸都有他们的产品。

这门上手艺好，人实在，远近闻名。一般犁杖，牲口在前边拉，后边人扶着不能离手；差的不好使，扶犁人要累得满头大汗，行话叫“扶不住”；而这门上制作出的犁杖，牲口只管在前边拉，扶犁人撒手五、六步都不倒。安装的碌碡、碾子间隙都拿捏准确，使用起来，比一般的都要轻。

民国二十八年（1939），海河流域普降大雨，持续20多天。李家车铺被冲毁，几乎片瓦不存。被迫迁往西集。旧时，香河县有去平谷丫髻山上香习俗。据传，一大户人家，态度虔诚。他们从县城新购置大车，初始使用于上香。骡马三套，很是威风。但行至吴村北，刚进西集地界，出行不足十里地，三套牲口就全都累出了汗，好像车载很重。于是，便把李家李二师傅请到停车处。李二师傅说尺寸不对，只给新车“动了一个手术”，

花轱辘

花轱辘铁瓦车轮

只给改了半个眼儿（位置），便手到病除，大车轻了许多，骡马再不出汗。上香回来，东家亲自登门道谢。

马车又经历了四辋车，花轱辘，胶皮轮的变迁。四辋车车轮，没有铁钉、铁瓦，全是木制。最外圈挨地的弧形木块叫辋子，因四块拼对成车轮，得名四辋车。里边棍状木条叫辐条，辐条棍里边穿有车轴部位叫车头。老人说只有车头部分叫车，其他部分，包括上车，都是附属物。这种车因笨重早已淘汰。

花轱辘铁瓦车，是四辋车的二代产品，直到 20 世纪六七十年代，才逐步被胶皮轮取代。这种车车头与车轴都加了嵌铁（轴承的前身），摩擦力减少许多。车头用了铁箍，辐条棍与辋子都有加固的大帽儿铁钉，车辋子外上铁瓦。

打大车的规矩叫“硬下三分”，是说其榫卯结构，榫儿比眼硬三分。必须这样，不然，车一上份量，路上摇晃就散架了。要把隼打下去、承受住，还不能折，这就是手艺。打大车全选硬木头，看材质都得靠本事。

一般讲究要十多年的坐地榆木，顺丝顺线，折不了，还不能劈裂。有一次，当地人送去这样的榆木，李二师傅当即回绝：这是道边的树，当时不劈裂，往后也使不住。

这行“潜规则”是竞争不强，各有领地。两家车铺距离要 15 里之多。李家在西集开业；同门的在张湾垈头村开业，弟子辈的在前榆林庄开业，没有半点恶意竞争的气氛。

这家车铺另一家传与木匠不沾边，是“正骨”，即治疗跌打损伤的土办法，“揉胳膊揉腿”。从元通寺老铺出徒的严家会这门手艺，同门李家这一点同样降人。可贵的是这祖传秘方，他们完全当“施舍”，谁家伤筋动骨，都白给揉，不管认识与否，一律分文不取。李家传人现住南刘各庄村，已有 90 高龄。这手艺他还传给了大甘棠村的一位董姓村民。

打麻绳

■ 张春昱

手工麻绳机

打麻绳——放经

在中华民族历史上，绳不仅悠久，而且光辉。结绳记事，出土文物的绳纹，便是佐证。通州打麻绳，多是用苘麻打的白麻绳，用于捆绑拉拽。（纳鞋底、织麻袋用细黄麻绳）

苘麻绳用途极广：缰绳、套股、笼头、箍嘴，凡畜力作业，样样离不开。放树、立杆、盖房、做井、打水等同样不可或缺。三批绳、三股套、两股小连绳、大两股，长套、短套、井绳、担绳、煞绳，几乎抬手动脚就得用。制作有较为先进的工艺和工具。

打绳的主要工具是纺机、风步子（也有叫车子的）。打绳时要先纺单股，续麻时干净的内皮要向外翻，均匀地添麻，绕到风步子上。左手续麻，右手摇车为正绳，反之则为左绳，左绳容易散落，不值钱。打好的单股绳叫绳团子，不叫纺锤。麻要撇成打绳需要的小片，常需要熬到深更半夜。解放初，没有电灯，照明都是用煤油灯。单股绳打好后，接下来是隔绳。将单股绳合到一起攒成麻绳。隔绳要用纺机、木瓜。纺机是两个加工好的木架，分大头、小头，大头小头上都有 12 个钩，根据需要，用几个挂几个。大头固定，随麻绳隔紧缩短，小头向大头靠近。根据绳的长短确定大小头距离，这是师傅根据经验定的，隔好的绳长短要差 1 尺 8 寸就不算有手艺。木瓜是一段把粗的硬木，上面有孔，隔几股绳用几个孔，通过它，多股合一。纺机晃动，麻绳加紧，催它往前走。隔粗绳纺机小头还要压分量，绳子越粗，加的分量越大，自然越费力气。一般是缰绳 7 尺 5，短套 8 尺，煞绳 3 丈，井绳 1 丈 5。随着生活水平提高，农事活动渐少，打绳工艺在通州也逐渐淡出了历史舞台。

编筐，编土篮

■ 张春昱

背筐

因为这类农具用柳条、荆条编制而成，也叫荆编、柳编。这类农具颇多：土篮、八棱筐、背筐子、粪箕子、鸡笼、白条篮子、浅子、笊篱等等，在农家比比皆是，居家过日子一天也离不了。通州地区不产荆条，多用当年数伏以后割下的柳条、桑条以及紫穗槐条。

背筐、土篮上有木弓。一般选用核桃粗细柳木、榆木，桑木弯成，俗叫“系儿”，说买个篮子抱着走，别揪细儿，用的就是细儿—“系”

土篮子

字的谐音。弯这“系儿”，要选用上冬后的直条，顺溜、匀称，而且是一年生的树枝。放灶膛里温热，待烤软后，慢慢用力弯，对头弯、满弓状后按所需固定。过一段时间定型了，再打背筐、土篮的底儿，摆进去，一层一层往上编。成形儿后，一般可负载好几十斤。

俗话说，“编筐编篓全靠收口”。荆编、柳编活儿收口很重要：依物件、条子而定。鸡笼，土篮背筐等厚重的黑条子活儿，要收结实的满口，要反拧，原有茎条不够，还要插进去加上，把口收得圆滑，牢固。厨房用的白条篮子、浅子笊篱，还要去一些原有茎条，收得轻巧，美观。手艺好的，能收出花样，当工艺品。通州地区也有这类顺口溜：白庙的筐篓、枣林庄的筐、北刘庄的浅子、笊篱不漏汤……

苇编（织席）

■ 张春昱

苇席是用芦苇编织的产品，简称苇编。苇席有手工艺品和生产用两种。工艺品价值谁都知道，由于近百年苇编不是潞城地区重要产业，暂不赘述，单说较为实用的生产用具。苇编在潞城地区主要用于：场院苫垛的垛席，粮食囤的茓子，炕上铺的炕席等等。它的主要原料是芦苇。芦苇有许多品种，如白皮苇、大头苇、黄苇、青苇等，其中以白皮苇质量最好。白皮苇，杆高笔直，骨节小，皮薄色白，苇质柔韧，是编席子的上等原料。著名的河北省白洋淀苇席，就是用这种芦苇编织成的，进行炕席苇编，非其莫属。

苇编，一般需要准备以下工具：

1. 五尺：是计量苇席尺寸和利于编织的工具。用不宜变形的硬木制成，上面刻有尺寸，外边请来的师傅一定不许用米尺替代。

2. 苇镩子，也称镩子，是把芦苇劈成苇篾片的工具，它依芦苇粗细，和编织物花纹需要，把整根芦苇劈成为3片、4片、5片等硬木制成，菜瓜状，手把大小，这头苇子捅进去，那边出篾片。

3. 苇捋锊子，能打净抱在苇杆上的叶子和苇皮，多用铁片制成。

4. 苇碡，这是用来压芦苇篾片的工具，就是石头的小碾子。本地人用压地碌碡代替，传统老师傅要求不高。要求地面平整，芦苇篾片压得不能过整，也不能压得过软。

5. 撬席刀子，这是在编织苇席过程中使其花纹紧密的工具。用铁或不锈钢打造成型。

织席

不论编织哪种苇席，主要有踩角、织席心、折边3个步骤进行。

1.踩角：起头用5根苇篾，这里用的是前面说的“三苇”，摆齐，织的时候用苇篾要一根是根，另一根是梢，根捎轮换交替使用。

2.织席心：编织苇席，根据不同的花纹采用不同的编织法：有挑一压一法、挑二压二法、隔二挑一压一法、挑二压三再抬四法等等。

苇席的花样变化多端。在编织苇席中，有一点需要特别注意，就是不论编织哪一部位或者哪一花纹，始终要保持手势一致，一般是左手抬、右手压。还有，在编织的过程中要步步注意席花的紧密，随时用撬席刀子挤紧。

3.折边：又叫窝边、撬边，是苇席编织中最后的一道工序；有焖茬席、舒茬席、压边席等。收边后，压平，苇席就成了：四边齐，席花紧密，尺寸足。

也有许多人不依操作规程，偷工减料。席子上市，你要长短，他抻起来抖，长短尺寸够了，宽窄不够了，你要宽窄，长短自然不足。

潞城地区编织苇席多在生产队时期，外请师傅，有燕郊南巷头北巷口村的，也有白洋淀的。随着生产队解体，用量渐少，这一行逐步成为历史。

“家织布”和“走绺儿”

■ 马景良

潞城有句俗语：“急得来回走绺儿。”按语法逻辑应该是：“急得来回走，跟走绺儿似的”，其来源是织布，人类四大需要，衣食住行之首一衣。“走绺儿”是制做“家织布”的一道工序。

大多数老辈人，都要穿粗布衣。尤其是卖力气的人，更离不开老粗布，吸汗、透气性好、冬暖夏凉。最重要的一点，是土产、便宜、纯手工制作，自己家织布，就更省钱了。那时乡下人（包括城市贫民）身上穿的衣衫，炕上铺的被褥，门上挂的帘子，擦脸用的毛巾，男人的包脚布，女人的裹脚条，都用家织布。抗日战争时期制作军布、军鞋，也多用这种土布。

机织布，时称“洋布”。潞城这边的“洋布”是由天津传过来的，如“大五幅”“青市布”“青市林”“花洋布”等。但更历史悠久的却是土布。历史上，许多农家都有老纺车和穿梭式织布机，纺线织布是农家女子的必修课，即所谓“男耕女织”。木兰辞曰：“唧唧复唧唧，木兰当户织。不闻机杼声，惟闻女叹息。”有志记载：“家家机杼声，比户皆然，深夜不止。”从潞城经潮白河往东走，越往东纺织文化底蕴越深厚。20 世纪 70 年代末，“化纤”“的确良”等宽面布免布票时，西集、谭台集还有卖这种“土布”的。迁安县手工织布记入了县志。在潞城，至今不少老人，都能说出哪些村有织土布的。

土布是全棉、手纺、手织，幅宽一般 40—50 厘米。每台机子每天大约能织两丈多，约 4 平方米。所用机具相对简单，主要是纺车和织布机。但工序相当繁杂，搓棉、纺线、打线、浆线、沌线、落线、经线、刷线、做综、闯杼、掏综、吊机子等等。

走绺儿

棉线上机前，“走绺儿”必不可少。就是把织布用线按布的总长和布幅宽度，放开理顺，并按“稍儿”长抹墨划记号。纺好的线都是一团儿一团儿的，人在地上钉俩木桩子，把线按 8 字形儿套在桩子上就成线绺儿了，然后绕桩子的这个过程就叫走绺儿。

“走绺至少得 3 个人，1 个人‘拾交’，另外 2 个人负责‘挂绺’”。“主走”控制“风板子”，让“挠子”上的线从“风板子”上的小孔通过，然后把聚拢在一起的各路棉线依次交给另外两个人，她们轮次把绺线绕在东西 4 个木橛子上。这活儿不能站着干，必须来回频繁走动，把绺线有序排好，故称走绺儿。

但是一定要说，在老辈，只是有钱、有身份、有地位的人，才穿得起丝质衣裤，尚待商榷。南北朝时期著名的文学家、教育家颜之推在其所著的《颜氏家训》中记载：“河北妇人，织纤组训之事，黼黻锦绣罗琦之功，大优于江东也。”丝织业如何“走绺儿”，要看其工艺流程。但潞城丝织业肯定是有的，民国时期人说起缫丝，一点不陌生。

赶脚的

■张春昱

赶脚指赶着驴或骡子供人雇用的活计，类似如今的出租车。“骑驴的不知赶脚的苦”，“赶脚的骑驴—舒服一会儿是一会儿”“赶脚的摸着驴肚带，有盼头了（襻头）”“胡秃子备驴，结实妥帖”等许多传世俗语，可见这行的历史地位：民间传说八仙人张果老骑驴，阿凡提骑驴，乾隆爷私访骑驴，书中许多人都骑小毛驴。解放前，土路居多，没有公交汽车，绝大多数都是步行，登京上城也不例外。

以驴代步，是驴老实，吃得少，价格低，比骡马驯顺。过去，前榆村就有好几个脚驴子。他们每天早早在通州粮食市、东火车站、东关土坝、杨坨渡口一带牵驴“趴活”。

驴配鞍子、骑垫，既防止磨驴脊背，人又舒服。要紧的是防止磨伤骑行者的屁股，这伤俗叫铲屁股，驴跑得越快越容易发生。驴肚带扣在鞍子、骑垫上，安全稳当走得快。用驴驮货，垫子上要有木架。卸货后，去掉木架，还可“货运”。为美观吉祥，招活揽客，脚驴子脑门笼头上也拴红缨，伺候纨绔子弟的，驴脖子还挂小串铃，铃声配蹄声，清新悦耳。

上等脚驴子不用小鞭子，不带笼头，有通人性的，主人一声招呼，立刻跑过来，摆动小尾巴，拿脑袋蹭人。但“赶脚人”都是穷人，战乱年月，不单驴没有保证，人命都不保。前榆村老王家赶脚的，人勤奋，还会武功。临解放时，从火车站驮一人过潮白河，天黑时路过家门口，几个孩子都看见了，结果一去不回。找好几天，才在河边发现尸体。酿成一场驴丢人亡的悲剧。

二等车

■张春昱

二等车就是用自行车捎人，俗称背人的。有“二等车，钱不多，又硌屁股又费车”之说。起现在“黑摩的”的作用。

这行，诞生于20世纪50年代，初级社、高级社时期。那时候，农民生活来源主要靠集体分配，牲畜、土地等生产资料全部入社归公，代步的脚驴不复存在，又没有其他交通工具。自行车都是大28型，水管架子铁后坐架，胜利胎。十号车条，厚重、结实，负荷绝对在300斤以上，速度比城里洋车快。

二等车

后座铺上一块麻袋布或是粗棉布，绑个软垫，下面拉叉底部加两块简易铁蹬头，坐个人，免去脚力之苦。车主还能获得零用钱，双方满意。在通州大运河摆渡口就可雇到。从大运河到潮白河，四五十里地，没公交，坐二等车才几毛钱。随着公交事业发展，以及自行车的普及，特别是私家汽车数量逐渐增加，这一行没有延续下来。

潞城蝗灾略谈

■马景良

在潞城地区农业生产中，水、旱、雹、虫（主要指蝗虫和粘虫），并称“四大天灾”，都是直接造成农作物绝收的自然灾害。而蝗灾，中国向来就是最频发的国家，受灾范围、受灾程度，皆可称世界之最。

《通县志·虫灾》载：通县历史上，蝗灾常于农历四月至八月与旱灾相伴发生。自契丹（辽）清宁二年（1056）至1915年的859年中计有18次。《通州志》载：“‘元至正十九年（1359）通、漷飞蝗蔽天，坑堑填塞皆满，人马不能行。蝗食禾稼，草木俱尽。民大饥，捕蝗为食，食尽，人相食。’‘明弘治六年（1493）六月，京畿大旱’，飞蝗过北京，蔽日达三日之久。翌年三月，京畿捕蝗一斗，给米二斗。”

潞城地处通、漷之间。1359年“蝗食尽，人相食”，当不能幸免。1493年“飞蝗过北京，蔽日达三日之久”“捕蝗一斗，给米二斗。”这个说法一直到20世纪50年代。当时人们对蝗灾的说法是，“乌云般遮天蔽日，湛清碧绿的庄稼，在一阵咔嚓咔嚓声响之后，全都秃成秸秆。”

2003年出版《通县志》自然篇载虫灾“1951年7月24日，全县普遍发生虫害，以蝗虫……等为（危）害最重，受灾农田15万亩。组织15万人次灭虫，捕蝗虫2.7万公斤”。中国有300余种蝗虫。潞城地区大小就有十几种，土名如大蛋虫、小蛋虫、青头楞、土蚂蚱、催天长、山驴驹、地狗子、土蹦子、等等都是。

历史记载和传说皆有科学依据，研究资料表明：土含水量在10% ~ 20% 时最适合蝗虫产卵。干旱年份，土壤含水量降低，地表变得僵硬坚实，蝗虫产卵数大为增加。多的时候可达每平方米土中产卵4 000 ~ 5 000个卵块，每个卵块中有50 ~ 80粒卵，即每平方米有20万 ~ 40万粒卵。农经说“旱极而蝗”、“久旱必有蝗”。蝗虫聚集迁飞，因其性趋水喜洼。而蝗虫繁殖，又需干旱的环境。蝗虫产卵必须在坚实的土壤中。秋后道边，常见蚂蚱将其尾部扎入地中产卵。如此众多卵粒孵化出成虫，由干旱地方聚集迁飞低洼涝地，全靠沿途庄稼维持生命。

潞城老辈总结蝗灾的规律说：“头年发，第二年不净”。《通县志》记载1493年蝗灾大发，第二年仍旧“捕蝗一斗，给米二斗”，《通县志·虫灾》也记载通州地区1951—1952年都发生了蝗灾。搜狐网：2018年10月29《朕说历史》，“抗战时期为何爆发蝗灾，还集中在华北地区，每年打死上万斤蝗蝻。”一文中说，“1943-1945年的蝗灾分布极为广泛，而且有异地和跨省迁飞的现象，属于蝗灾发生的盛年。……满天飞舞的蝗虫和被遭害殆尽的庄稼给当时的人们留下了深刻的场景记忆，也使人们产生了恐慌心理，祈禳求神的现象十分盛行。”潞城老辈人的话是，“闹日本，闹蚂蚱”。

在“六六六”“滴滴涕”“敌百虫”等农药上市之前，潞城人多是人工捕杀蝗虫。1951年即是在当地政府领导下，有组织地进行大面积捕杀。青年团，基干民兵带头，全民出动，各分地块。柳条打成手把捆当工具，主要劳动力人手一具，横向排队，顺垄扑打。地头全挖有堑沟，未及扑杀的蝗虫，逃至沟内，掩土活埋。小学生全部放假（当时没有中学），和老年人一起，排队坚守地头。工具是鞋底子钉木把，和苍蝇拍一样，见蝗就拍。为防止蝗虫“迁徙”，午饭时间亦有人在地头死守。

其后，兴修水利，控制旱涝，改变了蝗虫生存环境，加之大面积施用农药，蝗灾未有发生。

纸张加工

■马景良

改革开放前，印刷工业的重要原料—纸张，始终处于供不应求的状况，不仅数量少，品质也不能满足印刷需要。计划用纸，限额分配，要由中国印刷物资公司统管、供应。不能直接上机的纸张，打浆回炉重做，也太过浪费，于是有了纸张加工这一行。

潞城临近北京，运输成本低，劳动力充足。20 世纪 70 年代，国家不再实行严格管控，这一行业便迅速兴起。到 2010 年衰落，先后延续 40 年。潞城一般以加工新闻纸、书刊纸、牛皮纸为主，其中又以书刊纸居多，兼有字典纸、白卡纸、书皮纸。开始是集体“副业”，前疃村、侉子店等村都有。1983 年生产队解体后，这一“副业”成为个体经济的重要组成部分，小东各庄、兴各庄、夏店、武窑、大豆各庄、曹坨、岔道、卜落垡、前榆林庄、贾后疃、东前营、前疃、李疃、武疃、凌家庙……村村有，有的村都有五六家，一时间，纸张运输车辆直接排到村口外。

纸张产品有 52 克 / 平方米、60 克 / 平方米、70 克 / 平方米、80 克 / 平方米及 80 克 / 平方米以上多种。按印刷需要，造纸厂生产卷筒纸和平张纸。卷筒纸的宽度有 787 毫米、850 毫米，880 毫米、900 毫米等；平张纸的规格为 787×1092（毫米）、850×1168（毫米）和 880×1230（毫米）、889×1194（毫米）等。

开始是加工北京各大印刷厂下脚料，那时印刷厂对成本要求还没有现在这样精细，论车收费。有的为打扫库房，防止火灾，不收钱。把那下脚料拆大改小，压平包装，还能使用。无本万利的生意，经济效益自然不菲。后来，业务扩展到出版社、报社、杂志社、各大机关。

加工下脚料：一种是挑皮纸，轮转印刷机用卷筒纸，特点是高速。为保证印刷质量，正常卷筒上机前也要挑下十几层，有的卷筒在运输中有破损，挑下的就更多。把这种大被子似的挑皮纸割成平版印刷尺寸，全张，对开，八开。硌窝破损去掉，好的压平，包装打件。叫加工挑面纸。另一种是平版机下脚料，经过挑选，按尺寸裁切，叫选平版，但这都是小活。

大活是卷筒开切。正品卷筒纸，不上轮转机，平版印刷，就要按尺寸把卷筒开切成平版纸。工作量大的，用大型甩刀机，电动，可同时加工 8—24 个卷筒。工作量小的，副品，残卷筒，用自制开切机，手摇加工。这种开切机就是一个铁架子，前边一个滚筒，摇起来纸绕在上边。架子后边一根铁轴，把卷筒固定悬起。前边摇动滚筒，后边卷筒跟着转，绕十几圈，二十圈割一刀，卷筒纸割成平版纸。割下来纸码齐，数好 500 张一令，打件包装。

20 世纪 80 年代，书刊印刷以凸版印刷纸张为主，产自国家新闻出版署指定的八大纸厂：金城、岳阳、丹东、柳江、汉阳、天津、沅江、营口。那时人们没有品牌意识，厂名就代表着品牌。因为这种纸每平方米重 52 克，统称 XX 厂 52 克凸版纸。现在北方只有金城纸厂还生产 52 克纸，随着凸版印刷技术被淘汰，生产的纸张也改成平印纸，称 52 克胶印书刊纸。时代快速发展，造纸厂增加，印刷物质量越来越高，胶版纸、铜版纸、涂布纸逐渐占据了主导地位。

开始干的时候八大纸厂的纸一看就知道哪个厂的，现在，老工人不看商标都说不准。印刷尺寸也出现巨大变化，起初只有 787×1092（毫米），850×1168（毫米）两种尺寸版本。近年，纸张幅宽多 880×889×1000（毫米）等等，长短也要求各异，889×1194（毫米），880×1230（毫米）。920×1180（毫米）和 940×1180（毫米），全出来了，品种尺寸繁多，越来越复杂。同时纸张高档化，价格昂贵，出版社，印刷厂精打细算，行内竞争激烈，利润日益减少，弄不好还赔本，这行随之没落。

潞城地区狩猎活动

■ 张春昱

狩猎活动产生于旧石器时代，人类捕获动物，用来食肉，用兽皮御寒。在出土的商代文物中就有镞、弹丸、网坠、木矛等狩猎工具。人类最早文字甲骨文记载有车攻、犬逐、矢射、布网、设井等多种捕猎方法。潞城地区地处平原，老坟地，小树林，河汊子多，是多种野鸟和野兔等小哺乳动物的栖息地，狩猎以鸟和野兔等小哺乳动物为主。

（一）捕鸟

捕鸟方法很多，一般使用弹弓（绷弓子）、弩弓、火枪、滚笼、夹子、粘网。

1. 弹弓（绷弓子）：在 V 型支架上绑上两根弹力强的皮条。两根皮条用没弹力的小皮兜连接。弹丸放进皮兜，拉紧皮条，瞄准目标，用皮条的作用力实施打击。V 型支架有的用榆木、桑木等天然分叉，是木头的。或多用 8 号或 10 号铁丝弯制，是铁制绷弓架。十几岁小男孩爱用绷弓子，打树上的鸟儿，小柳叶儿、山喜鹊、虎不拉、红靛儿、蓝靛儿等。用绷弓子，麻烦的是揉泥球，和好黄土泥，揉成玻璃弹丸大小，晾干后备用。

2. 弩弓：这实际是古代兵器，成语有万弩齐发，可见其威力。它有弓，有放箭头儿的箭道，出口有准确度。力量大，杀伤力强，适用于打体型大的鸟儿，如大雁、天鹅、鹰、隼等，也用于打野兔。它属专用工具，不像

鸟笼子

绷弓子，小孩可以玩。因为它有一定危险性，操作较为复杂，比较少见。

3. 土火枪：这是比较原始的枪支，由大抬杆演变而来，大抬杆要有人抬着，有人放，一个人操作不了。这东西一个人端住，屏住气息，就可以击中目标。它主要由三部分构成：木质枪托，起瞄准、连接和固定枪机、枪管作用。枪机起点火发射作用，枪管起装火药枪砂的弹道作用。枪托一般木质即可，要不裂、不变形、抗得住发射的作用力即可。枪机有砸炮和撞针两种。砸炮是用砸炮引爆发射，撞针是撞击引爆发射。枪管要找质量好的无缝钢管，不能炸裂。制造土火枪要技术，得请有手艺的人做，做好后要绑在树上试枪，人要离开，趴在地上，拉绳引爆。试验成功方可使用，但用药、装药都有讲究，用火药，不能用炸药。

4. 铁夹子（俗称劁逮）。多用 8 号或 10 号铁丝弯制成两个半圆形，成人拳头大小。做底扇的半圆要弯出 U 形小柄，上弹簧固定，然后加上边一扇，两扇相合。上扇受弹簧控制能启能合。捕鸟时开启，埋在鸟儿出没的地方土里伪装，只露出鸟儿爱吃的虫。虫是锁在夹子狗豆上的，狗豆是开启机关，鸟儿一碰虫，夹子立即闭合，正好夹住鸟儿的脖子。夹子开启靠支棍，6、7 公分长，小木棍用细线拴在底扇 U 形小柄上。开启是拉开上边一扇，支棍支住狗豆。

打鸟时要看打什么鸟，它直接关系到夹子的伪装程度，埋严、半露、敞开。还要看地形地貌，轰鸟也有学问，都因鸟儿狡猾程度而定。密植之前，庄稼播种形式是大平垅，讲究土碰土，2 尺 5。春天麦苗起身时，山麻，黄肚囊下麦地，正好下夹子，打这两种狡猾的鸟，夹子要多下几把，埋土也要严些。它们成群活动，一个异常，全部受惊，不好打。红靛、蓝靛、黑老婆、虎不拉比较傻。尤其虎不拉比较傻，听到它在树上叫，就找个干树杈，插在附近坟头上，然后，把夹子下在干树杈 3、4 米处，虫儿冲树杈，夹子半埋土。稍微一哄，人离开，虎不拉就落在干树杈上。它发现虫儿，不再犹豫，立刻上食。我小的时候，用这种办法，一连打着 4 只虎不拉，吃的虎不拉炸酱面，至今记忆犹新。

小的时候打鸟，被视为男孩必不可少的游戏。现在讲究生态平衡，打鸟已被视为陋俗，鸟类也被列为保护动物，劕逮（打鸟的夹子）一下使鸟儿毙命，绝不应提倡。

5. 拍笼：又称滚笼。就是鸟笼里放一只鹞子，勾引同类。这种鸟笼上面的盖有轴，着重即滚，鸟儿自动滚入笼中，可进不可出。

6. 粘网：粘鸟网由粘鱼网而来。在鸟儿迁徙季节，把网子张在鸟儿迁徙路线上。通县一般是结合拍笼法，鸟笼挂在树林里，放一只鹞子，勾引同类，同时在林中张网，可粘多种山鸟。

（二）打野兔

野兔，通州人也叫野猫。解放前后，因其繁殖能力强，再加上当时生产力水平低，也给农业生产造成轻微伤害。秋收后，大平原一望无际。它们就到白菜地、未收获完的棉花地以及树林、荒草滩中栖息。大雪节前后，天寒地冻。碰上下雪，它们找不到食物。大雪节前后也是打兔子的季节，皮张有绒毛，质量好，肉质鲜美，它们反应也相对迟钝。用火枪打野兔的人，最擅长盯住其行踪。但不是每人都打，常常有一个侧重轰猫，称为跟顺。枪手也有讲究，有的“打跑不打卧”，专打跑动的猫，一般不是顺着它跑动的方向打，因为野兔逃跑路线不是直线跑，而是曲线跑。打跑的人讲究打横梢子猫，就是与野兔形成适当角度。我村韩如明是这方面好手。1958 年冬季，北光厂的苏联人用双筒猎枪都没有他用土火枪打得多。有一次，他与一个外村人同时开枪打到一只猫。那外村人说是他打中的。韩如明问他："你打的野兔放在哪儿啦？"那人说，"腰和后屁股。"韩如明说："你细细看，中枪部位是耳根和脖子，你开枪角度，不可能打到这地方。"那人哑口无言。有的打卧，是打不动的，比如扎在窝里，比如被追无处可逃。除了用枪打，也有用网子网的。

（三）打黄鼠狼

提起黄鼠狼，人人痛骂。一个是它吃小鸡子，在农民都指望鸡下蛋换钱的拮据日子里，必定万人恨，民间谚语说"黄鼠狼给鸡拜年—没安好心"。还有一个是民间有黄鼠狼成精（黄大仙）说法，成精的黄鼠狼会迷人，人会"闹黄狼"。黑嘴头儿的有道号，等等。

黄鼠狼学名：鼬。因为它周身棕黄或橙黄，所以动物学上称它为黄鼬。中国很多地区都有分布。是小型的食肉动物。与很多鼬科动物一样，它们体内具有臭腺，可以排出臭气，在遇到威胁时，起到麻痹敌人的作用。主要以啮齿类动物为食，偶尔也吃其他小型哺乳动物。据生物学家介绍：确定这种气体的成分是一种叫丁硫醇的物质。一只臭鼬鼠每天大约可产一毫升丁硫醇，存储于肛门腺，一旦需要，鼬鼠用前脚倒立，眼睛瞄准，肛门冲着对方将臭气喷射出去，可以喷到四米左右的地方，可见力量之大。正因为如此，草原狼等害怕它们的这种臭气，从来也不袭击臭鼬鼠。黄鼬的皮毛适合制作水彩或油画的画笔，中国人称为狼毫。由于其有相当大的经济价值，打黄鼠狼便成了一些人挣钱的手段。在使用粮票、布票的年代，上等黄鼠狼皮可卖到 5 元钱，还奖励布票。

潞城地区打黄鼠狼常用三种工具，一是

黄鼠狼匣子。有长方形与半拱形，进口处有拍门，进得去，出不来。匣子里放食饵，引诱黄鼠狼进去。这种方法古老，现今已经很少有人应用。二是大竹夹子，大小约30公分。上扇是竹坯子，下扇是铁棍弯成的半圆形。原理和打鸟铁夹子一样，就是号大。三是铁铡刀，由铁棍，铁板组合制成。把铁踏板支起，黄鼠狼一碰，铁板在弹簧拉力下，立即复合，正好卡住黄鼠狼脖子，故称铁闸刀。

潞城地区打黄鼠狼常用蟾蜍（俗称疥蛤蟆）做诱饵。每年10月底封冻前，用撒网到池塘捕捞。捞回来放在事先挖好的坑里。坑深1米多，超过冻土层。上边小，底下大，呈瓮形，确保疥蛤蟆存活，因为用的是活蟾蜍。

打黄鼠狼门道在看道，懂黄鼠狼的动向。它喜阴怕阳，总走背阴的道，进入冬季也不改变。它喜欢走土墙，因为它吃耗子，以为那种地方有老鼠。水塘、坑边可以寻觅蟾蜍、蛙类的地方，白菜地，棉花地可以隐身的地方它也去。它的足迹类似大料瓣，根据这看清它前进的去向。一般雄性个体较大，成年的3斤左右。雌性相对较小，1斤半左右。

下夹子要在夜间，极端隐蔽，不能让人看见。锁在夹子上的蟾蜍要前腿后腿交叉，倒背捆住，不能勒死，得能发声叫唤，以便引诱黄鼠狼。下好夹子，土要向两旁扒拉，一缕一缕的，用以迷惑黄鼠狼，让它误以为是耗子倒出来的新土。

干这行要拜师学艺，学会给闹黄狼的人治病。农村流传着四大邪物，也有人说是圣物。这四大邪物包括：蛇、狐狸、黄大仙、刺猬。“黄大仙”就是黄鼠狼，它们在修炼成仙之前本身是普通黄鼠狼，修炼超过五百年的可以成为大仙。法力无边。这是迷信说法，可是我的老友，后榆林庄武荣华不止一次跟我讲过他的亲身经历：

20世纪60年代，他在燕郊南兴都村一家白菜地头打到一只小黄狼。马上被主人气势汹汹拦住了。主人说：“好啊！你打黄狼，我闺女正闹黄狼，口口声声说你给打啦。不信你跟我回家看看。”武荣华进了人家，那女人正口吐白沫，躺在炕上折腾。他认定是闹黄狼，定定神说：“我治得了，但你们必须听话。”女人爹妈问他怎么办，他说把一根铁棍洗净，然后叫病人将铁棍横在嘴上，灌下半桶凉水，一会就好。可是女人爹妈不同意，武荣华又郑重说了一遍，除此无二法。那家人照着做了，果然灵验。后来一家三口还来后榆林庄拜谢武荣华。

他每次讲起，虽有名姓，也无他求，但我都将信将疑，不知是大自然的不可知，还是他有意吹嘘。

该物种已被列入国家林业局2000年8月1日发布的《国家保护的有益的或者有重要经济、科学研究价值的陆生野生动物名录》，在不可乱打之列，必须强化保护措施。

捉懒汉

■ 张宝石

歌曰：正二三月里，杏树开了花，人家呀都生产，你为什么当懒汉。太阳三杆高，你还睡着觉，人家呀叫醒你，你还埋怨一大套。

这是捉懒汉歌。配合的是捉懒汉运动，运动始于解放区。1943 年前后，由于日伪对解放区根据地的经济封锁，再加上旱灾，解放区根据地军民发生了严重的经济困难。为了克服这 " 暂时的困难 "，解放区根据地军民开展了大生产。晋豫边区政府发出号召：人人参加劳动，个个生产自救。对那些早上不起床的村民和一些懒汉、地痞、二流子进行教育，开展 " 抓懒汉运动 "。

1950 年，刚刚获得新生的北京地区正处于新与旧的交界口。百废待兴，崇尚新生活，提高国民素质，甩掉旧社会遗留下来的陋习和不良生活作风，成了国家急需解决的大问题。在此情况下，我们地区政府发起了这次捉懒汉运动。促使全民，大树勤劳节俭之风。黎明即起，洒扫庭除。清晨时刻，不要睡懒觉，要早起床，锻炼身体，多干一些有益于民、有益于社会的好事。活动兴起，社会反映强烈，农村刚刚分了土地的人们，心情舒畅，积极响应。村民有的早起到田间劳作，有的早起主动去扫大街，清理村内垃圾，老人们背起粪筐到公路上去拾粪（那时农村的主要交通工具是马车和牛车，牲口们排下的粪便是农家种地之宝，是优质有机肥料）。

但也有一些极个别的人认为政府没事找事，闲吃萝卜淡操心，管天管

捉懒汉
宣传画

地还管睡觉？这些少数的平时懒惯了的人，照样睡懒觉，没把这事放在心上。面对这种局面，怎么办？不知是谁出的主意，组织学生们去查岗，孩子们天不怕、地不怕，敢干。于是由学校组织学生，分成若干个小分队，分包每个街道，每天早晨五点逐门挨户查谁没起床，查到一个，无论是谁，上到支书村长，下至普通百姓，不分男女老少，给他头戴锥形大纸帽子去游街，纸帽子上写“我是懒汉”或“我是懒妇”。此政策一出，热闹来了，学生们像追食的鱼，成群结队的，包街包片的查了起来，还真查出几个，没二话，游街。

据我的母亲讲，那年她老人家十一岁，也是一名捉懒汉队成员。第一个被游街的，不是懒汉，而是个懒妇，是村民韩廷才同志的母亲，还是个烈属。当时街上像开庙会一样到处都是人，大家都争相出来看热闹。只见一个四十几岁的女人，戴着白色的锥形纸帽，帽子上用毛笔写着“我是懒妇”，低着头，红着脸，被几个人押着，后面还跟着一群学生，大队伍浩浩荡荡地在街上游行。大家嘻嘻哈哈，指指点点，好不热闹。此事一出，据说她有一个月不好意思出门。其他人也都引以为戒，不敢睡懒觉了。

时间一长，热闹劲就没了，抓不着现形了，天天抓，天天跑空道。我母亲所在的小组放学后在教室里开会，集思广益，查是否有漏网之鱼。队员张宝生的一句话让大家精神一振，村里咱查翻了天，现在没戏了；但是学校咱们还没查，教咱国文的张月之老师就有睡懒觉的习惯。很快就形成了一致意见，明早就突查张月之老师。

张月之老师是个老私塾，四书五经，唐诗宋词烂熟于胸。那手漂亮的毛笔字可以与书法家媲美。在我们这十里八村，那是首屈一指的大学问家。他也确实有睡懒觉的习惯。

敲门声把睡梦中的老人惊醒了，张月之老师做梦也没有想到，查来查去会查到他的头上。昨天在校会上，他还信誓旦旦的发言，号召捉懒汉呐。

学生们进屋的时候，张月之老师还在被窝里舒服地躺着。张宝生上前一把掀开了张老师身上的被子，张老师全身上下只穿了一条裤衩，冻得像个大虾米一样抱成一团。他惺忪的睡眼顿时睁圆，怒骂道："好你个二生子，胆敢来掀我的被窝。今天要是把我弄感冒了，我上你家吃饭去！"大伙一看捅娄子了，把平时敬爱的老师惹怒了，一窝蜂的跑了。张月之老师气得三天没去教他们国文。

经过这场捉懒汉运动，没有人再睡懒觉了，运动取得了预期的效果。于是，这场运动像暴风雨一样来的迅猛，也像暴风雨一样去的迅疾。早晨的大街上也恢复了往日的宁静，没了往日学生们成群结队的嬉笑声。这场运动，逐渐成为历史留在老人们的记忆中。

地震与冰雹

■张宝石

唐山大地震

1976年，是中国历史的大灾之年，老一辈革命家周恩来、朱德、毛主席在这一年相继去世。1976年7月28日凌晨3时42分，唐山发生了7.8级大地震，多灾多难的祖国和人民，又经历了一场前所未有的浩劫。

这一年，我正在南刘中学读初中一年级。同年7月27日，我们全校师生正在上学农课，我所在的初一（5）班被分到南刘生产队村西除草。那天，天气出奇的热，除草对于我们农家孩子来说，是件很平常的事，但那天我和我的同学都付出了极大的代价，个个汗流满面，就像穿着衣服洗了个热水澡一样狼狈，还时不时的受到草丛中的青蛙、蛇、老鼠的惊吓，后来才知道这些青蛙、蛇、老鼠的惊慌出逃，也是地震前的征兆。这一天由于人多（全校师生一齐出动），南刘各庄村到八各庄村运河大堤，面对运河方向的玉米地里的杂草，都被我们除光了，我们的任务是三天劳动课，这刚一天可把我们累坏了，回到家里，骨头就像长在别人的身上，散了架似的。胡乱的吃了几口晚饭，倒在床上就睡。当时的天气比白天更热，但我因为劳累，睡着了，而且睡得很香。大约在夜里3点半钟，我起来解小手，模糊中觉得东边天空中在闪光，就像打闪电一样，红红的像晚霞。一点夜色的样子都没有，后来才知道这是地震前的征兆之一，学名叫地光。

我当时住在姥姥家，和舅舅们住在一起。我解完小手，回到屋里睡觉，也就十多分钟的光景，我在似睡非睡中，好像听到一种古怪的声音，就像过火车似的，有时又像拖拉机、像坦克，隆隆作响（这也是地震前的征兆之一，学名叫地声）。也就一、二分钟光景，沉静的大地好像喝醉了酒一般，人躺在土炕上，就好像躺在飞跑的汽车在凹凸不平的路上奔跑。

“地震了，快向外跑！”外祖母一声嘶喊。惊吓、恐慌中的我和舅舅、外祖母、外祖父先后逃出屋子，我是第一个逃出去的。大地在颤抖。没有规律的摇晃，外祖母此时像个将军高喊道：“到院子中央，全部坐在地上。”外祖父家院子中央有一棵二人合抱粗的大柳树，我和舅舅们赶到大柳树下，大地已停止了颤抖。大地好像和人们开了一个玩笑，搞了一个恶作剧，惊吓中的人们还不知所措，它神秘的闹了一会儿，没事了，一切如初。没事了，回屋睡觉，在姥姥家，姥姥是一家之主，1970 年左右还当过第一生产队妇女队长呢。我提出要回家去看（我和姥姥家住在一个村子里），姥姥家住村西，我们家住村东，姥姥不让我去，姥姥说：“谁家的墙要是突然倒了，砸死你。”姥姥让姥爷到我家去看一看，她老人家也不放心。姥姥那时五十多岁，和我现在的年纪差不多。一会儿姥爷回来了，说没事。没事就睡觉，睡觉时开着灯，灯头一晃就往外跑，惊吓让我的精神亢奋。一开始没有睡意，过了好长时间才慢慢地睡着了，朦胧中感觉到有人摸我的头。“天都亮了，还不起床！”原来是母亲来看我们了。在姥姥家吃完早饭，我想回家看看，姥姥告诉我，走路时要走路中间，远离墙和房，特别是旧房，因为随时都有可能发生余震。从姥姥家到我家，必须经过小胡同，小胡同是我们村最窄的街道，最窄处 1.2 米，长 40 余米。我走到小胡同西口，平时常常在这里玩儿的我，今天到了这里，真有点发怵，有点害怕，不是害怕胡同里有大老虎，而是怕我走到小胡同的中央，突然发生大地震，墙倒屋塌，把我活生生地埋在胡同里。还男子汉呢！我一咬牙，为了男子汉的尊严，我兔子般地向小胡同冲去。顺利的冲过去了，回头望着小胡同一笑，什么都没有发生，事情就这么简单，生活中遇到什么事，退缩了，就没有了这回头一笑的快感了，一咬牙，一挺劲，就这么简单，过去了。

28 日上午 10 点左右从大队的广播中得知，唐山发生了大地震，号召村民们抗震自救，家家户户自搭自建防震棚，通知村民们远离建筑物，还会有更大的余震发生。抗震减灾，全党全社会全身心投入到伟大的抗震救灾之中去。为了安全起见，中小学校休学一个月。此时最忙的是村广播站，二十四小时随时响，这通知、那号召，永远念不完。通州地区受灾最严重的地区是西集镇（当时称西集公社和郎府公社）。据《西集镇志》上载：当时灾情震毁民房 9469 间，死亡 75 人，重伤 75 人轻伤 1200 余人。8 月 1 日全国人大常委副委员长乌兰夫代表党中央到该地区慰问，可想灾情之严重。我们侉子店公社紧邻这两个公社，灾情却比较轻，没有伤亡情况，房屋毁坏的间数也不多，但我们村的村北，人称后河那个地区，冒沙、冒水比较严重，冒沙最高处 1.5 米，毁坏秋苗严重，机井报废 7—8 眼（不完全统计）。

第一代防震棚，搭建于大地震后的第二天，也就是 1976 年 7 月 29 日，主要原材料是竹竿、木杆、铁丝、苫布，两根 2 米高左右的竹竿绑成 A 字形，两个 A 字形顶部用一根长木杆相连，A 字型的腰部相连，上面盖上苫布，或塑料布，一个简易的防震棚就搭好了，特点是简单好搭，省材料。缺点是空间小，尤其家庭成员多的家，但这也已经很不错了。初期防震棚里，住的是老人和孩子，青壮年腿脚利落的，还住在房屋里。7 月 29 日，在慌慌张张胆战心惊中度过去了。7 月 30 日，老天爷翻了脸，下起了大雨。长这么大，我第一次近距离的欣赏下雨的过程，哗哗的暴雨，离我只隔着一层塑料布，薄薄的塑料布真牛，任凭着暴雨的鞭打，依然如故。防震棚的前面是一片开阔地。没有塑料布的遮挡，趴在防震棚里直视着下雨的场面，雨水或雨点像千万支利箭，击打着地面，到了地面，那千万支利箭一瞬间又化作成千万个水泡，水泡又随着水势向远方流去，好看，好玩儿。

不好玩儿了！ 7 月 30 日的上午 10 点左右，又一次余震开始了。我在防震棚里，亲眼目睹了姥姥家的三间土坯房像蛇一样弯曲爬行，又像拧成的麻花。我被眼前情景惊呆了。雨停了，风没了，太阳像孙猴子的脸，变成了笑脸。姥姥家的三间土坯房，依如昨样，被拧成麻花状的土坯房没有倒塌，事后经仔细查看，连一丝裂痕都没有，这就是大自然神奇的力量。

党号召村民们生产自救，为唐山兄弟捐钱捐物，特别是紧俏物资，捐衣服、棉被，预计还会有更大更强烈的余震发生，做好长期抗震救灾的准备。广播站的大喇叭、流动广播车，今天一个新指示，后天一个紧急通知。

政府号召村民们，各家各户因地制宜，自己动手，搭建长期防震棚。

上级通知，小道消息，今年夏季至冬季，北京地区将有一次比唐山更大级别的地震。北京、天津、唐山是一个大三角，同处一个断裂带上，更大的地震等着我们。政府号召做好长期抗震救灾的准备，搭建长期防震棚，和地震这个自然灾害斗争到底，人定胜天。

三舅是个能工巧匠，虽然不识字，但心倍儿亮。三舅设计的防震棚漂亮、实用、保温、省工料、原材料简单、价钱低、抗震性能好，三舅建的防震棚一时成了村民们效仿的典范，参观的取经的都夸这个防震棚好。

三舅设计的防震棚采用半地下建筑形式，根据家庭成员的多少、人均占地面积多少而计算出使用面积。按照使用面积，在远离建筑物的地方选址，往地下挖 1 米的坑，挖出的土在坑四周打 1 米至 1.5 米高的土板墙，土板墙用黏土夯实，与大地结为一体，冬暖夏凉，单从外面看，最高处也就 1.5 米（前沿），最低处 1 米（后背）。三舅说，建筑物越高，防震效果就越低，他的理念是，一个大高个儿和一个矮个子坐汽车，当遇到急刹车时，摔出去的准是大个子。有条件的人家，棚顶采用铁管焊接成一体。没条件的用竹竿、木杆，但要捆绑连接，目的是成为一体，相互连接，房顶在保温防雨的情况下，用的材料越轻越好。

防震棚室内高度两米左右，空间大，里面有灶台，卧室是火炕，窗户采用 45° 角设计安装，便于阳光射入。三舅特别强调安全，外砌墙绝不能采用 24 厘米墙砌法，最少 37 厘米，最佳 50 厘米。如果室内采用煤炉取暖，室内必须安装两个风斗，以防煤气。

抗震救灾又加了一个新名词“防洪”。小道消息、大道消息传言，唐山大地震把北京密云县密云水库的挡水大坝震出一个口子，现在政府组织人力物力正在抢修，这期间如果再发生大地震，那拦水坝一毁，那满水库的水往下一冲，那排山倒海的水势，半个小时就会赶到我们这里。我们这个地区村东就是潮白河，潮白河的上游就是密云水库，水库的水顺流而下，保卫首都、保卫北京、保卫通州，咱就得牺牲小家，保大家。

地震好防，咱有防震棚，洪水怎么防？老人孩子怎么办？跑，往高处跑，往城里跑。

那时乡一级政府，不叫乡政府，叫人民公社，人民公社的下级称大队，村子大的再分成几个小队。那个年代的前榆林庄村，正式名称叫前榆大队，大队的下属三个生产队，上级单位侉子店人民公社。

政府已经做好了抗洪准备，洪水一来往高处撤，往通州城里撤，全党全社会总动员，一级战斗准备天天喊，政府号召村民们，玉米粒炒熟，面粉炒成炒面，跑洪水时，把家里的人民币带好，一切全都扔掉，粮食也不能多带，够吃三五日的就行。那时的交通工具不是汽车，最好的交通工具是大马车，好一点的村子有大拖拉机及手扶拖拉机，行动不便的老人、妇女、儿童被安排在大拖拉机或手扶拖拉机上，大拖拉机那时人称小万能，能干地里的农活，农闲时又能跑运输，所以叫小万能。青壮年坐大马车，编车、编人，对号上车。

空气像是凝固了似的，紧张得让人喘不过气来，连孩子玩都不能远了，谁都怕赶不上跑洪水的车，连夜里，人们都穿着衣服睡觉，没心思做饭，吃炒玉米粒，吃炒面，静等着那令人害怕的时刻来临。

十万火急的通知，天天播，夜夜播，拖拉机的马达唱个没完，随时准备出逃。套在马车上的牲口，悠闲的吃着喷香的草料，马儿们不知道人们的烦心事，抽空打几个响鼻，像是在提醒人们，时刻准备着。

箭在弦上，紧绷的弦一直绷了七天，那被抬到拖拉机上准备随时出逃的老人，骂开了咧子，明天就是死，咱也回家，活活地喂了七天蚊子，哪也没有家好，死也死到家里，听天由命吧。

事儿没有个完，抗震防洪依旧是重中之重的任务，密云水库就像一座大山，压得人们喘不过气来。在通州城、北京城有关系的把老人孩子送过去，能活一个是一个，把活的希望留给下一代，于是乎又生出一股逃乡热，这逃乡热潮愈演愈烈，这问题就来了，大批的农民进了城市，问题是北京城、通州城的主要任务防震抗灾，人流如注，本来就拥挤的城市，再加上这些农民的进入，发生唐山那样的大地震怎么办，政府开始设卡，禁止农民入城。

侉子店公社的卡子，北面设在了我们村西大桥，南面设在了武窑大桥。前榆林庄村西大桥，平常的日子我们常在这儿玩耍，洗澡乘凉。原来的天堂，今天成了关卡，大桥的栏杆上写着“禁止本公社人员向西过桥”，在这种情况下，家里决定，到京城投靠我父亲，由于家里人员多，决定将爷爷送到北京二伯家，我们四个孩子和母亲共五人到北京毛纺厂投靠我父亲。

村里有个孕妇快生产了，要投靠城里的亲人，怕担责任，人命关天，村里派了一辆大马车相送。母亲把家交给了外祖父，带着我们全家五口，搭乘这辆大马车进城，同行的还有另外两户人家，大小十多个人挤在一起，大马车载着我们走向了离家之路，走向了希望求生之路。

第一关，村口大桥。上个世纪的 1974 年，大兴水利时在我们村西，从潮白河到小甘棠村前的武兴沟，挖了一条上宽 28.5 米，下宽 6 米，流量 10 立方米 / 秒的排水沟，取名榆武沟。此沟的开挖，对于当时那个年代来说利国益民，汛期能给上游的潮白河水减流解压，旱涝时节，从侉子店公社到郎府公社，到西集公社的大部分地区，旱能补水，涝能排水，村民们都爱称它鱼米沟。那时榆武沟里的水很清，儿时常在这里洗澡、捕鱼、捉虾玩耍。

前榆村西大桥成了侉子店公社东北部地区村民们抗震防洪路上的第一只拦路虎。桥上有公安人员带队，基干民兵把守的检查站。大马车载着我们十几个人来到桥头，桥上的检查人员拦住大马车，桥边写着一个大牌子，牌子上写的意思是，村民未经批准不准过桥。坐在车上的我们就对检查人员喊“我们要活命，我们要活命”的口号，因为这是侉子店公社大部分地区通往通县的唯一通道。一会儿就聚集了十多辆装着老少妇女的大马车，车上有人高喊口号。由于村第一生产队队长王兴河的出面，我们的大马车上有一个临产的孕妇，守桥人员才破例将我们这辆大车放行，别的大马车禁止通过。后来得知，当日中午守桥人员接到通知，撤卡通关，自由通行。一路上尽是逃洪水的人。有走着的，有坐车的，母亲说这些背包逃洪水的人群，就像解放前“跑反”的人，为了生存谁不着急啊，过了东关大桥就有了生命的希望。

第二个关口在当时的胡各庄公社庙上大队的村西，由胡各庄公社派专人把守，上百辆各种各样的车在这里受阻，全体逃洪的人员都高喊“我们要活命，我们要生存的权利”。由于人太多，喊的声音也高，后来设卡的有关人员经请示公社领导，有关领导批准放行。放行时撂下一句话，这里放行你们也过不去，东关大桥上有公安人员解放军战士持枪守桥，你们白走瞎路，到那也过不去。

大马车，拖拉机，混杂的人流，像蛇一样蜿蜒向西爬去。我们为刚刚又闯过一个关口而庆幸。大白马好像不知我们的心事，昂着头，迈着小碎步，小跑着。马蹄敲击着柏油马路的声音，加之马脖子上的铜铃响，大人的喊声，孩子们的哭声，交织在一起，像在演奏一场逃亡交响曲。雄关漫道真如铁，两个由基干民兵把关的公社级别的卡子，顺利地通过了。这全副武装的解放军、警察把守的雄关，怎么过谁心中也没个底，开弓没有回头箭，拧着头皮朝前走，走一步是一步，骑驴看唱本走着瞧吧。

东关大桥到了，难道又是一场风雨吗？大不了回家等死，自古华山一条路，一咬牙向前冲。马蹄踏到了东关大桥的桥面，声音比踏在柏油大马路上还清脆。东关大桥上行人如故，一派祥和景象，大兵、警察没有了，只有过往的行人。一打听，您猜怎么着，解放军战士、警察刚刚撤走5分钟，政府命令通知，抗灾自救，投亲访友，上哪儿都行，政府不拦，全面开放。

过了东关大桥就是312路客车总站，大马车完成了它的使命，打道回府。对于县政府的宽容政策，我们还喜悦不起来，因为我们还在危险的旅途中，地震洪水时刻威胁着我们，现在洪水的问题解决了。我们面前的困难是，怎么安全到达我们的目的地。

现在我介绍一下我们这一行人。那天送我们的大车把式，是我们前榆村第三生产队车把式沈德才，车上那个孕妇是我母亲的堂弟媳，论起来是我的二舅妈。二舅妈带的是我大表弟洪杰，表妹洪静，他们投靠的是住在宣武区白纸坊的我四外祖父家。另外一家是我姥姥、三舅、四舅，他们投靠的是住在宣武区的北京一建公司的我二舅。还有爷爷、母亲、姐姐、妹妹、弟弟我们一家。

312路公共客车的东总站在东关，发车5分钟一趟。西总站在北京朝阳区的郎家园，那时通行京城的公共汽车有两条路，一条312路，走建国路一线。另一条路314路公交车，起点是通州新华大街，终点在朝阳区的小庄，走青年路一线。312路公交车，由于是通往京城的主路车，所以车身采用二节制，一是外表漂亮，二是能多拉乘客。前面一节的牵引车能拉20–30人不等，牵引车小一点能拉10–20人。前车和后车没有通道，设有两个售票员，当时的票价是全程每人三角钱，沿途设若干个小站，启始四十分钟到达，终点郎家园总站。

312路公交车拉着我们离开通县，向京城驶去。沿途的景色，都是在搭建防震棚。40多分钟到达郎家园站，下了车，我们一行人就要各奔东西了。在逃难的途中分别，心中总是有一种酸酸的感觉，相互珍重，相互祝福。当我们再相逢时，二舅妈（大马车上那个孕妇），给我们生了一个小表弟，取名洪震，纪念抗洪抗震的意思。

大1路载着我们一家向西单驶去，路过天安门广场时，望着雄伟的的天安门，望着伟大领袖毛主席的巨幅画像，心中油然升起敬意，有伟大领袖毛主席的指引，我们一定能胜利渡过难关。

到了西单，我们全家步行到西单二龙路辟才胡同二大伯家，把爷爷分流到这里，我们继续北上，到京北昌平清河镇投奔我父亲。

见到父亲时，已经是日落西山了，父亲在厂医务室工作，开始我们全家就住在厂医务室大楼，后来我们全家分别被父亲的朋友接走，我们在一个姓刘的大伯家住了十几日，住的也是防震棚。后来父亲厂里给我们家找了一间临时住房，我们全家在北京毛纺厂住了将近一个月，这段时间过得很无味，出逃时为了轻装，连书包都没带，我离家时背着母亲，偷偷的带了一本《新儿女英雄传》。这二十多天，是这本书伴我度过了那难熬的时光，后来这本书在我们离开清河时，刘家大伯的女儿想看这本书，我把这本书留给她做了纪念，这一别我们无缘再见一面，从此失去了消息，我想念在我危难时刻，伴我度过那段时光的那本书，想念刘大伯一家老少对我们的恩情。

大道消息，小道消息，报纸广播，地震危险依然存在，洪水的危难微乎其微了。密云水库拦河大坝修好了，水库存水量降到了安全线，警报解除。回家，何时回家，成为了我们全家的话题。

父亲的朋友江大伯带来一个好消息，他们车间有一辆汽车要到天津办事，我们正好搭乘这辆车回家，这是一辆拉货物的大卡车，我们全家坐在货车上，走上了返家之路。货车在京津公路上到了沙古堆路口，才发现已经过了我们回家的下车站—武窑大桥。司机师傅要调头送我们回去，我们全家谢绝了他的好意，我们全家从沙古堆路口步行回家，路程有二十多里。那年我十五岁，小妹宝红十三岁，小弟宝刚十岁。

二十多里的路，我们没感觉疲惫，因为我们全家归心似箭，阔别一个多月的家是啥样？回家的路上，田野里的庄稼长势喜人，壮实的玉米秸秆上，个个长着大棒槌，没人管理的玉米怎么长得这么好？母亲笑着答道："真应验了过去有句老话，地动山摇，花子撂瓢。”今年又是一个丰收年。

终于回家了，姥姥和舅舅们早回来几日，负责看家的姥爷说：“你们逃跑的这些日子，我的生活可好了。两家鸡下的蛋，我变着花样也吃不完，吃烦了，我就宰鸡吃，这生活赶上过去地主家的日子。”母亲笑着说：“您老人家吃鸡，专捡我们家的鸡吃，您家的鸡可一只没吃呀。”全家这个乐啊。从7月28地震那天有多少天没这么开心地笑了。

学校通知开学上课，开始我们在教室外的树林里上课，再后来搬到教室里，我们一直住在防震棚里，直到1977年，我们才搬回老房去住，北京市人民政府承诺百姓，十年内北京地区不会有大地震发生，防震抗洪这一段历史宣告结束。

冰雹亲历记

1987年，我在北京宣武区的天桥建筑公司打工，施工地点在朝阳区马圈忠实里，7月4日，天出奇的闷热。特别是下午，闷热加之空气潮湿，让人很不舒服。工地上劳作的工友们，个个都像刚刚洗完热水澡，全身上下都是湿漉漉的，脱下上衣一拧就流水，好不容易熬到下午5点下班，工友们纷纷往家赶。在312路公交车上，男人们光着膀子，女人们的衣服就像洗桑拿。车厢里的汗臭味，人体的异味交织在一起，令人窒息。公交车一停，人们争先恐后的往下赶，为的是早一点呼吸到车外清鲜的空气。一会儿那快感就让另一股热浪吞没了。

西北的天空，乌云像一座巨大的黑炭山，压在人们头上，要下雨了。我离家还有20里远的路程，骑上自行车玩命地蹬，想赶在下雨之前到家。自行车极速向前行驶着，终于到胡各庄了，不过，才走了三分之一的路程。我在和乌云赛跑，在和大风较劲。庙上村，小营村，一个一个的被飞转的车轮甩在了背后。前面就是黎辛庄，到了黎辛庄就等于跑到了三分之二的路程，还有三分之一的路程就到家了。

车子跑到了黎辛庄，远处的雷声加之闪电由远而近的来了，稀稀拉拉的雨点接踵而来，雨下起来了，而我回家的路程还有六里地。看来今天只有与雨同行与风同伴，做个落汤鸡了。

公路两旁没有遮风挡雨的避难所，没有退路，一股道走到黑，那年我

26岁，身体倍儿棒，正是血气方刚的年龄，没二话，一咬牙，迎着风雨向前进、向前进。

冰雹

自行车像匹战马，和我一起在风雨中飞行，已经过了南刘各庄村了，再过八各庄就到家了，向前进、向前进。

开始雨下的并不是很大很急。只是雨点出奇的大，雨点砸在地上溅出一个小水花，砸在身上凉凉的，那感觉就像未化完的雪水落在身上。

自行车飞驰到了八各庄车站，老天爷真的翻脸了，猛然间身体某些部位出现了疼痛的感觉，砸在柏油马路上的冰雹，就像锅里炒的豆子，四处乱蹦。不好，下冰雹了。就是下刀子也得冲，前面就进前榆林庄村了，就到家了，向前进、向前进。

在八各庄村地界，冰雹的体积就像玉米粒一样大小。砸在身上有些疼痛，当自行车行到前榆村西大桥，那冰雹已变成乒乓球大小，一咬牙前面就到家了。

自行车已经进村了，确切地说到了村民何永林家房后那个路口。公路对面三十米就是二姑家，谁家也不行了，自己的家也进不去了，鹅蛋大、煤球大的冰雹交织在一起，排山倒海般地砸下来。

慌乱中停下车，推着车跑到公路旁的一棵白杨树下，当时我身上只有一个饭盒和一个包裹饭盒的书包，头和手都被无情的冰雹砸出了血，我投奔到那棵白杨树下。那棵树很高，树冠也不大，慌乱中的我抄起自行车的前车轮，放在头上，这一招真灵，鹅蛋大的冰雹砸不到头上了，自行车的车轮并不挡雨，冰雹落在车轮上被弹飞了，小的冰雹和着雨水从车轮的间隙处流到头上，身上，一直到脚。举着车轮的手被冰雹砸出了血，站在冰水中的双脚被冻得失去了知觉，麻木了。我顽强地手举自行车站在冰凉的雨水中，任凭着风雨冰雹的袭击，当年堂吉诃德骑着战马，手拿着利剑斗风车，如今我是手举自行车斗风雨战冰雹。

十分钟，也就十分钟，风停了，雨住了，冰雹失去了踪影，公路上那些未化成水的冰雹和着残枝落叶，乱乱的，我无心欣赏这雨后奇观，心惊胆战灰溜溜地骑着自行车。向前进，向前进，回家了。

红色记忆

杨占才捎信儿

■ 马景良

抗日战争时期，潮白河东不远就是冀东抗日根据地，潮白河西贾后疃驻有敌伪警备队。警备队有个宁队长，表面吹五喝六、咋咋呼呼，心里却怕透了八路军，尤其是武装干部，八路军的杨占才。在他们的传说里，杨占才是黑大个儿，七尺高，胳膊赛门栓（硬粗木杠），隔着潮白河打枪，弹无虚发。赶谭台集，头顶破草帽，肩背捎马子（也叫马褡子。可搭于肩头的长形厚布袋，中间开口，两端可盛物）。捎马子一前一后两把枪，都是德国“长苗大净面儿”，使用的时候一抖手，十个八个上不了前，眨眼间个个脑袋上钻眼儿，有“要倒霉，就撞上杨占才！”之说。

实际上，杨占才并非一介武夫，在和日伪军斗争表现出过人的胆识。1943 年，日伪军谭台摆渡口“卡子”，一度气焰嚣张。杨占才受命灭其威风，也曾经略施小计。当地西瓜开园时节，正是“歇晌”的时候。那时候人们把上午叫“前晌”，下午叫做“后晌”，中午叫“晌午”，吃过午饭歇息叫“歇晌”。“歇晌”即“午休”，庄稼人要睡一觉，恢复体力，以便下午干活有精神。所以“歇晌”时候，街上一般没人儿。

杨占才挑一担西瓜，直接到贾后疃伪警备队驻地。他知道那站岗的姓刘，吃村嚼户，占老百姓的便宜没够，就到他面前吆喝卖西瓜。姓刘的果然扣下西瓜，不给钱。杨占才说：你别为难我，几十号兄弟，都在堤外柳树棵子里等这钱上谭台喝酒呢。这顿酒你要不让他喝痛快，可别说他要你的“好瞧儿”（难堪）。姓刘的嘿嘿一笑：你说他在庄外头柳树棵子里干么，他就是站在老子鼻子底下，要拿西瓜钱走，也得先问问这杆大枪！说着还磢了磢长枪。杨占才为了演好这场戏，只好装作窝囊人离开。

为讨好宁队长，姓刘的在院里凉棚下挑出几个最好的西瓜，搬到桌上，一一切开，专挑好的给宁队长吃。不知切到哪一个，瓜里切出了油布包。（那年代没有塑料薄膜，用油布防潮）。打开包，是一封信和一粒手枪子弹。宁队长急忙过目，只见纸上毛笔小楷，字字如刀：

警备队宁队长台鉴：

日寇猖獗，国难当头，将日寇逐出中国，是每个国人之责。为此，我严正命令你马上撤掉河边卡子，不得干扰我部抗日军事活动，你部三天之内撤回通州。如有不从，这样的枪子儿不多，可灭了你和你的全家还够用。

联合县政府杨占才

一九四三年 × 月 × 日

看完信，宁队长无语。姓刘的把西瓜由来如实禀报。再一回头，杨占才的草帽带着半头砖从墙外飞了进来。接着院外传来喊声：“要拣省事的办，乖乖给我滚蛋；要找麻烦，庄外头柳棵子见，杨占才打跑不打卧儿！”（打跑着的兔子，叫“打跑儿”；打蛰伏卧着的叫“打卧儿”）姓刘的不认识杨占才，说，就是他妈刚才那小子，打着杨占才的旗号，还想要钱呢！

宁队长当时一个卧倒，他知道，想要钱他哪儿卖不了这几个西瓜，这不瞪眼是找麻烦来的吗？随后小声传令，出去看看，他妈的，是谁。姓刘的立功心切，刚出大门，就被一个扫堂腿放倒，杨占才的枪口抵在脊背上。可是杨占才没想要他命，打死他，只是二拇指头一动的事。这会儿他也明白了，来的真是杨占才，连滚带爬逃回院中，没打立正就报告：“前街后街都是他们的人，一色德国造……”

啪！啪！墙外又是两声枪响。传进来的还是那个声音：朋友，咱远日无怨近日无仇，抬头不见低头见，滚回通州，咱们井水不犯河水；要瞅后疃的小米饭好吃，可别说我姓杨的的枪子儿咯牙！

宁队长吓直了眼，撒腿就往屋里跑。没跑进门槛，一头栽倒在地，手下人赶忙搀扶。就听他说，姓杨的手真黑（手狠），快瞧瞧，他妈的给爷爷挂上了（中枪）。几个伪军把他扶进屋，已面无血色，背过了气去。看街上没了动静，又赶紧向上边要汽车，把宁队长送到了通州潞河医院。结果是去了就没回来，活活给吓死了。也有人说，杨占才是白天卖瓜送的警告信，当天半夜袭扰，吓死了姓宁的。

知情人回忆，那天杨占才就来俩人，三个都没有，目的就是给这拨伪警备队捎个信儿，要他们知道天高地厚。但凡有一个反抗的，不会有好下场。

关于杨占才的具体职务，据《中国共产党河北省大厂回族自治县组织史资料》载："三通香支队三连（大厂回民队），连长何凤如（回族）、指导员陈捷三（回族）、副连长杨占才、副指导员尤永春（回族）。"

侉子店地区武装斗争

■张树林

侉子店地区，西至大运河，东至潮白河，南至西集辖村，北至胡各庄（原宋庄）界。运潮两河将侉子店地区夹在中间。自 20 世纪 40 年代，抗日战争中期，运河西至通州为敌伪势力范围，潮白河东为共产党红色根据地。

侉子店地区自然成为了敌我双方必争之地，史称“敌我拉锯”时期。这一地区的广大人民群众，在共产党领导下，以非凡的大无畏精神，与日本侵略者和国民党反动派进行了殊死搏斗，取得一个又一个胜利，用鲜血和生命谱写了侉子店地区革命斗争史……

一、抗日战争时期

1943 年开春，冀察热辽第十四军分区派侦察兵，扮装成锄地农民，从潮白河东岸窝坨村涉水到西岸，突然出现在谭台渡口敌伪岗卡伪军面前，四个敌人慌忙举枪反抗。很快，战斗结束。四个敌人一个被击毙，一个受重伤，一个受轻伤逃回附近的“前疃据点”，一个被活捉，成了“舌头”（提供敌伪情报的活口）。

“前疃据点”伪军听说八路军打过了潮白河，万分惊恐，急忙逃窜，一口气跑过武窑渡口运河西岸。此战为共产党组织为“开辟地区”，在通县境内打响的第一枪。人民群众争相传颂：“八路军真英雄，谭台河西打冲锋；警备队拉了稀，一气逃到武窑西……”

同年麦秋，十四军分区又派京郊武工队，深入侉子店一带，“蹚”地区（侦察摸底），了解此地主要村落有势力的伪保长、地主富农有没有可能转向共产党。经过一段时间工作，至中秋节，第十四军分区再遣主力团“二区队”所属的一个营，护送区抗联主任、区长、区助理等十余人，从今大厂陈家府出发，由西集的于辛庄过潮白河北上，在康各庄到东刘庄一带活动，“开辟侉子店的红色地区”，实行“抓住上层”“团结中层”“巩固下层”方针。即一面接近串联劳苦农民，宣传共产党的方针政策，开展群众性抗日活动；一面通知伪保长向抗日民主政府交粮交布，争取地富等上层人物抗日。

1944 年旧历七月，第十四军分区主力团“二区队”渡过潮白河，在太子府村东南伏击了“西集伪军警备队”，俘虏敌人一个排。又一次燃起通县武装斗争的烽火。中秋节前夕，我军直扑西集据点，经一昼夜激烈战斗，将据点内伪军警备队一个中队全部消灭。

从此，八路军威震整个通州地区，老百姓心花怒放，纷纷奔走相告：“八路军可盼过来啦！”侉子店地区成为了我军最活跃的“游击区”。我地方干部在激烈的扫荡与反扫荡斗争中，发动群众、组织群众、武装群众，开始建党、建政。当时的政权叫“三（三河）通（通县）香（香河）联合县抗日民主政府”，即以三个县中红色区域为中心的边区政府，属冀热辽边区冀东军区领导。县委全称中国共产党三通香抗日民主联合会，简称：“抗联会”，侉子店为第四区，亦称“老四区”。三通香联合县的八路军主力部队有冀热辽冀东军区十四军分区的两个警备团，（十六团和二区队）和一个警卫营活动，地方武装有县支队，由 3—5 个连组成。各区有区小队，相当于一个班至一个排。在沦陷区活动的有县支队所属的武装工作队，即武工队。任务是在敌占区“京郊”“通郊”开辟地区、建党、建政以及扩军。武工队规模相当于一个排到一个连，一部分村建立了民兵组织，配合八路军开展武装斗争。

侉子店地区属伪通县十一区，实行保甲制，区下设大乡、保、甲。经常来此扫荡的，是驻扎在三间房飞机场和小圣庙发电厂的日本鬼子，配合扫荡出动的有鬼子亲自指挥、穿便衣的 1418 部队。县伪军有两种：一是伪警备队，通县有一个联队，（相当于一个团的兵力），下设大队、中队和小队（伪十一区在前疃驻一个中队）；另一个是伪新民团，各区驻一个中队。各大乡设一个新民班（主要是青年轮训班成员，两三个月轮换一次）。

1944 年，革命武装斗争的烽火，从南向北、从东向西，由侉子店地区扩展到通县，迅速形成燎原之势，抗日民主政府也从秘密状态转向公开。群众中流行小调唱道：“1944 年，八路军来这边，通知把狗打，又把交通沟来剜……”

革命队伍节节胜利，日伪恼羞成怒，不断增兵，疯狂扫荡侉子店、西集地区。同年夏天，为了便于转移活动，掩护军政干部，伏击日伪军，在康各庄村东头大庙内，挖通两百多米、一人多深的地道。我主力部队不断以“反扫荡”粉碎敌人“扫荡”；地方武装也神出鬼没，配合主力部队，打击敌人。

1944 年大秋后，我县支队一个连，夜渡潮白河，袭击了设在贾后疃的伪十一区警察所，缴获枪支十一支，电话总机一台，使活动在前疃据点的伪新民团一个中队，回撤沙古堆老窝，彻底地清除在侉子店地区活动的伪新民团。同年年底，残存在侉子店地区前疃据点的一个日伪警备队，不得不撤出“老四区”，侉子店地区及周边地区的日伪据点全部拔除。从通州到西集穿过这一带的日本鬼子电话线，全部被割断缴获。各村“交通沟”纵横相连。村村向抗日民主政府送粮、纳款，交布交鞋（那时有家织布，鞋子全部是老百姓手工活）。

到 1945 年春，北运河以东，黎辛庄以南，与潮白河东解放区完全连成一片，“老四区”成为革命根据地。为改善人民生活，在党的领导下，侉子店地区普遍建立“工会”“农会”，开展“增资找价”“减租减息”运动，号召“有人出人，有钱出钱，有枪出枪”，打败日本侵略者。“老四区”呈现出一片“抗日救国”的大好景象。

1945 年 8 月 15 日，日本宣布无条件投降。这时的“老四区”已经不是“边区”，北边达到了通州东门和火车站，西边推到了北京城区外的大红门、左安门、广渠门附近，使马驹桥以东，张家湾以南全部解放。日本鬼子仅龟缩在“三间房飞机场”和“双桥电台”据点内，完全丧失作战能力。

据知情者回忆：“至 1945 年 6 月，冀热辽八路军发展到 5 个军分区，10 个主力团，22 个县支队，约 3 万余人”。

二、解放战争时期

1945 年 9 月起，冀东军区各联合县均改为独立县。通县县政府下辖八个区，侉子店地区由“老四区”改为一区（辖大东各庄、小东各庄、谢楼、太子府。其他几个村划为二区）。从思想、组织、干部、军事诸方面进行了准备。战斗力较强的原三通香支队、武工队和一部分区小队，改编为十四军分区五十三团（后随新兵增加，在侉子店一带活动的又增加了一个五十四团）。新成立的通县县委以一区（侉子店地区）区小队为基础，组建了手枪队（三四十人），负责县机关及本地区保卫工作。同时，将调出的各区区小队集中，组建通县游击队。

1945 年底（1946 年春节前），军分区依据毛主席的人民战争战略思想，加强地方武装，成立通县县支队。由主力部队抽调副团级干部任支队长，各区区小队也在疾风暴雨前，重新组建起来。

1946 年上半年，蒋介石的国民党军队，一面在关内（山海关）小打，一面在关外大打。占据了大城要道，在通县，则收编了日伪警备队、新民团，组成了保安十八团，向东、南方向进犯解放区。同年年初，侵占了张家湾以西、牛堡屯以西、以北解放区。并开始以区为单位，组织反动武装—壮丁队，直接对抗共产党武装力量。当时，共产党在军队数量上，武器装备上处于相对劣势，但由于正确执行了毛主席的军事路线，采取集中优势兵力，在运动战中各个歼灭敌人的战略方针，不计一城一地之得失，不以夺取一城一地为主要目标，认真贯彻执行毛主席早年制定的“敌进我退，敌驻我扰，敌疲我打，敌退我追”，“打得赢就打，打不赢就走”的游击战策略，很快取得了战争主动权。

1946 年正月，国民党孙玉堂营盘踞在南刘各庄炮楼，依据优越地势、坚固工事、先进武器据守。但一夜之间，即被迂回而至的冀东军区十四分区五十三团所部全歼，一举斩草除根，再没有重新安上。同年 6 月初，县支队在前榆林庄民兵配合下，伏击了全美式装备的国民党军两个营，敌伤亡数十人。贯彻执行消灭敌人有生力量为主的方针，八路军并未固守此地。同年麦收前，县委决定主动撤出南刘各庄以北、北运河以西地区。6 月 26 日，蒋介石在美授意下大举进攻全国解放区。随七月“安平事件”爆发，蒋军调来五到七个师，围剿通县地区，图谋一举消灭本地区所有革命武装力量。

同年9月17日，在西集侯各庄村成立的通县政府机关，撤至平谷山区。除少数县区同志转入地下，坚持斗争外，全部武装力量和绝大多数干部也撤出了通县地区，迅速完成了战略转移。

这时，敌人气焰嚣张，不可一世，以为胜利在握，在侉子店地区的太子府村、前疃村安插据点，修建炮楼……侉子店革命人民日夜想念共产党和子弟兵，党和子弟兵更惦念人民。其间武工队、手枪队，数次到此活动，而且活动范围还扩大到通州以南，张家湾以西，马驹桥以北，北京城门脸一带，给敌人精神上极大压力，鼓舞和增强人民群众必胜信心。

一次夜里，武工队从谭台渡口过潮白河，在前榆林庄了解情况后，在八各庄村休息吃早饭。三十多名壮丁队配合国民党一个营的正规军突然进村。可是在八各庄村人民掩护下，敌人像瞎子、聋子一样，没有察觉到武工队就在村子里，而武工队在敌人通过八各庄后，继续向敌后纵深挺进。从大甘棠村西过运河，穿张家湾封锁线，向西南到达碱厂、北火垈，同时在兴武林、蒋辛庄、玉甫上营三个村子召开群众大会。大讲国内外形势，说明国民党嚣张不过是一时的，最后胜利必将属于人民！会上警告地主富农：凡是已经减租减息的，不许对穷人有任何报复行为，否则，一切后果自己承担！从而大涨贫下中农之气，大灭敌人威风。就在敌人埋伏一小时，刚刚撤离潮白河渡口后，武工队胜利返回潮白河东根据地。

1946年大秋后的一天，手枪队从陈家府出发，来一区锄奸。当夜包围肖庄，将藏在该村的兴各庄反动分子（先当汉奸，后带领还乡团，杀害两名农会干部）朱炳华抓回河东审判后镇压。同年初冬，县支队仍从陈家府出发，由贾后疃民兵带路，在村西北渡过潮白河，奇袭设在后疃村的国民党区警察所，捣毁敌人的关押所，不仅营救出九名被关押的区、村干部，还活捉参加还乡团的凌家庙村地主凌某清和凌某甲，后者被击毙在河堤上，前者被押解回陈家府，由县政府审判枪决。

经过几个月的战斗，歼灭大量敌人有生力量。到1946年立冬之前，在这个地区基本上遏制了蒋介石匪帮的全面进攻。我县委、县政府机关和县支队已全部从平谷县和三河县转移回来，进入了通县边沿的陈家府、梁家务和程辛庄一带活动，侦察敌情，组织群众，积极迅速地完成反攻的准备工作。

1947年春节前，十四军分区主力部队和县支队从西集以东过潮白河，集中优势兵力，以迅雷不及掩耳之势，仅三昼夜战斗，就拔掉西集、前疃、太子府及永乐店等九个敌人据点，歼敌千余人。通县红色根据地得以部分恢复。侉子店地区成为解放区的前沿地区。这时解放军在通县地区，已从内线作战转向外线歼灭敌人，从战略退却转入战略反攻阶段，要消灭敌人，部署攻打通州的军事计划。国民党蒋介石军队在通州一带的布防是：通州驻两个营；香河驻一个营；漷县码头驻一个营；白庙、张辛、发电厂驻一部分；加上杂牌军共计两千人左右。解放军的策略是，声东击西，调动敌人。

1947年春节后，由香河县县支队，在香河东门外，把香河敌人引入伏击圈，借以诱惑驻通州码头的敌人前往香河增援，造成通州兵力空虚的局面。通州守敌果然中计东调。我冀东军区十旅、十四军分区十六团、五十三团，以及通县、三河和香河县支队即由香河以东隐蔽西移，到达侉子店地区太子府、康各庄、谢楼、大东各庄以及小东各庄。诸村群众得知子弟兵要打通州，喜出望外，昼夜奔忙。一面劳军，一面在两天两夜中为做好一系列攻城准备工作，做担架，制云梯，忙得不可开交。男男女女，老老少少，个个积极支前。

按照冀东军区部署，主力部队五个团中的三个团主攻通州，一个团作为预备队，一个团在八里桥南北阻击可能由北京增援的敌人。顺义县支队由北面攻打张辛火车站。通县、香河、三河县支队攻打发电厂，切断通州电源。十四军分区教导队警戒白庙桥。侉子店地区太子府、康各庄、谢楼大东各庄、小东各庄诸村革命群众组织随军担架队。

旧历（1947）正月十九日夜里十一点，战斗开始，首先在通州东门打响，紧接着发电厂打响。通州东北角最先突破，随后东门北门南门先后拿下。除未对西仓守敌进攻外，敌伪机关、银行全部捣毁。张辛火车站、通州发电厂同日大捷。共歼敌千余名，缴获大批武器弹药和军需物资，给予疯狂围剿人民武装的国民党蒋军沉重打击。这一仗打得十分漂亮，解放军军威大振，劳苦大众人心大快。次日天亮后，主力部队主动撤出通州城，从平家疃转向李遂、顺义及三河县转移。通县县支队在回兵途中，又捣毁敌张家湾据点，召开群众大会，宣讲这次战斗的战果和革命形势，宣传党的政策，然后回到岔道村。

1947 年 2 月，县支队派一个加强排，到达大甘棠村。在该村群众的帮助下，摸清一区梁各庄敌人据点的情况，据此制定了作战方案，并组织担架队和云梯组。午夜 12 点突入运河西，包围梁各庄据点，卡断大路，控制制高点。敌人慑于县支队攻击，夜里在炮楼上亮灯，人却跑到村里“寻休”（借宿）。刚刚听到县支队侦察的机枪声响，就都吓得逃往邻村定福庄。炮楼被县支队顺利拿下，一把火烧掉。此时，斗争形势已发生根本转变，敌人如如丧家之犬，惶惶不可终日。

1947 年，为满足广大贫苦农民的土地要求，依照《五四指示》《中国土地法大纲》，侉子店地区放手发动群众率先组织土地改革运动，在进行中，坚决执行政策，紧紧依靠贫雇农，团结中农，团结大多数，结成农村反封建的统一战线。对地主的斗争，侧重点放在发动群众，揭发地主阶级剥削的罪恶上，除少数罪大恶极及公开对抗土改的恶霸坚决镇压外，一般不在肉体上消灭。土地改革使侉子店发生天翻地覆的变化。分到土地的贫苦农民歌曰：“千年苦树绝了根儿，重重枷锁烧成了灰儿……”阶级觉悟迅速提高，贫下中农青年踊跃报名参军，往往一个村的报名人数就达一个排、一个连。党的政策更加深入人心，军民团结更加紧密，支前工作空前顺利，更有力地促进解放战争的胜利。

1947 年下半年，进入夺取全国胜利的重要阶段。为更好地执行党的路线和政策，保持人民军队的本质，提高官兵对党的土改政策的认识和战斗积极性，结合土地改革运动，先后开展以“诉苦”“三查”为中心内容的整军运动。“三查”就是查阶级、查工作、查斗志。“三整”就是整顿组织、整顿思想、整顿作风。“三查”与“三整”结合起来进行，边查边整。通过查整，达到提高思想觉悟，增强团结，纯洁和巩固部队，改进工作作风及提高工作效率的目的。通过三查三整，侉子店地区人民觉悟和各项工作，都迈上新台阶。伴随着土地革命的深入进行，阶级阵线进一步明朗化，矛盾进一步尖锐化，敌人也越发的疯狂。土改后，封建地主与国民党反动派勾结得更加紧密，组织地主武装——壮丁队反攻倒算。

1947 年，侉子店地区出现的以叛徒张松江为首，以前榆林庄村王 × 波、王 × 清、小甘棠村陈 × 志、侉子店村左 × 梧等反动地富分子为主，以前榆林庄炮楼为基地的地主武装，就是反动势力垂死挣扎的产物。一年功夫，他们从几十人纠结到三百多人，专门袭击中共地方党、政、民兵组织；反攻倒算（把土改中分给贫雇农土地重新夺回去）；迫害解放军军、干家属；抢粮派捐，敲诈勒索，无恶不作。有“榆林庄大楼”之称的反动据点，就是强拆民房、所建庙宇。一时间，侉子店地区上空乌云密布，形势日渐残酷，又形成了“敌我拉锯”的游击区。

1948 年春节前夕，张松江亲自带领二百多人赴今大厂回族自治县夏垫镇，围剿当地人民武装。解放军主力部队和侉子店地区人民，早想消灭这股反动力量。恰好十四军区五十四团正在大厂一带活动。遂由一个连前往，诱敌深入。然后五十四团其余连队抄后路，在大厂东北、赵各庄村东，形成包围，将张松江击毙，其部被消灭在大道沟子中，两百多人无一漏网，此役缴获机枪十六挺，战马十八匹。消息传开，人心振奋。

但“大楼”并未摧毁，张松江余部尚在。张松江死后，他的副官、侉子店村地主左 × 梧“重拾残部”，亲任营长，把七十多人的残部又纠集到三百余号。1948 年麦秋，通县县支队获悉，敌人保安团十八团分三路进犯西集，妄想与县支队在张各庄决战，抢夺丰收的小麦。其中第二路就是叛徒张松江残部。其由榆林庄向南奔来，县支队决定选择这支组建时间不长，战斗力较弱的鱼腩之队围歼，既可消灭敌人有生力量，又可引敌向北，便于县、区干部组织群众抢收小麦。

县支队埋伏在地势、民情都有利的谢楼村附近。天刚拂晓，敌人到达谢楼村，掏蛋杀鸡，准备早餐。隐蔽在小东各庄以北的两个连按照事先部署，立刻从北面围攻上来。埋伏在谢楼村西南的一个连，除一个排在马坊村以北阻击敌人外，其他两个排分别由谢楼村西南角和村西北大道沟子向村里冲锋。整场战斗持续四十分钟，即俘虏、打死、打伤敌人两百五十多个；缴获三门火炮、九挺机枪；活捉“大楼”壮丁队营长左 × 梧。这一仗彻底打乱敌人的部署。消灭“榆林庄大楼”残敌，使其再无还手之力。

解放战争的接连胜利，极大地鼓舞了解放区人民。“敲起鼓来打起锣，我们唱起胜利歌。胜利歌儿年年有，今年倒比往年多”。这类人民群众歌唱胜利的歌曲遍及解放区。

1948 年麦收后，通县县支队住在张各庄。为防不测，派侦察员到北部大东各庄、西南部耿楼村获取敌情。那天，驻码头敌人突然窜犯耿楼村，发现了两名侦察员，立刻将他俩团团围住。训练有素的侦察员毫不畏惧，连续打退敌人四次进攻，杀伤敌人几十个。在一名同志负重伤时，从后门飞奔而出，在守门敌人被惊呆一刹那，将其俘虏，同时令那俘虏背起负伤的同志出村，二人返回驻地。

同年旧历九月初，敌人一个营窜驻马坊村，将前哨连派至太子府。县支队得到报告后，从西集地区的侯东仪村、前东仪村奔袭，连夜包围住太子府村东街，可狡猾的敌人没有住在这里，他们避开房屋高大目标明显的“举人府”，住在西街。天亮后，岗哨发现敌人就在西侧后。县支队随即以一路向北迂回，一路向南运动，两厢钳形包围，迅速吃掉这股敌人，消灭敌人两个排，打死敌营长一名。太子府距离马坊仅两华里，马坊敌人发现后，立即炮火支援，但我县支队早有防备，用六零炮一鼓作气摧毁了敌人炮兵阵地，企图增援的敌人只得狼狈逃窜。

1948 年 10 月，解放军东北野战军入关，解放平津。通州守敌溃败，侉子店地区“敌我拉锯”局面结束，人民得解放。

在三年的人民解放战争中，仅在侉子店地区内，在广大人民配合下，人民武装打击国民党正规军、杂牌军以及壮丁队的战斗达百次以上。以榆林庄、侉子店、卜落垡、贾后疃、兴各庄、谢楼和太子府等村为更频繁，其中整连、整营以上规模的战斗达十五次以上。歼灭敌人千人以上。在扩军、支前等各项工作中，侉子店地区人民都尽最大力量，为革命事业做出应有的贡献。

附注：

1. 中华人民共和国成立前，通县地区所辖地面与今不同，当时北部以京榆旧路为界，南属通州，北归顺义，往西可至北京城关。

2. 通县“手枪队”在 1947 年 2 月编入“县支队”。1948 年麦收后，为开辟京津公路以西敌占区工作，军分区决定，将“县支队”二连抽出，改编为“路西武工队”，相当于一个加强排的兵力，四十八人。“县支队”又变成两个连的兵力。

3. 安平事件：1946 年 7 月 29 日上午 7 时左右，在香河安平镇京津公路上，以通县“手枪队”为主，阻击了经解放区的美帝为国民党蒋军运送军队和军需物资的军车十八辆。当时国民党蒋军在美帝指使下，已大规模进攻通县、香河、武清一带。解放区也做好应战准备。国民党蒋军寻衅滋事，借此以两个师的兵力抢占安平。事后执行“国共停战协定”的“三人小组”和“北平军调处执行部”人员前往调查。名曰调查，实为加罪解放区武装，企图大举进攻解放区。

8 月 22 日下午 5 时，正值国共“三人小组”和“北平军调处执行部”在会场上争论激烈的时候，侵入北运河西岸的国民党军，接连向香河县城炮击，炮弹不时落在香河中学附近场地。共产党方面代表黄逸群立即提出抗议，“诸位听到炮声了吗？这是谁在违反停战协定！为保证谈判期间的人身安全，我提议，请蒋方立即制止这种背信弃义的行为。”蒋方代表站起来说：“这纯属捏造事实，我抗议这种毫无根据的指责和要求！”蒋方代表还未坐定，这时警戒会场的战士从会场外拣回还热得发烫的，印有 U·S 字样的炮弹片放在谈判桌上。黄逸群代表指着弹片质问道：“这不是美制炮弹？！这难道是解放军打的炮吗？我要求对国民党军的炮击做出解释。”进行现场调查的国民党代表支支吾吾，美方代表神态尴尬。他们在正义面前输了理，丢了脸，国民党发动内战、破坏停战协定的阴谋暴露无遗。美蒋反动派联合制造“安平事件”和进攻冀东解放区的暴行，激起全国人民的极大愤慨，也使世界各国人民感到震惊，一时间，美、英、法、德、意、奥等国家的报纸，都以头版头条发表“安平事件”新闻。美国《工人日报》发表文章指出：“安平镇发生的事端，过失完全是美国的错误政策造成的”，“此事告诉美国人民，美国政府不参与中国内战的保证完全是谎言”。

栽赃陷害不成，国民党反动派遂撕毁“停战协定”，以 5—7 个师的兵力，发动了自安平向东、向北，对通县、香河一带解放区的大举进攻。

4. 碱厂、北火垡、兴武林、蒋辛庄、玉甫、上营现均属台湖镇。

5. 土改：1947 年清明节前后，十四军分区宣传部长带工作组在兴各庄村召开三级干部会议，传达中央坚决实行土改的精神，随即开始土改，这次会议是进一步贯彻“五四指示”，实现耕者有其田的会议。1947 年底，军区在遵化召开土地会议，通县县委迅速在西集高屯召开干部会议予以传达，这次会议是贯彻《中国土地法大纲》的会议。

《中国土地法大纲》：1947 年 9 月 13 日，中国共产党全国土地会议通过，同年10月10日公布施行。规定废除封建剥削土地制度，实现耕者有其田。没收地主的土地财产，征收富农多余的土地财产；废除一切祠堂、庙宇、寺院、学校、机关团体的土地所有权和农民在土地改革以前的一切债务；以乡或村为单位统一分配土地，数量上抽多补少，质量上抽肥补瘦，所有权归农户所有。土改前的土地契约、债约一律缴销；工商业者的财产及其他营业受法律保护，不受侵犯。本法公布前已平均分配的地区，农民不要求重分，可不重分。

“五四指示”：抗战胜利后陕北根据地有过一次全面的土改运动，影响巨大。但这场运动先温和，后激烈，最后又中途停止。后来依据党史谈到此次土改者，几乎很少解释停止的原因，却多批评开始时的温和政策。此政策的代表，就是中共中央于1946年5月4日通过的《中央关于土地问题的指示》，史称“五四指示”。

张松江，原系我三河县干部，1946年国民党大举进犯后，携枪叛变投敌。因其熟悉我军战略战术，备受敌人赏识。1947年初，被敌人派驻通县，在前榆林庄修筑炮楼，建立据点。专门对付我县支队。

附记：

一、材料提供者都是那一时期亲历者、参与者、党员干部。

二、材料以张树鹏同志回忆为主，并且征得有关单位党支部同意，以座谈会形式，与其他二十余位同志做了校核。名单及个人情况附下：

张树鹏：大甘棠村人。解放战争时期，曾任通县县支队侦察通讯参谋，路西武工队队长等职。参加过多次战斗。20世纪60年代后，任通县人武部政委等职。

李文珍，住平谷区南独乐河马台村。1945年曾经担任老四区抗联会主任，1971年用名李文元。

王士兴，前榆林庄村人。1948年初到年底通州解放，任一区区委副书记。曾参加1946年6月与国民党美式装备两个营的战斗。

金维新，住大厂回族自治县金庄。1943—1944年最早来侉子店一带开辟地区干部中的一员，任区助理。

李德顺，住郎府乡郎府村。参加1944年攻打西集战斗，担负警戒任务。

1945 年四月至年底任区组织委员，负责老四区西南片工作。

张忠，大营村人。1944—1948 年任区粮秣助理，通郊武工队队长等职。1947 年 1 月参加攻打前疃据点、太子府炮楼、2 月攻打通州等战斗，都是主力部队向导。1948 年端掉南刘各庄炮楼时，负责侦察工作等。1970 年代，任胡各庄养路队队长。

贾德文：贾后疃村人。1943 年攻打谭台时，恰在潮白河中洗澡，便掩护侦察员。曾任区儿童团团长。1945—1947 年在区委工作。

贾素清，女，贾后疃村人。贾后疃村完全小学校长，1944—1946 年任区妇联主任。

王世禄，岔道村人。1943 年底参加革命，1944 年夏—1945 年春在区工会工作。

朱富，兴各庄村人。1945—1947 年区组织委员，攻打南刘各庄据点时，为主力部队做向导。

田洪，侉子店村人。1946—1948 年，任区组织委员。1958 年任上店乡书记。

王起贵，南刘各庄村人，1947—1948 年通州解放，在区农会工作（人称厨子二爷）。

张文齐，李疃村人。1944 年任区粮秣助理。

李东光（李海），贾后疃村人。1943 年任交通员，后为区武装助理。

刘植仁，在通州西招待所工作。1948 年秋至解放，曾任区长。

李国富，贾后疃村人。民兵队长，1945—1947 年任村农会主任。1946 年冬，在县支队潮白河涉水奇袭贾后疃村警察所，救出九名革命同志的战斗中为向导。

贾明，大厂回族自治县谭台村人，县委交通员。参加过 1944 年攻打贾后疃村伪警察所战斗。

王万元，太子府村人，1948 年攻占太子府炮楼一战中司号员。1970 年代北京广播器材厂支左。

叶存，住平谷区南独乐河马台村。1944 年攻打西集炮楼参战者。

黄金贵，太子府村人。1944 年攻打西集炮楼时担任警戒任务。参加太子府东南伏击战。

贾万才， 太子府村人，1948 年攻打太子府炮楼目击者。

张青文，太子府村人，了解 1944 年太子府东南伏击战伪军警备队情况。

王文祥， 太子府村人，了解 1948 年麦秋谢楼村战斗中伪军保安十八团情况。

胡文兰，女，贾后疃村人。1943 年八路军攻打谭台之敌，曾在其家中救治八路军重伤员。

胡文良，贾后疃村人，1943 年八路军攻打谭台之敌，曾照顾侦察员及在“敌工部”工作。

贾后疃村人胡明申、胡明藻、李永富均了解当时情况。

本史材料，第一部分从 1971 年 7 月 21 日开始收集，第二部分从 8 月 26 日开始收集，全部材料至 9 月 22 日初稿脱手。

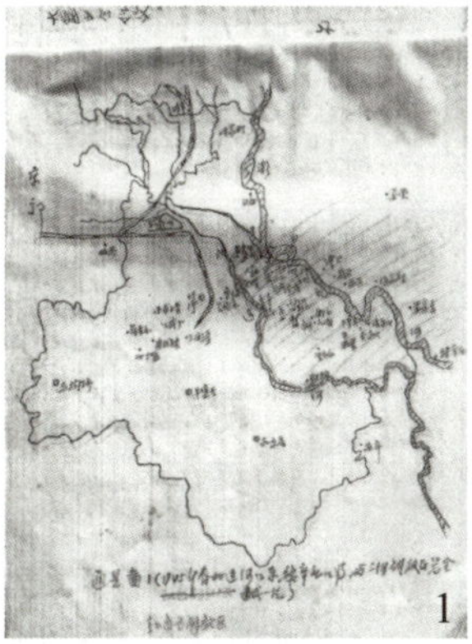

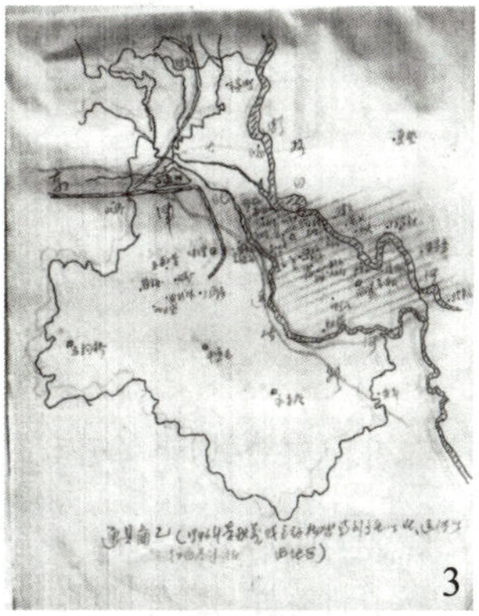

侉子店革命斗争史路线图 1-5

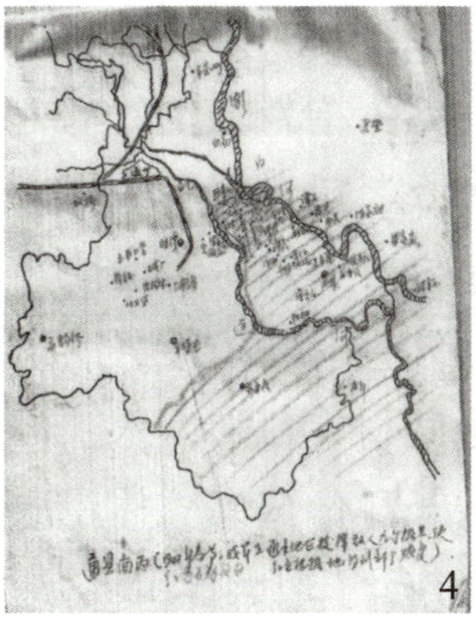
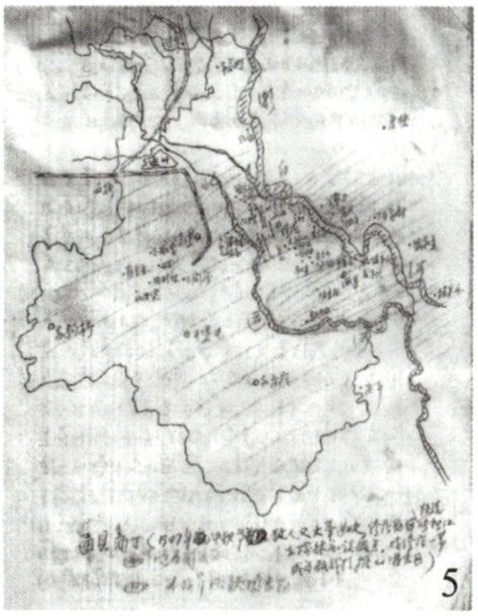

解放战争时期通县的情报工作

■ 刘振声

由于通县靠近北平，具有重要的战略地位。日本投降后，国民党抢先接管了通州，重兵把守。1946 年又抢占了通县广大农村，紧跟着设据点建大乡。白庙、榆林庄、贾后疃、兴各庄、西集、桥上村、牛牧屯、和合站、漷县、牛堡屯、永乐店、马驹桥、张家湾等村镇，都有地主还乡团、保安队、大乡队等反动武装，反动气焰甚为嚣张。我村政权几乎全都被摧毁，通县的老百姓又处于水深火热之中。

根据对敌斗争的需要，1947 年 1 月份经上级批准，通县公安局成立了情报股，我任股长，成员有王朝俊、李国新，交通员胡文顺。我们当时的任务有三个：（1）搜集敌人军事情报；（2）策反，瓦解敌人；（3）破坏敌人军事设施。为了顺利完成这些任务，我们深入边沿区，积极发展情报关系（指为我工作的人员）。经过一段努力，找到了一些可靠的基本群众，还找到一些本人虽有劣迹，但可以控制使用的人，从敌人中拉过来，为我方提供情报，初步形成了情报关系网络。其中最可靠、得力的是李诚（曹坨村人），在通州城内经商，社交广，活动能力强。与他同村人曹朴，木工，共产党员，忠厚老实，不被敌人所注意，以伪保长身份搜集榆林庄敌人情报，并负责与李诚联系，这二人在对敌斗争中起了很大作用。

一、摸清敌人底细　掌握斗争主动权

通县敌人兵种五花八门，有正规军、县保安大队，各乡镇保安中队、小队，有地主武装还乡团、摸瞎队（专门夜间活动），还有经常活动的两股骑兵，三河、香河两县的国民党流亡政府及其所辖反动武装，再有就是一些兵痞流氓在通州城里招兵买马成立的武装部队（当时 9955 部队就属这类）。通州城内外，大小寺庙都被逃亡地主和顽伪占据了。经过我们日以继夜的艰辛工作，将敌人底细全部弄清，来往通县热河之间的敌军是石觉的暂编第三军，防务热河省，这个军有一个骑兵团，经常来通州骚扰，但他们是一走而过，不进村不搜查，我方人员可以就地隐蔽。正规军的任务是驻防通州，守护北平，一般不出城扫荡。保安大队守护通州城，除站岗放哨等执行勤务外，也没有多大兵力再进行清乡了。华北"剿总"有一骑兵第四师经常往返通县—天津，骚扰我县境内京津公路两侧村庄，有时由通州出发沿南刘各庄村、侉子店、西集到香河去而复返，侦察情况，不停不住。乡镇保安队，大乡队这部分敌人，大多数是土生土长，人熟地熟，一切供给靠地方，所以他们经常向我区蚕食，抢粮，危害很大。我们掌握敌人这些活动规律，对敌人斗争就有了主动权。

当时经常骚扰我永乐店地区的庞德富匪部，有一次到村抢粮被我县大队袭击，庞德富腹部中弹而逃。但他贼心不死，不久收拾残部，卷土重来，又被我县大队歼灭在永乐店李良垡，庞德富被当场击毙。

二、击毙叛徒张松江

1947 年麦收前，通县党政军民正积极抢收，我情报关系曹朴汇报：叛徒张松江扬言要到西集一带抢粮。我们当即决定留一个连到西集以北活动，打击抢粮之敌。同时情报股又作了进一步分析，认为敌人若真到西集抢粮，他绝不会公开宣扬，很可能是声东击西，另有阴谋。因为在这之前张松江率部到河东三河县抢粮时，被我地方部队伏击吃了亏，这次扬言到西集抢麦是假，偷袭报复三河县解放区是真。我们这情报报送上级后，我地方部队有所准备，不出三天，这股敌人果然偷袭了我三河县大厂以东地区，但他们没想到我早有伏兵，一举歼敌大部，作恶多端的叛徒张松江被当场击毙，消息传开，大快人心。榆林庄据点残敌头目左凤梧在我县大队不断打击下，龟缩在炮楼内不敢轻举妄动。

三、截获“华北剿总”一件重大军事行动情报

有情报员汇报，通州城突然增加不少敌军，不知有什么重大行动。情报股立即派曹朴进城通知李诚尽快弄清敌人阴谋。李诚当即将已探明的敌军一件重大军事行动情报交曹朴带回。原来敌军为执行傅作义的一种新战术，集中步兵、空军、骑兵、汽车队由通州出发，沿京唐公路及两侧不宽的地带向我冀东解放区扫荡，妄图捣毁我冀东行署首脑机关，其终点是唐山，定名为“穿心战术”。我们将这一情报火速报告了上级。由于冀东解放区党政军民有了充分的准备，未受到重大损失，傅作义这次精心炮制的所谓“穿心战术”以失败而告终。因此冀东行署公安局召开专区各县情报人员会议，表扬了通县情报股。

四、奇袭通州城

1947 年冬，一天夜里，我冀东军区独立第十旅开到西集一带，进行了严密封锁，准备攻打通州城，要情报股提供详细情报。因为自抗日战争以来，我军从未攻打过有重兵把守的通州城，这次要攻打北平东大门，这对通县地方来说是个重大事件。县委动员全力配合情报股通过关系将通州守敌情况与变化，在两天之内核对清楚。并通过侦察得到一张城防图，将敌人明碉暗堡、兵力部署标得十分清楚，我们立即向十旅的领导做了汇报。就在这一天夜里我军神速奇袭了通州城，歼敌二千余人，摧毁了敌人大部分军事设施，缴获了各种武器 700 余件及大量弹药军用品，并将敌人监狱捣毁。通州发电厂（当时为火力发电厂，专供北平有轨电车用电）也被我县大队攻克，守敌周世奎部被击溃。当北平增援之敌到通州时，我军早已从北浮桥向东安全转移。这一胜利鼓舞了通县党政军民的斗争士气，同时也给北平守敌以很大的震动。

（刘振声，原通县公安局局长）

王化民三上卜落垡

■张宝石

一九四七年七月，卜落垡村发生一起儿童被绑票案。仵 x 正家的二儿子不见了。各方寻找，皆无踪影。慌乱中，仵 x 正在厕所中发现一张纸条，上写：“想要儿子，今晚 12 点，你一个人把 200 块大洋放到村北土围子西大柳树下，如报案必撕票，款到后儿子明日放回”。

仵家照办，但是孩子并未放回。随之而来的是社会上流言四起：“土匪绑票即撕票，绑去就没命”；“凶神恶煞拍花子，专施迷魂药，偷走孩子。到乱坟岗子处，挖掉眼珠子和心肝肺，卖与洋教堂的神父做药引子”。凡此种种，不翼而飞，人心惶惶，社会各阶层无不关注。

至来年开春，臧老五家在村北春耕时发现了孩子的尸体。有人提议赶紧报案，仵家说孩子失踪第二天就报案了，国民党设在前疃的警察所派人来，从仵家拿走 300 块大洋后，就再没来过。只能再报，结果是警察又给仵家开了一张 50 块大洋的“尸体检查费”收条，用白手帕捂着鼻子，叫人深埋尸体，留下一句待调查，一走了之。

时值“敌我拉锯”时期，外表看国民党武装尚在，共产党领导人民的斗争已经如火如荼地展开。王化民是红色政权的区长。三十多岁，黑脸，办事稳重。人民遭此荼毒，他深感责任重大。随后化装来至卜落垡王家“小铺儿”“私访”，三五句话谈到了村北“裴家坨子”尸源地，接着对发现人臧老五、受害人仵 x 正家进行全面了解。一袋烟工夫，就把村里这些日子发生的事调查得一清二楚。然后亮明身份：我是中共通县县委公安助理王化民，受上级指派，专来调查此命案。此称（王化民一上卜落垡）

通过对案情的分析，王化民得出初步结论。排除了仇杀或情杀的可能性，知情人作案的可能性极大，嫌疑人是本村人。本村人是谁干的呢？王化民怀疑到了图财害命，谁图财害命呢？据以往了解，这个村的人都很善良，非极度用钱，不可能有此所为。谁极度用钱？王化民把目标锁定在一个特殊场所。夜幕降临，卜落垡裴五强家西厢房赌场里，赌徒们玩得正欢。王化民悄声进入裴家北房东屋，直接了解赌徒们的情况。王化民问什么，裴五强答什么。王化民都一一作了记录。（史称二上卜落垡）

这次调查的结论是，本村赌徒汪某有重大作案嫌疑。汪某是一个游手好闲之徒，家境不错，不缺赌资。但他不当家，当家的父亲极度节俭，绝不会拿钱让儿子到赌场挥霍。可这些日子，汪某在赌场上却出手大方。不怕输，越输赌注越大。还得了外号“汪叔（输）”。看他的赌资全是当时还流行的白花花光洋。

掌灯时分，汪某从家中走出来，边走边暗自发誓，今晚一定打个漂亮仗，把输掉的本钱捞回来。是不是有人玩花活？今晚上得注意点，发现玩花活的，就他妈的立马翻车砸码子。走着走着突然脚下被什么绊了一下，摔了一个“狗吃屎”。回过神，几个壮汉已经把他捆绑起来。（史称三上卜落垡）

押到了府公所，面对手中拿枪的公安人员，没经讯问，他就全盘供出了犯罪事实，并供出了他的同伙战某（本村人）。战某还在热被窝中，被我公安人员抓个正着。当问到为什么选择杀害仵小二时，两罪犯供认，一是仵家是读书人，老实本分。二是仵家人丁不旺，如果事发也不怕仵家报复，因为杀了仵小二，仵家就没有男丁了，也就没有人报复了。

通过审讯，两罪犯又供出，他们已经在本村内物色了四户人家的男孩子，准备实施绑票。该绑票案名曰“绑死票”，在绑票行中是最凶残、最没有人性的一种，绑票者先绑票后撕票（把被绑人杀死），再向被绑票者家属索要钱财。干这一行的多为熟人作案。

痛歼张松江

■ 高世臣

张松江，原在我冀东第十四军分区独立十三团任参谋。1943 年底，被调到三河县二区当助理。在这期间，他与小柳店村的地主伪乡长刘孝认了干亲，整天和刘家的女儿鬼混，不干工作。1946 年初上级要求各地执行“五四”指示，增资减息，清算斗争。这时群众要斗争刘孝。张松江为了讨好刘的女儿，向三河县委求情，企图解脱当地群众对刘孝的斗争，遭到县委的拒绝和严厉批评。张松江不但没有悔改，反而对党不满，怀恨在心，于 1946 年十月叛变投敌。同年年底，任国民党通县独立营营长并兼任通县地方武装总指挥，驻守在通县前榆林庄，他到前榆林庄后，重修了明碉暗堡炮楼，网罗反动地主武装还乡团和国民党杂牌军土匪等，共五百多人。他煞有介事地把他的兵丁武装一新，每班配备机枪一挺；每个兵除了步枪外还有一把大片刀，刀把上饰有红绿绸子穗，刀上刻着松江部队的字样。另外，还有一支骑兵队，似乎不可一世。

自从张松江投敌后，前榆林庄据点的兵力不断扩大，对我开辟地区的地方干部，区小队和游击队威胁极大。由于他对潮白河两岸地理熟悉，对我地方干部，地方部队的部署、活动规律和方式了解得比较清楚，于是他经常到这一带地区骚扰破坏，抓丁抢粮。更恶毒的是，他组织“摸瞎队”，专门夜间出动，到各村进行偷袭。搜捕我军干家属几十名，从军干家属身上敲诈勒索钱粮无计其数，杀害我军干人员十多名。这个叛徒确实起到了敌人所不能起的威胁破坏作用，是我三、通、香沿潮白河一带地区的一害。

1947年秋，平谷县支队和三河县支队合编为冀东第十四军分区平三团，团长杨洪鏖、政委华光、参谋长陈杰三。当时党政军的中心任务是保护地方人民群众进行土地改革和扩军，打击小股敌人。这年秋后十四分区决定，调平三团去三河县保卫土地改革工作。部队经常活动在京榆公路以南，以防止三河、夏垫敌人南窜骚扰。三河县城里的敌人想在年前捞一把以便挥霍享受，因此经常到三河以南，京榆公路两旁村庄抢粮。远处敌人不敢去，因为敌人探得我方情报，三河以南地区有三个团解放军。实际上就是我们一个团，当时我们团有三个名称，一个是平三团，番号是第七大队，这个时候冀东军区又将平三团改为冀东军区独立第十四团。部队到哪活动，群众打听你们是哪个部队，干部战士说法不一，有的说平三团，有的说第七大队，还有的说十四团，所以在人们的情报中一个团成了三个团。

三河城里的敌人这时候已是瓮中之鳖，只能坐吃山空，因为往北几里地已经和平谷解放区连成一片，往东过泃河是蓟县的解放区，往南香河虽未解放，但是三、香之间百里左右是游击区，且有我们一个团，长期在三河以南一带活动。敌人要想出来抢粮，必须求助于通县的敌人派大部队助威。

我们团决定到三河城外围、夏垫以南打伏击。于腊月十七日深夜，从韶道庵出发，行军几十里，到达预定地点埋伏。二连埋伏在诸各庄，准备打增援，一、三连埋伏在夏垫外围村庄，由团长杨洪鏖带领四、五连住夏垫一带村庄，既可支援夏垫外围，又可以增援三河南关，形成京榆公路以南三十里地左右的防线。一直等到八点钟，也未见敌人行动。就在这时听到西边枪声大作，当时团长觉得很奇怪，北边接近敌人的部队倒没有打响，反而二连和敌人打响了，而且枪声逐渐东移，估计可能是通县来的敌人和二连遭遇。马上命令四连、五连准备出击。

西边枪响后，二连长很快派人到夏庄的团指挥所报告，说他们和敌人遭遇。这股敌人是通县前榆林庄据点的张松江独立营，他带三百多人，去三河县城，配合敌军周贵抢粮。后来从敌人俘虏口供得知，十七日晚从前榆林庄据点出发，过潮白河，经过大、小柳店，吴各庄，十点左右住在南寺头。第二天早晨张松江准备去三河，路过诸各庄和我二连遭遇。打响后，张松江判断我方是区小队游击队，于是命令他的部队向我二连猛烈还击，我二连长一看敌人火力很猛，敌人众多，料难取胜，当机立断，命令全连边打边撤，不可硬拼。张松江被我一打十分恼火，命令他的警卫排长高宝泉带领警卫排去追。高宝泉求功心切，当追到刘各庄村南口，被我二连打了一个小埋伏，高宝泉刚进村南口发觉中了埋伏，想撤也撤不回来，一个排四十来人几乎被全部消灭。高宝泉只带两个勤务兵逃了回去。见到张松江埋怨报告不实中了圈套，张松江当即打死一个勤务兵。这时张松江想报复，气急败坏地命令："全力给我追，定要报仇。"于是张松江亲自带领人马，向东扑了过去。刚过鲍邱河在夏庄村西头，我们看到敌人发疯似地追来。团长命令重机枪、迫击炮开火！重机枪、迫击炮一打响，张松江再想报复，可也不敢再追，因为他已发觉我方不是区小队，而是大部队。他知道区小队没有重机枪、迫击炮之类武器。因此张松江才命令停止追击，他的部队全部卧倒在离夏庄村约二里地的一大坟圈里。他既不撤，也不敢进攻，时而不断向我方打几枪，双方相持有一个小时左右。为什么他不撤？原来张松江十七日十点钟进驻南寺头村，还有一个营顽军（国民党正规军）进驻大厂。张松江想等待顽军增援后再投入战斗，原来这个营顽军当战斗打响后，判断我方是大部队，从大厂出发往东奔皇庄绕道到三河，丢下张松江部队逃之夭夭。就在这个时候我团长早已命令一连、三连从北面、西面往南围攻，若敌人逃跑，背后追击最好以最快速度赶到敌人前边，切断敌人西逃南窜之路。四连、五连由东往西攻打，阻止敌人逃往三河，把张松江消灭在夏庄村以西地带。张松江果然发现被三面包围，不想被我们吃掉，只好往南逃窜。我一连在正面主攻，连长杨学智发现敌人南逃，又命令一排长钱德亮带领本排战士以最快速度插到周庄子村，阻击敌人进村。就在这个时候敌人占领了通往周庄子村的一道很宽的夹道沟，敌人用六〇炮和机枪向我猛烈扫射，我一连、三连部队早于敌人到达周庄子村，马上展开对敌正面抗击，同时乘敌人进入夹道沟时，我方迂迴到村西侧：把西口堵住。敌人见被我部队包围，就着了慌，张松江命令他的部队赶快架机枪想打通后路，但敌人机枪刚架好，被我用六〇炮掷弹筒猛打一阵，张松江听到炮声，又命令用机枪掩护，向我西口冲锋，两次冲锋都被部队用手榴弹砸了回去，死伤几十人，张松江吓破了胆，又命令他的部队攻打周庄子村，以便向三河方向撤退。敌兵在炮火掩护下，像一群狼似地向周庄子村涌来，刚到周庄子村边，眼看就要进村，突然，一阵冰雹似的手榴弹飞来，在敌群中开了花，敌兵死的死，伤的伤，接着我机枪步枪一阵子猛打，敌人扔下几十具尸体，又卷了回去。张松江一看前堵后截，进退无路，入地无门，便狗急跳墙，又重新组织残兵败将，向村里冲锋。这时我四连、五连已从东面赶到，发起全面冲锋，一下子把敌人压回到夹道沟，我部乘胜追了上去，掷弹筒和手榴弹齐向沟里倾泻，敌人又死伤近百人。张松江四面楚歌，顿成丧家之犬。他还想作垂死挣扎，孤注一掷，这个罪恶累累的叛徒，自知孤军无援，已到绝境，还想突围，他在沟边上单腿跪学日本指挥官的样子指挥部下，当他手拿战刀乱舞时，被我机枪子弹打中胸部倒在地上。张松江一倒，敌人顿时乱了营。霎时，我军已冲到敌兵前，一声喝令“交枪不杀”！敌人都乖乖地举起枪。除逃窜三十多人外，其余全部被俘。

这次战斗共消灭敌人二百多人，俘虏七十多人，缴获六〇炮两门，掷弹筒一个，机枪十八挺，打毁机枪十挺，缴获步枪二百多支，战马四匹和一些其他军用物品。我仅有几名战士负伤。战后，把俘虏和战利品都转移到后方，上交第十四军分区司令部，受到军分区嘉奖。

胜利消息传遍三河全县，人们无不欢欣鼓舞，个个奔走相告。过几天就在湖南庄开了庆功会，区、县干部和当地群众参加了这次会，庆功会开得非常热闹。

（高世臣，原通县政协文史委委员）

谢楼战斗

■张树林

1948 年春，在解放战争取得全面胜利的前夕，通州东部各县敌人纷纷逃往通州城和通县境内。当时国民党的武装力量仅通县就有 5000 多人，而共产党领导的通县县大队只有 300 人，加上区小队也不足 500 人，敌我力量对比是 10:1。全国解放战争节节胜利，而通县却增加了压力。

1948 年 7 月，国民党军为了填饱他们的肚皮，发动了保安 18 团的 2 营、前榆林庄的伙会、原西集壮丁队（已退驻浬二泗）共 1200 余人，要到称为粮仓的西集去抢粮，同时袭击驻张各庄的共产党政府机关。7 月 20 日拂晓，保安团的两个营从南路马头，原西集壮丁队从西路里二泗，前榆林庄的伙会从北路，向西集地区发动了进攻。

我 300 多人的县大队如何以少胜多？经研究决定弃南、西两路敌军而不顾，集中兵力重点对准北路榆林庄 400 多人的壮丁队，并采取了声西击北的战术，一面用少数兵力在西路造声势，同时在夜间命县大队二连一字长蛇阵埋伏在小东各庄以南的排水沟里，准备打击敌人的后路，一连、三连埋伏在谢楼村东西两面，准备夹击。北路壮丁队队长左凤梧，也自以为人多装备好，主要矛头不会对准他，所以他长驱直入到了小东各庄。我侦察员鸣枪，牵动左凤梧到了谢楼，可敌人不再南进，要吃饭。这时县大队认为战机已到，不能等敌人出村打，必须把左消灭在三路敌人会合之前。于是命令二、三连向谢楼发动猛攻。当左察觉我军意图，不是对准军力薄弱的西路，而是对准了他，要往北撤时，已被我二连堵住，再向南突围，我一、三连已攻进了村子，不到半个小时，就将敌人压缩到一个大院内。最后左凤梧束手就擒。毙伤敌人 70 多、生俘 130 多人，击溃一部，缴获小炮 2 门，机枪 9 挺，步枪数百支，当敌人援军赶来，我军已转到了河东。

前榆林庄伏击战

■张宝石

1945年，华北大地，麦子将黄梢。天刚麻麻亮，前榆村来了一拨儿衣服不整、枪支各异的队伍。但个个威武雄壮、精神旺盛、态度严肃。走着轻步，生怕惊醒熟睡中的老乡们。带队的是一位身材挺拔、机警睿智的中年人，他叫杨占才，属三通香联合县领导，是活跃在通县地区的抗日回民支队队长。他所领导的这支30多人的队伍，以本地人居多，以英勇善战、神出鬼没闻名，敌伪势力闻风丧胆。

喜欢早起的贾大爷稍一开门，便看到了杨占才队长，忙热情迎过去，双手握住杨占才的手含着热泪说："可把你们盼来了，前几天，小鬼子又进村祸害一番啊，杨队长，缺什么少什么的，尽管说，我帮助你们。"杨占才压低声说："我们就在你房后设伏，您马上通知附近的乡亲们躲好，特别是孩子们。"贾大爷说："知道了，刚才村里民兵都嘱咐过了。"

原来，杨占才的回民支队接到上级指示，在前榆林庄村打伏击战，狠狠教训一下驻扎在通县发电厂（原城关镇大棚村）的鬼子。

发电厂这帮鬼子兵自以为武器好，又有一个排的伪军做走狗，便有恃无恐。经常到潮白河一带"清乡"抢掠。这群家伙掠夺有特点，一般不要粮食，专抢吃的动物（驴、羊、猪、狗、兔、鸡、鸭、鹅）和掠夺金银、瓷器、绫罗绸缎。每回必带着一辆双匹马的胶皮轮大车，财货满车才心满意足地回去。上次，村民金日生的一头猪仔都没放过，被强行抢走。急得老俩口抱头痛哭一整夜。还有俩鬼子强行闯进许士英家满屋搜寻，见四条腿两条腿动物皆无，仍不肯离去。突然发现梳妆台上有一个银制耳挖勺，俩鬼子都想要，一下扭打起来，一个高大力壮的抢到手，另一个急得哇哇叫。一气之下，猛击一下梳妆台，把镜子打个大口子（如今梳妆台还在）。那时，村民一听说发电厂那帮鬼子来了，就急急忙忙地拉牲口，往潮白河边跑，躲进蒿草丛中，或是轰赶到亲戚家去，闹得人心惶惶，鸡犬不宁。

贾大爷家房后有一溜儿半人高板打墙，正好隐蔽。杨占才重新把人力、火力分配好，又一次叮嘱两个班长在战斗打响后，怎样包围、怎样出击。然后让大家休息片刻养精蓄锐，嘱咐战斗交上手谁也不许当孬种。杨占才与副队长俩藏在矮墙旁一丛茂密的灌木后，观察路上的动静。时间一分一秒地过去，等啊等啊，等得让人焦躁不安起来，也有人怀疑起内线送来的消息是否可靠。这时，杨队长一摆手，示意大家做好战斗准备。

那鬼子仍然是用一个排伪军在前面开路，他们有的是在车上坐着，有的在地上走着，一路上说说笑笑，谈论怎么样捉猪逮羊，怎么去搜找花姑娘。伪军越走越近了，杨占才掂量着自己队伍中枪支的射程，“七九”“三八”“老套皮”、手榴弹掷远？又掂量，今天主要是打鬼子，再放进点距离吧。副队长拽了下杨占才衣襟，意思该动手啦，杨占才慢慢举起手枪，又过去了十几秒，砰的一枪并大喊一声“打！”刹时枪声手榴弹声响成一片。杨占才边冲边喊：“打鬼子！”走在前面的伪军听到枪响，知道遭到了伏击，又听到杨占才喊打鬼子。有的伪军心中已经明白了，不知谁喊叫一声：“八路来了，快跑呀！”“杨占才来啦！”一下乱了阵脚。伪排长首先抱头往后河方向逃窜，也有丢掉枪支弹药的，也有跑掉帽子背壶的，惶惶然如丧家之犬。

枪声一响，鬼子慌忙从马车上跳下来，各自寻找有利地势。那两匹东洋大马被枪声吓惊，拖着车在土路上狂奔。车后扬起滚滚灰尘。鬼子见冲过来的人多，不敢应战，嘀咕几句，立即分成四组，每组三人，相互掩护从麦地向村北后河方向撤退。边撤边大骂伪军不是东西。一个鬼子首先占领了麦地中一个高坟头，迅速趴下举枪瞄着冲上来的队员。张安明这时借用胶皮轮车扬起的浓浓的灰尘，抱枪一打滚儿就到了麦地边，举枪就射击坟头儿那个鬼子。鬼子应声从坟头上滚下来，其他鬼子更加慌乱。有的鬼子边跑边扔东西，罐头瓶、背壶、子弹、枪支。鬼子认为如果我的战士去捡他们扔下的枪支弹药，一是耽误追击，自己可跑得远些，二是借用我们捡东西时，可以借机还击。杨占才见了识破鬼子用心所在，便大喊：“不要捡东西！”一个鬼子跑慢些被队员击倒在麦垅中。

剩下的鬼子跑到后河边，那群溃散的伪军才迎过来。鬼子骂声不绝，连喊：“军法从事！”“军法从事！”但毕竟狼狈为奸，灰溜溜回发电厂去了。

杨占才根据自己掌握弹药的情况，并未追击，让队员打扫战场。

其实，战斗一打响，前榆村、后榆村的村民们都知道了，纷纷拿起锄镐铁耙，紧跟本村民兵后面，在回民支队旁呐喊助威，村民后边是一群半大不小的孩子，他们是儿童团，一是为救护伤员，二是捡子弹壳。

后榆村民王三手拿镐头在麦地中寻找日寇、伪军丢掉的东西。他突然发现麦垅中有一个鬼子，正呲牙咧嘴地包扎大腿部的枪伤。鬼子见来了人，忙去拿枪。王三见了，照鬼子腰部就是一镐，二镐，嘴中骂道：“狗日的，还想打呢。”张安明见这里有情况，急忙跑来，照鬼子又补了一枪。

这次伏击战，击毙鬼子兵三名，打伤伪军十余名，缴获步枪七支和部分子弹。这以后，通县发电厂那帮鬼子直到投降，再也没敢到这一带来“清乡”了。

原前榆林庄伏击战旧址

南刘各庄炮楼攻坚战

■ 罗凤光

1946 年春，驻扎在通州北街的国民党军孙玉堂营，奉命进驻潞城镇南刘各庄（下简称南刘）村，强令南刘各庄村南窑、北窑两家窑地（南窑在村南王家坟、北窑在村东北沙坑）所烧制建筑用砖，一律归其所用，在药王庙前建筑南刘各庄炮楼，以求和东面三里处张松江驻扎的前榆林庄炮楼相互策应、支援。当时还有一秘密任务，即保护在潮白河东受降的一营侵华日军，经谭台渡口、前榆林庄、南刘各庄村、杨坨村摆渡口，去通州东关火车站回国。

孙玉堂营一个连驻村西头腾家大院（财主）；一个连驻村中马永增、王澄云等三家；一个连驻药王庙。孙玉堂营部住药王庙西耳院北房。

修筑的炮楼高 15—18 米，成四方形，四面有多层射击孔。为封锁庙前大道，炮楼设可提起放下铁丝网。炮楼墙体厚达 1 米，外 37（cm）里 24（cm），中间大土坯。炮楼有吊桥，直通北面孙玉堂指挥所。该所在药王庙西耳院外墙修有多处枪眼；里墙根修有之字形上下道；室内有直通前榆林庄炮楼电话。在那期间，村民到炮楼外老井取水，都必须给孙送礼（钱物酒肉）。住苇坑边几家，因为无钱送礼，只能向邻家讨水喝，甚或用苇坑水。送了礼也不是任意取水，每次都要搜身，理由是怕有人投毒。1947 年，战事不断发生，孙玉堂感到形势不妙，把三个连都集中到药王庙，对百姓控制愈发严格，态度愈发恶劣。

1948年正月，十四军分区司令员曾雍雅率八路军十三团部分指战员，从燕郊西北小杨各庄渡过潮白河，攻打南刘炮楼。队伍顺河堤经东堡村进入到南刘各庄村东北，剪断炮楼电话线，架好六〇炮，在王家老坟地设阵地，在临近的八各庄村设伤员救护站。

后半夜，战斗打响，六〇炮连射三发炮弹，直接命中孙玉堂指挥所屋顶。孙玉堂气急败坏，从吊桥奔入炮楼，亲握歪把子轻机枪，向下面进攻的十三团战士猛烈扫射。战士们先后发起四次冲锋，但炮楼居高临下，且构造坚固，终未拿下。至佛晓时，十三团伤亡战士近20名，不得不撤出战斗。在指挥部进行战斗总结，听完汇报后，曾雍雅司令员对张忠进行了严厉批评。（张忠曾任八路军区小队队长，解放后，曾在胡各庄道班当班长，本人多次讲过此事。八各庄村民张广彬知情）

炮楼没失守，孙玉堂依然怒气不消。他带两个卫兵来到南刘各庄村民姜xx家，连打他几个大嘴巴子，厉声呵斥："八路军剪断炮楼电话线，为什么不报告？"还在他家发现一位八路军重伤员……其后，孙加强戒备，命令手下从路边老井打水，将炮楼上下及庙前广场每天都泼得透湿，加之夜间尚寒，水结冰，人更不好上前。

经过侦察和缜密部署，正月28日，十三团又一次攻打炮楼。这一次，分别在炮楼的东、南、西三面，各架重机枪一挺。东边在姜家屋顶，南边在王家大院南院墙上，西边在马家屋顶。因药王庙地势险要，易守难攻，两次冲锋未果。随即又决定，南，西两方，机枪掩护，吸引炮楼主力，东方重点进攻药王庙指挥所。东堡村人，十三团战士袁士洪火线献策，用水浸湿棉被，可防敌人子弹。指挥员当即采纳，遂从村东头百姓家中筹集多条棉被，同时借来三张八仙桌，将湿棉被蒙在桌面，战士顶着桌子往上进攻。袁士洪已经杀红眼，套上去三条湿棉被，抱起炸药包，在重机枪掩护下，冲向药王庙东北角。几经周折，终将药王庙东耳院围墙炸塌，打开了第一个缺口，战士们个个奋勇当先，杀进药王庙中。但孙玉堂已上了炮楼，不在指挥所。后续几个爆破组，顶着盖有湿棉被的八仙桌，继续猛攻炮楼。孙玉堂在炮楼内看得一清二楚，又一次扯起歪把子猛扫，无奈子弹穿不透湿棉被，打在地面冰上的也改变了方向，不少都打在了大槐树上。有战士在一张八仙桌的掩护下，借助冰地光滑，急速冲到了炮楼下，战士顶着湿棉被，神速般把集束手榴弹塞进了炮楼。几面攻击，炮楼火力完全被压制住。大势已去，只得挑起白旗投降。

战斗中，南刘各庄村民除了贡献棉被、八仙桌，还负责浸湿棉被，先使用郭家大院水缸，缸里水用完后，干脆不顾呼啸着的子弹，直接到苇塘破冰取水。

（感谢邓福有、池宝清、杨维先、李凤琴、袁宝辉、姜清亮提供资料）

宋林除奸

■张春昱

抗战胜利后，国民党当局倚仗军事、经济上的绝对优势，一面同中国共产党举行和平谈判，一面加紧内战布置。蒋介石先后调集了其总兵力的80%，即193师（旅）158万人，将中原、苏皖、山东、晋冀鲁豫、陕甘宁、东北和海南岛等解放区及广东游击区包围。

我县与全国形势一样，国民党92军部分部队进驻通县，配合伪县政府进行深入清乡、围剿运动。刚刚在西集侯各庄村成立的通县政府机关，于1946年9月17日先撤至平谷山区，暂避敌人锋芒。县政府的一班人在撤离前，县委书记宋林对大家说："你们先避一避，我不撤，我一个人也好掩护，你们要服从指挥，我要看一看，这阵势到底怎么样。"有几个人也要留下来，宋林不干，争执一会儿，只好依他，宋林便在西集地区藏匿了。

至此，先要将"刚刚成立的通县政府"和宋林其人，做一简要说明。因为在此"通县政府"成立之前，共产党在这个地区的领导机构是："中共三通香联合县委员会"，即三河、通县、香河三个县的联合县。存在于1944年7月至1945年8月。1944年7月至1944年9月纪心泉任县委书记；1944年9月宋林接任县委书记，至1945年8月。其间，"三通香联合县"的地方武装组织有两个，一个是"三通香联合县"抗日游击大队。存在于1945年1月至1945年8月。宋林兼任政委，队长是李梅溪；副政委是彭成、李光远。另一个是"三通香联合县"人民抗日武装委员会，存在于1944年7月至1945年8月，主任是李春秀。

为了“要看一看这阵势到底怎么样”，留下的宋林每天照样行动，白色恐怖下，他顺着潮白河河道向北行，走过20里地，到了谭台摆渡口，便在河边看望来来往往赶集的人群。解放前夕，前后榆、卜落垡、侉子店都归二区西集管辖。那时，谭台村是个大集，每月逢农历3、7、10是大集日，5是小集。战乱时期，又是“红白交界”地带，赶集的人在上摆渡之前都要经两名伪警察搜身。他们从中敲诈、勒索，不给点好处，就污人是“共匪”，轻则吃官司，重则丧命。见了年轻的妇女，这俩小子更是在身上摸个没完没了。人们恨得咬牙切齿，个个大骂。

宋林

为了等下一班船，宋林在一棵弯柳树下坐定，看又来了个过河老头儿，便主动打个招呼，那老头儿过来，以为他有事，嘿嘿笑道：“您有事儿吗？”宋林也不着急，同样笑了笑说：“您坐会儿，这船刚走，河面宽，要好一会儿才能回来呢！”“好、好。”老头儿便坐下来。宋林说：“我看那俩警察够厉害的”。老头儿往外瞧几眼，见没有别人就说：“那是，我刚刚听说这两天紧，他们说老八路都跑了，可霸道了！”说着用嘴呶呶那俩警察。说了一会儿话，摆渡船驶回来了。老头儿告别上船，宋林瞧瞧那老头儿，又望望那两个警察，自己攥紧了拳头。

又一个集日到了，宋林化了妆，脸上有了八字胡须，他披上大褂，手里拿上篮子，自由自在走向摆渡。那俩警察正在搜索一年轻妇女，让人举起手来，然后照例上身下身摸个够。一人用大拇指一捅妇女裤中间说：“这是干啥用的？”这妇女急了，放下手大骂：

“流氓、混蛋，有你这么问的吗？”一个警察上去就给那妇女一大嘴巴。“你老实点！”宋林也挤上前去，说：“别打、别打。”俩警察端着枪说：“你他妈干什么的？多什么事呀？”“打人就是不行！”宋林从身后拔出手枪，对那小子就是一枪。那警察哎呦一声，倒在地下直蹬腿儿。另一个警察见状，大喊一声：“来人呦，打死人啦！”宋林冲他一举枪，让你喊，叭地一声枪响，这小子同样应声倒地，做了鬼。

面对惊慌失措的人群，宋林从容一抱拳，看着大伙说：“乡亲们，不要怕，该赶集赶集吧，这祸害，给你们除了。大伙记住了，八路没走，别听他们顺嘴胡吣，惑乱人心，共产党就在眼前！”说着，把大褂扔到河里，猫腰撩把水往脸上一抹撒，站起身，胡子没有了，呈现在谭台摆渡口的是一张英俊的面孔。目送大家上船赶集，他又出没在潮白河大堤的树林中……

革命斗争史四个人物

■张树林

张竹泉

张竹泉，通州区潞城镇康各庄村人。1926年生于一个普通的农民家庭。少年时加入本村儿童团，机智勇敢，被村政权任命为团长。其后，在站岗、放哨、查路条等工作中表现出色，被当时在西集侉子店一带开辟地区的地下党组织发现。经过地下工作者洪信、何俭，（化名）介绍，加入革命队伍，到区里搞通讯工作。

1944年，与金瑞藻等同志参加南刘各庄村党支部组建工作。1947年9月至1948年3月，任县武装委员会副政委（李英明政委）。后因革命工作需要，被派调到通县武工队担任政委，与队长张树鹏搭当（大甘棠村人）。他们遵照中共中央的正确指示，紧密依靠群众，战斗在京郊……1948年又因成绩突出，经通县县委书记李英明提名，升为当时通县三区区委书记。同年年底通县解放，解放大军进京，地方革命武装奉命进行整编，整编后，张竹泉、张树鹏所领导的通县武工队有了新的部队番号。

1949年革命形势发生巨大变化，解放全中国，百万雄师过大江。人生抉择摆在张竹泉面前：继续革命，坚决跟党走，就要抛妻舍子，离家随军南下；半截革命，则可以过上“三十亩地一头牛，老婆孩子热炕头”的安逸生活。受党教育多年，在革命需要时不能掉队。张竹泉毅然选择了前者。从而一别故土、父母家小，终生未返。

在部队整编后，张竹泉受组织委派，参加了东北野战军的学习、培训，成为东北南下干部大队一员。《中国共产党崇仁历史》第二卷（1949—1978）载：1949 年 6 月中旬，中共崇仁县委在抚州组建。7 月上旬，中国人民解放军 48 军 161 师 483 团 3 营随同中共江西省委、中共抚州地委分派的东北南下干部大队接管崇仁，工作队共 43 人（其中中共党员 37 人），来崇仁开展接管工作，途中在秋溪马岭村遭到了县保警大队两个中队阻击，经过激战，歼敌 50 余人，缴获武器 50 余件，余敌败走溃逃。南下接管崇仁工作队的 43 人是：刘建章、贺健青、李春瑞、张竹泉、聂国民、……，其中刘建章任县委书记，贺健青任县长。

1952 年，张竹泉任中国共产党崇仁县委副书记。转战南北的军旅生涯，培养了他与广大人民打成一片的工作作风，他扎根江西，深得江西老表的拥戴。1954 年 2 月被提升为崇仁县委第一书记。工作中依靠上级，尊重老区干部，遵守政策，发动崇仁县的工、农、学、教、商等方面，全积极认真主动。后又调抚州地委宣传部工作。文化大革命中，受到冲击，1976 年，因病离世。

侉子店地区的广大人民群众，为中国革命，做出了巨大贡献。解放战争中的“土地改革”时期，在共产党的正确领导下，面对敌人的枪口刺刀、威逼利诱、残酷折磨，更有人大义凛然，视死如归。如小甘棠村共产党员、妇联主任杨秀英，东前营村共产党员、农会主任崔廷相，奚庄村民教委员周振刚等一批英烈。

杨秀英

杨秀英，1902 年出生在通州潞城镇前北营村。全家六口人，有三四亩薄地。父亲扛长工，母亲给地主当佣人。长年劳作，仍然过着半年糠菜半年粮的贫困生活。幼小的心灵里播下了对地主阶级的仇恨。15 岁时，她嫁到了小甘棠村梁家，婆家也是穷人，婚后仍然生活拮据。可是这并没有把她压倒，反而健壮地成长起来。

生来善良质朴，深知穷人有病的痛苦，没钱治病的难处。“偷艺”学会了扎针、拔火罐等土法治疗技术。谁家有头疼脑热，只要招呼一声，她抬腿就到，且不管白天黑夜、刮风下雨。而且从来不要一点酬谢。有一年邻居韩如英中暑，出现继发症状。她立即诊治并一直照应到病人稳定下来。乡亲谁家有困难，她都诚心诚意地帮忙解决，因此也受到了全村贫苦群众的普遍爱戴。

杨秀英烈士之墓

1944 年 8 月，我党来到小甘棠开辟工作，建立了地下党组织。在党的教育下，杨秀英逐渐懂得道理，并积极工作，很快成为入党积极分子。她和其他积极分子一起，组织群众投入抗日斗争，利用了各种形式和机会，秘密地搜集敌人情报，给我军做军鞋，动员青年参加八路军。

1945 年，杨秀英担任妇联主任，当时我党领导广大群众掀起了“减租减息”和“反霸”斗争。在斗争中，她立场坚定、斗志旺盛，处处冲在前面。经一段时间培养教育和实际工作的锻炼，她的思想觉悟有了很大提高，更进一步懂得了革命的道理，坚定了为实现共产主义奋斗终身的革命理想，于 1945 年 6 月光荣地加入了中国共产党。

入党后，她工作更加积极。本村伪保长、甲长梁某、贾某等人在日伪时期不仅给敌人征收粮食，而且从中捣鬼，克扣群众粮食。杨秀英和同志们按照区委指示，发动妇女群众和农会、工会紧密配合，带领群众清查了他们的账目，并向他们进行了面对面的斗争，夺回了被克扣的三十多石粮食，分发给了贫苦农民。

为贯彻执行中共中央关于土地问题的“五四指

示”，对汉奸、劣绅、恶霸必须严惩。1946年麦秋时节，在区委统一部署下，杨秀英和本村干部李荣、梁德山等一起，带领革命群众积极参加了清算本村恶霸地主陈某，反动富农赵某的联村斗争。除清缴浮财外，还扒房36间。把斗争来的围墙和一百多棵树分给了本村穷苦人。除联村斗争外，杨秀英和村干部又带领群众斗争了另一甲长梁某。把斗争中取得的家具、砖瓦、树木悉数分给了群众。取得了这一时期斗争的初步胜利。

广大的革命群众开展轰轰烈烈的土地改革运动的时候，地主陈某逃至通州，投靠了国民党，当上了国民党区分部书记，并组织起“还乡团”“壮丁队”继续与人民为敌。1946年7月间在蒋介石对全国解放区发动全面进攻后，马上令“还乡团”“壮丁队”回村，反攻倒算。先后杀害了小甘棠村委会主任梁德山和村长、共产党员李荣，妄图一举消灭我革命力量。一时间，乌云密布，附近各村又成为反动势力横行霸道的白色恐怖世界。

在敌强我弱，反动势力猖狂的不利形势下，我军遵照毛主席的游击战策略，进行主动转移。区委也采取了秘密的工作方式。在如此艰险的环境下，同志们关切地让杨秀英躲一躲。她一方面表示，坚决和大家一起战斗，一方面鼓励大家：不要怕，共产党是杀不完的，敌人长久不了，八路军一定会很快打回来的！她化悲痛为力量，不计个人安危，一直留在村里，坚守在自己的岗位，秘密接受党的指示，掩护革命同志，顽强斗争。

1947年初，共产党、子弟兵再次打了回来，解放了北运河以东的地区。小甘棠又成为我方占优势的游击区。但处在我区前哨，离敌人仅一河之隔，因此，敌人窜扰频繁。形成了敌进我退，敌退我进的拉锯局面。

由于敌人的摧残，有的共产党员、村干部被捕、被杀，党政组织遭到严重破坏，领导全面工作的责任，主要落在了杨秀英肩上。她也预料到，在干部力量较弱的情况下，工作会遇到很大的困难。但是为了党和人民的事业，她发扬了越是艰险越向前的革命大无畏精神，处处勇挑重担，在党组织领导下，和其他干部一起，千方百计地团结群众，出色地完成了各项任务。

为了给八路军做军鞋、军袜，她和妇女积极分子们多次冒着生命危险，想尽一切办法，闯过敌人岗哨，去通州城里买布。回来的时候，为了躲避敌人的搜查，他们把布缠在身上、腿上带回来。材料有了，他又挨家挨户动员妇女，做成鞋袜和背包。有时材料不够了，他除了拿自己家里的布和钱以外，还到各户凑集。为了把鞋、袜安全地送到指定地点，她常和积极分子们以串亲戚买菜为由做掩护，躲避敌人的搜查，及时送到接收地点。

当时，根据上级党委的指示，要继续发动群众，开展土地革命运动。由于处于敌我拉锯的环境里，这项任务危险而艰巨。但是杨秀英始终保持旺盛的革命斗志，战胜了重重困难。斗争地主陈某，有些群众有顾虑，害怕他将来反攻倒算，进行血腥报复。杨秀英就和其他干部一起，到基本群众家里，进行思想发动，解除顾虑，用事实启发大家的阶级觉悟。结果比较彻底地斗争了陈某，取得了土地革命的初步胜利。

在党的领导下，杨秀英一直站在阶级斗争的第一线，团结群众，勇敢地向敌人作坚决斗争。使反动势力受到沉重打击。本村地主陈某和其他国民党反动派对杨秀英早就恨之入骨，可又拿她没办法。他们相互勾结，决定征服杨秀英。

1947 年 7 月 22 日上午，驻通州自卫队、壮丁队三四百人，在大队长崔某山带领下，突然包围了小甘棠村。他们派两个特务化装成八路军，把杨秀英同志骗到村东大庙里抓捕。又强迫四五十名群众到庙里去开会。暴徒们进村后，岗哨布满街巷、大庙。庙围墙上和屋顶上架起了机关枪。匪徒们持枪强迫群众挖坑后，开始对杨秀英凶恶地审讯：“你是共产党员，妇联主任吗？”杨秀英临危不惧。她清楚地看到新任村长、主任和共产党员们都在人群中，为了掩护村干部和革命群众，为了党组织免受损失。她下定牺牲的决心，昂首挺胸，坚定而镇静，十分有利地回答道：“是我！”

“农会主任是谁？”

“是我！”杨秀英回答更加坚决。

“村长是谁？谁给八路军送粮、送鞋、送东西？”

“也是我！”仍然是斩钉截铁地回答。

敌人硬的不行，就来软的，说：“你要是指出谁是共产党，谁是村干部，就放了你。”

“党员干部就我一个人！”敌人依然是一无所得，接二连三地失败。

面对着这些比狼还残忍的土匪，干部和群众无比愤怒。同时都为杨秀英的安全担心，但是听到杨秀英坚定而有力的回答，看到她在敌人面前临危不惧，对党和人民无限忠心的英雄气概，顿时勇气倍增，纷纷涌上前去，怒斥敌人，强烈要求释放杨秀英。

杨秀英看到，在这生死关头，乡亲们对自己仍然这样信任、关怀，深受感动。同时更加激励，自己和敌人斗争到底的决心。她鼓励大家："乡亲们，敌人的日子长不了啦，就要完蛋了，只要我们坚持斗争下去，胜利就一定属于我们！"

共产党人，不可征服，敌人决定杀害杨秀英。她怀着必胜的信念，大义凛然地挺立在敌人面前，振臂高呼："共产党万岁！毛主席万岁！胜利一定属于我们！"气吞山河的口号吓得敌人丧魂落魄。匪徒大队长崔某山慌乱地下了命令，匪徒们颤抖着向杨秀英开了枪，她就这样英勇不屈地为党、为人民献出了宝贵的生命。

复仇的怒火燃烧着胸膛，乡亲们个个悲愤交加。大家下定决心：血债也要用血偿，秀英，我们一定要替你报仇！我们要继承你的优秀品质，你没有走完的路，我们接着走下去！

人们怀念杨秀英。经�子店公社党委批准，于 1971 年 5 月 4 日在小甘棠村东，为杨秀英树立了墓碑。侍子店中小学的全体师生到场，参加了隆重的仪式。

崔廷相

崔廷相，今潞城镇东前营村人。1913 年出生在一个三代赤贫的农家，1944 年加入中国共产党，1946 年牺牲。生前曾先后担任村"农工会"和"农会"主任。

期间，东前营村共有地主、富农 17 户。其中马某光当过"伪大乡长"、地主"还乡团"队长。另一户刘姓地主也当过"伪大乡长"，两家相互勾结，欺压群众，残酷剥削人民，再加上日本帝国主义的蹂躏，广大贫苦农民处于水深火热之中。

那时候，崔廷相一家大小只靠父亲给地主当长工维持生活，吃不饱、穿不暖。崔廷相兄弟七个，只有四个成人，其他三个都被活活的饿死了。崔廷相家祖传老房，与地主刘某家相邻。刘某为了霸占崔家的宅基地，不惜到县衙门告刁状，诬告崔廷相父亲崔旺放火。在那黑暗的旧社会，"衙门口朝南开。有理无钱别进来。”穷人没有说理的地方。官司下来，崔家倾家荡产，生活无法过下去，逃到唐山，挖煤七年。小小年纪就被摧残，仇恨铭刻在崔廷相的心里。

1943年，共产党派人来侉子店开辟地区，广大贫苦农民心花怒放，奔走相告：“我们的亲人来了！”崔廷相更是万分激动，情绪高涨。随着建党、建政，扩军宣传群众，组织群众等工作的开展，东前营一带成了抗日根据地。在党的培养和教育下，崔廷相跟着党闹革命，阶级觉悟有很大的提高，东前营村1944年建立党组织，崔廷相第一批光荣地加入中国共产党。

依照组织安排，崔廷相担任农工会主任一职。在区抗联会的领导下，团结贫苦农民，积极进行“减租减息、增资反霸”的革命运动。经过与地主进行斗争，长工们的工资，一般都从二、三石，增加到七、八石。同时还清算了伪保长富农刘某的账目，追缴其克扣贫下中农的五十二石棒子，悉数分给了贫雇农。另外崔廷相还与贫下中农一起丈量本村地主马某以培土为名，圈占的和扩占的土地，讨还了土地里的大柳树。

1946年建立村政权后，崔廷相又担任村农会主任，贯彻执行中共中央关于土地问题的“五四指示”，严格执行政策。对汉奸、劣绅、恶霸也绝不姑息，都一一给予严惩。麦收前，在区委统一部署下，带领东前营村贫雇农，积极参加对本村恶霸地主马某的“联村斗争”（参加联村斗争的有：前疃、贾后疃，李疃、武疃、凌家庙、燕山营、谭台、八百户、窑坡、大小辛庄、新房子）。马某闻风丧胆，逃至通州。之后，又在其他村开展了同样的斗争（如新房子村地主）。

这些活动大涨贫下中农的志气，大灭地主、土豪劣绅的威风，发挥了群众的主观能动性，提高了群众在政治经济上的地位。

马某等一些地富逃到通州后，又聚集到一起，纠集起反动分子，组成“还乡团”，马某亲任队长，伺机进行阶级报复。

1946年，东前营村建立村政权后，也经历了尖锐的斗争。地主刘某一子窃取了农会主任的职务。另一子混入党内，并且做了村治安员。地痞流氓赵某当了村长。这些人打入村政权，与还乡团队长马某内外勾结，沆瀣一气，大肆贪污。他们侵吞了在东前营村存放的准备上交区里的粮食和公款，大吃大喝，任意挥霍，妄图从政权内部破坏我支前工作，瓦解、颠覆村政权。在极端严峻的形势面前，崔廷相不顾个人安危，挺身而出，只身向他们提出质问，清查账目，将他们的贪污行为公之于众。

1946年旧历八月初五，正当崔廷相在园子里干活的时候，马某带领“还乡团”突然闯进村里。群众闻讯，立即密报崔廷相，“还乡团”来了，并关切地叮嘱他，赶快躲一躲。但他那样做，敌人绝不甘心，人民群众就要遭殃。他选择了从容面对。穷凶极恶的敌人将他抓进太子府据点炮楼。在那里，马某、刘某等一伙匪徒凶相毕露，马某亲自指挥对崔廷相严刑拷打。他多次被他们打得昏死过去，又用凉水泼醒过来。

严刑拷打逼供，马某手举皮鞭，恶狠狠地问崔廷相：“斗争我的东西藏在什么地方了？”崔廷相早已料到这是敌人的罪恶目的之一。只轻蔑地吐了一口唾沫朗声答道：“不知道！”

马某又问：“给八路军的粮食藏在什么地方？”这是党的机密，粮食是后方支援前线的最重要物资，是人民粉碎敌人进攻，夺取胜利的最基本保证，增加一粒粮食就是多增加一颗打击敌人的子弹。隐藏这些粮食的时候，上级就是这样交代的，崔廷相不能满足敌人。回答还是三个字：“不知道！”

马某又问：“民兵都在哪儿、枪支、子弹都存放在哪里了？”地下党负责同志从开辟地区时就讲：这是人民的武装，是人民的胜利之本，一支枪、一粒子弹都是革命的至宝，拼死也要保存，不能交出去！崔廷相未加思索，几乎是本能地告诉敌人：“不知道！”

连续三个不知道，抒发的是共产党人的气节，显现的是临危不惧。是与人民的肝胆相照，是投向敌人的重磅炸弹。“还乡团”匪徒大眼瞪小眼儿，面面相觑，气急败坏。

什么都得不到，他们不能留下这革命的种子。次日便以转移为名，将崔廷相枪杀于卜落垈村西大坑苇塘中。崔廷相的英雄事迹很快传遍了侉子店地区各个村庄，人们义愤填膺，他们没有被吓倒，反而更增添了革命斗志。“土改斗地主”“支前做模范”，很快又掀起了高潮。解放后，崔廷相被追认为烈士，他的后人被定为烈属。

周振刚

周振刚，潞城镇奚庄村人。1946年在担任崔（楼）、奚（庄）、肖（庄）、夏（店）四村合办的民校民教委员期间，秘密接近中共党组织，在党的教育下，积极配合区委工作干部，向学生宣传党的方针政策，教学生大唱革命歌曲。号召只有人民群众团结一致，跟共产党走，与国民党反动派、土豪劣绅做坚决斗争，与反动势力做坚决斗争，才能得到彻底翻身、解放的道理。

1946年麦收期间，在区委统一部署下，周振刚积极参加与恶霸地主的斗争。他带领崔楼、奚庄、肖庄、夏店四个村的儿童团员，组成浩浩荡荡的队伍，参加了对小甘棠村地主陈某的联村斗争，对夏店村地主、伪保长李某的斗争。他们手举红旗、高呼口号，大造声势，有力地震慑了敌人，大大鼓舞了群众斗志。同时，他还深入各村，普及政治教育，为取得土改的初步胜利，终日奔波。

1945年，在粮食方面，我们对敌人开始实行封锁禁运，严令“不准谷米出境”“不准高抬谷价”“不准囤积居奇”。凡把粮食运往敌占区者，发现后一律截运没收上交，当时称为“缉私”。这对于稳定解放区粮价，保证供给，我军需用粮，打击地主和囤积商，在政治和经济方面都有十分重要的意义。

1947年旧历七月份的一天傍晚，周振刚和几位区干部在武窑村运河西岸巡逻。发现有人赶着十几头小毛驴儿，驮运着十几驮粮食，正沿着京津公路从南往北而来。他们发现有人，赶运的人神情惶惶不安。从情况分析，是运往敌占区的。情况紧急，怎么办？当时就在敌占区边沿。身后就是梁各庄据点，岗哨密布，巡逻兵不断。截下粮食，危险极大。但是为了对敌人进行粮食封锁，为捍卫我党所规定的粮食禁运政策，周振刚和区干部立即行动，准备把这些粮食连人带牲口一起截运到奚庄村内暂存，然后转运到上级。但就在截运途中，不幸被公路上的敌人发现。他们开枪射击，并很快包围上来。在这十分紧要的关头，我全体同志一方面押着粮食，加快转运的速度，镇定渡河；另一方面，机智勇敢地与敌人，并对可能发生的各种新情况做准备。经过大家拼搏，终于将粮食截下。

但粮食贩子对此极端不满，态度恶劣，气焰嚣张，气势汹汹质问周振刚：

“你叫什么名字？住在什么地方？”区干部不能轻易暴露身份，粮食贩子气焰不能助长。周振刚左右权衡之后，指着对面儿自己的房子，果敢机智地答道：我叫周品三（外号），就在这儿住。

粮食贩子怀恨在心，跑回去后即向敌人告密。壮丁队得报，次日中午便反扑过来。将周振刚抓捕，枪杀在村东头。为了革命事业，周振刚光荣地献出了自己宝贵的生命。

我宁掉头，决不回头——记郭少伯烈士

■广　志

郭少伯原是郎府乡老庄户村人，1901 年出生在一个贫苦的农民家庭。老庄户村的农民在地主的残酷盘剥下，十室九空。少伯的父亲靠扛长活维持全家五口人的生活。他为了多挣两石玉米，白天在田里劳动，晚上为地主下夜值更，由于过度劳累，积劳成疾，不久就故去了。那年，少伯才三岁。维持全家生活的重担又落在母亲肩上，她狠心扔下少伯，去给人家当奶妈。她含辛茹苦地熬了四年，不仅不能使全家得到温饱，反而连少伯的活命都难以维持。万般无奈，母亲只得领着少伯改嫁到南刘各庄村王家。

王家的境遇也不景气，又加上两口人吃饭，生活就更为贫苦。少伯十三岁时，就经人介绍到马驹桥乡史村去扛小活了。每年秋后，地主让他回家一次。他暗咬牙关，忍受离乡背井的痛苦。小小年纪的少伯，在地主家不但忍气吞声地干活，还要受富家子弟的欺负。有一天，几个富家子弟又来欺辱他，有的用沙土扬他，有的用顺口溜辱骂他：小伴伙、不是人、专给人家端尿盆。少伯再不能忍受，他火冒三丈，抡拳向他们砸去，富家子弟们被打得鼻青脸肿，直到其中一个叫了“爷爷”，才罢手。他自知惹下大祸，工钱没要，铺盖没拿就连夜逃跑了。他认为自己胜了，没了工钱和铺被也值得。他不敢回家，只是晕头晕脑地向东南方向一个劲地跑。渴了喝河里水，饿了到村里去讨饭。最后，来到了安次县。那年他才十五岁。

少伯虽然年纪小，但有的是力气。为了活命，他索性提出一个条件：

在谁家干活，只吃饭，不挣工钱。这样，雇佣他的人就多了。他十九岁时，正式当了长工，年复一年，积攒了一些钱。他有时把钱寄往家中，有时救济穷朋难友。

1946年秋后，他由安次县回到南刘各庄村，继续给人扛长活。这时期，中共通县一区区委已到这村开辟工作，这对郭少伯的影响很大，在黑暗中看到了光明，他开始靠近党。南刘各庄村的共产党员人数增加了，在村长李春光（中共党员）的带领下，秘密征购军鞋、军用布支援前线，并为子弟兵搜集敌情，提供住宿和工作的方便条件。郭少伯积极参加了这些工作，很快成为党的积极分子。

农历二月，南刘各庄村成立了村农会，郭少伯被选为农会主任。有着坎坷经历，受了半辈子苦的郭少伯，最理解穷人受压迫受剥削的疾苦，在率领穷人闹翻身干革命的斗争中，他紧密依靠区委和村中共产党员，把群众中的骨干力量团结到农会周围。

当时，南刘各庄村是解放区的边缘，属于敌我双方拉锯地区。白天国民党反动派到这里掠夺百姓和围剿共产党，夜晚共产党武工队到这里开辟工作。村里的反动分子与国民党地方武装狼狈为奸，互相勾结。他们仇视农会，但又不敢轻举妄动，因为武工队时刻可以收拾他们。常驻这地区的国民党反动地方武装头子叫张松江，最初他只有几十人，后来发展到三百多人。张匪经常到南刘各庄村来骚扰。

郭少伯面对猖狂的反动势力，从不动摇，坚持开展农会工作。为有力打击村中的反动势力，鼓舞群众闹翻身的士气，经区委同意，村中党员同志研究，农会决定开一次对敌说理斗争大会。

农历2月10日下午，在村中大庙里，由农会主持，对敌说理斗争大会开始了。十三家民愤极大的地富分子，灰溜溜地站在台上，全村劳苦群众仇恨满腔，向骑在他们头上的敌人展开面对面的斗争。郭少伯第一个发言诉苦，用自己的苦难生活经历，揭露地富们的罪恶。他的行动引起群众极大反响，他们纷纷走上讲台，吐出世世代代的苦水。反动地富们吓得面无血色，在南刘各庄村他们第一次看到人民群众的力量。会开到高潮时，郭少伯走到他们面前，责令他们献出一部分土地，并立即签字画押，又让他们献出一部分浮财，并马上兑现。反动地富们一一答应照办。郭少伯郑重宣布：献浮财工作今天就开始做，先把东西集中到大庙，统一分配。会后，郭少伯率领群众把反动地富们献出的浮财汇集到大庙里。这是南刘各庄村自古以来第一件翻天覆地的大事。当地的封建反动势力第一次受到致命打击。

反动分子不甘心失败，他们串联起来，密谋铲平农会，消灭村中的共产党，公然向张松江借兵，镇压南刘各庄村群众。开完说理斗争会的第三天，反动分子将张匪领到村中。匪军到处捉拿郭少伯与其他共产党人。此时，村中所有革命同志早已离村隐蔽，使敌人扑了空。但张松江到大庙里看见一堆堆浮财，早已垂涎三尺，不由分说，忙派十几辆大车，装上浮财用重兵押着运回自己的巢穴。村中反动分子欲夺浮财的梦破灭了。张匪出村时，又向反动保长摊派了新的任务：南刘各庄村准备交军粮两千斤，红砖五千块。

三个月过去了，敌人摊派的任务还没完成。反动保长正在穷人身上打算盘的时候，郭少伯回村了，号召群众不交一粒粮，一块砖；并怒斥反动保长引狼入室的卑鄙行径。反动势力认为杀害郭少伯的机会又来了，他们第二次请张匪进村，抓捕郭少伯。

农历 5 月 12 日，郭少伯又回到村中，反动保长闻讯赶到张松江驻处，报告郭少伯已经回家，并说他不让交砖纳粮，假如交了，“我们也活不了”。

第二天晚上，张松江率四五十人分两路摸进南刘各庄村，反动地主周伯歧等人为他们接风。刹时，村中一片混乱，敌人到处搜捕郭少伯和其他革命同志。在村东的小树林中，敌人认出正在隐蔽的郭少伯，将他捆到周伯歧家。这时，反动地富们已在周家簇拥着张松江告农会的状，纷纷要求杀掉郭少伯。

张匪憋着一肚子邪火审讯郭少伯。问他是不是为共产党办事的干部，是不是农会主任。郭少伯坦然回答“是”。又问为什么抗拒交粮纳砖，一共有多少人参与这活动。郭少伯义正言辞地答道：“粮食、砖是大家的，为什么交给你？”“是我不让把东西交给你们的。”张匪拍案狂吼，命令匪徒严刑拷打。少伯一只胳膊被打折了，浑身鲜血淋漓。当时有人不忍睹其惨状，偷劝少伯赶快服软，免遭其苦。郭少伯说：“我宁掉头，决不回头。”

14 日上午，张松江强迫全村群众到滕家大院开会。在会上，张匪编造了郭少伯许多所谓的罪名，并恫吓群众说：“谁再敢抗拒交纳粮草，郭少伯的今天就是他的下场。”

会后，郭少伯同志壮烈牺牲。终年 47 岁。

忆李英明同志

■ 金瑞藻

自1944年始，我与李英明同志一起，在通县（今通州区）战斗近五年。他留给我的最深刻印象是：善于把党的方针政策变为干部和群众的实际行动。

1944年夏建立的三通香联合县，成为冀东抗日根据地，即十四地区，监视平、津的一个重要耳目和西大门。当时正是日本帝国主义侵占我国大片领土和我党在华北敌后创建抗日根据地进入大发展时期。虽然抗战已处于接近战略反攻阶段，但黎明前的黑暗，尤其是靠近平、津的大城市附近却是敌后抗战最艰苦的年月，日本侵略军为了作最后的挣扎，对抗日根据地不断地轮番扫荡。在艰苦的环境中，李英明同志到各区指导和帮助工作，总是以宣传党的方针、政策为己任，通过他的言行变为干部和群众的实际行动。

三通乡联合县始建，我先在一区工作，后调四区工作。李英明同志每到一地，特别是下到各区帮助指导工作时，对每个区委委员，都要提出明确的具体要求。同时又针对各区环境和条件的不同，从实际出发考虑问题。哪些村庄可以建立党组织？哪些村庄暂时条件尚不具备，不能勉强建立组织，以免遭受不必要的损失。但有的村庄，有基本群众够发展共产党员的条件，可以个别发展党员，由区委单线联系。因为那时党的组织和共产党员尚未公开，尤其在农村更秘密。

李英明同志对于抗日根据地的政权建设非常重视。每到一地，都要督促区干部，抓紧村政权的建立。他反复宣传为了取得抗战最后胜利，建立“三三制”民主政权的必要性和可能性。但在村政权建立的实践中，也要分析具体环境和条件的不同，各有所异。

我原在一区做行政工作，由于条件较好，不到半年时间，就有30多个村庄建起了“三三制”的抗日民主新政权。后来我调四区，工作性质有所变动。但因我受到英明同志的启发，认识到“三三制”民主政权的重要性，我在四区积极协助村里建设村政权。侉子店、前营（东前营）、兴各庄、前榆林庄、卜落垡等村建立“三三制”的抗日民主村政权；贾家后疃、南刘各庄系属改造旧村政权；在七级和东堡以北至通唐公路以南一些村庄主要是粉碎汉奸伪村政权，并在村中指定代理人，以便于我方了解情况和进行抗战工作。

日本帝国主义投降后，通县恢复原建制，中共通县县委书记宋林同志、何景芳同志先后调走。由英明同志接任县委书记，兼任县大队政委。此时，我也从一区区委书记的岗位上，调县委任城工部长。除开会在一起外，城市工作是由书记直接抓，所以工作联系更多了。

英明同志是在通县地区的环境日趋恶化的情况下任县委书记的。通县当时所辖五个区，被国民党及其他地方武装不断蚕食，大部分村庄变成了拉锯地带。就是原来群众基础较好的村庄，由于敌人多次轮番进攻，有的基本群众，因受到摧残，不能公开与我们接触，只能是秘密地进行工作；但也有的基本群众，因环境所迫不敢同我们接触了，甚至远走他乡了。

尽管如此，英明同志依然积极组织和带领全县党政军群人员，团结一致，坚守阵地。根据党交给的任务，结合通县实际，因地制宜，从实际出发，将党的任务及时制定出具体实施方案，加以贯彻执行。在突出地抓住武装斗争这个环节同时，积极开展其他各项工作。

他特别注意因地制宜贯彻地委的一切决定。1947年，冀东地区大面积实行土地改革，我分工到一区帮助工作。当时贾后疃、卜落垡、前榆林庄都进行过土地调整工作。

在解放区开展大生产运动，是我党政策。英明同志针对通县具体条件，以劳武结合方式，在艰苦的环境下，时刻不忘抓住农业生产，这个农民群众最关心的问题。他经常教育党政军群人员，要与农民同甘共苦，尤其要与农民共同劳动。只有关心农业生产，才能同农民群众打成一片。

当时县直机关驻在一区兴各庄。在麦收季节，英明同志亲自带领机关干部，帮助农民群众抢收小麦。由我协助一区领导带领区小队，在侉子店村警戒。通县敌人？为了抢掠小麦，也不时向我所控制的地区进攻。这天通县敌人，经梁各庄渡过运河，从大、小甘棠进攻到侉子店。我们警戒人员，撤到侉子店村东南一块坟地里监视敌人。时至午后，我意识到，如果敌人再向前走，情况就很紧急了。我要通讯员通知英明同志，请他注意防止敌人再向前进的问题，并提出“县机关是否撤到二区去，比较安全些？”的建议。但英明同志和县机关同志，为了帮助农民群众抢收小麦，一直坚持到天黑。

回到机关，我问他怎么没有撤？他说农民盼到麦收，最怕的是敌人抢粮。如果我们撤退，会给农民群众造成很大心理恐慌。现在我们帮助农民把小麦收到家，他们是喜笑颜开的。再说敌人不到 20 人，又是从通县来的。他们能进到侉子店，已经是壮着胆子来的。他们在下午三点钟前不回到运河西，就赶不回县城了。

前排左三李英明

李英明同志还善于做好群众的思想工作，他总是针对群众当时的认识

水平，以党的政策提高群众的思想觉悟。他每到一地，绝不放弃做好周围群众思想工作的机会，而且经常利用当时、当地的事物，通过耐心说服，提高群众的思想认识，从而更加密切干群关系。

那一次，县委会在一个村子召开。专属通讯员给梁瑞同志送来必须面交的信件，说："梁县长，领导要我把这封信面交给您。"这话恰巧被房东老大娘听到了。这天晚上是小米水饭、老咸菜，我们几个同志都围在一个桌子上吃。大娘把一碗还卧了三个鸡蛋的面条，放在梁瑞同志面前，说："这是给县长的"，弄得全桌人相视微笑。

这碗面条如何处理？当着大娘面儿，又不好说，恐怕影响群众关系。老大娘进屋后，英明同志说："这碗面条梁瑞同志你一定要吃，否则会伤老大娘的心。怎么吃？要有点学问。我看这样办，我们几个人吃完饭就出去，梁瑞同志你留下，你将大娘请出来，与她共同吃这碗面。梁瑞同志最多可以吃两个鸡蛋，至少让大娘吃一个，边吃边拉家常，别的你不要管。"

我们几个出了院子之后，英明同志对我说："梁瑞同志负责吃面，这碗面钱你要从城工部的特费中出。"我说："照办"。因为那时的粮食定量和菜金都是按照实际的天数、按餐付给群众的，工作人员身上都没有钱。晚上，英明同志亲自做老大娘的思想工作，说服她将面条、鸡蛋钱收下。大娘感动得留下了眼泪。后来我们了解到，这位大娘几乎见人就说"八路军的县长吃碗面还一定给钱，你们也许没听说，可我遇到了。"通过这件事的处理，干部群众都受到了很深刻的教育。

李英明同志是一位优秀的共产党员，他把毕生的精力献给了党和人民的伟大事业，其中包括献给了通县人民群众。无论在抗日战争时期，还是在解放战争时期，他始终坚定不移地贯彻执行党的方针、政策。一切从实际出发，因地制宜完成党的任务。他密切联系群众，以身作则，严以律己，宽以待人，全心全意为人民服务，为共产主义奋斗终生。值得我们永远怀念！

英明同志安息吧！

（金瑞藻，原通县敌工部部长、老二区区长、老四区区长）

金瑞藻在一区二三事

■张宝石

金瑞藻，中共党员，平谷县人，解放战争初期，曾任中国共产党通县地委敌攻部部长，负责领导通县东南部地区一区（侉子店村以北，黎辛庄以南）的革命斗争工作。那时期的革命工作，还处于地下或半地下的工作形式。一区广大的土地上，遍布了他的足迹，田间地头、农家土炕、长工住的场房，处处是他宣传党的政策、传达革命火种的“舞台”，在工作中金瑞藻坚持勇于吃苦在前，享受在后，不惧任何安危，党的事业就是他的事业。一次金瑞藻在我一区岔道村宣传党的工作，堡垒户大妈见他生活艰苦，把自家的鸡杀了给他补养身体。金瑞藻坚持不吃。在众人的劝说下，只喝了一碗鸡汤，并当众坚持付了整只鸡钱。前榆村妇救会主任被敌杀害，只留下一个三岁多的女儿。当时金瑞藻同志身无分文，金钱难倒英雄汉，面对哭闹的孩子，急的他满头大汗，也拿不出一点慰问品来。情急之下，他当众脱下身上穿的一件旧布上衣给孩子披上。据王士兴老人（时任一区区委书记，前榆林庄人）回忆说，那次捐衣后，金瑞藻就没了上衣，光着膀子工作了 10 多天。后来王士兴同志实在看不下去了，给了他一件破棉袄，金瑞藻把棉袄里面的棉花掏出，寄存在王士兴家以备冬天时再用。金瑞藻的针线活儿在男人中是一等一的高手，飞针走线，针脚均平，像个裁缝。王士兴问金瑞藻是否学过这门手艺，金瑞藻答道“嘛手艺，十七岁出家，母亲就给了俺这包包（针线包）”。

据王士兴老人讲，每当提到母亲，金瑞藻都会不由自主地向东望望，那眼神就跟看到党旗时那么相似……

谈到金瑞藻的衣服，凡是和金瑞藻一起工作或经常接触的人，都知道金瑞藻有一个不雅的外号—金虱王。原因是金瑞藻不是本地人，居无定所，成年累月生活在外，很少有换洗的衣服，一件衣服硬靠山。经常生活在田野树林乱坟岗，就是住在堡垒户家，为了安全也是和衣而睡，随时准备应付任何突发情况。根据敌情的变化，有时一个夜晚要换好几个地方。白天衣服就更没法洗了，一没有时间，二没有换洗的衣服，所以身上的虱子就多，有的同志发现身上有个大、体黑的虱子，就会说这是老金的虱子。王士兴老人讲，金瑞藻工作之余，就是抓虱子，最快乐的事就是在荒郊野点火烤衣服。他说用火烤衣服是世界上最好的对付虱子的方法，高效快捷。穿上火烤过的，那舒适劲儿就别提了。金瑞藻也骂人，有时他在批斗地主老财的大会上，气急了也会骂道：再不老实就把你们用火烤，用革命的烈火烧死你们这些人民身上的寄生虫。

日本鬼子投降了，国民党的正规军来了，穿着杂牌军装刚被收编的伪军来了。那些地富反坏组织的壮丁队、狗仔队、棍儿队、会道门迫不及待地登场了。

人民的叛徒张松江投靠了他的新主子—通县国民党党部，叛变了。疯了的狗更狂妄。张松江在他的新主子的支持下，网罗社会上的散兵游勇、社会残渣，在前榆林庄村西北，修建炮楼，俗称大楼，作为他反共反人民的桥头堡。由于张松江熟悉我党的工作方法、特点和党组织结构。轻车路熟，我一区党组织多数被破坏，各村都有伤亡情况，一区村级政权基本被破坏，建立了伪政权，革命又一次陷入了低潮…….

革命的低潮，使那些革命意志不坚定者感到惧怕。他们对革命的胜利，产生了怀疑。这些人在张松江反动势力的高压下，思想开始动摇了。有一部分投了敌。

反动势力的高潮时，就是我们革命的低潮期。为了保存革命的有生力量，我党决定各村级民兵队、区小队那些身份暴露人员，转移到河北盘山根据地去整训去学习。好事多磨，对于党的决定，有些人提出了不同意见并产生了思想情绪，特别是那些土生土长的本地人，没出过远门，家里上有父母，下有妻儿的部分人员开始动摇了。认为革命没有前途了，没有希望了。在这种情况下，有些人脱离革命队伍，开小差投敌了。

从各种迹象表明，在我区小队队员中，有几个人表现异常，经常三一群两一伙开小会儿，好像在预谋着什么，神神兮兮的。某日夜里，金瑞藻的警卫员王侠峰加上区小队队员沈克勤、张万林三人，经多次密谋后将金瑞藻软禁在谢疃村村西一户土房内，并下了金瑞藻的手枪。三人扬言，你金瑞藻光棍一身轻，想干什么都行，我们不行，我们有家有业，上有父母老人，下有老婆孩子，我们不想参加革命了。情况十分紧急，一区区长王士兴早通过暗中观察和反馈给他的情报得知，这几天前榆村的某些人要出事，他已经派人严格把控这几个人的所有情况，可是不良情况还是发生了。情急之下，王士兴笑呵呵地从外面走进来，三个人很紧张，不知所措，空气像是要凝结了。王士兴冲外喊道：“杜凤桐（大东各庄人）！加紧巡逻，注意警戒。”外面传来一声：“是！”这几句话的大意是告诉屋内的几个人，外面已经有人做好准备，你们不准蛮干。王侠峰、沈克勤、张万林三人赶紧上前与王士兴搭讪，王士兴连忙打圆场：“都是自家兄弟，有什么事，跟五叔我说”。王侠峰、沈克勤、张万林、王士兴都是前榆林庄人，一个村里长大的，王士兴在这几个人当中，年纪又大，在村中辈份也大，威望也高，眼下又是当时一区区长。王士兴说：“把枪都给五叔！”。王侠峰、沈克勤、张万林三人畏于王的威望，赶紧把枪交给了王士兴。王侠峰同时交出了金瑞藻的手枪。王士兴控制好手枪，站到金瑞藻身旁说，老金你给他们讲讲。金瑞藻讲到：“革命困难是暂时的，革命为什么必胜，蒋家王朝为什么必败，八年抗战，小鬼子多么猖狂，都被人民打败了。从我党土地革命的成功到五四指示的先进性。革命必将胜利，敌人猖狂不了几天了，敌人这是回光返照，我们共产党的军队一定会打回来……”讲得王侠峰、沈克勤、张万林三人口口称是。金瑞藻说：“革命不是请客吃饭，我们每一个人都不是共产党请出来革命的，我们都是被剥削的穷苦人，自愿参加的革命。我相信我从盘山回到一区后，还会找你们的，也许你们也会来找我，因为我们不革命，我们头上的三座大山就不倒，我们就永远过苦日子，永远当地主老财们的长工……”

数日后，王侠峰脱离了革命队伍，因本人会木匠手艺，从此走街串巷以打工度日，解放后王侠峰在外县某工地打工，正赶上时任县领导到该工地检查，这个领导就是金瑞藻。在工地上，金瑞藻认出了这个曾经当过他的警卫员的王侠峰。金瑞藻主动与王侠峰攀谈，王侠峰说有愧于老领导，对不起老领导的栽培。金瑞藻言，过去的事情，就让他过去，并约请王侠峰到他家做客。王侠峰一时想不开，当日晚自杀于工棚中……

张万林听从金瑞藻的教诲，继续留在区小队，一九四八年的一次战斗中，因战斗激烈，全连打到就剩下几个人的情况下，仍英勇抗敌，最后连长命令张万林带着文件档案突围，机智勇敢的张万林历尽千辛万苦，在身受重伤的情况下，完成了连首长交给的任务，找到部队把全连的档案及战旗交给了有关方面的领导。这次战斗后，全连只有他一人生还。“文化大革命”中受金瑞藻被下枪事件影响，背上叛徒罪名。“文化大革命”

后经审查，解除叛徒罪名，恢复复原军人名誉，享受二等残废军人待遇。2009 年 2 月 23 日逝世于前榆林庄。

沈克勤叛变革命后，投靠到国民党驻守在胡各庄大台村一带的部队，当了一名机枪排排长。

一九四七年春金瑞藻从河北盘山回到一区，金瑞藻向王士兴打听这三个人的情况，得知沈克勤的情况后，通过内线给沈克勤写了一封信，内容大意是，我金瑞藻回来了，你看着办。两天后沈克勤带着国军一个机枪排 30 多人，七挺机枪，子弹数箱，又投身到革命斗争中。“文化大革命”中受金瑞藻被下枪事件牵连，被批斗，后恢复名誉，一九八七年七月逝世于前榆林庄村。

中华人民共和国成立后，区长王士兴主动要求回乡劳动，一直生活在前榆林庄村，20 世纪 80 年代逝世于家中，终年 86 岁。

一九六六年“文化大革命”期间，有人提出上述事件，对上述人员进行人身攻击，时任江西省水利厅厅长的金瑞藻同志，来北京开会，住在京西宾馆，给通县侉子店公社写了一封信，信中大意是，参与上述事件的所有人员在那个年代有他的特殊性，属人民内部矛盾，不是敌我矛盾，特别是沈克勤同志，后对革命有功，建议不对上述人员的行为追查，功过相抵，都是革命同志。

乡贤光彩

乡贤杨行中

■ 杨家毅

杨行中（1489-1572)，字维慎，号潞桥，明朝嘉靖年间著名政治家、学者，官至礼部尚书加少保、少傅、少师，曾在通州创办了杨行中书院，编撰了通州历史上保存下来的第一部志书《嘉靖通州志略》一。杨行中一生为官清正廉洁，刚正不阿，为老百姓办了不少好事，深受百姓爱戴。从政期间，他重视教育，曾自办书院，笔耕不辍，为故乡通州发展做出了不朽贡献。杨行中去世后被列为通州乡贤，其名刻于通州乡贤碑，入祀通州文庙乡贤祠。

通州志略

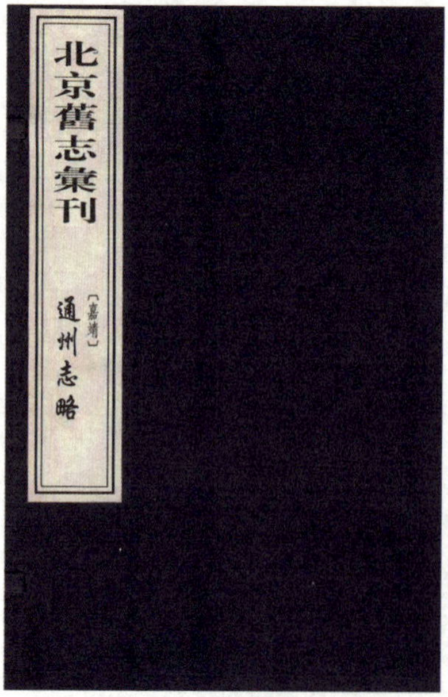

一、籍贯略考

杨行中为顺天府通州人，具体是哪里人？还需要具体考证。杨行中先生自称“余家于东关厢”。何为“关厢”？《明史·食货志》载：“在地曰坊，近城曰厢”。按过去传统，城门又叫“城关”，城门外附近地区称为“关厢”。此处的东关厢指明代通州城东门外附近地区无疑。

杨行中碑文

杨行中所谓“余家”是指什么呢？我认为有两种情况：一种情况，所谓“余家”就是杨行中“家族”；另一种情况，所谓“余家”为杨行中自己的“小家”。这个小家是相对家族而言，如按现在的标准，实际上是名副其实的大家庭。杨行中自称有妻子贾氏，还有妾郭氏，贾氏和郭氏为他生育了两男三女。在极重孝道的传统社会中，与自己的长辈在一起生活是理所当然的事。杨行中家中除了有自己的父母，由于叔叔早亡，叔母也一起生活。

无论是哪种情况，杨行中家族墓地在召里是可以肯定的，在一些文献记载和《明封淑人杨门贾氏墓志铭》中可以得到佐证。在该墓志铭中，杨行中明确道：“余家祖茔在潞河东十里，铺地名召里之南。”且在此“代久冢多”。不仅如此，杨行中去世后，本人也魂归召里。从这个角度看，说杨行中为召里人，也未尝不可。

康熙《通州志》载其逝世后葬于召里村。乾隆《通州志》（卷之二·建置）塚墓载：“杨冢宰墓，名行中墓，在州境白河东召里庄。”此处白河即潮白河，今天的召里村明明在潮白河以西，为何乾隆《通州志》说白河东召里庄？这因白河改道所致。当时白河与温榆河会流于通州城东北处，直到民国二十八年（1939），潮白河发大水，改道夺溛溛河（也叫箭竿河）河道，即今天的潮白河。

杨行中葬于召里村，是否就可以说杨行中籍贯为召里人呢？按中国人“落叶归根，魂归故里”传统推断，似乎没有问题，但也不排除有特殊情况。即使是在古代也有不少人不能魂归故里，所以仅依此，还不能得出该结论。

二、政绩卓异

据史料记载，杨行中于明正德十五年（1520）参加会试，成绩优异，考取贡士。嘉靖二年（1523）参加廷试，考中进士。考中进士后，不久即被朝廷派往浙江省山阴县任知县。关于他任知县时的工作情况，乾隆《浙江通志》转引《山阴县志》载：“嘉靖间以进士知山阴，厚重宽大，脱略苛细，虽棼剧，中不越常度，宽猛相济，士民欢洽。”光绪《通州志》也有“厚重廉平，善理繁剧。凡兴学、劝农、筑堤、捍海，诸惠政”的记载。总之，在任山阴县知县期间，各项工作都开展得井井有条，擅长处理疑难问题，并且很平稳持重，深得百姓赞誉。

明朝对知县每三年进行一次考核，根据考核结果，朝廷决定官员的“进退留转”。根据吏部的考核结果，杨行中被确定为最优等级。于是，被提拔为监察御史。

中国古代官制素有重视监察的传统。早在战国时期，执掌文献史籍的御史官就已有明显的监察职能。秦代开始逐步形成制度，之后便成为历代的一项重要政治制度。到明代，监察制度随着君主专制中央集权的强化而得到充分发展和完备。朝廷将御史台改为督察院，“主纠察内外百官之司”。督察院设左右都御史、副都御史和佥都御史，下设十三道监察御史，共计一百一十名，负责具体监察工作。

杨行中从知县到监察御史虽然属于平级调动，但是属于一百一十名监察御史中一员，主要负责陕西道的监察工作，也称陕西道监察御史。监察御史虽为都御史下属，但是直接听命于皇帝，可以向皇帝奏报，有独立进行纠察弹劾的权利。在此期间，他能够很好地履行自己的职责，也展现了处理疑难事务的能力。

嘉靖十四年（1535）三月，辽东发生兵变，情势十分危急。辽东北控女真，西扼北元，距京师亦不远，战略地位十分重要。明朝一直以来十分重视对辽东的经营和控制，在这里发生兵变，皇帝震怒，朝野哗然。事情要从半年前开始说起。嘉靖十三年（1534）九月，嘉靖皇帝命刚刚从云南布政使升任都察院右副都御史的吕经为辽东巡抚。吕经是一位德才兼备，能力突出的得力干将，嘉靖初年曾在山东参政任上成功镇压乱贼，受到皇帝赏赐和擢升。就任辽东巡抚后，吕经针对老百姓供养军队负担太重的问题，进行了大刀阔斧地改革：将原来规定征收三丁赋税供养一个军士消减为征收一丁的赋税供养一个军士，并将原拨给每匹军马 50 亩牧草地收归地方，还派兵修筑长城。由于操之过急，督促过当，激起了军队的不满，终于酿成一场兵乱。

杨行中临危受命，被朝廷任命为巡按御史，火速携命赴辽。当时朝廷在廷议应对之策时，对兵变参与者“部议剿”的主张占了上风。待深入了解事情的原委后，杨行中提出了自己的对策：疏请朝廷榜示诸城，令乱者自相捕获，以求赎罪。朝廷采纳了他的建议，事变最终得以解决。

嘉靖十七年（1538）十二月初四日，明世宗朱厚熜的母亲章圣蒋太后去世。皇帝决定将母与父合葬。嘉靖皇帝的生父兴献王朱祐杬身后葬于湖北钟祥，为显陵。这本为皇帝家事，臣子不应干预。但是杨行中认为从北京到湖北钟祥，沿途地方都要接驾，劳民伤财不说，皇帝的安全也很难得到保障。为防意外，杨行中立即面君，竭力劝阻。皇帝“震怒，命廷杖”（光绪《通州志》）。恰遇大风刮起，皇帝认为是上天对他的警告，对杨行中免去廷杖。后来冷静一想，皇帝认为杨行中仗义执言，不畏权势，是难得的人才，将其升任为南京都察院右佥都御史，特命他提督操江，节制长江两岸屯营将士。

到任后，杨行中深入实地，进行调研考察。发现缺额官军七十余名，及时选聘合适人选进行补充。根据调研发现的问题，杨行中写有《议处将领及议处民兵疏》上奏朝廷。当时有黄勤一伙巨盗，聚结党羽，勾结私盐犯徒，在长江横行霸道，大肆骚扰过往商旅，地方官无人敢管。杨行中周密部署，并秘授计谋，一举将黄勤等辑拿归案，余党尽散。沿岸居民和过往行旅都赞称他为“江神”（光绪《通州志》）。

后来，杨行中升为刑部侍郎，奉旨查办郑王案。郑王朱厚烷为明成祖五世孙，10 岁时袭封郑王。15 岁时含冤，儿子朱载堉也被革除王子身份，贬为庶人。嘉靖二十九年（1550），朱厚烷上书劝谏皇帝不要过于崇信道教，慎用丹药以求长生。此举惹恼了皇帝，认为郑王居心叵测，心怀不轨。杨行中被皇帝委派查办此案。面对复杂的案情，他深入调查，写出详细情状，释放被株连的几百人。皇帝及朝廷上下都认为他处理得当。不久，他即被提拔为南京工部尚书。

在任南京工部尚书期间，杨行中上疏皇帝，请求朝廷广纳贤才，以备国家安危和攘除外患。他举荐兵部左侍郎鲍象贤、福建总兵俞大猷等，均被任用。当时倭寇猖獗，侵扰沿海和长江下游地区。为保卫南京，加强防守，请求朝廷拨款修缮南京城垣，之后调任南京吏部尚书。

当时，内阁武英殿大学士、太子太师严嵩专权，操纵国事，爪牙遍布朝野，祸国殃民。杨行中憎恶此人，一直不与严嵩往来，因刚直不阿，被严嵩党羽弹劾，罢职还家。

三、赓续文脉

杨行中先生对通州最大贡献莫过于编撰了《通州志略》。《大清一统志·顺天府人物》载："严嵩恶其不附己，以考察罢归。敝庐萧然，虽老亦不废学。"嘉靖二十四年（1545）冬，汪有执知通州，以通州历来无志，特聘杨行中主持纂辑事宜。

明朝嘉靖《通州志略》是现存通州最早的通州方志。汪有执由扬州府海门县知县升任通州知州后不久，便着手检阅州内文书档案，并遍访州中吏胥乡绅，发现通州已无志书留存。于是，与州同知张仁、节判施天爵、州学正张应瑞、司训刘从谏、何世熙、巩有年等人合议，决定邀当时尚在丁忧期间，在通州休假的杨行中先生编纂州志。杨行中又请吴邦重、蔡天禄、马遂、王智宗、张德元等五人，搜罗往籍，参互考订。

从嘉靖二十五（1546）年冬月开始编修，历时一年，至嘉靖二十六年（1547）编撰完成。该志客观地记述了从秦汉到明代嘉靖时期通州各方面的历史，尤其是对明朝中前期通州的历史有了很详细的记载。此书分为舆地（一卷）、建置（一卷）、漕运（一卷）、贡赋（一卷）、官纪（三卷）、兵防（一卷）、礼乐（一卷）、人物（二卷）、物产（一卷）、艺文（一卷），共十三卷，对通州的政治、经济、军事、文化等进行了全面的记载，具有十分重要的历史价值。嘉靖二十八年（1549年）二月，杨行中以新任都察院左副都御史的身份为书稿作序。他在序言中自谦道："兹举也荒采于往昔者，陋遗实多，掇拾于见闻者，疑信相袭。博雅君子，后必有作之者。"故将该书定名为《通州志略》。

历史上北京地区的志书或近似于志书形式的典籍，至今留存的有元代《析津志典》的辑佚本，其中散佚颇多，实为残本。明代的永乐《顺天府志》，实为清代缪荃孙从《永乐大典》中辑出的部分，也是残本。此后便是嘉靖年间刊行的《通州志略》和《隆庆志》了。两书均刊刻于嘉靖二十八年（1549），但《隆庆志》卷端已残，无序言、凡例，目录也部分缺失。而《通州志略》则为全本，其前言、后序、凡例、图卷、正文俱在，所以有学者认为该书为第一部留存完整的北京方志。

历史上《通州志略》传本极为罕见，相关记载也不多。在相当长的时间内，人们认为该志已经佚亡，如光绪《顺天府志·艺文志》云："汪有执、杨行中《通州志略》，佚。卷数无考。今志存行中一序。"改革开放后，海内外学术交流增多，有关专家得知此书在日本前田育德会尊经阁文库藏有一部，为世间孤本。1989 年，在时任首都图书馆馆长冯秉文先生的努力下，通过与日本东京都中央图书馆的文献交换，获得了其复制件。此复制本亦是国内仅有，十分珍贵。2007 年，古文献专家刘宗永先生点校了《通州志略》，并于当年年底由中国书店出版社出版。至此，大众得以见到这套失传已久的文献古籍。

四、创办书院

罢官归乡后，杨行中将精力放在兴办教育上。他在通州城东北隅创办了杨行中书院。关于该书院的史料十分缺乏，在乾隆《通州志》有简单记载："水月庵，在州城东北隅，明为州绅杨行中书院。行中孙世扬舍作佛地。"从这条史料可知，杨行中书院存在时间不长，其孙杨世扬把书院改为佛地，将杨行中书院改建为水月庵。

在兴办教育上，他不仅开办了私人书院，他还积极为官办教育献计出力。杨行中倡建学宫，修建文昌阁。

五、后继绵延

杨行中家风淳朴，中正厚德。其父敦厚诚实，孝敬长辈，与乡邻友爱互助。其叔早亡，遗有一子，其父尽心抚养，使其长大成人。在父亲的言传身教下，杨行中从小养成了很好的德行，“尝拾遗金归其主。”（光绪《通州志》）

杨行中将这种家风发扬光大，对长辈尽心竭力地孝顺。由于杨行中在外作官，赡养老人的义务就落在了妻子贾氏身上。笔者得见好友所藏《明封淑人杨门贾氏墓志铭》拓片，为杨行中先生为其妻淑人贾氏所撰的墓志铭。墓志铭明确记载了，妻子贾氏在赡养老人方面堪称模范：“躬亲釜灶，以侍姑舅。一菽一水，务极精洁。”“余有叔母早寡，淑人（贾氏）同姑事之。……叔母安享其养年八十五岁，竟以节终。”不仅如此，“兄弟及诸姊妇相敬相爱。”有这样的家风，家庭和睦就是必然，“乡评中谓家门和睦必以杨家为首称焉。”（《明封淑人杨门贾氏墓志铭》）

杨行中膝下有三女二子。三女都继承了母亲的好品德，知书达理。在封建社会，女子地位不高，嫁个好人家就是其人生归宿。长女嫁给湖广向阳知府张来徵；次女嫁给了金吾左卫指挥使马应乾；三女嫁给通州学生生员盛明。

两子分别为杨铉和杨镐。古代有封妻荫子的制度，长子杨铉因其父为朝廷重臣，荫为官生。次子杨镐德才兼备，曾任泗水县令，与其父一起被列为通州乡贤。

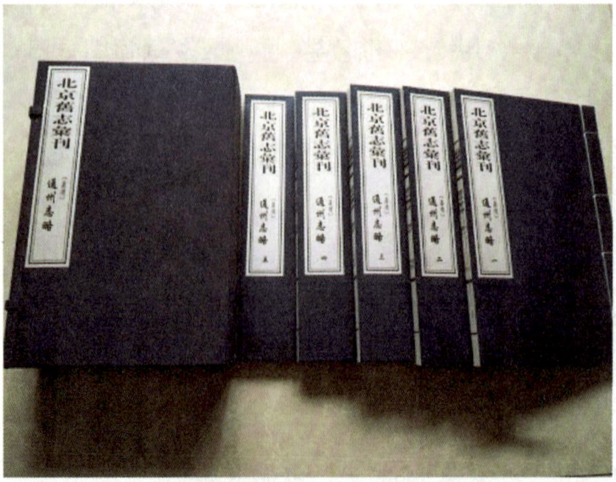

乾隆《通州志》载：“杨镐，字京卿，号后桥，行中子。”万历三十七年（1609）举于乡，授山东泗水知县。到任后，将“天

理”二字示于公堂，表明自己的从政理念。从政风格有其父遗风，并且时时处处以父亲作为自己的榜样。他为官处事公允，推行惠政，为老百姓办了不少好事。其性格也很像其父亲，生性耿介正直，尤不避权贵。当时官员的薪俸甚薄，有人想给他一些好处，就试探到，您这点工资跟您的工作很不匹配呀。镐正色道：“予岂温饱者流，恐愧先人清白耳。”（光绪《通州志》）杨镐与户部尚书李三才讲求慎独，力行不懈。他曾对诸子说，此时心上一物不着，可以见先公不愧矣。杨镐去世后，李三才为其撰写墓志铭，入祀通州文庙乡贤祠。

杨行中的孙辈中最有名者为杨镐之子杨世扬。雍正《通州新志》、光绪《通州志》等志书上都有记载。杨世扬，字二远，别号瀣園。生而英敏，并且十分好学。读书能够一目数行，广泛涉猎经史，博闻强记。杨世扬科举不顺，屡试不中。然而他醉心于艺术，并且颇有成绩。生平留心书法三十余年，所注兰亭、淳化、星凤诸帖，论古人笔法备亟精详。《通州新志》第 2 卷，44 页载：“其所作之书，如枯藤古木偃蹇离奇，绝无妩媚之态。其大要生于运笔、自成一家、不屑寄人篱下也。”所著有《妪解潞水之什》《东郊风雅》《瘿瓢》等集若干卷。

杨行中被列为通州乡贤，不仅仅是因为他位高权重，更是因为他的品行。作为一名封建社会的士大夫，他难免会有一定局限性。但是他能够在自己的位置上，为国家、社会、家庭做出自己的贡献，并在道德操守上为后人树立了一座丰碑。他的这些品格与今天我们正在弘扬和践行的社会主义核心价值观是一致的，是值得我们学习和敬仰的。

潞河学子、风云外交家李鹿野

■马景良 / 徐　畅

李鹿野在我国外交战线工作 50 余年，曾任中华人民共和国常驻联合国代表特命全权大使，中国国际问题总干事，中国太平洋经济合作委员会会长，中国人民政治协商会议第八届委员、常务委员、外事委员会副主任。

李鹿野原籍潞城镇大豆各庄，1925 年 1 月出生。20 世纪 40 年代初，入通州潞河中学读书，可是很快遭遇战乱。1941 年 12 月 10 日，日军侵占潞河中学，宣布关闭学校，限令全体学生 2 小时内收拾好自己的行李物品，全部堆放在大操场上，当晚以前必须全部离开学校。此后，进出通州城门都要接受日本哨兵检查，给他们鞠躬行礼。

潞河中学被查封之后，李鹿野又进入当时的北平市立高级中学继续读书。在残酷黑暗的现实中，日本人的奴化教育步步紧逼，品学兼优的年轻人如处瓮中，终日压抑。经历一系列的风险、磨难，他穿过了漫长的封锁线，到达"蒋管区"洛阳，住在洛阳战区学生招待所。此时，"潞河中学在西安复学"。几经辗转，他到西安半工半读。很快，日寇的铁蹄抵近潼关，西安危如累卵。后又奔赴战时陪都重庆，进入志成中学。经北京、洛阳、西安、重庆漂泊，他才修完今天的"基础教育课程"。

1945 年抗日战争胜利后，蒋介石在美国支持下向解放区发动进攻，遭到解放区军民有力反击。由于人民的压力和军事上的实力，国民党不得不和中国共产党于 1946 年 1 月 10 日签订《关于停止军事冲突的协定》，规定双方军队自1月13日午夜起各自停止军事行动。是年2月25日，由国共双方和美方代表组成的军事三人小组委员会签订《关于军队整编及统编中共军队为国军之基本方案》。中共方面急需大批英语翻译人员。1946年4月周恩来指示：要在半个月内从重庆、成都挑选一批政治上可靠、有一定英文水平的人，搭乘美国军用飞机从重庆飞往张家口，经短期培训后，准备在有美方参加的国共整编军队工作中担任我方翻译。为迎接革命胜利准备干部。李鹿野就是被选中的人员之一，从重庆直飞张家口，就读于华北联大英语系研究班（北京外国语大学的前身）。

尼克松访华（左为李鹿野右为尼克松）

李鹿野是中国最早和联合国人员打交道的人之一。根据旧金山会议决定，联合国于1945年10月24日宣告成立。而1947年，他已经在联合国救济总署驻解放区办事处工作。工作对象是"联合国救济总署"派到华北解放区的一个工作组。1949年1月31日，北平宣告和平解放。之前一个月，李鹿野已经先进城，在北京外事处任职。武汉解放，他任湖北省武汉市军管会外事秘书、代副科长。

新中国成立以后，云南成为外交大棋盘上具有相当分量的战略地带，作为国家一个重要的外交舞台，深受老一辈革命家、外交家的重视。1950年6月25日，云南省人民政府外事处正式成立。李鹿野被派至该处工作，开始任边界科科长、办公室主任。云南省与缅甸、老挝、越南接壤，国界线长4060公里，边界事务始终是云南外事工作的重要内容。为中缅两国谈判、勘界、定界，他和同事们走遍了边境的村村寨寨，考证了大量的历史事实，汇编成白皮书，作为和平解决中缅边界的依据。

他于 1955 年调回北京，任外交部亚洲司边界科科长。1956 年 7 月起，在外交部第一亚洲司任科长，做当时外交部南亚外交工作。20 世纪 60 年代初，任中华人民共和国驻锡兰大使馆第二秘书。1962 年 8 月起在外交部第一亚洲司任处长。

“文化大革命”中，他被下放到湖南外交部五七干校。那段生活，启麦在《外交部子弟回忆在湖南‘五七干校’的日子》一文中说：“和我们一同到干校去的大使、司长不在少数，乃至副部长中也有未能幸免者。曾经活跃在国际外交舞台上的一些高级外交官，前中国驻联合国首席代表李鹿野、前中国驻美国大使李道豫等等，当年都是光荣的‘五七’战士。”

20 世纪 70 年代初，从湖南五七干校调回北京后，他在中国国际问题研究所任副所长，1980 年 9 月起任外交部国际司副司长、司长。

照片中前排左为当时的联合国秘书长，德奎利亚尔。

1971 年 10 月 25 日，联合国第二十六届大会就恢复中华人民共和国在联合国一切合法权利，并立即把国民党集团的代表从联合国及其所属一切机构中驱逐出去的 2758 号决议进行表决。决议以 76 票赞成、35 票反对、17 票弃权顺利通过。那一

1988年2月3日，中华人民共和国政府和乌拉圭东岸共和国政府建立大使级外交关系。中华人民共和国政府代表李鹿野和乌拉圭东岸共和国政府代表费利佩·保里约，在纽约签字仪式上。

时期，有基辛格、尼克松访华。

1983年起，李鹿野任中国常驻联合国日内瓦代表。1985年李鹿野从中国驻日内瓦代表处调往美国纽约，担任第四任常驻联合国代表，并于1986年1月、1987年5月、1988年8月、1989年11月担任安理会主席。

1988年8月8日，中国常驻联合国代表李鹿野在担任安理会轮值主席期间发表主席声明，宣布伊朗与伊拉克接受安理会598号决议，实行停火和直接谈判。

李鹿野走过的路，是从“华北放不下一张书桌”，到风云联合国舞台，代表一个民族风云的联合国舞台！这条路，见证了中华民族的崛起！

文中照片均为李鹿野女儿李兰苹提供

我亲历的有关高占祥的两件事

■ 刘康达

一

1986 年 5 月至 1990 年 4 月，我在河北省沧州地区戏剧研究室工作，赶上了高占祥在该省担任省委副书记，分管思想文化领域工作。

高占祥主抓河北省文化建设，不仅有魄力，而且思路非常清晰，措施尤其扎实完善。在繁荣文艺创作方面提出“两出”目标—“出尖子人才，出拳头产品”。并制定了实现这个目标的一整套方法，“春花秋实”就是其中的重要方法之一。

以戏剧创作为例，全省建立起旨在繁荣戏剧创作的“春花秋实”例会制度。即由省文化厅和艺术研究所牵头，召集各地市戏剧研究室，每年举行春天的创作题材规划会和秋天的剧本研讨会。两次会上都要聘请省内外顶尖专家讲课和研究评点重头作品，推出一批高水平剧本，安排落实到全省剧团排演。在此基础上举办两年一届的河北省戏剧节。

与“春花秋实”这类机制配套的还有省文化厅、人事厅和大专院校等联合建立的培训机制、奖励机制和推荐选拔机制等，形成一个完整的政府工作体系，每年按部就班运转，使文化事业获得稳定的、长效的和有根基的发展。这个做法就像种庄稼，从土壤上下工夫，抓基础抓根系，收获十分显著。高占祥抓河北省文化的那些年，全省尖子人才层出不穷，带动文化队伍不断壮大；拳头产品如雨后春笋，促进文化事业的持续繁荣。中国

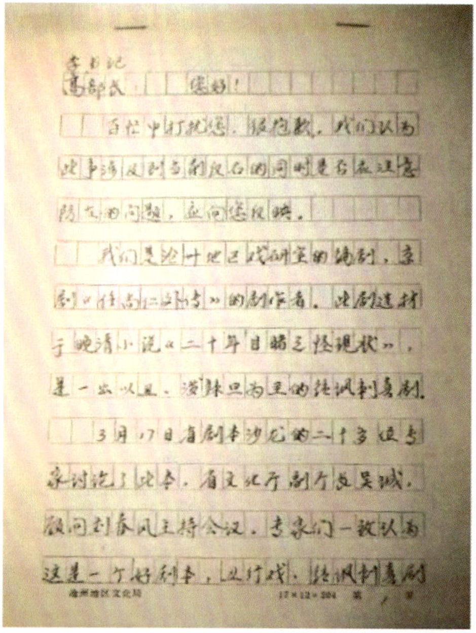

李书记
高部长：您好！

百忙中打扰您，很抱歉。我们认为此事涉及到当前反右倾的同时是否应注意防左的问题，应向您反映。

我们是沧州地区戏研室的编剧，京剧《任尚仁外传》的创作者。此剧选材于晚清小说《二十年目睹之怪现状》，是一出以丑、彩旦为主的讽刺喜剧。

3月17日省剧本沙龙的二十多位专家讨论了此本，省文化厅副厅长吴诚，顾问刘春风主持会议。专家们一致认为这是一个好剧本，丑行戏、讽刺喜剧

沧州地区文化局　17×12=204　第 1 页

作家协会主席铁凝就是在这一机制中脱颖而出的河北作家，这都得益于高占祥的正确领导。实践证明，高占祥提出的“两出”目标切中文艺发展的本质和关键，不仅鲜明，而且有很强的可操作性，是一项切实管用的文艺方针政策。

二

1989年年初，我执笔创作出京剧剧本《任尚仁外传》。此剧选材于清末吴趼人的“谴责小说”《二十年目睹之怪现状》，是一出以丑角为主的讽刺喜剧，讽刺封建官场中“想成人上人，先要不是人”的丑恶现象。此剧经过“春花秋实”的推荐，受到省文化厅、省剧协领导和专家的一致肯定和好评，并作为很有希望的重点剧目大力扶持。该剧由颇具实力的沧州地区京剧团完成排练，拟参加河北省第二届戏剧节。

不料，1989年9月正值意识形态领域的整顿时期。《任尚仁外传》彩排后，即被沧州地委宣传部以“满台没有正面人物”和“借古讽今”为由禁止演出，不许参加河北省第二届戏剧节。沧州地区文化局与河北省文化厅又多次向沧州地委宣传部请求和做工作，该剧仍未解禁。在这种情况下，我作为该剧编剧写信向河北省委领导和刚从河北省调到文化部任常务副部长的高占祥反映情况，要求解禁。

在高占祥副部长的亲自过问下，《任尚仁外传》很快解禁。该剧虽然没能参加河北省第二届戏剧节，但在1989年底参加了河北省剧协“月季花”奖评选，

荣获二等奖和“戏剧家协会”的“剧本奖”；1990 年又参加纪念徽班进京 200 周年演出，受到文化部艺术局、专家和广大观众的一致好评。

高占祥作为全国思想文化领域的重要领导，努力保护文化生态，敢作主，敢负责，关心、保护我们这样普通的剧作者和剧作，这种高度的文化自觉和责任自觉让我感动至深。我在这件事中感受到一名高级干部最可贵的品质—公道、刚正、允诚和厚道。

（刘康达，通州区戏剧家协会主席、通州区政协文史和学习委员会特邀委员、通州区大运河研究会会员）

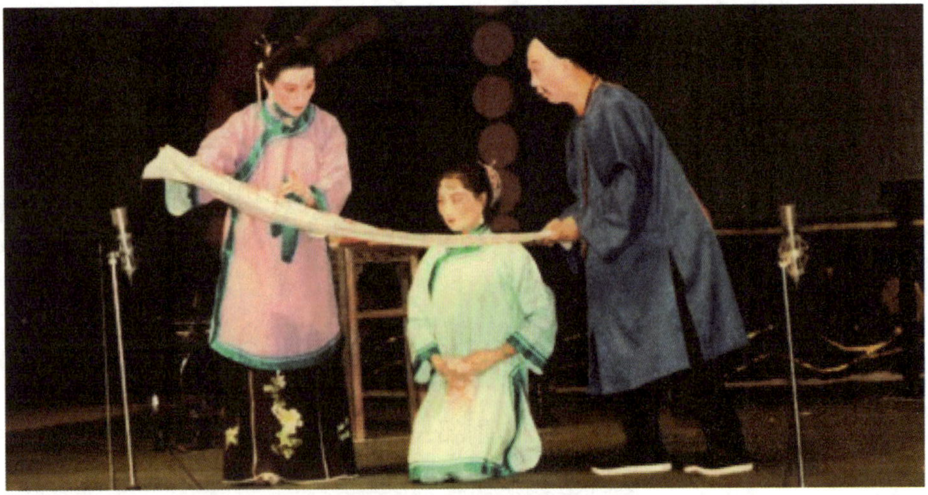

任尚仁外传剧照

原中国评剧院副院长李广元二三事

■张春昱

苦练一门技术

李广元原籍潞城镇兴各庄村。14 岁时，家中苦难，不得不去北平学手艺。经过送礼托人情，终于找到了一个电料自行车行，学电工和修理自行车。去的时候是夏天，母亲将两个面口袋浆洗干净，作为被罩，放入背袋就要出发。妈妈紧紧攥住孩子的手说："孩子，你去后一定要好好干，听掌柜的话，要给妈争气！"李广元说："妈，您放心，我好好干。"经过几番周折，天黑时到了店里，将包裹卷往煤炉处一放。老板说声来啦，然后就安排活儿计。他是社会学徒，不给工资，只管吃住。老板家的面发霉了，用筛子筛。筛剩下的面疙瘩让李广元吃，一上口苦涩苦涩的，很难咽下去，这时，他想到了妈妈，每次吃饭都盛好摆好，让他吃还问他，不烫吧，热不热，慢些吃。看着眼前的一碗坏面做的疙瘩馍馍，心中难受，眼泪在眼眶转，他又想，自己干什么来了，学技术来了，就要先吃苦，苦练一门技术，再苦再累也要干。

慰问演出

1952 年 9 月 18 日，第二届赴朝慰问团赴朝，代表团由全国各民主党派、各人民团体、人民解放军、各民族的代表，各地区的烈属军属、工农业劳动模范，妇女、青年、文教、工商、宗教各界和海外华侨的代表及文艺工作者，共1097人组成。成员中包括严仁赓、沈兹九、叶笃义、张轸、关梦觉、宁武、蚁美厚、马恒昌、叶盛兰、杜近芳、小白玉霜、常香玉、金焰、赵丹等知名人士。刚刚成立不久的新中华评剧团，也接到了中央政府入朝的命令，慰问志愿军抗美援朝2周年，主要演员有小白玉霜，魏荣元等。当时李广元20岁，是电工，负责拍灯光。

上甘岭战役，发生在1952年10月14日至11月25日，是抗美援朝战争期间最惨烈的一次战役，被称为“朝鲜战争中的凡尔登”。1952年10月23日，李广元他们到达志愿军司令部山坡上慰问演出。在司令部的山坡上原盖有舞台和小型招待所，因为飞机来轰炸可以往山洞里跑。等他们赶到时，舞台和招待所全给炸平了。志愿军的人说，你们很幸运，没炸着你们，因为朝鲜的特务特别多，我们已经暴露了目标哇，只好进山洞躲避。当时没有手电筒，只能点蜡，洞有500米深，走100米蜡就熄灭了，只得摸瞎。洞里空气稀薄，呼吸很困难。但不管怎样，总算先安置下来了。炸弹的声波把床震得直晃悠，大家仍在山洞外吃饭。吃一顿饭就响起几次警报要等解除警报后再接着吃饭。解除警报时打钟不放枪。

在山洞里，评剧团和中国京剧团住在一个山洞里。演出物资距离演出的地方有500米，每隔200米就有个大炸弹坑，直径有3-4米，深两米，李广元就

在这500米之间，搬道具。每次美国飞机飞来，他们就迅速跳进炸弹坑去躲避。有一回敌机一梭子机枪子弹打过来，在他身边直冒尘土，尽管怕暴露不敢动，但还是机智地把道具送到了演员手中。

在司令部山洞中有个小舞台，他们在那里为部分志愿军演出，后来又到山洞中去演。洞中黑暗，只好清唱。有一次天还没黑，他们刚上车，敌机来了，又纷纷跳下车，找个地方藏起来。志愿军的枪冲天齐鸣，警卫员说都别动，敌机走了后，他们又上了汽车到远处的山洞里去演节目。在朝鲜的日子里，眼见被炸的同志，缺胳膊少腿的，眼瞎的都有，但他们对演员都十分尊敬，演员对他们更是肃然起敬。志愿军充分利用朝鲜山多的优势，用火车把枪弹和供给源源不断地运输到前线。这次慰问使李广元境界得到了升华。

1954年，中国评剧团又专上广州去慰问中国人民解放军代表团。从广州到深圳，李广元第一次见到了大炮，解放军招待所条件很好，还给他们每个人一双象牙筷子。到站下车时，有的人要解手，解放军都围上来背着脸形成了一个圆圈让他们在圈中方便，在招待所中，李广元知道自己的任务，解放军怎么劝酒，他一口也不喝，生怕因酒误事。

为演员谋利

中国评剧院成立于1955年。成立后，整理和创作了300多出优秀现代戏及传统剧目，其中有20多部剧目和80多位演职员先后获中宣部、文化部、北京市多个奖项。如《杨三姐告状》《秦香莲》《花为媒》《刘巧儿》《小女婿》《金沙江畔》《高山下的花环》《评剧皇后》《黑头与四大名旦》等，也培养了一代优秀表演艺术家，如小白玉霜、新凤霞、喜彩莲、花月仙、李忆兰、魏荣元、马泰、张德福、席宝昆、陈少舫、赵丽蓉等。

由于在朝鲜战场慰问活动中李广元积极勇敢，在从广州到深圳演出中努力奋进，于1954年加入团，1956年入党。同时在中国评剧院一团担任团支部书记。期间，工作更加努力，处处找活干，为一线演员解除后顾之忧。楼上电风扇出了毛病，穿上工作服就修。

李广元作评剧院安装处处长的时候，北京市文化局主管戏剧的处长问李广元："你能盖房子吗？"这是老李为剧院盼望许久的大事，当时他想：

还有 10 年就退休了，可演员大部分居住分散，住房少而简陋，为他们必须只争朝夕。于是他问道：“批给剧院指标了嘛？”市文化局领导果断回答：“不但有指标，而且出资，你全拿走，到时候可要交上合格答卷。”老李马上握住领导的手，斩钉截铁说道：“一言为定。”

回院向领导请示，大家都不愿担这苦差。担子落在他肩上，他弟弟李广增担心哥哥身体吃不消，担心费力不讨好，力劝他说：“你们院里多少能人啊，有一分之路都让他们干吧。”人事处副处长也为老伙计捏把汗，亲自登门道：“现在混得差不多啦，别老了老了再给自己找枷扛啦。”个人困难是不小，但演员盼房子盼得望眼欲穿，一个个像嗷嗷待哺的孩子，天天有人问：“咱房子什么时候下来呀？”

决心下定，老李在剧院后院找间房，做起规划，定下来便找建楼场地。当时涉及两个单位，一家有院子，一家有个两层楼的饭馆，同时还有三十几户居民。老李不顾疲劳，忘记自己尊严，逐户“磕头”。方案定下后，老李又特意明确一条死规定：凡是给回扣，给好处费的施工方一律免谈。照合同施工，差一点不行。但他还是不放心质量，又请来一位有此专长的副厂长负责把关，不出问题。对每个拆迁户都订立合同，方案公示，明明白白。一切公平公正公开，一期工程 120 套楼房按合同方案顺利移交。

但是只解决院里一部分演员的困难，责任心事业心驱使着老李，又去审批指标。二期指标拿下后，人们越发心疼老李。他们说：“顺风顺水拿下一期，分到楼的演员都挺满意，还不见好就收？”“盖房有瘾还是有好处啊，你不还住 7 平方米的小东房吗？”可他没管这些，想的还是他人困难，比如有人还是没房，有的演员还不够住。

新楼地处北京先农坛附近，是北京粉末冶金厂旧址。人家不搬迁，楼就盖不上。当时也没有明确法规，只有靠三寸不烂之舌苦苦哀求。有一次去天坛办事处，一直求人家到吃饭的时候，才有一位喜欢评戏的人问：“你认识马泰吗？”他一听觉得可能有缓，忙说：“认识认识。”那人一笑，目光中透出怀疑。老李灵机一动，趁势进攻，道：“我马上打电话，请他来。”那人还是将信将疑。直到马泰来了，同那人握手，他才相信。马泰问他：“您找我有什么事吗？”他说：“我就是想听您的戏。”老李当机立断，赶紧送人家戏票。又经过一番讨价还价，盖楼选址总算敲定了。通过这件事，老李进一步看清知名人士的号召力，再有困难，往往拉上马泰、魏荣元等名角。到中国政协附近的热力公司谈，也是几次谈不下来，后来没辙了，拉上马、魏两位名角，才解决问题。

下面事办妥，还要找市政府，当时主管领导是副市长张百发，他正在大兴，每次去都赶上领导忙，谈不具体，要上面协调的事定不下来。直到第五次，才得以详陈，领导签了字，也送了戏票。原来张百发也是戏迷，对于送戏票，非常感谢。

二期工程 7000 平方米，按合同，有市文化局三十五套，交清后，老李找到院长（历任院长张东川、薛恩厚、胡沙、何孝充、冯守仁、胡春萍、杜冠华、凌金玉、吴一平）表示分房的事一定交由院方负责。但正副院长都说分不了，球又给老李打了回来。

事关重大，他先找中层以上干部协调，然后请各团处室参加会议，搞大民主，横向比，纵向评，不搞暗箱操作，严禁吃请送礼。让大家充分发表意见，经过一个月艰苦努力，第二期房子也都名花有主。由于相信群众，把事情交给大家办，没有一个人说分配不公的。二十多年过去了，人们还是赞许有加。其中也包括一点，两期建楼，老李都冲锋在前，全方位负责。可自己没有拿一平米给自己，也没有一分钱的幕后交易，到 2000 年，他还住在原来的 7 平方米陋室内。

帮助谷文月等演员成长

在“文化大革命”期间，李广元当了保守派，不乱说，不乱写，而且一直保到底，工宣队进入剧团后，选他当干部，后来在反击右倾翻案中，又说他对胡沙（原中国评剧院院长）的认识不够，把他调到大型农场去劳动。在排演《百花川》时，正赶上唐山大地震。有人说上演百花川，李广元说不演，那时李广元是负责任的。

1978 年，李广元任评剧团书记，团长。可是，著名演员、台柱子的新凤霞瘫痪了。评剧团面临着重大压力。是啊，一个剧团没有主角儿不行啊，李广元当时主要看中了谷文月，经过他冥思苦想之后，作出抉择，让给新凤霞拉主弦的徐文华配合谷文月练声演出。原来给新凤霞陪演的演员，老演员，统统陪着谷文月演出，并做到精心演出，没有怨言。在两年的时间里，谷文月排演了新凤霞的四出戏。谷文月也是刻苦，要求自己，再苦再累也是心甘情愿，对每一个动作，每一个手型，每一个眼神，每个走步，都努力做到一丝不苟。谷文月的戏演出后，引起了很大的轰动。

李广元在总结培养谷文月的成功经验后，又着重培养了小玉霜。他说："小玉霜是小白玉霜师妹，是棵苗子。把她扶植起来，既可合演又可以分演，给剧团增添活力，使传统的民族艺术之树常青"。

六千元现金

在盖马连道仓库时，李广元想着为剧团增加收入，提高生活质量，腾出一套房，搞三产，成立中国评剧院服务公司。当时搞 11 个项目，一年纯利三四十万，剧院每人提高工资 40 元。过了一段时间，起了风波，说这事儿有猫腻，租楼有回扣，说人家租房子的给 6000 元现金。那天晚上下班，租房人王洪武给李广元 6000 元，说是给他个人好处费，李广元说不行，没要。对方硬塞，不接不让走，他只好说先放这儿吧，等明天会计来了，告诉他存银行，办一个存折，钱先别动。说完写了条子与钱放在一块。过了几天剧院中就嚷嚷开了，说李广元有问题，有贪污现象，6000 元谁也没得着，他中饱私囊了。经过不明真相的人串联，直接找李忆兰，因为她是人大代表。后来又专门立案审计，请一位是西城区的审计，一位北京市政府的审计。搞得人心惶惶，李广元气病了，住进医院。有人给他打电话，说你住这家医院不够资格，你得搬搬家，挪挪窝。李广元告诉他：你给我拿出免职手续来，要不拿出撤职批示来，什么也没查清，就说我有问题，也太草率了吧。在住院期间，有 80 多人次到院，看望慰问。让他安心养病，也有人问他，到底有问题没有，李说："肯定没有。"请来的两位审计人员与文化局纪检科找老会计讲明，李广元有没有问题，有你就说有，没有就说没有，意思暗示老会计说有。可老会计说确实没有，我不能平白无故冤枉好人。审计人员认为老会计也有问题，孤立他，并把他"软禁"起来，查账查了几个月。到 7 月份，老会计笑呵呵的来找李广元，告诉他说事情解决了，郭福堂（财会人员）找到了你写的那张入账条子，把它交给他们了。

中国女垒主投手张艳清

■张淑婷

卜落垈村的一个普通农家小院里，住着一位退役的中国女子垒球队优秀运动员，名叫张艳清。

张艳清出生于1978年10月，身高1.75米，1991年底开始正式的垒球训练，1997年入选国家队。曾在国家队和北京队担任主投手，参加过一届奥运会、两届世锦赛和两届亚运会，拿过亚运会金牌。她投出的球变化多端，动作舒展大方，显得非常果断、自信。几任主教练对她的评价是：投球速度快、线路刁钻，是对方击球手的“梦魇”。

她所在的女垒队曾获得1997年上海第八届全国运动会垒球比赛亚军，1998年泰国曼谷第十三届亚运会垒球比赛冠军，1998年日本世界锦标赛垒球比赛第四名，2000年澳大利亚悉尼第二十七届奥运会垒球比赛第四名，2001年广州第九届全国运动会垒球比赛冠军，2002年韩国釜山第十四届亚运会垒球比赛亚军，2002年加拿大世界锦标赛垒球比赛第四名。

张艳清虽然在国际国内赛事上得到很多荣誉，但她退役之后选择了回到家乡，同母亲住在一起，过着平淡的日子。而她在运动场上的精彩表现，她那一连串为国争光、奋勇拼博的故事，仍然在潞城内外被人们津津乐道。

助北京队重登女垒王座

2001年11月22日，中国国家女垒队主投手张艳清加盟北京队出战。

北京队最终以 3 ： 0 战胜上海队，弥补了第八届全运会上将金牌拱手让给上海队的遗憾。23 日，中新社发表《中国女垒一号投手张艳清》一文，对此作了专题报道。文中写道：“一对不大但明亮有神的眼睛，风吹日晒但依旧白皙的皮肤，带着绝对自信而上弯的嘴角，一条洒脱帅气的‘马尾巴’——这就是中国女垒的年轻投手张艳清。”

1997 年上海八运会银牌

看过中国女垒队在悉尼奥运会上比赛的人，对张艳清的微笑会有深刻的印象。在垒球比赛中，主投手是一支球队的灵魂，对全队的配合发挥有至关重要的作用。奥运会赛场上，不管比分如何，裁判有什么样的判罚，中国女垒队的“灵魂”——张艳清，始终面带自信的微笑。作为她的队友，那微笑能为你增加信心；如果是对方的击球手，看到那样成竹在胸的笑容，心里难免要先“虚”一下。九运会赛场上，张艳清带着同样的笑容出战，与奥运会时相比，眼前的她多了一分成熟与沉稳。

在北京队与上海队决赛的对决中，她凭借出色的发挥多次令上海队的击球手在一个球都没有打出去的情况下直接出局。11 月 23 日决赛的前 4 局，张艳清投出的球，愣是没有让上海队队员的脚踏上一垒。第五局，北京队依靠老队员魏嫱的一记本垒打，赢得 1 分。第七局，北京队 1 ： 0 领先，决战已经进入最后时刻，上海队只剩下最后一次进攻机会。三垒有人，二垒有人，面前的对手连续两次击球出界后，张艳清知道她的最后一投意味着什么。在上海球员闪着“寒光”的球棒前，她持球而立，深吸了一口气，依靠自己球路的变化将上海队 12 号朱平投杀出局。

搜狐体育当时这样描述：北京投球手一个上步，垒球出手快似流星。上海队击球员手中的球棒都没有来得及在空中划出轨迹，主裁判的右手举起，“好球”！时隔 4 年，北京垒球队终于重登女垒王座，而北京队的这个投手就是 23 岁的张艳清。

“当时我真的很紧张，但我知道手绝对不能软。”与教练队友拥抱庆祝之后，张艳清把仍带着手套的手在记者面前用力地挥了挥。“这一刻我等了四年，在上一届全运会上，我是替补，但我仍然为我们在上海滩上的失利惋惜。今天，我终于体会到了当冠军的滋味！”

当时，张艳清最大的心愿就是拿到这枚九运会的女垒金牌，作为北京队主力阵容中最年轻的成员，张艳清深知自己身边的不少老队友都将在九运会后退役，她们一心想在九运会中争得一个完美的结局。于是，张艳清认为自己更应尽到本分，可以说备战九运以来她的心理压力很大。

1998 年曼谷十三届亚运会金牌

所幸这次九运会上，以王丽红、魏嫱、陈红、张春芳、徐健、苏代玲、阎芳、张艳清等人为班底组建的北京队在决赛中以 1∶0 力克上海队，重新站上了冠军领奖台。那场决赛，魏嫱击出制胜一球，而全场没让对手得分的功劳则记在张艳清头上。

擦了擦沾到额头上的庆功的香槟酒，张艳清恢复了赛场上的冷静和成熟，“在我们队中，30 岁以上的就有 8 人，她们为北京队夺冠立下了汗马功劳，夺冠的功臣魏嫱就是我们的大姐大。其中，有许多人是为打九运会而特意请回来的，如果她们真正退役了，那对于我们年轻队员来说，能否在4年之内成熟起来，力争十运会卫冕，是一个很大的挑战，我的压力也将更大。”

2001年荣获九运会金牌

张艳清在13岁的时候第一次走进垒球训练场，经过10年的摸爬滚打，已成为国家队的绝对主力。她投出的球变化多端，更为难能可贵的是，她具备很多年轻选手所欠缺的成熟与沉稳。北京队主教练霍忠明对自己的爱徒也是赞不绝口：“有了张艳清，无论是北京队还是国家队，投手位置上就增加了一个保险。”

九运会后，很多老将要告别赛场，中国女子垒球队将在很多位置上留下难以弥补的空缺。但投手张艳清的存在，至少可以保留住中国垒球队的“灵魂”。

坚守女垒 只因热爱

2013年9月7日，《北京日报》刊登了有关张艳清的报道，标题为“坚守女垒 只因热爱”。

记者这样描述：“上步、挥臂、出手，亮绿色的垒球从张艳清手中‘噌’地飞了出去，对方击球手还未来得及挥棒，球就稳稳地落到本方捕手的手套里。‘Strike！’裁判员高举右拳，示意好球，张艳清长舒了一口气，帽檐下那张不再年轻的脸上露出了一丝笑容。将对手三振出局，没有让对方得分，在她看来是最爽的结果。”

“发挥？还算可以吧，有时也挺臭的，不过能赢就行。”伴随着爽朗的笑声，张艳清小跑着出了场地。北京女垒队在前一天的一场生死战中以3 ∶ 2逆转，击败上海队，晋级全运会4强。正是35岁的老将张艳清用自己的经验帮助这支年轻的球队不断前进。

此刻，岁月的痕迹已经爬上这张曾经年轻的面庞。张艳清在登场比赛前会把帽檐压得很低，她的身后，就是北京队一班“90后”队友。从年龄上看，有的小队友都可以管她叫阿姨了。不过，小队友们还是习惯叫她“清姐”。队里只有主教练魏嫱称张艳清为“清儿”。

自2004年因骨折落选雅典奥运会中国队阵容后，张艳清一度陷入职业生涯的低谷。伤愈后，她曾到一家意大利业余俱乐部打业余比赛。那时队友都是上班族，每个周末归队打比赛，张艳清自然是主力。意大利垒球联赛每年只打4个月，其他时间张艳清就成了“无业游民”。她没有找工作，而是跟朋友们打羽毛球，其实她是以此保持状态。她的想法很简单，希望有朝一日能再次代表北京队打球。

上届全运会，她因年龄偏大没能入选北京队。直到魏嫱执掌北京队，一直坚持训练保持状态的张艳清迎来了重出江湖的机会。2010年，她回归北京队。其实，当时南方的几支球队也请她出山，但因魏嫱的一句“我叫你，你必须回来”，张艳清拒绝了对方的高薪，带着对北京女垒队难以割舍的感情回归。

作为队内老将，张艳清和其他人一样每天吃住在队里，只有周六能回家休息。她说：“训练就跟这帮孩子一样，没特殊待遇。”“我们以前练得那才叫苦呢，现在的孩子们幸福多了。”她回忆道，当年北京队在北京市体育馆里训练，她进队时只有12岁，每天要投400到500个球，没有一天胳

2000年悉尼奥运会第四名证书

膊不酸疼。正是这样，奠定了她良好的技术基础。

打垒球的人都知道，好投手的作用极大。张艳清在巅峰时期投球时速可达 100 多公里，是队中的“定海神针”。“我比较擅长投外角曲线球，这种球对右手持棒的选手杀伤力很大。”张艳清说，九运会与上海的决赛最后一个球就是这样投的。

相比年轻时，此刻张艳清的体力和投球速度有所下降，但平和的心态和丰富的经验让她在场上比年轻的对手多了一份从容。

北京队当时人员青黄不接，35 岁的张艳清仍是主力。“我希望有年轻人能取代我，但我不会主动让路，得让她们用实力证明比我强。”她说，她还会继续打下去，只要球队需要，4 年后的天津全运会也没问题，“39 岁不算老吧？”

“很多人都不明白我为什么还回来打球，别人 35 岁可能孩子都上小学了，但我就是喜欢这项运动，它能给我带来健康和快乐！”张艳清笑着说。

2016 年，张艳清因年龄和身体的原因正式退役，回到她的出生地卜落垡村，过着平淡而又朴实的生活。有时一些单位或学校邀请她去参加活动，谈自己的经验和经历，她也欣然应允。她说：“我打球只为快乐，退役之后也照样如此。”

（张淑婷，北京畅响九州文化传播有限公司编辑）

邓福有——闲不住的文化达人

■朱勇采访，徐畅整理

邓福有，南刘各庄村人，生于1936年。退休前系北京热电厂工程师。

1953年，邓福有就读于通州潞河中学。当时，南刘各庄同学假期生活组学生剧团成立。凭借演艺才华，他成为主演，饰演杨白劳。当时的剧本是五幕十三场，九十二个曲子，七十多首歌，一场演出要三个半小时。但当时的条件极其艰苦，没有舞台、没有道具、没有灯光布景……有的只是中华人民共和国成立后，人民对文艺的渴求和青年学生的满腔热情。没有舞台，自己搭设；没有道具，到村里募捐，有的农民只捐出两个鸡蛋；没有灯光，自己筹；没有布景，他们没日没夜地裱糊……就是在这样的环境里，他们开启了“演艺生涯”。因为他饰演的杨白劳极度真实，广大观众深受感染，

1953年，“白毛女”演出纪念照

激起悲愤。以致当时在台下观看演出的“解放战士”（傅作义旧部）举枪要击毙“黄世仁”。幸亏当时枪里没有子弹，否则就酿成了大祸。至今，他还保存当年演出时的《白毛女》剧本和剧团照片，剧本已字迹斑驳，老照片也透着浓浓的时代感。

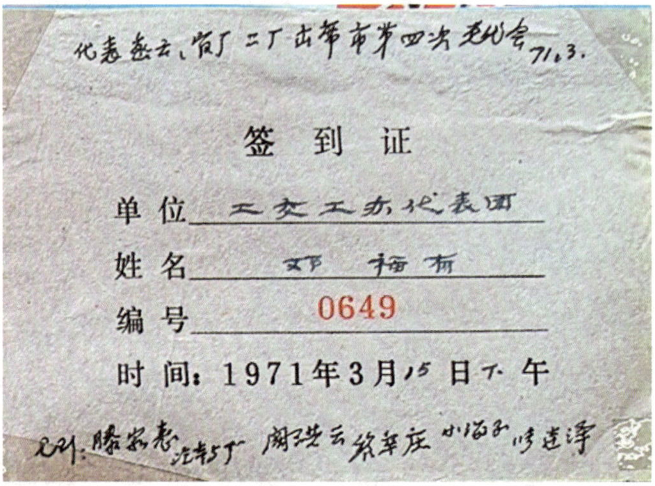
签 到 证

单 位 工交工办代表团

姓 名 邓 福 有

编 号 0649

时 间：1971年3月15日下午

邓福有参加会议代表证

1958 年 6 月 26 日，刚刚在十三陵水库参加完劳动的周恩来总理，不顾疲劳，驱车来到密云潮、白两河河畔，为密云水库勘选坝址。受此鼓舞，邓福有怀着极大的热情，积极投身于密云水电厂的建设中，其间，曾担任过车间工会宣传委员、厂党总支宣传委员。1959 年 9 月 10 日，毛泽东主席到密云水库视察工作，邓福有参加了当时安保的宣传工作。

在密云水库工作期间，他是“拼命三郎”，鞠躬尽瘁，不顾个人安危，全身心的扑在工程上。而当时条件又十分恶劣，他患上了病毒性肺炎，休克持续了 10 多个小时，生命垂危；后经北京多家医院专家的全力救治，才得以康复（参加救治的专家，均为首长特批）。

1969 年，正值中华人民共和国成立二十周年。5 月 1 日，天安门广场举办“庆祝五一国际劳动节”晚会，他作为代表受邀去天安门观礼台参加晚会。1970 年 9 月 30 日，他作为工人代表受到周恩来总理的邀请，到人民大会堂参加“庆祝中华人民共和国成立二十一周年”的庆典活动和国庆晚宴。邓福有还保存当年的晚

采访照（右一为邓福有）

宴菜单，白底红字，上方嵌印着的国徽赫然醒目，下方写着：菜单，酱鸭、油焖鸡块、五香牛肉、糖醋鸡肉块、凤尾鱼、冬菇面筋、盐水花生、酸甜白菜；点心，月饼、小面包；水果，哈密瓜。邓福有说，这是那时期他吃过的最丰盛的一顿大餐。此后，再也没吃到过当年的味道。

从 20 世纪 60 年代起，邓福有就养成了做剪报的习惯，至今已制作剪报一千多册，内容包括音乐、戏剧、电影、时事、军事、航天、人物、历史、文物古迹、诗词名句、名人名言、医疗百科等十几种。他亲自撰写书稿，记录近六十年来北京的沧桑变迁。同时，他还爱好摄影和书法，他的书法作品渗透着深厚的爱国情怀，体现出新时代“不忘初心，方得始终”的奋斗精神。2013 年，在通州区举办的“大运河人口文化书法作品展”上，他的作品获得荣誉奖。

他不顾年事已高，体力不支，始终积极参与当地文体活动，抖空竹、耍火棒、扭秧歌等活动中都可见到他的身影。他以传承发扬传统文化为己任，参与了当时胡各庄乡的史志编纂工作。四处走访，寻找当地的文物古迹、桥梁庙宇，与当地老人交谈，足迹遍及各村，一点一滴搜寻几十年、几百年历史变迁轨迹，收集、抢救、整理了许多珍贵资料。同时，还参与编写《南刘各庄村史》，这都为后期的史志工作提供了大量宝贵的原始历史素材，他作为本地较早的一批史志人，带头弘扬了执笔著史精神。

（朱勇，北京畅响九州文化传播有限公司采编）

路桥设计师——马景武

■ 刘康达

马景武，生于1964年，岔道村人，中共党员。全日制本科学历，道路和桥梁专业高级工程师。20世纪80年代开始投身高速公路建设，曾参与北京亚运会秦皇岛赛场用路、北京第一次申办奥运会工程等，负责的工程多次获奖，其中不乏“国家优质工程”大奖。1993年荣获北京市“十佳青年”称号。

1981年，马景武以侉子店公社应届生理科高考状元的成绩，考入交通部呼和浩特交通学校，攻修路桥专业。毕业后，被分配到北京市公路工程公司第一工程处任技术员。1986年10月调入北京市公路管理处通州公路管理所，历任技术员、工程队副队长、一队队长等职，主持修建了张台路。1988年8月，

五环路（四期）

京承高速（三期）

受命筹建京榆路第二分指挥部，任常务副指挥。此期间加入了中国共产党，并在《北京公路》刊物上发表了第一篇论文《石灰稳定土施工》。1993年任第十二分指挥部指挥，参加首都机场高速路建设。同年，任北京市公路局通州分局工程段段长。1999年，调入北京市首都公路发展集团公司（下简称首发集团）工作，参加了八达岭高速路三期建设，在工程建设中引进、采用多项先进技术和工艺。

2003年，担任北京市首发集团高速公路建设管理有限责任公司五环路（四期）项目管理处工程部部长，负责工程建设期间项目管理工作。在工程技术和工程管理方面，马景武做出了突出的贡献。北京五环路（四期）工程建设期间，他根据工程特点，带领大家重点加强进度和质量管理。针对桥头跳车等质量通病，果断采取了基底、填方双重处理措施：一方面对基底采用了夯扩桩、换填砂砾等处理措施；另一方面采取了提高压实度标准、填筑轻质填料、“冲击压实”、严控填筑厚度等处理方式，确保了桥头路基的填筑质量，大大提高了行车舒适性，使得质量通病在该工程中得到了很好地解决。五环路（四期）工程最终全面达到安全性、质量和进度等各项管理目标，荣获“国家优质工程”大奖。

2004年至2006年，被派驻北京通达京承高速公路有限公司，任该公司副总经理，负责工程建设组织、协调等相关工作。2007 年至 2008 年，任北京市首发集团高速公路建设管理有限责任公司京承（三期）项目管理处总经理，全面负责工程项目管理。该工程是国家高速 G45（大广高速路）的组成部分，是北京市重点工程，被交通部列为“勘察设计典型示范工程”。

京承（二期）工程是由中国铁路建设总公司与北京市首发集团共同出资建设的工程项目。这也是北京市首次引入外部资本参与北京市基础设施建设的高速公路项目，各级政府和相关部门高度重视。他作为北京市首发集团派驻本项目公司管理团队的负责人，带领团队克服企业之间文化差异、管理思路不一致和人员构成复杂等不利因素，积极协调各方关系推进工程建设，很好地完成了市委和首发集团公司交办的各项任务。在该项目中，他带领大家克服、解决诸多困难和技术难题，成功建造了北京市首座最大跨径达 120 米的斜拉钢索大桥。同时，为了解决桥面防水材料与水泥混凝土桥面铺装的粘接问题，在北京市首次采用了“喷丸处理技术”，大大提高了桥梁桥面系的施工质量。京承（二期）工程荣获“北京市优质工程”等荣誉称号。

由于常年奋战在公路施工一线，高强度的拼命工作使他壮年积劳成疾。由于健康原因，2008 年，马景武转行从事高速公路养护工作。2015 年再次转行，专职担任北京市首发集团京沈分公司纪委书记。

获 12 项专利耄耋翁——李凤来

■ 高新凤

在潞城镇武窑村，有位 83 岁的老人，获得过 12 项专利。他是邻居口中的老实人，是员工们佩服的老军工，是“品牌建设杰出企业家”，是“建国六十周年百名优秀发明家”。他就是春来锅炉的创始人——李凤来。

好学爱钻研，是李凤来身上的标签。戎装时，他细心巧解难题立三等功；布衣后，他又潜心钻研环保，研制“绿色锅炉”、生物质锅炉……他说：“人总要做些有意义事情，一辈子才不算白活。”

李凤来

1954 年，他 20 岁。原本在一家工厂做学徒，出师的时候进入了国家兵器实验中心试射队，负责实验研制出的新型枪、炮等多种武器装备的性能。

60 年代时，试射队在靶场实验一类火炮。测速时，靶框和磁力线圈常常会被炮弹打坏，导致无法得到测试数据，令大家很是苦恼。刚刚步入队伍的李凤来怀疑是瞄准镜出了问题。几番私下研究之后，他向领导提出在底托上打个洞，将洞口、炮口、靶心成一线再进行试射。方法被采用后，一年多时间里，炮弹都没打到靶框上。他荣立三等功。同时他的“聪明劲儿”也被注意到，调至修配厂，专门维修各种瞄准镜问题。

在此期间，他还独自完成用来打飞机的计算尺问题。他潜心研究近一个月，最终通过对挂轮的方式增加了分度距离，并使计算尺的精度达到1米范围内，顺利完成任务，荣获二等功。“那时候算是出了名了，有什么技术难题都会想到我。”回忆起这些，李凤来脸上挂着自豪的笑容。

1972年，李凤来奉命调至防化试验厂（即今防化研究院）。1987年，防化研究院接受了销毁日本侵华期间遗留毒气弹的任务，这在我国属首次销毁工作。化学毒剂必须完全焚烧尽，并对残留物和烟气排放都有严格的限制，在备选人员中，善于发现、勤于钻研又头脑灵活的李凤来进入了大家的视线。最终经研究决定：李凤来主持化学毒剂焚烧炉的设计、制造工作。

他带领小组成员广泛、深入地调研、论证，科学设计、反复试验，记不清有多少个不眠之夜、推翻了多少次假想。最终，他们成功地解决了高温燃烧、防二次污染等关键技术难题，制造出了国内第一台符合要求的化学毒剂焚烧炉。1988年6—9月，这台焚烧炉累计工作三个月，圆满完成了销毁任务。

1995年，李凤来正式从部队退休，到朋友的机械加工厂里帮忙。几个客户来机械加工厂加工锅炉。李凤来看到他们的设计图，思考几番后建议：“你们这个设计不符合燃烧技术原理，没办法解决锅炉冒烟的问题。我这里有一些改进方案，不如试试看？”谁料客户却不屑一顾：“我搞了几十年锅炉，还不如你？”见此，李凤来马上道歉，私下里却暗下决心，要自己研制出一种新型锅炉，让锅炉不再冒烟。

他打破了常规燃煤锅炉的燃烧及热交换方式，于1997年成功地设计出了集高效、环保、节能于一体的新型锅炉，其污染排放指标远优于国家规定指标，被誉为“绿色锅炉”。这是中小型燃煤锅炉设计上的一次革命，成功荣获国家专利。

1999年，李凤来和妻子高凤春从东北来到北京，创办了北京春来新型环保设备有限公司。李凤来的解释是："我媳妇名字里有个'春'字。她也是几十年的老军工，一直陪伴在我身边，所以我创办的公司叫'春来'，这是我们俩的事业。"其后，李凤来将自己退休后的时光全部贡献给他所热爱的锅炉事业。根据用户反馈的意见，他带领科技人员不断优化设计，推出系列产品。

2008 年 9 月，他成为通州区公益榜样。参观工厂时，李凤来说："我就是喜欢钻研，搞搞自己喜爱的事业，没什么别的。"

进入厂区，只见三排厂房并行而立，道路整洁，两旁的绿植繁茂青翠。走进其中一排厂房，几台成品锅炉整齐地排列在一侧，众多管制配件有序堆放。李凤来指着门口的一台锅炉说道，"这是我正在给天津一家公司研制的锅炉。你别看它土土的，不好看，节能效果那是一等一的！"

转完厂区后，李凤来带记者来到工作室，他指着桌面上的图纸、铅笔、量尺、资料书等说："我这个人有这么个脾气，凡事不干拉倒，要干就干好。即使不是行业第一，也得是出类拔萃。这就是我的日常工作。最近在研究新项目。看着画出来的图纸就这么几笔，可是一件很耗费脑力的事。"办公楼二楼有一个向阳的小单间，研发设备时，李凤来在里面一坐就是一上午，吃完午饭就又返回去，查查资料，写写画画。

这一年初，他志带领科技人员加快了大吨位机

李凤来的高级专家证书

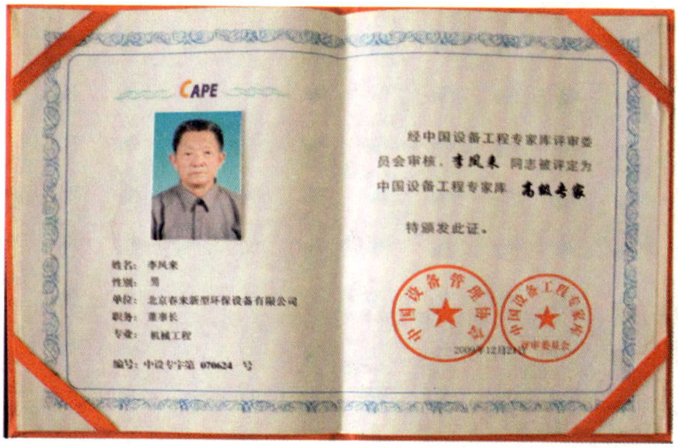

烧锅炉的研制步伐，并于下半年研制生产完毕大吨位机烧锅炉。春来大吨位燃煤、燃生物质锅炉科学地将“高温燃烧 + 超导热管 + 链条炉排”集成一体，为国内属首创。

他说：“近些年，环境污染备受关注，老百姓反映也越来越强烈。我就想在我擅长的领域里做出有效改变。别看我八十几岁了，为了解决一些创新性技术难题，我跟小伙子一样精神，研究到一两点钟都行。”李凤来神采奕奕地说道。

采访最后，李凤来介绍道，他正与几个合作伙伴筹备成立中净能环境研究院，主攻净化设备研究，争创零排放设备。“人总要做些有意义事情，一辈子才不算白活。”阳光下，李凤来的身影愈加硬朗和坚定。

（高新凤，北京市通州区路城镇党委副书记 政法委员）

城市记录者——武政

■ 武政提供资料　徐畅整理

武政，生于 1949 年，武窑村人。1969 年 2 月到部队学校学习摄影，80 年代初回到通州开始拍摄大运河，以及周边的人和事，作品涉及各种各样的非物质文化遗产和方方面面的模范人物。近年来，武政每天用摄影的方式记录新城的变化，见证北京城市副中心的飞速发展。2018 年被《北京青年报》录入“100 个通州人”视频短片。

武政是个“通州通”，在这 906 平方公里的土地上，就没有他不知道的人和事。他是通州区摄影家协会副秘书长。他说：“通州变化太快了，有些地方几天不去就不是原来的样子了，连我这个‘老通州’都犯嘀咕。作为摄影师，得跟时间赛跑啊。”武政还带头成立了拥有百名摄影师的“金名片摄影创作团队”，专门拍通州的巨变，“用影像记录变化，给后人留下史料，让后人知道，水城共融、蓝绿交织、宜居宜业的美丽新通州是如何一步步建成的！”

在枪林弹雨中生死时速

武政跟共和国同龄，16 岁考上通县一中，因为家里穷辍学进供销社当售货员，在那个吃穿匮乏、凭票供应的年代，这可是个金饭碗，一个月挣 30 元。可后来赶上征兵，20 岁的武政毅然放弃了这一切。

他在湖南服役，那时候北京籍的兵少，其他新兵学枪学炮，武政学摄影，

在抗美援越前线留影

还被派到广州军区进行专题学习，后来成了一名穿梭在枪林弹雨间的战地记者，用镜头当武器，记录惊心动魄的瞬间。1972 年部队奔赴抗美援越战场。3 把椅子、3 件军用雨衣，武政就在腥风血雨的前线阵地搭起了临时暗房，“今天照的片子，连夜洗出来，第二天一早就得送到战士们手里——不是他们要的紧，而是我送的急——枪炮不长眼，就怕还没等送出去，就成遗照了。”也许就是这段生死时速的战场历练，让他觉得，如果不能抓住转瞬即逝的场景，乃至生命，就对不起手里的相机。

他为了完成任务，为祖国留下了珍贵的照片。当时为了拍美帝国主义侵略我国领土领空的罪证，曾与死神只有一线之隔。为了从照片内容上能够反映出是中国的领土，拍大场景，要把后边的梯田都得拍上，不断地向后退，身后是一棵树，他一回头，后面是万丈深渊。

生死速递的战场经历，让他觉得，如果不能抓住转瞬即逝的场景，乃至生命，就是自己的不尽责。

30 万张照片，记录通州的变化

1978 年复原后，武政回到故乡，恰逢改革开放肇始，百废待兴之际，变化日新月异。从那时到退休，他先后调入通县财贸部、工业局、工商局、个体私营经济发展协会等多个单位。工作虽然繁忙辛苦，但是对通州改革开放30多年的发展可谓心中有数，全都门儿清，遗憾的是，一直没机会碰自己的老本行——摄影。

改革开放带来了国家和人民的富裕，各项城市建设如火如荼，武政意识到，时不我待，通州即将迎来巨变，必须要用相机记录通州的发展，也留下它曾经的影子。他端起相机，开始记录家乡每一点变化。

他拍摄的上营村门诊部、新建村、盐滩村、牛作坊村、筛子庄村，后来都拆迁建成了高端商务区。他多次跑到运河明珠19层顶上拍棚户区的改造，每次都是选择同一个机位，隔一阵就拍一批，城市建设变迁的见证。

目前，武政已拍摄了30万张通州风景人物照片。

曾经的上营村门诊部变成了现在的高端商务区

“抢景儿”成就珍贵礼物

他拍过一张风景照——“楼桥塔影”。大雪初霁，通州的3个地标性建筑尽收眼底，近处的七孔闸桥金光穿洞，中景是验粮楼古韵悠悠，远处的燃灯塔巍峨伫立。后来，验粮楼后面建起了新建筑，挡住了燃灯塔。再也不可能将楼、桥、塔影三景集于一张照片了。”

当时为拍这张照片，武政骑了40分钟的车，最后一段是河坡路，他扔了自行车，雪没了膝盖，身上还背着10多斤的摄影设备，往河边奔。这里人迹罕至，雪如镜面一样光滑洁净，深一步浅一步到了河边，前面又是一片铁丝网，武政趴在雪地上往里爬。为减轻分量，他还特意穿了儿子的羽绒服，被铁丝网刮破的羽绒直往外跑。

他现在最喜欢做的事就是‘抢景儿’，因为今天不拍，兴许明天就没有了。

武政拍照片是不惜力的，他曾经为拍摄《通州燃灯塔四季》，等了8年时间，“雪景最难有。8年等了一场‘有存在感’的大雪。如今，《通州燃灯塔四季》已经成为“北京礼物”，被制作成摆件、笔筒等各种样式，这些来自通州运河头的美景，正通过武政的摄影作品走出通州，走向全国，乃至是世界。

有一张天安门国旗护卫队的照片，36名战士持枪举着《华夏万寿图》。为了拍这张照片，他手持摄像机，争分夺秒，在降旗之前拍摄了钢铁长城护“华夏”，万寿长卷颂祖国。当时时间紧迫，没有时间去搭架子，也最能体现一名摄影师的实力。

2008年，在运河一号码头拍摄了祥云火炬在运河上飘过的瞬间。因为没有固定的机位，他在电视台机位后方用长镜头抓拍从奥运火炬的点燃、火种的传递，到第一棒的交接，以秒计时。

老骥伏枥 迎接副中心时代

早年腥风血雨的战场经历，再加上半辈子工作在政府部门，武政不仅政治觉悟高，业务能力强，人脉广，而且看问题很有前瞻性。比如，他老早就知道东方化工厂要拆除了。所以，武政一直“贼”着东方化工厂，果不其然，2012年，这朵立于通州张家湾镇北运河南岸的“北京工业之花”终于停产了。那13个巨型球罐，一直是通州的重要地标之一，如今围着它转的1700多位职工都转岗了，曾经的纳税大户安静得瘆人，毫无生机，静待拆除。

武政曾几次进出静悄悄的东方化工厂，拍这些巨无霸设备，拍巨型球罐下的荷花湖水，拍它一点点地被拆除……“2017年底都拆完了，现在只剩下南北大门和空阔的土地，以后这里就是‘城市绿心’了。与它一水之隔的北运河北岸，就是正在崛起的北京城市副中心行政办公区。”

通州进入北京副中心时代，武政也冲在记录通州发展变化的第一线。

“北京城市副中心建设，我是亲‘眼’经历了。从奠基仪式开始，我就参与拍摄；郝家府最后一间房拆迁，我也在现场——5 点到位，6 点开拆。你问我怎么知道的消息？没人请，没人叫，我老往那里跑，工程到了哪一步心里都有数。”

副中心建设给武政留下的最深的印象就是“快”，一天一个样，震撼人心。最让武政感动的是，“北京城市副中心行政办公区工程建设办公室”还特意邀请武政和几位摄友，代表全市百姓去参观副中心的建设。他拍了 200 多张照片，并以此为豪。

从喧嚣热闹的乡村大集到北京城市副中心落地崛起，对于“拍客”武政而言，故乡通州的变化都不能用“日新月异”来形容，而是稍纵即逝。因为“一个人拍不过来”，他牵头成立了京通淘乐摄影联谊会，有 300 多个影友，号召“大家一起来记录通州的变化”。他以一个老兵的速度冲向战场，拍北京城市副中心建设、拍悠悠运河穿城过、拍和谐宜居的小区环境、拍 7 号线环球影视城站封顶……他们是记录城市变迁发展的志愿者，用手里的相机和奔波的双腿，与时间赛跑，留住这座新城的辉煌与过往。

每一张照片都是时光的标本，定格下来却是永远。

（武政，原通州工商分局人教科副科长、原通州区私营个体经济协会副秘书长 宣传部长、京通淘乐摄影联谊会会长）

方友春——为人类健康事业求索

■ 潘玉霞

方友春，1948 年生，潞城镇小豆各庄村人。1964 年初中毕业，因品学兼优，被保送至当时的通县卫校深造，1969 年参军入伍，在部队从事卫生工作。1972 年随军赴越南，执行“抗美援越”任务。1979 年为保卫祖国边疆，奉命赴对越自卫还击战前线，出色地完成了一个“加强师”（五个团编制）的卫生勤务指挥任务。复转后，曾任通州区疾病预防控制中心主任、通州区老科学技术工作者协会常务副会长等职，被载入《共和国功勋人物志》《中国专家大辞典》《中国专家人才库》等工具书。现为“中国公共卫生学”、劳动鉴定委员会等学科和部门专家。

从部队到地方，在城市、边疆、海岛，一直致力于卫生防病事业。先后完成了全国老慢气防治科研广州部队组、中华预防医学会消毒学会、广州军区菌痢肝炎防治科研组、广州军区医学科学技术委员会军队卫生专业组、全军医学科学技术委员会中暑专业组、北京预防医学会健康教育专业委员会等学术组织所承担的科研任务，从而也积累了丰富的实践经验，为有关著述打下坚实基础。在《中华预防医学杂志》《中国媒介生物学及控制杂志》《中国卫生管理》《中华卫生监督与健康杂志》、美国《化学摘要》等国内外专业权威期刊发表学术论文四十余篇。主编、出版了《基层实用消毒手册》，合作出版了《农家防病保健指导》《法定传染病识别与处理临床医生读本》《健康生活一点通》等专著十余部。为潜心钻研预防医学，他参加了 19 次专业学术会议，1975 年夏还参加了以屠呦呦为代表的“青蒿素抗疟”实验研究。20 世纪 70 年代投入研究老年慢性气管炎防治和菌痢肝炎防治；80 年代参加“军队卫生专业”“全军中暑防治”研究；90 年代组织实施“北京市农民健康需求研究”和“乙型肝炎人群免疫预防研究”；2000—2017 年，他又深入研究慢性非传染性疾病的预防与控制。

为医学教育，他奔波于高等学府和基层单位，被中国协和医科大学聘为客座教授。在阶梯教室里，他指导了中国协和医科大学、中国预防医学科学院、首医大燕京医学院的 3 名研究生进行课题研究，完成 441 名大学生的现场教学。2004—2005 年，被评为首都医科大学燕京医学院优秀教师。还先后为中国民用航空卫生学校、北京中医卫生学校、北京房山卫生学校、湖南省衡南卫生学校、广州军区医学校 631 名中专生讲授卫生学课程及带教实习。

他曾经是军人，在部队被树为“干部标兵”1 次，奖励晋级 2 次，团级以上嘉奖 30 次，获师级通令嘉奖 7 次，荣立三等功 1 次。曾两度亲赴“越战前线”，将个人生命置之度外。还在长沙煤炭山地域海、陆、空军事演习，广西钦州地域战备训练，广东湛江北部湾地域炮空合练等一系列重大军事活动中，出色地完成了卫勤指挥和部队防疫任务。同时还挤出时间，根据自己经验体会，为部队编写了基层卫生教材《新兵卫生教育材料》和《战时防病知识手册》。作为大运河之子，在通州区卫生防疫站、通州区疾控中心工作时，他一直是骨干力量，成绩也非常突出。

1993 年牵头抓技术建设，成功创建了全国县级防疫站技术规范一级站。1997—1998 年牵头抓“计量认证”，把质量控制作为关键技术和难点抓，经上级专业部门考核评审，一次性获准通过“计量认证”。

2002 年春季，当时的通县第二豆制品厂出现了金黄色葡萄球菌食品污染问题。这是人类化脓感染中最常见的病原菌，可引起局部化脓感染，也可引起肺炎、伪膜性肠炎、心包炎等，甚至败血症、脓毒症等全身感染。其他专家又是化验水源，又是紫外光消毒，闹得“满厂风雨”，结果根本不解决问题。他到现场后，首先停止了紫外光消毒，因为这只能杀灭表面菌而不能解决生产中的深层次问题。要解决问题，必须找到“菌源”，他分析的结果是，“菌源”不可能存在于地下 250 米深的水源中，而极有可能在一线生产人员中。根据他的判断，马上对作业人员进行筛查，最后查出 9 名皮肤化脓感染者，采取“调离”直接生产岗位的措施后，问题随即得以解决。

2003 年春，突如其来的“SARS”，扰乱了正常的生产、生活秩序，一时间恐惧的阴影笼罩上人们心头。作为专家，他多次在通州电视台做节目，反复强调，“非典属流行病，既然是流行病，就一定会过去，并非传言那般恐怖。当然必要的防范措施，一定要采取。”为了树立人民群众战胜非典的信心，在公开场合讲演时，他从不戴口罩。当时通州地区死人，他都第一个上前，查明死亡原因，给出令人信服的答案。

2004 年，在充分调研的基础上，为通州区政府制定农村生活用水改造方案，按时完成市政府布置的“农村改水”任务，从而保证了全区人民饮用安全合格井水。

在地方病、中小学生常见病防治、消灭脊髓灰质炎、传染性非典型性肺炎防控等专项工作中均有突出贡献，并多次受到国家和北京市的奖励。2003 年，在“非典”防治工作中，荣获“首都防治非典型肺炎工作先进个人”的荣誉。2010 年，他的事迹被中国社会科学院新闻与传播研究所载入《时代先锋——中国优秀共产党人》一书。2011 年，在北京市老科学技术工作者总会成立 20 周年之际，又被评为“优秀老科技工作者”，2013 年又再次被授予该荣誉。北京人民广播电台等媒体也多次宣传报道他的先进事迹。(插图 – 荣誉证书)在其家中，他获得的各种荣誉锦旗、奖牌、证书盈柜，但他从不张扬，也不展示。他说：这并没有什么可满足的，为人类健康事业求索、献身，是每一个医学工作者的天职。

（潘玉霞，通州区路城镇党委委员 宣传部委员）

王再龙的艺术人生

■杨继华

王再龙，生于1953年，岔道村人，中共党员。毕业于北京电影学院制片管理系，原中国人民解放军八一厂制片厂制片主任，曾兼任全国艺术发展委员会常务副秘书长、中央电视台《星光大道》2014年度评委、首届“美丽中国”微电影展播活动组委会秘书长、中国国际预防犯罪研究中心副主任等社会职务。

2001年，八一电影制片厂拍摄《走向喜玛拉雅》电视剧时，担任制片主任。

王再龙1973年入伍，1974年5月考入总政文工团，1976年8月调入八一电影制片厂，从事演员工作；1987年改行，开始作制片主任；他在40多年影视制片管理工作中，机智、敏锐、果敢、作风严谨，在电影行业中被称为老大哥；他在演艺圈里扶持了许多演员、明星大腕，发现好演员苗子，即不遗余力地去提携。

作为制片主任，他始终把“组织、指挥、协调、控制”八字职责贯穿于

1997 年担任《好汉三条半》制片主任（左一王再龙，右一演员陈佩斯）

整个制片管理工作中，配合导演和制片人实现影片质量、影片周期、影片成本和安全生产无事故等四项基本指标的落实。他几十年如一日，在制片主任的岗位上兢兢业业，多次立功受奖，数次受到上级领导表彰。

电视剧《走向喜马拉雅》的拍摄地在位于四川省泸定、天全、荥经三县交界处的二郎山上，奇险程度令人不寒而栗。在二郎山山顶，要拍摄全剧的一场重头戏“川藏线烈士纪念碑前的欢送誓师大会”。为了很好地表现军人车队的恢弘气势，摄制组动用了几百辆军车和飞机，可当全体演职员历尽艰辛爬到山顶时，却发现山上一片雾海，不一会还下起了大雪，能见度极低，根本无法拍摄。由于路程太远，为了避免来回折腾造成人力物力浪费，他决定在那里坚守，与战士们一起露宿在二郎山拍摄现场。

直到第二天吃中午饭时，天气才突然放晴。他生怕天气随时有变，立即撂下手里的碗筷，冲大伙儿大喊：“别吃了，赶紧拍摄！”一句“别吃了”，让摄制组不失时机把多个极佳的自然景观场面抢拍下来。此举不但节约了影片成本，而且大大提高了影片质量。为此，在这部电视剧拍摄完成后，八一电影制片厂特上报中国人民解放军总政治部，表彰王再龙，并在当年为其记三等功，同时他也荣获了总政“优秀共产党员”的称号。

改革开放后，许多老朋友、老同事下海开办公司。不少人看中他的才能、人脉资源等诸多优势，劝他下海或加盟，他均婉言谢绝。他说："我热爱八一电影制片厂，热爱自己所从事的这项电影事业，你们有事，我可以不遗余力地去支持，但要我脱去戎装离开八一厂，我做不到。"

46年间，王再龙饰演了不少大小角色，有军人、农民、局长，留下较为深刻的人物有：孔子、汪精卫、国民党少将黄子卓等。

王再龙参与拍摄和策划的影片很多，作品有《万水千山》《蒙根花》《黄桥决战》《路漫漫》《四渡赤水》《再生之地》《陈赓蒙难》《陈赓脱险》《望日莲》《甜蜜的编队》《柳菲的遗书》《马贼的妻子》《大决战—平津战役》《飞越、飞越》《将军与孤女》《大战宁沪杭》《好汉三条半》等；电视剧有《同喜同喜》《大路朝天》《美容院》《生死之间》《跨越》《生命线》《谁主沉浮》《走向喜马拉雅》《下一站是幸福》《宋庆龄》等。

《宋庆龄和她的孩子们》影片中李大钊造型

王再龙除了影视之外，他对于歌词创作也表现出极大兴趣，创作的歌词有：《我是意馨》《梦想》《一个小村庄》《我们的老书记》《祖国在我心中》《风雨阳光》《追风鸟》等。

对儿童事业、老龄事业等诸多社会公益事业，王再龙也尽其所能去积极参与。北京未来贝星国际艺术幼儿大赛，他是评委、

军功章（三等功）

顾问；《反腐倡廉永远在路上》大型纪录片，他在其中担任总顾问。

王再龙虽已年过花甲，但仍然活跃在国家影视事业的第一线。他说：“刘绍棠等先辈为我们留下了宝贵的精神财富，我们也一定要牢记‘大运河之子’的使命！我是岔道村人，是运潮两河平原养育了我……”

（杨继华，通州区路城镇党建办公室宣传科）

老将风采

■郎建华五兄弟

朱德喜

朱德喜，1930年生于通县东堡村一陈姓之家，因父母家境极其贫困，无力抚养，遂被临近的八各庄村朱继宗领养。读私塾时，先生给他取名朱德，从军后，因与首长重名而更名朱德喜。

养父逝世后，他14岁便去通州饭铺当学徒工。店小无处栖身，他借宿在姐姐家。有一次，朱德喜因感冒流涕，遭到老板无情打骂而被赶出门去，在店外被地下党员王凤勉（女）发现，地下交通站将他发展为小队员。以其小孩身份作掩护，多次为地下党组织和我党领导下的地方武装传送鸡毛信。

1946年，八路军某部途经通县时，朱德喜强烈要求参军。但因为年龄太小不合格，他竟然尾随着部队走了几十里路，终被收留。抗战胜利后，他所在的部队整编为第四野战军。他作战英勇，屡立战功，从士兵、班长、排长，一步步升至副团长。

1953年抗美援朝作战期间，他被任命为彭德怀元帅的警卫排排长。朝鲜战争胜利后，晋升为副师长。此后率部一直驻防新疆，直至离休。现在，朱德喜在八各庄村颐养天年，但对往日的戎马生涯和赫赫战功只字不提。

郎芝茂

郎芝茂，1928 年生，兴各庄村人。出生在一个赤贫的农民家庭，十来岁时就给村里的地主打杂工，受尽了欺凌和盘剥。14 岁参加区小队、县大队，1944 年加入中国共产党，是当时通县农村的首批党员。他随部队在本地至盘山一带打游击，经历大小无数次战斗，如攻打西集敌炮楼、歼灭敌伪松江部队等，为新生革命政权的建立作出了重要贡献。解放后，为支持农村建设，郎芝茂退役回到兴各庄村担任民兵连长，次年任村党支部书记。

任职期间，他始终把党和人民的利益放在第一位。当村里小学校需要教室时，他毫不犹豫地将解放后刚分到的 3 间房交给学校，全家人却搬到村南一处废弃的小厂房去住。他一身正气，两袖清风，从不擅权谋私。他的几个子女中，没有一个通过他手中的权利进城当工人。他关心群众疾苦，心里时刻想着人民群众。村里大堤外潮白河边，住着 30 多户村民，每到汛期，河水直接威胁着住户人家生命财产的安全。于是，他举全村之力，将堤外村民户全部搬迁到堤内安置。

他一生经历了多次政治运动，每次都经受住严格的组织审查，始终保持了一位党员干部的坚定政治信仰。1963 年以后，他多次当选县人大代表；1964 年 10 月 1 日，郎芝茂应邀登上天安门观礼台参加国庆观礼，翌日到人民大会堂观看大型音乐舞蹈史诗《东方红》；1968 年北京广播电台、《北京日报》曾长篇报道过他的先进事迹。1976 年 9 月 9 日毛泽东主席逝世后，他和县委书记赵峰一起为毛主席守灵。

（姚广康，通州区作家协会会员、通州区大运河研究会会员、潮白文友会会员）

（朗建国，原通州区公安局纪检委书记）

朱连元的军旅生涯

■马景良 / 徐　畅

朱连元（1929—2013），兴各庄村人，生于 1929 年。幼时家贫，随二伯到外地靠打白铁活儿谋生。1945 年，在河北省张北县参加贺龙领导的 120 师的八路军部队，从河北进山西，是年 8 月下旬，在晋绥军区大反攻作战中，参加了雁门军区吕正操许光达指挥；以归绥为中心北线作战，解放左云。9 月，随部队南下大同，攻占口泉煤矿。1950 年 1 月至 1951 年 12 月，参加了在第三次国内革命战争中的以军事、政治攻势进军西藏的战略行动。作战中，他勇敢机智，从副班长、班长、副排长、排长、一步步升至副连长。

1952 年 12 月，随部队开赴辽宁通化地区集结整训。1953 年 1 月下旬入朝参战，任中国人民志愿军第一军第二师工兵营一连连长，营地位于谷山地区，为志愿军总预备队。4 月初，他担负正面战场防御作战任务，执行了西海岸防御工程构筑任务。在 1953 年春反登陆作战准备和 1953 年夏季反击战役中，表现突出，被列为提拔对象。

上甘岭战役中，美军调集兵力 6 万余人，大炮 300 余门，坦克 170 多辆，出动飞机 3000 多架次，对志愿军两个连约 3.7 平方公里的阵地上，倾泻炮弹 190 余万发，炸弹 5000 余枚。

战斗激烈程度为前所罕见，特别是炮兵火力密度，已超过二次大战最高水平。我方阵地山头被削低两米，高地的土石被炸松 1—2 米，成了一片焦土，许多坑道被打短了五六米，此役持续鏖战 43 天，敌我反复争夺阵地达 59 次，我军击退敌人 900 多次冲锋。

而工兵主要的主要就是执行开路架桥、障碍排除、构筑工事、设置和排除障碍物等工程任务。在朝鲜 38 线战场，一次开辟通路作业，上去一个排的工兵，回不来几个人的战例不在少数。时朱连元也曾带领一个连执行任务。那一晚，敌军照明弹连发，山头山谷，亮如白昼，部队很难隐蔽，遂匍匐前进。时间不长，便发现远处人影移动。借助敌军照明弹，他仔细观察，发现对方持卡宾枪。凭借经验，他判断来者并非朝鲜人民军（友军），而是（敌军）美李联合国军。再一看，左右也都是敌人。多年征战，给予他指挥员的沉着冷静。他一面指挥部队抢占有利地形，与敌迂回，一面挺身而出，身先士卒。那时候，他已经是军里神枪手，射程之内，基本弹无虚发。抓住敌人怕伤怕死弱点，他们压制住敌军火力。可是，毕竟武器落后，在人员方面处于劣势。虽我方使出浑身解数，也不能摆脱敌人纠缠。战斗一直持续到天亮，他们才和援军一起撤离战场。敌方伤亡无法统计。他的连队，仅剩下了 14 个人。连队重组后，他和战士们讲的最多的就是烈士们奋勇杀敌的英雄事迹。

朝鲜停战期间，他随部队参加维护朝鲜停战协定斗争和帮助朝鲜人民重建家园工作。战争完全摧毁了朝鲜人民的家园。建房修路，是工兵强项。他又特别重视朝鲜人民的兄弟情谊，无论建房还是修路，都是质量最优。朝鲜老乡对他们尤其感激。他严令部队，秋毫无犯，把队伍带成了遵守三大纪律八项注意的模范。1958 年 10 月，他的军衔升至副营级，随军撤离朝鲜回国。

1964 年，他到南京军事学院进修，并以优异成绩结业，并在 1965 年升任副团长（享受团级待遇）。1968 年，他奉命到武汉洪山公安局担任军管领导小组组长，在其特殊时期，保护了许多老同志。1978 年，调回到北京，先后任通县畜牧水产局党委副书记、副局长，通县水产局党委副书记、副局长。他耿介正直，事必躬亲，为官清廉，被群众称为“好官”。1990 年离休。

“中国好人”高盼

■潞城镇志编修小组

高盼，女，1988年10月出生，北京市通州区潞城镇七级村人，中共党员。2011–2018年在通州区潞城镇后榆林庄村担任大学生村官。2011年北京人民政府万名孝星活动获评“孝星”称号。2012年被全国敬老爱老助老主题教育组委会评为“全国孝亲敬老之星”。2012年9月北京市通州区精神文明建设委员会“通州区第二届道德模范‘孝老爱亲’奖”获得者。2014年获首都精神文明委员会颁发“中国好人榜”奖盘，入“中国好人榜”。2014年被评为“潞城榜样”。2015年获中央文明办入选“中国好人榜”名录。

高盼的窘境要从22年前说起。22年前，父母的离异破坏了她原本幸福的家庭，母亲再婚，她就一直和父亲相依为命地生活。

父亲的身体一直不好。年轻时父亲在铸造厂工作，锅炉里的高温有1000多度，他热的满身大汗，从工厂里出来就用冷水直接冲澡，结果一热一冷，刺激到身体，导致父亲后来患上了强直性脊柱炎。这个病严重影响了他的一生，脊椎基本不能弯，连腰也不能动。那个时候的她刚刚上小学，为了让她不辍学，父亲自己一个人种植一个蔬菜大棚。父亲种的菜比别人家的都好，但是每次卖的价钱都比别人家便宜1毛钱，她不解地问父亲：我们的菜那么好，不比别人家的贵也就算了，为什么还要比别人家的便宜？而父亲告诉她：“便宜就能卖出去，卖出去才能挣到钱，别人身体好，就算小贩不拉走，他们也能自己骑三轮去卖，但是我身体不行，只能价钱便宜，先卖出去才是道理。”也许是看着家里的处境，心理有一种触动，她比一般的小朋友懂事都要早，每当放假的时候她都会去棚里帮忙，但是由于父亲的身体，生活还是过得一团糟。

父母亲离婚时法院判决父亲承担9000元的债务。为了还清这9000元，父亲找遍了人借钱，却没有借到1分钱。甚至他和别人借100元钱，别人也不借。他们说：你拿什么来还？！父亲咬牙坚持，用一年大棚种菜的钱，还清了9000元债务。但是对于一名强直性脊柱炎患者而言，种地挣钱是一项艰难痛苦的工作。种大棚蔬菜，人们要整天在大棚里作业，首先就需要钻进大棚去。可父亲由于疾病，脊柱不能弯曲，所以不能弯下腰来，每次进出大棚，他都是爬着进出。而在大棚里，父亲又只能跪在地上耕作。而且大棚种菜，保证棚内温度很重要，这就需要用大棚上的草帘子遮挡外面的风雨。春天里晚上的风很大，时不时会刮起来盖着大棚的草帘子，大棚里的菜就会受损。夜里高盼就和父亲住在大棚里，风刮起来很大，不断地把草帘子刮起来，她赶紧跑到大棚上，几乎小跑着，看到哪块草帘子被刮起来了，她就大步的跑过去用身体把草帘子压倒在身下。父亲却只能跪在地上用身体护住草帘子。现在尽管不种地了，但每到春天，她最怕的还是刮风。只要一听到晚上那些掀翻草帘子的风，她就感到恐惧。

父亲虽然患病在身，每天忍受着疾病痛苦的折磨，但他却是个正直、积极开朗、意志坚强，从不抱怨，充满正能量的人。在贫苦的物质生活中，他给了高盼强大的精神力量。虽然别的孩子可以在家里的电灯下写作业，而她却只能在蔬菜大棚的小窝棚里写作业；可她从没有落下学习，内心中很坚强。身教重于言教，高盼从小就和父亲一起参加劳动。虽然干活很苦，但是她却很感激父亲对她的严格要求。她常说：干活真得把我锻炼出来了。父亲让她自己参加劳动，就是让她从小就懂得自立自强的道理。

很快几年过去了，她上了初中，学习变得紧张起来，因为要中考，时间也变得不富裕了，没想到的是父亲的病居然在这个时候加重了。因为强直性脊柱炎，父亲的身体开始变形，很多地里的活就做不了了，有的时候地里种的老玉米，父亲已经抬不出来了，她自己一袋一袋，吃力的将两亩地的玉米抬出去拉到家里。因为父亲失去了劳动能力，从那个时候起，家里的棚就不种了，没有了经济来源，她渐渐地学会了自立—这个在同龄人眼中很遥远的东西。也是从那个时候，她的生活紧张了起来，忙碌了起来。每天除了上学，回家之后还要照顾父亲，擦身体，洗头，洗脚变成了每天必需的功课。

经过三年的努力，她考上了通州三中，也得住校了，每周回去的时间变短了，村里照顾父亲不能干活，就让他在村里小市场负责打扫卫生。她每周回来之后都要和父亲一起打扫市场，忙一些家务，除除草啊，擦擦玻璃啊。生活倒也是不亦乐乎。

她知道父亲最喜欢周末了，因为那样的话她就可以回来，陪他聊天，给他做好吃的，给他讲她在学校的一些事和生活中遇到的麻烦。不过家里的困境确实一天天的严重起来，一次偶然的机会，她们村的书记告诉她可以申请低保，简直来得太及时了，因为这个事，村里干部没少往她们家跑，前前后后大约有一年的时间。但一直因为家里的棚可以外租，没申请下来。在她高一快要结束的时候，低保终于申请下来了，生活也改变了不少，那个时候觉得生活真得很美好，在她们孤独无助的时候，有人帮助，那是一种内心深处的幸福。

高中时光一点点过去，高考过后她考上了一所市里的大学，离家也更远了；她每周可以回家一晚照顾父亲。还好家里有奶奶。奶奶袁秀珍是一个普通善良的农村妇女。爷爷去世后，奶奶就在三个儿子家轮流住，一个家里一年，但后来为了照顾生病卧床的父亲，就一直住在她家里。父亲的疾病，由于没有钱买好药治疗，每次疼痛起来时，他就吃去痛片，吃得多了导致他的大便都是黑的。再加上有些营养不良，大二时，打击再一次到来，父亲又出现了消化道出血，需要住院治疗。她从学校回家送父亲上医院，医院下了病危通知书，而那时家里又只有她和父亲两个人，奶奶因为年纪大了，而且身体也不好，她就干脆搬到医院住。每天她看着父亲输液打针、化验，还要来回给父亲去交这表，送那个结果，在床前给父亲端水喂饭，端屎端尿，跑前跑后忙了半个月。父亲的病查不出来具体原因，血止住了就回家了。回到家里父亲经常喘，每个月都要跑去医院拿药。看着父亲的身体越来越差，她也不放心，每次回来都为父亲做点好吃的。

父亲的消化道出血好了快一年的时候，又开始每天咳血，医生怀疑是肺结核，她独自带父亲去北京胸科医院看病，由于轮椅都租没了，只有床，租了一张病床，父亲躺在床上，她推着医院的活动病床，碰碰撞撞的在几层楼中间上上下下，四处求求好心人能帮帮忙，车子歪了帮她扶一下车，有个小坡，大哥大姐们见她独自一个小姑娘，都会主动上前帮她抬一把。后来终于在通州结研所确诊是得了肺结核，庆幸是阴性的。这个病让父亲在床上躺了一年，父亲自己起床已经很费力了，她又开始照顾瘫在床上的父亲，每天除了端屎端尿，还要搀父亲起床遛个弯儿等等。长期瘫在床上，使得父亲的骨骼更加死板定型了，就是连掏耳朵这种小事也要她去帮着父亲完成。父亲这次真的生活不能自理了，她也就成了父亲的一双手，喝的水，吃的饭都要送到他手边。

大学四年匆匆而过，工作是她面临的一个问题，如果去好点的企业实习，很明显就没有时间照顾父亲了，但是在家这边又没有什么很好的工作。在这个问题上纠结了很久之后，她决定先照顾父亲，于是就在离家近的后榆林村当了一名村官。后榆林村的领导了解她的相关情况后，很关心她的生活。除了工作之外，尽量挤出更多的时间让她可以照顾病重的父亲。这样每天她都可以回家为父亲做些好吃的，陪他聊聊天。生活每天都这样的重复着。

父亲的身体越来越不好，经常会出现一些不适症状，看到父亲很痛苦的样子，高盼真心希望通过她多做些，可以帮助父亲减轻点痛苦，争取身体一点点恢复。

2012 年 10 月 9 日，父亲在睡梦中病逝，高盼和奶奶当时睡在隔壁，第二天早上发现的，父亲应该是不愿意打扰她和奶奶。父亲从生病坚持劳动养家，到后来卧床，直到最后病逝，要近二十多年的时间。这二十多年，高盼陪着他一同度过，虽然生活贫穷困难，艰难度日，但他始终用他的生命之火温暖着女儿，温暖着女儿的人生，照亮了女儿的路！父亲走后，三年内，高盼都不愿意提起或是想起过去的事情，每次都觉得是自己对不起父亲！没有让他过上好日子！

在高盼心中，始终咬着一股劲儿——一股不服输的劲儿！爸爸在的时候，总是和她说说笑笑，尽量给她一个快乐的家，虽然没有妈妈，但她认为这也是一种快乐。她一直相信，通过她的努力，生活会过得越来越好。

浩然与文学新人

■李凤祥

浩然是已故北京作家协会主席，当代著名作家。他的《艳阳天》《苍生》等作品，在我国当代文学史上占有重要地位。他注意培养业余文学作者，晚年搞的“文学绿化工程”，培养出了京郊一大批文学业余作者。马景良就是其中之一。

马景良是潞城镇岔道村人，现在依然是农民。然而，他又是一位颇有成绩的文学业余作者。上个世纪七十年代初，他刚刚起步从事文学业余创作时，我是北京日报文艺副刊《工农兵文艺》的编辑。由于他投稿，我们俩认识了。去年，他 13 万字的中短篇小说集《苹果跟西瓜似的》刚刚出版，他就赠了我一本。今年中秋节那天上午，他又给我送来了他刚刚由漓江出版社出版的 13 万字的长篇小说《原上草》。这令我非常高兴。他在文学创作上的成绩，在京郊业余文学作者中是比较突出的。

他的成绩是怎么取得的呢？最近，他寄给我一篇文字，其中回忆了浩然当年对他的培养和影响。马景良是这么讲的—当时，我是最基层生产队喂猪的饲养员……与三结合创作组写《晨光曲》期间，先生（指浩然—笔者注）应邀到我们乡政府举办文学讲座。时间是午后。因为给猪治病，我迟到了，讲座已经开始。先生发现了我，一个带着喂猪围裙和满身猪屎味儿的残疾人，跛着脚在门外徘徊，他二话没说，起身出屋，热情地握住我的手，直接把我按在前排空位上，继续讲课。“深入一辈子农村，写一辈

创作班合影（二排左五浩然前排左四马景良）

子农民，给农民当一辈子忠实代言人，为农民而写作。”“小说像刚从地里拔出来的萝卜，带着须子和萝卜缨子，带着一嘟噜湿乎乎的泥土。”振聋发聩的警语名言，至今铭记，不敢不从。

浩然对待基层业余文学作者的态度和精神，令人感动。马景良四十多年坚持业余文学创作，取得了喜人的成绩。他成绩的取得，除了个人的努力之外，也是他遵从了浩然教导的结果。

（李凤祥，原中国晚报工作者协会副理事长、《北京晚报》副总编辑、中国作家协会会员、北京作家协会理事）

杨永兴和东堡传统文化

■徐　畅

杨永兴，潞城镇东堡村人。1945 年生，1963 年初中毕业。五十余年如一日，研究、传承本地区文化，搜集整理的文物、文献资料涉及一千多件。

探寻历史文化

从初中毕业起，杨永兴即在村里任职，当过村代销店主任，村革委会副主任，村委会主任，村党支部书记。在村里当干部，“上面千条线，下面一把抓”，长期处于“千头万绪”的工作状态之中。东堡又是大村，工作量大。但他却从不忘记村庄历史的文化传承。与人交谈，必及于此。凭借着多年工作中所积累的历史知识，提出了“东堡地域，地下留有许多古遗址和古墓葬，秦汉时期即有人类活动”的观点。通州文物专家周良在考证之后肯定地说：“在汉代，该地区农业已经相当发达，制陶业也达到了高峰期；此地为文物埋藏区……”

几十年中，他和专家、群众一起，发现了几十座古墓，涉及汉、金、元、清各朝代。2008 年，在架设高压线铁塔施工时，仅在线路范围内，一次就发现汉代墓葬五座；2010 年，在村西南修建东堡村至南刘各庄村道路施工时，又发现了西汉砖椁墓三座；2013 年，村民在修建蔬菜大棚时，发现元代圆形砖椁墓；2018 年修垃圾池，地下三米处又挖出 20 多块汉代绳纹墓砖。杨永兴带着村民在这一带施工，一次就清运走绳纹砖、布纹瓦、碎碴瓷陶碎片等十余方……为了取得第一手资料，他多次与文史专家周良一起下汉墓，拿汉砖，不管水多凉，是否存在塌方的危险，从来不畏惧。墓中出土器物，他都要向专家虚心求教，仔细观察。出土后经过鉴定的“双烧广口东汉弦纹罐”，现存于通州博物馆。他拍摄的文物古迹照片，就有上百张。

他不是专业学者，没有任何“待遇”。而在农村生活，除了参加队里生产挣工分，还要侍弄自留地，种小菜园，养猪养羊等等，以供生活所需。可是，大半生以来，只要捕捉到有关文化方面的信息，他就全然不顾，一头扎进去，追根溯源，一定要弄个明白。据他自己讲，吃不上饭，吃剩饭，是常事。因为顾不上家，经常招来家人的埋怨。

古城（潞县故城）失火后，治所究竟搬迁到哪里，学术界没有充分证据。历史学者、考古家侯仁之教授有“东汉潞县治所曾在三河西城子”之说。而西城子与东堡村又仅一河之隔。依据村民在村东北的大运河高尔夫球俱乐部“回归殿”施工中的发现，他反复研究资料，得知清代著名学者刘锡信对于东汉潞县治所有“迁往东南不远处”之说。结合他在村内调研中的了解，本村陈姓村民祖先是清代外迁户。当时先入为主，先来的人不允许其入村，所以只得在那片废墟上搭窝棚居住。大面积汉砖瓦砾区，土地不下千亩，根本无法耕种。据此，他踏遍潮白河边每一寸滩涂，只要一在村里，他就要到那里探寻，看到的每一片瓦砾都要捡回来。最后他划定了大致区域，提出了“东堡瓦坨子与通路亭有关”一说，与侯仁之教授和通州王文续先生著述，所差无几。

这一带有“汉魏甘泉寺南门在里二泗，北门在七级村”的民间传说。七级紧邻东堡。20 世纪 60 年代，打井时，这里又钻到木屑层，当时疑为殿宇木柱。据老辈所传，本处东大寺是汉魏甘泉寺遗址。他又潜心研究这一带，无论是瓦砾，还是瓷片，都请懂行人过目。层层过滤，他找到的有价值的汉瓦、瓷片，都陈列于东堡村史馆。为“在汉代，这里已有宗教信仰，宗教活动”一说，找到了有力证据。

他推断，东堡三官庙始建于元代或更早年代，于明代重修。理由是，在该址施工中，出土有陶制饰物，鸱吻、跑兽、莲花瓦当等古建筑遗物。尤其是莲花瓦当，汉唐建筑皆用。曾在故宫古建学徒的高师傅也认定其至少是元代之物。

对于村界内，明代御马苑（马场岗）、三眼井、三官庙、幽燕古道遗址、棋盘地、古关遗址等等，他都如数家珍。对于东堡成村年代、历史沿革，他了如指掌，出口成章。明成祖燕王朱棣平定北方，一路大军沿潞潞河而上，来到幽燕古道东口下令修筑城堡、设关卡，并派遣高、袁、姚三员将领镇守、种地养兵。守卡官兵在此繁衍生息形成聚落，以村东城堡为名，故名“东堡”。

建文化活动站

东堡是潞城最早成立文艺宣传队的村。从20世纪60年代起，他一直担任俱乐部主任、文艺宣传队队长。1967——1978年，每年坚持春节演出。其中自编自演的群口快板“计划生育就是好”，获1976年北京市二等奖，表演唱“四老汉送肥”获1977年通县一等奖。90年代每年参加“五月的鲜花歌咏比赛”，2015获区特等奖，1992——2014年获区镇级一等奖五次，二等奖两次。经他组织的高跷队、乐器队、歌舞队、小车会、腰鼓队等，参加区、镇组织的各种演出活动，每一次都是“嘉誉满载”，“东堡第一”几乎成了颁奖人的“专利用语”。

2003年，人们的物质生活有了相应提高，但文化意识还相当淡漠。杨永兴克服种种阻力，战胜重重困难，硬是在村里建起了35间（1350平方米）的文化活动站。多功能厅、乒乓球室、台球室、棋牌室、图书室、残疾人康复室等各种体育文化设施，一应俱全。基本满足了村民当时的文体需求。

在浓浓文化氛围中，村民素质不断提高，他又给自己加码。2011年，在原小学校建起了4200平方米的文化广场和3500平方米的文化公园，文化广场中有篮球场，网球场，各种健身器材50余件，轨道棋5组，还建有180平方米的演出大舞台等供村民休闲娱乐，村民们既锻炼了身体，又陶冶了情操，幸福感极大增强。虽然村史馆已初具规模，可他仍然说：“这离要求还相差甚远。”

拼老命建村史馆

因年事关系，2013年杨永兴从领导班子成员的位置上退了下来。然而，记住“乡愁”，不忘过去，教育下一代，如此厚重的历史文化遗迹，及其尘封的神秘面纱，又如芒刺在身。为了“系统化”，自2016年起，他从村庄历史沿革、地理古迹入手，撰写村史。为了“实体化”，他亲手操建村史馆。虽然年近古稀，没有岗位，没有报酬，他把这当“公益”去作！他说：“这就是我的活儿！”

大半生的摸爬滚打，杨永兴对工程设计、施工等各个环节都了如指掌。土建伊始，他便是“总工程师”“工程总监”。在工程进展的同时，他还要加大力度，调动广大群众的积极性。

他先在党员和村民代表中宣讲建村史馆的思路和想法，然后又逐一访问老人，深入调查、研究本地历史，收集本地区第一手资料。他倡议党员和村民代表带头捐出自家的老物件。他说，“叫东堡村史馆，我们的展品就要全都出自东堡！外边的再好，那是人家的；花钱去收购，搞面子工程，那不是我杨永兴！”可是那时候，人们对此并没有现在这么高的认识，大多数人对于到村史馆展示家里的“宝贝”这件事并不理解，所到之处，一片抵触情绪。

为了迈过这道坎儿，他对家中“有宝”的村民，挨家挨户“拜门子”，没时没晌地跑，不下 200 余次。晓之以理动之以情，尽量让人既展示老物件又心里舒服。因为对情况太熟悉了，谁家有什么，都在他心里装着。党员陈连才“家宝”最多，在他的感召下，先后将 40 多件展品放到村史馆，陈文云是在外面的职工，也拿出来 30 多件。由于工作深入，展品收集上来甚多，而且参差不齐，杂乱无章。别人做，他怕达不到效果，辜负大家一片赤心。又日以继夜，一一筛选。整理、

东堡村文化广场

潮白文友会参观合影（左六杨永兴，右三为马宝田）

分类，“连文带武”一人搬。文，他撰写说明资料，拟定解说词，亲自讲解；武，瓦、木、铁，机加工，他样样在行。从展板到展柜，所有的布局说明，每个细节都做得尽善尽美。

为了参观者们了解得更全面、更透彻，能在第一时间形成视觉冲击，杨永兴亲盯展板制作，字斟句酌，力求清晰、通俗。

2016 年 10 月，挂牌通州区潞城镇东堡村乡情村史陈列室，落地原文化广场场址。精心设计的展板就有 30 余块，在村级馆中，实属不多见。精选的有代表性老物件 400 余件，其中汉代墓砖、古莲花瓦当，更体现了东堡村厚重的历史文化底蕴。古书籍、运河遗物等 300 余件。区内外不少文史爱好者都慕名来参观、学习、交流，至目前，已接待千余人次。有人参观后说，基层支部书记要是都这样，农村文化层次上台阶，人民道德水准上台阶，国家各级博物馆水平上台阶。他们一致评价，这里展出物品太多了，底蕴太厚重了，简直像博物馆，完全超出一般村镇村史馆的承载量。

东堡村高跷表演

把高跷传承下去

传统艺术“东堡高跷”，2009 年被评为“区级非物质文化遗产”项目，申报更高层次的“非遗”项目，也已经就绪。杨永兴说，

展出的道教经书（清）

展柜中的渔猎工具

“东堡高跷”至少有200年历史，连有名的“西集高跷”，都是当年嫁过去的本村姑娘“随身”的绝活！

1963年，“三年困难时期”过去。初中毕业的杨永兴回村，因天赋条件突出，被村里高跷队选中，很快成为主角。服装道具、音乐曲谱、走跷表演等等，处处感染他。无奈好景不长，突如其来“风雨”，将服装道具毁之殆尽。随后他也离村，到胡各庄食品站工作。他说，在后来的二十多年中，没有一天不想他的高跷。

终于，20世纪90年代初，这项传统艺术“还阳”了。可是他已经45岁了。登上二尺多高的高跷腿子，和年轻人一样唱念做打。他一下操持起50多人的队伍。后经打磨，20多人坚持了下来。编排中，他身体力行，耍、扭、跳、唱，处处做示范。因为当时东堡村有企业，经济条件尚可，所以不惜重金，一切高标准，光服装道具就斥资20余万元。但是有些东西是拿钱买不到的，东堡独特的东西，别人根本就不知道！他又一次利用自己的优势，粗活细活一齐做，十八般武艺同上阵，做齐了这套“东堡高跷”独有的“家伙式”。他让村里腾出专门库房保管。声言有我在，房门钥匙谁也不给！

二十余年以来，对于高跷的音乐、演出版本，杨永兴还不断创新改进，而且都有详细记录，每有人采访，他张口即唱。

自 1991 年始，东堡高跷会参加过历届“通县小食节”“通县体育运动会”“八里桥市场开业”“次渠艺术节”“运河文化节”以及区镇组织的演出活动近百场。

传承传统文化，是他不变的初衷。从潞县故城治所的考证到参与修建村史馆，从考古钻研到亲身实践，几十年如一日。主张为“东堡高跷”申遗、东堡古树挂牌，承载着历史传承的使命。像杨永兴一样根植民间，守护“国宝”的还有很多人，他只是作为一个代表。几代人之间的传递和承接，使得文化精神永流传。

村史馆院内仿古钟楼

高跷会现存老物件—老金匮（衣箱）（清末）

潮白文友会

■刘 祥

出京城往东，沿京通快速路，过大运河便是潞城镇了。这片土地很古老，两千多年前的西汉潞县城、渔阳郡及东汉的潞、渔阳，县、郡治都曾设在这里，而她最新的耀眼自然是定址在这里的北京城市副中心了。

潞城镇有个不起眼的“潮白文友会”，或家乡热土之情，或工作原因，我必关注之！人称三点水—运河、潮白河、运潮减河浸润的福地，不止有昔日的丰腴与繁硕，今日的城镇化与现代化，正应了北京是全国文化中心这句话，她是文化中心一泓水汪汪的文眼啊。

文眼有如泉眼，文眼来自文脉，大运河是她的灵气之源。这就不得不说说她的文化、文史、文学，不得不说说“潮白文友会”这个真正土生土长的文学会社了。

现在回想起来，当初有谁号召他们了吗？有谁组织他们了吗？没听说有过红头文件，他们也不懂得什么“作秀”，完全是潞城儿女自愿参与的“兰亭盛会”。

几个村子德高望重，又懂些文墨的农民，某一日，在某一农家院中，桑麻风暖里，茶香酒晕中，就算它成立了。正像早些年潞河中学莘莘学子欢呼声中“潞园文学社”的诞生，这以年龄段划分的通州一老一少的文学社团代表，“千年的草籽，万年的鱼籽”，是通州文脉永续，文风蔚然的一个缩影。

是谁播下的文学种子，使她春风吹又生啊！

应当说，他们当中几个，多年前就是通州文学创作骨干了。张树林、张春昱、马景良、杨殿武……他们作为浩然、刘绍棠的学生，那一时期曾写出过不少或粗粝或稚嫩、但颇有潜质的作品。年老而又属文学新人的姚广康、安永恩、贾德山，近年创作势头正旺的中青年张宝石、吴德龙……

他们是怎么凑在一起，又为什么凑在一起，单单相聚在四年前呢？我想，这和我们国家的大形势，及大形势带来的每个人的心理变化不无关联。改革开放后的北京郊区，你听说过还有多少人在为温饱问题奔跑劳碌？衣食无忧者就没有什么追求了吗？追求什么——精神，这世界除了物质还有精神，这也是人区别于其他生物、区别于机器人的关键。活生生的人，是要有建立在物质文明之上的精神文明生活的。就这样他们走到一起来了。聚在一起当然免不了叙旧，说说当年的才俊为什么中断了写作，近年的重拾又为的哪般，最近读了什么好书，写了什么小说、诗词，自我介绍，众口评说，整个一个农家式的文学沙龙！

他们谁也离不开生养他们的这片土地，那些直接写潞城历史人文的散文随笔不用说了，即使可以海阔天空的虚构文学—小说，也总是离不开当地风土民情人物传奇的影子，他们在写自己、写家乡的人，写他们的难忘，写他们的憧憬。

人老了梦就会多的。人活一世，草木一秋，倘肯努力，总是会有收获的。正是这些子孙绕膝，颐享天伦之乐，但仍怀有理想，不甘落寞的人们，先后正式出版了《麦子黄梢》《原上草》《潞城传奇》《柴门轶事》《乡镇小政府》《铜佛寺·洋教堂》等十来部小说散文集。特别是这一二年，区政协文史委，潞城镇党委、政府，正着力挖掘潞城镇作为北京城市副中心辖域的历史人文，可敬的文友们，他们没有和谁商量，几十篇正合时宜的文史资料或曰非虚构文学集体亮相，乐坏了上上下下相关部门领导和广大民众。区文联、作协，想为他们制作一块“潮白文友会”铜匾，堂堂正正挂在门楣上，他们至今没有回音。镇文化服务中心想在镇里协调一间屋子作为他们的活动室，他们也未作出积极响应。

他们是乡野之人，“野人怀土，小草恋山”。他们就喜欢这种村与村之间、你家我家他家之间流动的、游牧式的聚会。聚会临了，赶上谁家，就在谁

李凤祥最后一次来潮白文友会（左起杨家毅、刘祥、郑建山、张树林、李凤祥、王梓夫、张春昱、马景良、姚广康）

家小园里采几样时鲜，顶多杀只散养的鸡鸭，花生米、香椿摊鸡蛋，就二两通州老窖、二锅头，悠哉游哉，给个七品都不换！

天哪！这是21世纪北京城市副中心的社会主义新农村吗？刘禹锡先生的《陋室铭》里？陶渊明先生的桃花源内？能与世界文化接轨？然而，什么都可以接轨，独文化不可。标准化了，畅行无阻了，也就没有了中国特色，断了传统文化的根，文化没了。

好了，新时代喜事连连。当听到潞城镇要为他们出版一部《潞城文韵》作品集时，他们怎么能不像孩子想跳起脚来？跳是跳不起来了，但那声音不老，透着底气十足："幸哉！幸哉！感谢！感谢！"到底应该谁谢谁呢？同喜吧，浮一大白！

他们的人员简历，我早已造册登记。

潮白文友会会长张春昱，成员有张树林（太子府）、马景良（岔道）、张宝石（前榆林庄）、姚广康（八各庄）、贾德山（后榆林庄）、吴德龙（西集镇）、杨殿武（西集镇肖林）。

以上诸位，均为通州区作家协会会员。

近年来提携扶植他们的二位先贤，我亦记录在案。李凤祥、周祥先生，确令我涕零！王梓夫坦言，20世纪70年代后，通州业余作者的处女作，都是李先生在《北京日报》做编辑时刊发的。先生退职后，身患癌症，依然关注通县这拨人，给张春昱、马景良等人写的推举文章就达七、八篇，其中提携马景良的就有四篇之多。先生故前十个月，不顾病体，毅然来通与潮白文友会相聚。聚后，《通州作者好福气》一文跃然报端！周先生可称亦师亦友，其病逝前一晚，批阅的是张宝石的稿子……

李凤祥：（1940-2015）中国作协会员，优秀共产党员，原《北京晚报》副总编辑、高级记者，中国晚报协会副秘书长。北京作家协会第三届理事、第四届名誉理事、北京杂文学会常务理事，北京诗词学会副会长，北京史地民俗学会副会长，北京写作学会理事。

周祥：（1946-2012）通州人，中国作协会员，《人民文学》编辑、总编室主任、编审，《中国校园文学》主编，中国纪实文学研究会理事。著有长篇小说《运河滩上儿女情》，小说集《死岛》《绿色的王国》，散文集《越过春夏秋冬》，评论集《魔方集》等。评论《时代精神的颂歌》获1995年《中国石油报》优秀文学奖。

拜师记

■ 常富尧

一个从小就崇拜郭兰英，迷恋郭兰英的歌，11 岁曾写信给郭兰英，想拜郭兰英为师的女孩子，30 多年后，这个已是中年人的孩子，终于得到了机会，遂了心愿。她就是如今担任通州区文化馆副馆长，且获过全国戏剧、曲艺两个群星奖金奖的田永玲。

少年梦想

从小生长在兴各庄村的田永玲，天生一副好嗓子，十几岁便在当时文化馆举办的评剧学习班学习。由于她悟性好、有灵气、又勤奋，很快便在众多学员中脱颖而出，成为地区剧团的主演。同时，她还非常喜爱民族歌曲和民族歌剧，她心中最崇拜、最欣赏的艺术家是郭兰英，也想像她那样做个驰骋民族声乐舞台的歌唱家。

郭兰英是一位为亿万人民所热爱并引以自豪的著名歌唱家。她在民族歌剧舞台上塑造了一批光彩夺目的艺术形象，在把戏曲表演精华引进歌剧表演的领域中，她是最有成就的一位。她为中国新歌剧艺术完整体系的建立，作出了历史性贡献。她演唱的许多脍炙人口的歌曲，曾风靡 20 世纪五六十年代，一直传唱至今，成为我国民族歌剧的经典之作。她站在 20 世纪民族歌坛之巅，没有第二人有她那么多的优秀作品，有那么多歌迷衷心热爱，有那么多同代人、后来人受她的影响。就连被称为“中国民族声乐艺术优秀的继承者，著名歌唱家”彭丽媛也曾坦诚地说：“郭兰英老师是我永远都无法逾越的高峰。”的确，半个世纪过去了，在中国歌坛上，郭兰英依然代表着民族声乐的最高成就。正因如此，人们有充足的理由对她崇拜与欣慰。

长大一些的田永玲，不再像11岁时那样贸然写信向郭兰英老师求教了，她知道郭老师有自己的事业，有全国的歌迷。自己是个未经世事毫无业绩的毛头孩子，怎么能轻易打扰那么有成就、那么繁忙的大艺术家呢。

但是，她人虽不能至，心向往之。田永玲有接近郭兰英艺术的特殊条件：她嗓音甜美吐字清晰、行腔富于韵味，具有浓郁的中国民族歌唱特色，酷似郭兰英。所以，她要从模仿开始学习。她千方百计找来郭兰英老师演唱的录音，反复学唱，细心揣摩。

1993年，北京音像公司把田永玲的学习成果录成了独唱专集盒带，盒带中有多首郭兰英著名的歌曲和歌剧选段。盒带发行后，田永玲的知名度迅速扩大。很多演出单位找她专门演唱郭兰英的歌曲，就连远在山西拍摄电视剧《郭兰英》的导演，也找她到剧组录制其中郭兰英年轻时的唱段。

电话南北

1996年春天，田永玲到中央民族乐团找老师上声乐课，寻声而至的中国歌剧舞剧院周秋雨老师觉得她声音很像郭兰英老师，她想把这个特色人才举荐给郭兰英老师，便向田永玲要了她演唱的歌剧《白毛女》选段《恨似高山仇似海》的录音和两张近照。随即，周老师把这段录音和照片带给了远在广州办学的郭兰英老师。郭老师听了录音、看了照片非常激动，就好像找到了自己年轻时的影子，连夸她是块艺术的好材料，想把她雕塑成一件完美的艺术品。当时就把自己的联系方式托周从广州带给了田永玲。田永玲万没想到郭老师这么迅速这么爽快地把联系方式给了自己。要知道，能和仰慕的郭老师说句话，亲耳聆听她的指导，是她二十多年的梦想啊！如今梦想成真，她万分激动，初次通话就聊了半个多小时。从这以后，电话成了相隔数千里、身居南北两地师生交流的唯一工具。电话里，田永玲得到了郭老师的悉心指导，艺术水平有了很大提高。另一方面，郭老师积极帮助田永玲寻找锻炼和施展才华的机会。在央视的《星光大道》栏目红红火火开办之时，郭老师问田永玲为什么不参加，当得知“不认识人、不知怎么联系”时，郭老师马上派助理帮她联系好。那场周赛，田永玲第一轮就演唱了郭老师的名曲《我的祖国》，浓郁的民族风格与清纯自然的演绎，征服了在场的所有评委和观众。当田永玲以周冠军的优异成绩进入月赛时，郭老师及时地送来祝贺和鼓励；尤其令田永玲感动不已难以忘怀的是，当自己月赛失利情绪低落时，郭老师主动打来电话安慰，并帮助总结经验教训，指出努力方向。可以这样说，两人联系之初，郭老师就算收下了这个学生，并负起了教师的责任，只是老师没有明确说，彼此还没能见面而已。

初次相见

2006 年 6 月 28 日，田永玲终于在北京和朝思暮想的郭兰英老师见面了。虽然，因老师有演出任务，相聚不足两个小时，但却过得非常充实。这天傍晚，郭老师不顾年迈和连日劳顿，抓紧时间，第一次面对面地给田永玲上了一次歌剧表演课。这是值得纪念的一天，虽然郭老师还是没有说出收她为徒这件事。

终遂心愿

2007 年 3 月底，田永玲接到河南卫视《沟通无限》栏目组导演的电话，说准备让她参加 4 月底河南电视台组织的《世纪歌声》郭兰英专场节目的录制，听说是郭老师专场，她欣然答应下来。

4 月 20 日晚，郭兰英专场节目正式录制。田永玲在郭兰英老师面前现场演唱了歌剧《白毛女》选段《扎红头绳》和《恨似高山仇似海》。每段唱完，郭老师必为她使劲鼓掌，田永玲感激地跑过去和郭老师拥抱在一起。郭老师拍着田永玲的肩膀激动地说：“唱得好，唱得好！实实在在是我的学生！”学生急忙拜谢老师。接着，郭老师歉疚地说“只不过我对不起她，以前追了我那么多年，那个时候，这个孩子的录音给我听，听了之后，我就准备吸收她当我的徒弟。由于我在祖国南大门（指广州）办了一个郭兰英艺校，又到各地讲学、演出，还要出国办学等等，又加上她在祖国的北大门（指北京），所以把她给耽误了。但是，这个孩子一直就是一心一意要演歌剧，这是实实在在、实心实意的郭兰英迷。我要是再不吸收这个孩子，我有罪呀！好，我今天当着大家的面收你做我的学生！”众人热烈鼓掌祝贺，田永玲再次向老师施以跪拜大礼，表示一定不辜负老师的希望。

郭老师抓住机会，趁热打铁，要把录制现场当做普及、宣传民族歌剧艺术的大课堂。她轻声问田永玲：“孩子，你累不累？”“不累。”“如果不累，你把刚才这段再唱一遍，我在前面给你表演。”这段难度很大的《恨似高山仇似海》再次唱起。郭老师则不顾年迈和腿伤，为大家塑造了一个苦大仇深、富于反抗精神的喜儿形象。她用自己多年的艺术积累，毫无保留地给田永玲，也给全国广大电视观众上了一次生动的艺术公开课。她只有一个希望，就是祖国的民族歌剧事业要有人继承，有人弘扬。

这一次让全国广大电视观众见证了这个很不一般的收徒、拜师、授课过程。至此，一个人 30 多年的梦想终于实现了。田永玲当然十分幸福，但她又十分清醒。她告诉我们，郭老师所希望的振兴民族歌剧事业是项十分艰巨的任务。对她个人来说，不是拜了名师就算事业成功了。成功与否，关键在自己的努力。拜师，就是自己主动地挑起了事业和责任的重担。她要把这次拜师，当作自己前进的新起点、新动力。

希望田永玲在民族歌剧事业中有所作为，大有作为。人们期待着。

后 记

为发挥人民政协文史资料“存史、资政、团结、育人”作用，进一步巩固和发展爱国统一战线，今年，通州区政协教文卫体委员会联合路城镇党委、政府，重点搜集、整理了反映路城地区历史文化的“三亲”史料，组织编辑了《文化通州》系列丛书之十三---《智临路城》一书。经过三年来的努力，这部承载了路城地区历史文化，体现地方特色的文史书籍和广大读者见面了。该书分为故城沿革、水路通衢、古迹遗存、民俗文化、农耕遗风、红色记忆、乡贤光彩等七个部分，较为全面、系统地展现了该地区的历史文化风貌。

《智临路城》一书的出版，得到了社会各界的大力支持，编委会的同志们，通过实地走访历史遗迹、考察镇域内的文物古迹，征集了大量的“三亲”史料，为编辑此书奠定了基础。在编辑过程中，我们按照精选精编的原则，将其中的119篇，28万字，百余张照片收录书中。此书的出版离不开许多路城地区人文、历史、风俗的专家学者，以及广大文史工作爱好者的支持与帮助。特别是在材料的征集、整理和编辑过程中，得到了杜宏谋、王岗、韩朴、王梓夫、赵广宁、刘祥、郑建山等多位老师的帮助和指导，以及通州区政协特邀文史委员的倾力协助，期间，刘祥先生因病去世，编委会同志深痛不已，区政协召开追思会，组织编委会成员一同悼念了刘祥先生。

《智临潞城》在多位老师的帮助和指导下，编委会从书籍的体例、记述的事实、行文的格式等方面进行了系统的勘正与梳理，在丰富全书内容的同时，保证了此书的质量。由于掌握知识所限，书中难免会有纰漏，真诚希望广大读者和专家、学者予以批评指正。并再次对所有参与和支持文史资料工作的各级领导和各界人士表示衷心感谢！

《智临潞城》编委会

2020 年 11 月

图书在版编目（CIP）数据

智临潞城 / 北京市通州区政协教文卫体委员会，北京市通州区潞城镇人民政府编．-- 北京 ：团结出版社，2020.7
ISBN 978-7-5126-7833-0

Ⅰ．①智… Ⅱ．①北… ②北… Ⅲ．①乡镇一地方史一通州区 Ⅳ．①K291.5

中国版本图书馆 CIP 数据核字（2020）第 059766 号

出　版：团结出版社
（北京市东城区东皇城根南街 84 号　邮编：100006）
电　话：（010）65228880　65244790
网　址：http://www.tjpress.com
E-mail：65244790@163.com
经　销：全国新华书店
印　装：北京博海升彩色印刷有限公司

开　本：170mm×240mm　1/16
印　张：30
字　数：280 千字
版　次：2020 年 11 月　第 1 版
印　次：2020 年 11 月　第 1 次印刷

书　号：978-7-5126-7833-0
定　价：86.00 元